ADOLF KÖBERLE
HEILUNG UND HILFE

ADOLF KÖBERLE

HEILUNG UND HILFE

CHRISTLICHE WAHRHEITSERKENNTNIS
IN DER BEGEGNUNG MIT NATURWISSENSCHAFT,
MEDIZIN UND PSYCHOTHERAPIE

BRENDOW VERLAG

CIP-Kurztitelaufnahme der Deutschen Bibliothek

Köberle, Adolf:
Heilung und Hilfe: christl. Wahrheitserkenntnis
in d. Begegnung mit Naturwiss., Medizin u.
Psychotherapie / Adolf Köberle. – Moers:
Brendow, 1985.
(Edition C : C; 159 : Paperback)
ISBN 3-87067-251-X
NE: Edition C / C

ISBN 3 87067 251 X
Edition C – Paperback C 159

1. Auflage 1968 by Wissenschaftliche Buchgesellschaft, Darmstadt.
Umschlaggestaltung: Gerd Pels, brendow design
Printed in Germany

INHALT

3.

4.

WORT ZUR EINFÜHRUNG

Arzt und Priester sind ursprünglich eine Einheit gewesen. Der antike Tempel war beides zugleich, Kultstätte der Anbetung und Heilstätte für die Kranken. Noch im Neuen Testament leuchtet etwas auf von dieser Verbundenheit, wenn Jesus zu dem geheilten Aussätzigen sagt: „Gehe hin und zeige dich dem Priester" (Mark. 1, 44).

Die Berufssynthese des Priesterarztes konnte auf die Dauer nicht aufrechterhalten bleiben. Das Auseinandergehen der beiden Fakultäten hat sich nicht plötzlich über Nacht vollzogen. Die Entwicklung verläuft über viele Stationen hin, die im einzelnen zu verfolgen medizingeschichtlich und theologiegeschichtlich gleich interessant ist. Am Ende der langen Bahn stehen Arzt und Priester so weit voneinander getrennt und entfernt, daß ein Gespräch herüber und hinüber kaum mehr möglich erscheint.

Wir wollen diesen Weg nicht nur verwünschen. Die Arbeitsteilung hat vor allem der Medizin eine Freiheit und Unabhängigkeit der Forschung gebracht, ohne die wir uns die Arbeit der modernen Klinik nicht mehr vorstellen können. Auf der anderen Seite sollten wir nicht blind dafür sein, wie verhängnisvoll sich das Zerbrechen der Einheit auf beide Fakultäten im Endergebnis ausgewirkt hat. Es sind dadurch Teilaspekte der menschlichen Wirklichkeit entstanden, die in einseitiger Über- und Unterbelichtung viel Unerfreuliches mit sich gebracht haben.

Die Theologie distanzierte sich immer mehr von der Biologie und Physiologie des Menschen. Man sah nicht mehr, wie tief der Mensch über das leibliche Leben in das Naturgeschehen und seine Gesetzlichkeit eingebettet ist, wie sehr darum auch geistig-seelische Störungen mit somatogenen Schädigungen zusammenhängen können. Es kam zu einer einseitigen Seelenpflege, die die Ganzheit des menschlichen Seins nicht mehr wahrzunehmen vermochte.

Bei den Ärzten verlief die Entwicklung, nachdem die große Trennung sich ausgewirkt hatte, genau in der entgegengesetzten Richtung. Man sah bei der Behandlung der Kranken den Menschen nur noch unter anatomischen und chemischen Aspekten. Der Mensch als Subjekt, als Person, als Gewissen, als lebendige Seele, als Geistexistenz verschwand hinter dem Vorstellungsbild eines hochentwickelten, feinnervigen Animals. Ja, nicht genug damit, schließlich löste sich auch noch der Leib des Menschen auf in eine Vielzahl einzelner, voneinander unabhängig betrachteter Organe, die in der Lokaltherapie dem Fachspezialisten zu fragwürdig einseitiger Behandlung überlassen wurden.

So waren im Gang der Entwicklung um die letzte Jahrhundertwende religiöse Seelenpflege und medizinische Krankenbehandlung dermaßen weit auseinandergetreten, daß es aussichtslos schien, diese Aufspaltung jemals zu überwinden. Heute sind wir wenigstens so weit, daß wir die Schäden und Nachteile einer solchen Zertrennung auf beiden Seiten gleich stark empfinden. Wir sehnen uns wieder nach einander und haben das Gefühl, wir sollten enger zusammenrücken.

Nach einer so langen und tiefgreifenden Diastase wird sich Begegnen und Finden auf keinen Fall überstürzt vollziehen können. Aber man darf sich doch über jedes Zeichen der Annäherung freuen und sollte sich hüben wie drüben dafür einsetzen, daß der Austausch nicht zum Stillstand kommt. Dabei wird jede Fakultät von der anderen zu lernen haben und wird bereit sein müssen, sich von dem Gesprächspartner in kritischer Weise fragen zu lassen.

Der vorliegende Sammelband möchte ein Beitrag sein zu diesem notwendigen Brückenschlag. Er nimmt den Dialog auf, der in unseren Tagen zwischen Arzt und Seelsorger erfreulicherweise erneut in Gang gekommen ist. Dabei kann sowohl der Einstieg über die Naturwissenschaft wie über die Psychotherapie hilfreich sein, um Theologie und Medizin einander näherzubringen. „Christus und Hippokrates" brauchen hinfort nicht sich ausschließende Gegensätze zu sein, wie der Arzt Hans Gödan in seinem gleichnamig betitelten Buch mit Recht erkannt hat.

Pfarrer, Priester und christliche Laien könnten aus den folgenden Beiträgen lernen, wie mächtig sich die Sprache der leiblichen Vorgänge in unser aller Leben auf das erkennende und wollende Ich auswirkt und wie fragwürdig es darum ist, wenn einem reinen Seelenmonismus gehuldigt wird. Unter dem Ansturm des materialistischen und naturalistischen Denkens der Neuzeit hat sich besonders die protestantische Theologie auf das engste mit der idealistischen Philosophie verbunden und auf sie gestützt. Wir müssen aber endgültig und endlich herunter von den hohen idealistischen Abstraktionen. Es gilt rückhaltlos anzuerkennen, wie tief unsere geistige Existenz eingebettet ist in die Naturgrundlagen des allgemeinen Lebens. Bringt die Theologie den Mut zu diesem Realismus nicht auf, dann wird sie unfähig zur Lösung der sozialen Frage wie zur Überwindung des heutigen Krankheitselendes.

Der Sammelband wendet sich aber ebenso an die Ärzte und bittet sie, ihrerseits dem biologischen Monismus den Kampf anzusagen, weil der Mensch wahrhaftig mehr ist als nur ein höher entwickeltes Säugetier. Es hat sich im Blick auf die Krankheitsbilder unserer Tage in steigendem

Maß gezeigt, daß die Organe eines Hilfesuchenden anatomisch völlig normal gebildet erscheinen können, daß sie mindestens keine schwerwiegenden Veränderungen aufweisen, und doch kann gleichzeitig ihr funktioneller Ablauf bedenklich gestört sein. Der Mensch wirkt müde, gedrückt, abgespannt, obwohl er dem Untersuchungsbefund nach eigentlich gesund sein müßte. Es zeigt sich daran, welche ungeheure Einflußgewalt von den seelischen Vorgängen her über den Umschlagplatz des vegetativen Nervensystems unablässig auf unsere leiblichen Organe ausgeht. So dürfte die Neigung zum Asthma weniger durch feuchtes Klima und nebelreiche Flußlage bedingt sein als durch Bedrückungen, Überforderungen und Überanstrengungen des Lebens. Krämpfe in den Herzkranzarterien treten mit Vorliebe dann auf, wenn schwere seelische Katastrophen ein Leben getroffen haben. Das massenhafte Bettnässen deutscher Kinder in der Nachkriegszeit dürfte urologisch nicht allein erklärbar sein. Es läßt sich nur verstehen als Ausdruck von Heimatlosigkeit und Liebesverlust. Das aller Verlassenheit preisgegebene Kind reagiert vom Unbewußten her in der Weise, daß es wieder eine frühkindliche oder gar die embryonale Situation herzustellen sucht. Durch all solche Beobachtungen wird die Alleinherrschaft der naturwissenschaftlich-technischen Medizin eindeutig in Frage gestellt. Gewiß wird auch diese weiterhin ihren großen und wichtigen Aufgabenbereich behalten. Man denke nur allein an das immense Gebiet der Unfallchirurgie! Der Internist aber, der etwas auf sich hält und nicht hoffnungslos bei der Nachhut zurückbleiben will, muß sich weit öffnen für die Mächtigkeit der psychischen Faktoren, und das sowohl bei der Entstehung wie bei der Überwindung von Krankheit.

Man darf wohl sagen: auf keinem Gebiet hat sich die Aufspaltung der Wirklichkeit in eine weltliche und in eine metaphysische Sphäre so bitter gerächt wie im Blick auf die Heilkunde. Und nirgends wird die Überwindung dieses Zwiespaltes soviel Heil und Segen bringen, als wenn Naturwissenschaft, Medizin und Tiefenpsychologie mit der christlichen Wahrheitserkenntnis in Austausch treten.

Der Verfasser der vorliegenden Beiträge hat sich über Jahrzehnte hin in Theorie und Praxis um eine solche Begegnung bemüht und er hat dabei viel erfreuliches Echo und dankbares Verständnis finden dürfen. Ein großer Teil, wenn auch längst nicht alle der folgenden Studien sind bereits anderwärts erschienen, wie der Quellennachweis aufzeigt. Der Wissenschaftlichen Buchgesellschaft in Darmstadt gebührt aufrichtiger Dank, daß sie den 70. Geburtstag des Verfassers zum Anlaß genommen hat, das da und dort verstreute Material in einer Gesamtausgabe herauszubringen, die ein geschlossenes Bild dieses Lebensanliegens ermöglicht.

München, Ostern 1968 Adolf Köberle

Vorwort zur Neuauflage

In der Geschichte der Philosophie gilt Descartes (gestorben 1650) allgemein als der Bahnbrecher des neuzeitlichen Denkens. Er hat das Ganze der Wirklichkeit in zwei Substanzen aufgeteilt, die sich so völlig voneinander unterscheiden, daß eine Berührung zwischen den beiden Größen nicht mehr möglich ist. Mit Gott hat es allein die denkende Vernunft zu tun, während die ausgedehnte Materie, zu der auch der Leib des Menschen und das Reich der Pflanzen und der Tiere zu rechnen ist, von Anbeginn der Schöpfung einem streng berechenbaren gesetzlichen Ablauf unterworfen ist. Auf Grund dieser gewaltsamen Zerreißung von Stoff und Geist kam es in der Geschichte des Abendlandes zu einer schroffen Trennung zwischen den Natur- und Geisteswissenschaften. Je großartiger sich die Leistungen in Physik, Chemie, Biologie und Technik entfalteten, um so mehr wurde die Geistseite des Menschen an den Rand gedrängt.

Auf keinem Gebiet hat sich der cartesianische Dualismus so verhängnisvoll ausgewirkt wie im Bereich der Medizin. Hamann, Goethe und Schelling haben sich dieser Aufspaltung entgegengeworfen mit der Begründung: „Alles, was der Mensch zu leisten unternimmt, muß aus sämtlichen vereinten Kräften entspringen. Alles Vereinzelte ist verwerflich."

Die vorliegende Sammlung hat sich zur Aufgabe gestellt, diese unantastbare Gültigkeit von den verschiedensten Seiten her zu untermauern. Darum werden mannigfache Fragen der ärztlichen Ethik zur Sprache gebracht. Vor allem aber kommen die Aufgabenbereiche der Seelsorge und der Seelenheilkunde im Sinn einer neugewonnenen Ganzheitsschau zu ihrem Recht.

Ich bin dem Brendow-Verlag und seinem Leiter, Herrn Hans Steinacker, aufrichtig dankbar, daß er sich zu einem Neudruck des seit Jahren völlig vergriffenen Werkes entschlossen hat. Die reduzierte Preisgestaltung möge dazu beitragen, dem Werk einen neuen Leserkreis zu gewinnen.

München, im Früjahr 1985

DIE RELIGIÖSEN UND WELTANSCHAULICHEN AUSWIRKUNGEN DES DARWINISMUS

Als Charles Robert Darwin am 12. Februar 1809 als fünftes Kind eines englischen Arztes geboren wurde, war die erste große Erschütterung im geistigen Bewußtsein der abendländischen Menschheit längst geschehen. Die Erde war ihrer Herrscherstellung als Mittelpunkt im Raum der Welt beraubt worden. Die Entthronung der so klein gewordenen Erdkugel war seit Kopernikus, Kepler, Galilei und Giordano Bruno nicht mehr rückgängig zu machen. Aber noch immer besaß der *Mensch* auf dieser Erde eine einzigartige, königliche Rangstellung. Der biblische Schöpfungsbericht galt im England des 18. Jahrhunderts als unantastbare Autorität, und das nicht nur im theologisch-zeugnishaften, sondern auch im naturwissenschaftlich-exakten Sinn. Man war überzeugt, das Leben auf dieser Erde in der Fülle seiner Erscheinungsformen sei durch viele einzelne souveräne Schöpfungsakte Gottes entstanden. In diesem Sinn sollten zuerst die Fische, dann die Vögel und zuletzt die Landtiere ins Dasein getreten sein. Der eigentliche Höhepunkt im Schöpfungsgeschehen aber war die Erschaffung des Menschen. Sie wird in Genesis 1 mit einem feierlichen Vorspruch eingeleitet: „Und Gott sprach, lasset uns Menschen machen, ein Bild, das uns gleich sei, die da herrschen über die Fische im Meer und über die Vögel unter dem Himmel und über das Vieh und über die ganze Erde und über alles Gewürm, das auf Erden kriecht" (V. 26). Dieses innergöttliche Gespräch, das dem letzten und herrlichsten Schöpfungsereignis als Eröffnung vorangeht, wurde allgemein als Hauptbeweis angesehen für die einzigartige Ausnahme- und Rangstellung, die dem Menschen zukommt.

Die Biologie des 18. Jahrhunderts hatte dieses naturwissenschaftliche Weltbild der Bibel durchaus gestützt. Man war überzeugt, die einzelnen Arten seien von Anfang an getrennt entstanden und hätten ihre Konstanz über alle Zeiträume hin unveränderlich beibehalten. Berühmt geworden war im Zusammenhang damit der Satz des schwedischen Botanikers Karl von Linné, der 1778 starb: Tot sunt species, quot ab initio creavit infinitum ens. „Es gibt so viele Arten, als Gott sie von Anbeginn geschaffen hat." Der erste Forscher, der es wagte, einen immanenten Zusammenhang aller Lebewesen untereinander anzunehmen, war der Franzose Jean Baptiste de Lamarck. Aber sein Hauptwerk, die „Philosophie zoologique" vom Jahr 1809 wurde kaum beachtet oder als unhaltbares Phantasieprodukt abgelehnt. Es war Darwin vorbehalten, das überlieferte Vorstellungsbild von Grund aus zu erschüttern und auch die Frage nach dem Ursprung des Menschen in den universalen Werdeprozeß alles Lebens miteinzubeziehen, ein Vorgang, der sich noch ungleich weittragender auswirken sollte als die Wandlung im kosmologischen Weltbild bei dem Übergang vom ptolemäischen zum kopernikanischen Sonnensystem.

Das eigentlich schicksalhafte Ereignis im Leben Darwins, das bis in das Todesjahr des 88jährigen ununterbrochen nachgewirkt hat, war die ausgedehnte Weltreise, die der 22jährige von 1831—1836 auf einem Segelschiff der britischen Admiralität als beauftragter naturwissenschaftlicher Beobachter unternehmen konnte. Der junge Darwin hat auf dieser Fahrt, die ihn der südamerikanischen Küste entlang über die Inseln im Pazifik nach Australien führte, bis zur Aufopferung seiner Gesundheit ein Äußerstes geleistet an unermüdlicher Sammler- und Beobachtungstätigkeit, und das sowohl im geologischen wie im botanischen und zoologischen Bereich. Er kam nach Hause, nicht nur überwältigt von dem unermeßlichen Formenreichtum der Natur, es war ihm unterwegs zugleich die Erkenntnis aufgeleuchtet von dem großen Zusammenhang alles Lebens. In genialer Kühnheit erfaßte er die Wahrheit von der natürlichen Entwicklungsgeschichte aller Organismen und zugleich suchte er nach den Gesetzen, die derartige Wandlungsvorgänge im Leben der Natur zu bewirken vermochten. Darwin hat lange gezögert, bis er, von seinen Freunden gedrängt, sich endlich dazu entschloß, im Jahre 1859 das Werk über „Die Entstehung der Arten" herauszubringen. Der Erfolg war vom ersten Tag des Erscheinens an da und sollte sich ins Ungeheure auswachsen.

Darwin war sich durchaus klar darüber, was er seiner Zeit mit seiner revolutionären bahnbrechenden Schau zumutete. Gott brauchte hinfort nicht mehr bemüht zu werden mit immer neuen Eingriffen von Schöpfungsakten. Das Leben der Natur enthielt in sich selber genug der schaffenden, treibenden und vorwärtsdrängenden Kräfte. Die weitaus heikelste Frage war aber, ob auch die Entstehung des Menschen in den gesamten Werdeprozeß der übrigen Kreatur miteinzuordnen sei.

Darwin hat diese Frage mit äußerster Behutsamkeit behandelt. In dem Hauptwerk, das seinen Weltruhm begründete, findet sich lediglich der vorsichtig gehaltene Schlußsatz: „Viel Licht wird auch auf den Ursprung des Menschen und seine Geschichte fallen." In einer privaten Briefäußerung heißt es erstaunlich tolerant: „Was den Menschen betrifft, so hielte ich es für unehrlich, meine Ansichten ganz zu verbergen, selbstverständlich bleibt es jedem offen zu glauben, daß der Mensch seine Erscheinung einem besonderen Wunder verdankt, obschon ich die Notwendigkeit, an derartige Möglichkeiten zu glauben, nicht einsehe." Noch im Jahr 1864 schreibt

Darwin an seinen Mitarbeiter Wallace: „Ich habe einige Notizen über den Menschen gemacht, aber ich glaube nicht, daß ich sie jemals benützen werde." Schließlich bringt das Jahr 1871 dann doch die Veröffentlichung des Werkes über „Die Abstammung des Menschen und die geschlechtliche Zuchtwahl". Bei aller Beweisführung für die enge Verwandtschaft des Menschen mit den Säugetieren hat Darwin niemals die Anschauung vertreten, die ihm in vergröbernder Weise untergeschoben wurde, daß der Mensch von den jetzt lebenden Affen abstamme. Er nahm vielmehr eine gemeinsame stammesgeschichtliche Urform an. Aber freilich, die einsame, souveräne Stellung des Menschen gegenüber aller übrigen Kreatur war damit gleichwohl gebrochen und schien für immer erledigt zu sein. Der Mensch war nur noch das höchste Erzeugnis innerhalb eines allgemeinen, unendlich langen Werdeprozesses.

Ehe wir auf die religiösen und weltanschaulichen Konsequenzen dieses tief einschneidenden Erkenntnisumbruchs eingehen, sei die Frage vorweggenommen, wie sich die Entdeckung dieser erregenden Einsichten im religiösen Bewußtsein von Darwin selbst ausgewirkt hat. Der Schweizer Forscher Walter von Wyss ist in einer vorzüglichen Biographie (Charles Darwin, Ein Forscherleben, Zürich 1958) dankenswerterweise auch auf diese Problemstellung ausführlich eingegangen. Wir erfahren daraus: Darwin sollte nach dem Willen seines Vaters ursprünglich ebenfalls den Arztberuf ergreifen. Da seine lebenslänglich anhaltende Sensibilität aber gegen jede chirurgisch-operative Tätigkeit eine tiefe Abneigung empfand, schlug ihm der Vater vor, Pfarrer zu werden, mit der Möglichkeit, die schon früh erwachten naturwissenschaftlichen Interessen auf einer stillen Landstelle ungestört pflegen zu können. Solches wurde damals allgemein für möglich gehalten. So hat der junge Darwin, was nicht alle wissen, in Cambridge mehrere Jahre der Vorbereitung auf den geistlichen Beruf gewidmet, bis dann während der fünfjährigen Odyssee die neuen Einsichten übermächtig durchbrachen. Nach der Rückkehr von der erlebnisreichen Reise, auf der noch Miltons „Verlorenes Paradies" als erbauliche Lektüre im Gepäck mitgeführt worden war, war von dem früher angestrebten Ziel nie mehr die Rede.

Darwin ist in seiner religiösen Entwicklung ein typischer Repräsentant des 19. Jahrhunderts gewesen. Er will den Gottesglauben nicht von vornherein fallen lassen. Er gesteht, es sei ihm unmöglich, sich vorzustellen, „daß diese großartige und wunderbare Welt einschließlich des Menschen mit seiner Fähigkeit, in die Vergangenheit und Zukunft zu blicken, das Resultat eines blinden Zufalls sein sollte. Wenn ich daran denke, dann fühle ich mich gezwungen, eine erste Ursache anzunehmen, die einem klaren Geist gleicht. Dieser Gedanke beherrschte noch meinen Geist, als ich ‚Die

Entstehung der Arten' schrieb". Dann aber fährt er fort: „Seit Jahrzehnten ist dieser Gedanke unter manchen Schwankungen schwächer geworden. Nichts ist eigentümlicher als die allmähliche Ausbreitung des Skeptizismus und Rationalismus in der zweiten Hälfte meines Lebens. Es ist, als ob ich (für das Ewige) farbenblind geworden wäre. Sehr langsam überkam mich der Unglaube, der zuletzt vollständig war. Dies ging so langsam vor sich, daß es schmerzlos geschah." Eine gewisse Wehmut über den Verlust des Gottesglaubens hat den großen Forscher gleichwohl nie verlassen. So lesen wir in einem Brief vom Jahr 1867 an den Freund und Mitarbeiter Hooker: „Ich freue mich, daß Sie der Aufführung des ‚Messias' beiwohnten. Es ist das einzige Werk, das ich noch einmal hören möchte. Aber mir scheint, meine Seele sei zu eingetrocknet, ich kann mich nicht wie in alten Tagen daran freuen; dann aber würde ich mich sehr niedergeschlagen fühlen."

Wir finden hier alle Stationen vereinigt, die seitdem ungezählte Menschen in ganz ähnlicher Weise durchlaufen haben: Der Verlust des Kinderglaubens, der Versuch, wenigstens noch die Existenz Gottes als eine prima causa zu retten, die wachsende Skepsis, ohne allzu unglücklich darüber zu sein, und zugleich doch in einem Winkel des Herzens ein heimliches, schmerzliches Entbehren über das verlorene Gut.

Vor allem hat Darwin in seiner religiösen Grundhaltung das eine mit den Menschen des 19. Jahrhunderts gemeinsam, daß sich für ihn, sehr im Unterschied zu heute, „das Moralische noch von selbst versteht". Darwin war nach der ethischen Seite hin von hoher Vorbildlichkeit und er vermochte diese Höhenlage ein Leben lang durchzuhalten, auch nachdem die religiösen Quellen und christlichen Zuflüsse für ihn längst versiegt waren. Unterstützt von einer edlen, tiefgläubigen Frau hat Darwin ein Ehe- und Familienleben geführt, wie man es sich besser und schöner nicht denken kann, geordnet und gütig, ein liebevoller Gatte und fürsorgender Vater für die zehn Kinder, darunter fünf Söhne, die ihm geschenkt wurden. Die Stürme von Haß, Erregung und Empörung, die nach Erscheinen des bahnbrechenden Werkes alsbald gegen ihn losbrachen, haben ihn in seinem Inneren wohl tief verletzt, aber nach außen wird nichts davon sichtbar in Gestalt von erbitterter oder bösartiger Polemik. Der Ruhm, der ihm gleichzeitig im Übermaß zufloß, hat ihn in keiner Weise stolz und eitel werden lassen. Die Autonomie des sittlichen Bewußtseins, von der das 19. Jahrhundert in der Nachfolge Kants erfüllt war, hat in diesem Leben einen eindrucksvollen Vertreter besessen.

Darwins Lebenswerk enthält eine solche Fülle von neuen Ideen und Überzeugungen, daß wir uns nicht zu wundern brauchen, wenn sich die verschiedenartigsten Geister darauf stürzten, um den Ertrag jeweils als Wasser auf ihre Mühlen zu leiten. Darwin selbst stand den weltanschaulichen Auswirkungen seines Systems eher ablehnend als zustimmend gegenüber. Er war eine viel zu vornehme und rücksichtsvolle Natur. Er wollte Andersdenkende besonders in ihren religiösen Gefühlen nicht verletzen, am allerwenigstens seine fromme, bibelgläubige Gemahlin. Er wollte Erforscher der Geheimnisse der Natur sein, aber nicht Prediger einer daraus abgeleiteten antireligiösen, diesseitsgläubigen Weltanschauung.

Aber es ist verständlich, daß sich die nachdrängenden Schüler und Zeitgenossen von solchen persönlichen Rücksichten im Blick auf den Urheber bei ihrem Vorwärtsstürmen in keiner Weise hemmen oder aufhalten ließen. Im Jahr 1865 beginnt die Korrespondenz mit dem hochbegabten, impulsiven deutschen Naturforscher Ernst Haeckel. Bald erfolgt auch Haeckels persönlicher Besuch, von dem Frau Emma Darwin in einem Brief an die Kinder berichtet: „Haeckel kam am Dienstag, er war sehr nett, herzlich und lieb, aber er dröhnte in seinem schlechten Englisch mit einer Stimme, die uns beinahe umbrachte." Dieser Schilderung kommt eine gewisse symbolische Bedeutsamkeit zu. Haeckels Stimme dröhnte nicht nur im Hause Darwins, sie erfüllte bald danach, in vergröberter Wiedergabe der Gedanken des englischen Meisters, ganz Deutschland und schließlich das Haus der Welt. Hatte der junge Darwin den Schöpfergott wenigstens noch gebraucht und stehen lassen für den ersten wundersamen Akt der Urerschaffung eines grenzenlos vermehrungsfähigen und bildungsfähigen Lebensorganismus, so fällt für den naturwissenschaftlichen Monismus des Jenenser Professors diese letzte theologische Bindung und Abhängigkeit vollends dahin. Die bildungshungrigen Massen des ausgehenden 19. Jahrhunderts aber griffen gierig und begeistert nach der rein immanenten Deutung einer natürlichen Schöpfungsgeschichte.

Nachdem die populärwissenschaftlich geschickt geschriebenen „Welträtsel" erschienen waren und unvorstellbar eingeschlagen hatten, war der Siegeszug eines irreligiös gewordenen Materialismus über Deutschland und ganz Europa hin nicht mehr aufzuhalten. Der Darwinismus wird zum Schlagwort für jede Art von antikirchlicher, antichristlicher und antireligiöser Propaganda. Wer als moderner Mensch mit der Zeit gehen wollte, fühlte sich berufen, über die biblische Schöpfungsgeschichte zu spotten und den Köhlerglauben der Theologen anzuprangern. Darwin hat eine solche Entwicklung weder geahnt noch gewollt. Aber der Stein war ins Rollen gekommen und nicht mehr aufzuhalten. Es spricht für die ungleich feinere Witterungskraft des weiblichen Wesens, wenn Frau Emma Darwin kurz vor der Veröffentlichung des Werkes über „Die Abstammung des Menschen" an ihre Tochter Henriette die Worte schrieb: „Ich glaube, das Buch wird sehr interessant, aber ich werde es nicht leiden mögen, da es Gott noch weiter in die Ferne rückt."

War die Gotteswirklichkeit dem Gesichtskreis der Menschen durch die modernen Forschungsergebnisse entrückt worden, zuletzt bis hin zur Leugnung seiner Existenz, dann mußte ein anderes immanentes, religiös gefärbtes Pathos und Prinzip an die Stelle treten, um den Verlust des Gottesglaubens zu ersetzen. Dieser Religionsersatz sollte der moderne Fortschrittsglaube werden. Schon Darwin hatte dafür gewisse Voraussetzungen geschaffen, indem er erklärte: „Die Vorstellung, daß der Mensch auf diese Höhe gelangt sei und sie nicht von vornherein innegehabt habe, möge ihm die Hoffnung geben, daß seine zukünftige Bestimmung ihn noch weiter vervollkommnen werde." In der Tat, war das ganze Welt- und Naturgeschehen ein großartiger durchgängiger Entwicklungsvorgang, was lag näher als sich einem grandiosen Evolutionsglauben zu öffnen und zu verschreiben. Hatte der Weg, den das Menschengeschlecht bislang in seinem Werden zurückgelegt hatte, von den niedrigsten animalischen Formen zu seiner derzeitigen kulturellen Höhe emporgeführt, was für kühnen, traumhaft paradiesischen Hoffnungen durfte sich dieser Mensch dann erst recht im Blick auf die Zukunft des Menschengeschlechts hingeben!

Dazu kam, daß dieser Siegeszug eines religiös gefärbten Fortschrittsglaubens in eine Zeit fiel, die sowieso dazu angetan war, den innerweltlichen Optimismus zu verstärken. In Europa herrschte nach 1870 tiefer Friede. Die Technik befand sich in einem Aufschwung, der euphorischen Stimmungen günstig war. Niemand dachte daran, daß sich der zivilisatorische Fortschritt auch einmal gegen den Menschen wenden könnte in Gestalt von hochentwickelten Vernichtungswaffen und krankmachenden schweren Zivilisationsschäden. Man blickte fröhlich in die Zukunft und war schnell bereit, alle die für Dunkelmänner zu erklären, die das biblische Wort von der Zerbrochenheit dieser Weltgestalt noch ernst nahmen.

Darwin hatte auf seinen langjährigen Reisebeobachtungen nicht nur in genialer Intuition die Verwandlung der Arten entdeckt, er hat sich auch Gedanken darüber gemacht, nach welchen Gesetzen sich dieser Verwandlungsprozeß vollzieht. Er hat darauf die Antwort gegeben: Die fortschreitende Entfaltung des Lebens geschieht durch Mutation und Selektion. Über die Mysterien der Mutation konnte er schon darum nicht allzuviel aussagen, weil ihm vom Mikroskopischen her die Möglichkeiten fehlten, im Sinn der modernen Chromosomenforschung in die geheimsten Lebensvorgänge der Zelle einzudringen. Um so ausführlicher hat sich Darwin dafür dem Selektionsprinzip zugewandt und gerade dieses sollte für die weltanschauliche Auswirkung des Darwinismus von der allergrößten und zugleich verhängnisvollen Bedeutung werden.

In dem Hauptwerk: „Die Entstehung der Arten" wird das Gesetz der Selektion vor allem im dritten und vierten Kapitel entfaltet. Darwin geht dort aus von dem unerbittlichen Kampf, der von allen Lebewesen in der Natur um die Existenzerhaltung ständig geführt werden muß. Dieses furchtbare Ringen hängt letztlich zusammen mit dem verschwenderischen Reichtum, wie die Natur allenthalben ein Übermaß von Lebenskeimen ausschüttet. Würde diese Fruchtbarkeit nicht beschränkt, so müßte die Erde in kürzester Zeit überquellen von dem Übermaß an Organismen, die alle leben wollen. Während der Mensch als Züchter von Haustieren die nötige Auslese bewußt besorgt, indem er schwächliche, lebensuntüchtige Exemplare durch absichtliches Töten nach der Geburt alsbald beseitigt, vollzieht sich draußen in der Natur dieser Ausmerzungsprozeß selbsttätig als „natural selection". Immer wird es so sein, daß die schwächeren Gebilde in der Tier- und Pflanzenwelt ihren Feinden und Verfolgern am ehesten erliegen, daß sie durch grausame Hitze- oder Kälte-Einflüsse zerstört werden. Und es ist gut so; denn sonst würde ja der schrankenlosen Vermehrung in fortzeugendem Gebären kein Einhalt geboten. Auf diese Weise wird das Untüchtige ständig verworfen, während die lebenswerten Elemente erhalten bleiben. Dadurch aber wird von der Natur fortwährend an der Verbesserung und Höherentwicklung der Organismen gearbeitet.

So wie es einen Streit gibt, ob das Ei von der Henne kommt oder die Henne von dem Ei, so ist auch viel darüber diskutiert worden, ob Darwin den Gedanken von dem erbitterten Konkurrenzkampf in der Natur den Erfahrungen entnommen hat, die sich ihm angesichts des Ringens zwischen Arbeitnehmer und Arbeitgeber im England des 19. Jahrhunderts aufdrängen mußten, oder ob umgekehrt Darwins an der Natur gewonnene Beobachtungen auf das sozialistische Denken der heraufkommenden Arbeiterschaft im Industriezeitalter eingewirkt haben. Das Letztere dürfte das Wahrscheinlichere sein, wobei abermals zu betonen ist, daß es Darwin persönlich völlig fernlag, mit seinem naturwissenschaftlichen Forschen Material für den Klassenkampf oder für das Herrschaftsprogramm vom Übermenschen zu liefern. Darwin, seinem Wesen nach ein weicher, gütiger, friedfertiger Mensch, hatte eine ausgesprochene Abscheu vor aller Unterdrückung und Grausamkeit. Er war ein fanatischer Vorkämpfer für die Abschaffung der Sklaverei, er begeisterte sich für das liberale Prinzip der demokratischen und individuellen Freiheit. Trotzdem konnte er nicht verhindern, daß der Darwinismus auf die Anhänger von Marx und Nietzsche starke und unheimliche Wirkungen ausgeübt hat.

Als Darwins epochemachendes Werk vor hundert Jahren erschien, weilten Karl Marx und Friedrich Engels gerade in England. Die beiden sozialistischen Vorkämpfer spürten sofort, wie wirkungsvoll sich das neue Gedankengut vom Kampf ums Dasein für die eigenen politischen Zielsetzungen auswerten ließ. So schrieb Engels an Marx bereits im November

1859: „Übrigens ist der Darwin, den ich gerade lese, ganz famos." Und ein Jahr später heißt es in einem Brief von Marx an Engels: „Während der letzten vier Wochen habe ich allerlei gelesen, unter anderem Darwins Buch von der Natural Selection. Dies ist das Buch, das die naturhistorische Grundlage für unsere Arbeit enthält." Marx hätte darum am liebsten sein „Kapital" dem großen englischen Biologen gewidmet. Er sandte dem berühmten Forscher einige Druckbogen davon zu und hätte den erlauchten Namen nur allzugern für seine antireligöse Kampagne eingespannt. Darwin jedoch wehrte erschrocken ab.

Diese Ablehnung hat gleichwohl nicht verhüten können, daß Darwins naturwissenschaftliche Erkenntnisse hinfort unlösbar mit den klassenkämpferischen Theorien verbunden blieben. Man hatte es jetzt ja gehört und gelernt: die Schwachen sind ständig in der Gefahr, von den Starken an die Wand gedrückt zu werden und elendiglich zugrunde zu gehen. Darum müßen sie sich zusammenschließen zu einer internationalen klassenlosen Gesellschaft. Also vereint werden sie in der Abwehr stärker sein als die Vermögenden, die ihnen nach dem Leben trachteten. Darwin, der reiche Privatmann, der es ein Leben lang niemals nötig hatte, eine Berufsstellung zum Verdienst für die große Familie anzunehmen, war selbst weit entfernt von solchen revolutionären Haßtendenzen. Trotzdem sollte die von ihm ausgestreute Saat gerade in dieser Richtung weitaus am stärksten aufgehen. Es läßt sich in diesem Zusammenhang die Bemerkung nicht ganz unterdrücken: wie verantwortungsschwer ist doch jedes geschriebene und gedruckte Wort! Man läßt es aus der Hand und weiß nicht und hat keine Verfügung mehr darüber, was die Welt daraus macht.

Aber auch nach der entgegengesetzten Richtung hin sollte Darwins Lehre von der Auslese, die die Natur unablässig mitleidslos vollzieht, wirksam werden. Das geschah im Bereich der Schülerschaft von Friedrich Nietzsche. Nietzsche selbst war kein begeisterter Anhänger von Darwin. Er hat sich zu vielen seiner Gedanken eher kritisch geäußert. Aber es leuchtet ein, daß der Satz: „Die Schwachen sollen zugrunde gehen und man soll ihnen noch dazu helfen" in darwinistischer Beleuchtung einen besonderen Auftrieb bekommen mußte. Waren die kraftvollen Lebewesen in der Natur dazu bestimmt und ausgestattet, die Schwächeren zu jagen und auszumerzen, warum sollten dann die schönen, robusten und vitalen Naturen innerhalb des Menschengeschlechts nicht das gleiche Recht haben, mit einem großen Kehrbesen alle die auszurotten, die sich geistig oder körperlich als minderwertige Geschöpfe erwiesen. Man wird sagen können: das furchtbare Wüten gegen kranke und schwache Menschengeschöpfe im „Dritten Reich" war ein weltanschaulich-politischer Ausläufer des Darwinismus, mag der Stifter persönlich auch himmelweit von solchem Geist entfernt gewesen sein.

Fragen wir zuletzt noch: wie war die Reaktion in der Weltchristenheit auf diesen ungeheuren Umbruch in der Wissenschaftsforschung? Da muß leider zugegeben werden, daß sowohl Kirche wie Theologie sich der außerordentlichen Lage und Aufgabe in keiner Weise gewachsen zeigten. Wir wollen freilich nicht ungerecht sein. Wir müssen verstehen, daß für die Menschen damals diese neuen Gedanken ebenso unfaßlich waren und unerträglich schienen wie 200 Jahre vorher die umwälzenden Einsichten beim Einsturz des geozentrischen Weltbildes.

Die konservativen Kreise in der englischen Kirche und ebenso bei uns hier zu Lande verschanzten sich hinter der Verbalinspiration. Sie waren völlig unfähig, das theologische Glaubenszeugnis von Gott dem Schöpfer und Erhalter aller Dinge abzulösen von dem antik-naturwissenschaftlichen Weltbild, in das dieses Zeugnis auf den ersten Blättern der Bibel gefaßt war. Man kann einen derartigen Widerstand bis auf den heutigen Tag verfolgen. Gerade an dieser Stelle ist es leicht, die Laienfrömmigkeit aufzuputschen mit der pathetisch vorgebrachten Frage: Wollt ihr denn von den Affen abstammen?

Auch die wissenschaftliche Theologie ging in Gestalt der älteren Apologetik einen wenig erfreulichen, ja geradezu fatal anmutenden Weg. Man stürzte sich zur Abwehr des Darwinismus mit Vorliebe auf gewisse Unstimmigkeiten und Ungesichertheiten im Forschungsprozeß und erklärte: Solange diese Verlegenheiten nicht einwandfrei bereinigt sind, solange das berühmte „Zwischenglied", das die Kette zwischen Tier und Mensch endgültig schließen sollte, nicht gefunden ist, kann niemand von uns verlangen, die neuen Denkanschauungen zu übernehmen. Da gab es Lücken in den Bodenbefunden, Meinungsverschiedenheiten in der geologischen Datierung, Gegensätze unter den Fachgelehrten bei der Interpretation fossiler Reste. Selbstverständlich war der Hinweis auf solche Mängel in keiner Weise dazu angetan, die vorwärtsstürmende Naturwissenschaft aufzuhalten. Man war bereit, gewisse vorhandene Verlegenheiten zuzugeben. Aber man war gleichzeitig überzeugt davon, daß sich diese Aporien eines Tages lösen würden, und dann mußte der in der Rückzugsstrategie kämpfenden Theologie der Atem endgültig ausgehen.

Zweifellos wäre es besser gewesen, die christliche Theologie hätte einen anderen Weg eingeschlagen. Sie hätte sich in ehrfürchtigem Staunen der Tatsache öffnen können, wie nach dem Willen Gottes des Schöpfers alles in der großen Weltenschöpfung innig zusammenhängt. Es ist ja für den Menschen keine Schande, mit dem gesamten übrigen Leben der Natur verwandt zu sein, darum zu wissen, wie auch mineralische, pflanzliche, animalische (und warum nicht auch siderische) Kräfte mitgebaut haben an der Entstehung des Menschengeschlechts. Man hätte ferner mit gutem Recht fragen können: Was ist das größere Mysterium, daß die Arten in ihrer Mannigfaltigkeit durch immer neue Schöpfungsakte ins Dasein gerufen worden sind oder daß *ein* Organismus des Ursprungs entstand, in dem alle Möglichkeiten bereits latent angelegt waren, man müßte dann sagen, vom Schleimtröpfchen bis zu Shakespeare und Beethoven. Das Anbetungswürdige, das alles Denken übersteigt, wird im zweiten Fall eher noch wunderbarer und gewaltiger, als wenn man den Standpunkt, den Linné vertreten hat, um jeden Preis durchzuhalten versucht. Die Theologie der Gegenwart — wir können an Emil Brunner und Karl Heim denken[1] — geht in dem ihr aufgetragenen Gespräch mit der modernen Naturwissenschaft darum andere Wege.

Die führende Theologie der Gegenwart bejaht die Deszendenzlehre und überläßt es den Biologen, diese im Gespräch zwischen Heberer, Portmann, Gehlen und anderen Fachgenossen weiter auszubauen. Wohl aber ist die Theologie heute überzeugt, daß vom Mysterium der Sprache her die Sonderstellung des Menschen neu zu gewinnen ist bei allem zugegebenen Zusammenhang mit dem Leben der Natur. Schon der Oxforder Gelehrte Max Müller hatte zutreffend erklärt: „Die Sprache ist der Grenzfluß zwischen Mensch und Tier." Das Biologische, das uns mit dem Tier verbindet, umfaßt nicht den ganzen Menschen. Der Mensch weiß sich gleichzeitig als Person, als Gewissen, als Geistwesen und er weiß sich in dieser seiner Existenz angesprochen von einem göttlichen Ruf, dem er antworten muß, wenn er sein eigentliches und bestes Wesen nicht verfehlen soll.

So fügen sich heute für das theologische Denken und Lehren Anerkennung der Abstammungslehre und Achtung vor dem Menschen als dem Wesen, mit dem Gott in personaler Kommunikation stehen und reden will, zu einer inneren Einheit sinnvoll zusammen und man kann nur bedauern, daß das Gespräch mit dem Darwinismus nicht von Anfang an in dieser überlegenen Weise geführt worden ist. Die Kirche hätte sich dadurch die Geringschätzung ersparen können, in die sie durch ihre ängstliche und ungeschickte Apologetik verdientermaßen hineingeraten mußte, und mancher naturwissenschaftlicher Forscher hätte es dann nicht nötig gehabt, um der Abstimmungslehre willen den christlichen Gottes- und Schöpfungsglauben preiszugeben. Nun, solche Verwundungs- und Enttäuschungserlebnisse aneinander gehören von je her zu der langen Geschichte, wie sich

[1] Vgl. Karl Heim: Weltschöpfung und Weltende, Hamburg 1959. Emil Brunner: Das Wort Gottes und der moderne Mensch, S. 34 ff. Der Schöpfungsglaube und das wissenschaftliche Weltbild, Berlin 1937. Ferner Gerhard von Rad: Die biblische Schöpfungsgeschichte, und Günther Bornkamm: Der Schöpfungsglaube des Christen. Sammlung: Schöpfungsglaube und Evolutionstheorie, Stuttgart 1955.

Christentum und Naturwissenschaft begegnet sind. Unsere Aufgabe soll es sein, über diese Spannungen hinauszuwachsen in der Richtung einer echten Würdigung der beiderseitigen Standpunkte. Wir brauchen eine Theologie, die die Ergebnisse der Naturwissenschaft respektiert, und wir brauchen eine Naturwissenschaft, die ihre Resultate nicht zu antireligiösen Weltanschauungen auswertet und damit ihre Grenzen durchaus überschreitet. Daß die Begegnung zwischen den Fakultäten sich in dieser Richtung gegenseitiger Achtung vorwärts bewegt, ist eines der großen, hoffnungsvollen Zeichen in unserer sonst so düster gewordenen Zeit.

GOTTESGLAUBE UND MODERNE NATURWISSENSCHAFT IN DER THEOLOGIE KARL HEIMS

Unter den evangelischen Theologen unseres Jahrhunderts sind es nur wenige, die das Gespräch mit der modernen Naturwissenschaft aufgegriffen und in überlegener Weise geführt haben. Es ist keineswegs Gleichgültigkeit oder geistige Trägheit, wenn solche Begegnung nur selten stattfand. Es war vielmehr der Respekt vor dem unermeßlich großen und für Laien nur schwer faßbaren Bereich, was solche Zurückhaltung begründet erscheinen ließ. Eine rühmenswerte Ausnahme hat der Tübinger Systematiker Karl Heim (1874—1958) gemacht. Heim durfte das Wort zu diesem Thema nehmen, weil er von der Frühzeit seiner Privatdozentur in Halle an, seit 1907, unermüdlich am Werk war, in die vielschichtige und schwierige Materie einzudringen. Heim ist den Weg, der von Darwin und Haeckel über Avenarius und Ernst Mach bis hin zu Albert Einstein, Eddington, Heisenberg und Pascual Jordan führt, aufgeschlossen wachsam mitgegangen. Er wurde darum auch von Fachgenossen der Mathematischen und Naturwissenschaftlichen Fakultät ernst genommen, was nur wenige Theologen bei einem derartigen Bemühen für sich in Anspruch nehmen können.

Die ein Leben lang bewährte Hingabe an den immensen Stoff fand ihre Krönung in dem sechsbändigen Alterswerk: „Der evangelische Glaube und das Denken der Gegenwart“, wovon die drei letzten Bände ausschließlich dem Gespräch zwischen Christentum und Naturwissenschaft gewidmet sind. Längst ehe dieses abschließende Werk erschien, war Karl Heims zweistündige Vorlesung für Hörer aller Fakultäten über dieses Thema wohl die größte Attraktion innerhalb seiner stark besuchten Vorlesungen geworden. Immer wieder kehrte er dazu zurück, auch nachdem er schon emeritiert war, Zeichen genug dafür, für wie bedeutsam er es hielt, den unheilvollen Riß zwischen christlicher Wahrheitserkenntnis und moderner Weltansicht zu schließen.

So lange in der Forschungsgeschichte des Mittelalters die naturwissenschaftliche und astronomische Schulweisheit von Aristoteles und Ptolemäus geprägt und beherrscht war, konnte es kaum Konflikte zwischen Kirche und Wissenschaft geben. Kleriker und Mathematiker fanden sich friedlich zusammen in einem von beiden Seiten gemeinsam bejahten Weltbild. Mit dem Siegeszug von Kopernikus, Galilei und Giordano Bruno brach die harmonische Gemeinschaft auseinander. Vergeblich suchte sich die Kirche den neuen, überkühnen Einsichten entgegenzuwerfen. Der naturwissenschaftliche Fortschritt war nicht aufzuhalten. Der Widerstand der Kirche, der im Zeitalter Darwins erneut losbrach, bewirkte nur, daß sich Mathematik, Physik, Chemie, Biologie und Astronomie in der weltanschaulichen Einstellung vom christlichen Glauben immer weiter weg entfernten. Um die letzte Jahrhundertwende war es nahezu unmöglich geworden, die Tätigkeit im Laboratorium und im Physiksaal mit einer lebendig überzeugten christlichen Glaubenshaltung zu vereinigen. Das eine schien das andere auszuschließen. Im besten Fall war man, um die berühmt gewordene Selbstschilderung des Philosophen Jakobi zu zitieren, „im Kopf ein Heide und im Herzen ein Christ".

Die evangelische Theologie zog aus dieser verzweiflungsvollen Lage die Schlußfolgerung: also ist es weitaus am besten, wir geben den Gesamtbereich der Naturwissenschaft preis und beanspruchen ihn nicht länger für die Gotteswirklichkeit. Um so enger schloß man sich an die Geisteswissenschaften an, an Philosophie, Kultur, Kunst, Rechtsgestaltung und Erziehung. Dort, in den personalen Bereichen der Lebensbewältigung blieb auf jeden Fall Freiheit für die Stimme des Gewissens, für den Anspruch des Sittlichen, für den Ruf der ewigen Wahrheit.

Descartes und Kant hatten in dieser Richtung bereits gründlich vorgearbeitet. Für Cartesius zerfällt das Ganze der Wirklichkeit in eine res extensa und in eine res cogitans. In der geistigen Welt ist die göttliche Macht unverändert wirksam, in der sichtbar-stofflichen Welt dagegen walten ausschließlich mechanisch-gesetzmäßige Abläufe. Als Vorteil dieser dualen Lösung ergab sich, daß es kaum mehr zu Konflikten zwischen Christentum und Naturwissenschaft kommen konnte. Die Theologie war ja zurückgewichen, sie hatte das Feld geräumt. Im Bereich der reinen Geistexistenz mochte sie sich weiterhin nach Herzenslust anbauen, das interessierte die Physiker nicht. Die schwerwiegenden Nachteile, die sich daraus ergaben, hatte man sich bei dieser Rückzugsapologetik allerdings nicht genügend klar gemacht. Hatte man auf jede Einwirkung Gottes in der Natur verzichtet, dann war damit der Naturwissenschaftler zwar nicht als Ehemann und Familienvater, wohl aber als Forscher gewissermaßen zur Glaubenslosigkeit verurteilt. Darüber hinaus war dem Gottesglauben das Recht und die Möglichkeit genommen, dem Wunder und der Gebetserhörung im Leben des Alltags noch Raum zu geben.

Karl Heim ist in den Jahrzehnten groß geworden, als Haeckel und Ostwald das monistische Jahrhundert eröffneten und die einflußreiche Schule von Albrecht Ritschl und Wilhelm Herrmann der Naturwissenschaft gegenüber völlig kapituliert hatte. Erst auf diesem Hintergrund läßt sich ganz ermessen, was für eine Kraft und Überlegenheit dazu gehörte, dieser ganzen Entwicklung den Kampf anzusagen. Heute sind wir allenthalben, voran in der Medizin, am Werk, den kartesianischen Dualismus zu überwinden. Damals vor 60 Jahren war Karl Heim ein durchaus Einsamer, als er auf den Plan trat.

Die moderne Naturwissenschaft, die sich verägert und enttäuscht von Kirche und Theologie gelöst hatte, war ihrerseits dazu übergegangen, ihre eigenen Erkenntnisse zu verabsolutieren und ihnen eine gewisse religiöse Weihe zu geben. Heim stellt anhand der Eingangsworte zu Luthers „Großem Katechismus“ fest, daß diese Entwicklung geradezu unvermeidbar war. Denn der Mensch muß etwas haben, woran er sein Herz hängen kann, und das ist dann sein Gott. Das kann Geld und Gut sein, Macht und Gewalt, aber auch die eigene Klugheit und Weisheit der Vernunft, auf die man sich unerschütterlich verläßt. Anstatt sich auf streng exakte, empirische Forscherarbeit zu beschränken, sprach man unbedenklich von der Allmacht und Ewigkeit der Materie. Damit war man selbst wieder zum Dogmatiker geworden, wenn es auch eine Metaphysik ohne Gott war. Weil aber dieses Dogma von der Allgewalt und Konstanz der Materie von der *Naturwissenschaft* aufgestellt worden war, darum erstarrte jedermann in Ehrfurcht, darum galt es als unumstößliche Wahrheit, darum mußte man dieses Bekenntnis unbedingt mitmachen, um für fortschrittlich zu gelten, während man den Glauben an Gott, den allmächtigen Schöpfer Himmels und der Erden, als „Köhlerglauben“ beiseite schob und bespöttelte.

Auch die Kausalität als der Glaube an ein bis ins einzelne hinein bestimmtes und berechenbares Geschehen wurde zu einem solchen Absolutum erhoben. Alle Vorgänge am Himmel und auf Erden sollten der strengsten Gesetzmäßigkeit unterworfen sein. Bei der Beobachtung experimenteller Vorgänge war man felsenfest davon durchdrungen, daß die Ergebnisse streng objektiv gewonnen seien. Das Subjekt des Beobachters sollte dabei überhaupt keine Rolle gespielt haben.

All diese Überzeugungen standen wie Weltanschauungsstürme unerschütterlich fest, gestützt durch das ungeheure Ansehen der modernen Naturwissenschaft. Der Glaube an die Ewigkeit der Materie, die Allgültigkeit des Kausalprinzips, die Überzeugung von der reinen Objektivität, das alles war zu absoluten Werten erhoben worden, die den Gottesglauben verunmöglichen sollten. Heim übersetzt im Zusammenhang damit das Erste Gebot in die Sprache der Moderne, und dan lautet es: Ich bin der Absolute, du sollst keine anderen Absoluta neben mir haben!

Da der Mensch der Neuzeit sich in keiner Weise geneigt zeigt, auf seine Absoluta zu verzichten, dürfte ihm damit noch nicht geholfen sein, daß man ihm das erste Gebot in dieser aktuellen Übersetzung entgegenhält. Man müßte diese Weltanschauungstürme zum Einstürzen bringen, dann könnte wieder Raum geschaffen werden für Gott. Heim vollzieht diesen Einsturz, oder besser gesagt, er weist nach, wie diese Türme heute wanken und fallen auf Grund machtvoller Erschütterungen und Umbrüche, die sich in der naturwissenschaftlichen Entwicklung selbst vollziehen. Der Theologe braucht gar nicht mit der Posaune zu blasen, damit die Mauern fallen, es genügt, wenn er die Wandlungen im naturwissenschaftlichen Weltbild zur Kenntnis nimmt und die daraus sich ergebenden Folgerungen für jedermann deutlich macht.

Was den Glauben an eine absolute Objektivität im Bereich des naturwissenschaftlichen Forschens betrifft, so wissen wir heute, daß diese Überzeugung völlig unhaltbar ist. Bei jeder Beobachtung ist immer das Subjekt des Fragenden mit dabei. Wie verschieden aber kann dieses Subjekt seine Fragen stellen! Denken wir nur an Goethes ganzheitliche morphologische Betrachtung der Pflanze im Unterschied zu einer Forschung, die von den zerstückelten Gliedern der Pflanze ausgeht! Die Natur beantwortet uns immer nur die Fragen, die wir an sie stellen. Andere Zeiten werden wieder anders fragen, als wir es tun, und sie werden dementsprechend andere Antworten darauf bekommen.

Das Kausalgesetz konnte darum zum Prinzip einer absoluten Determination erhoben werden und sich siegreich durchsetzen, weil sich darauf die großartigen Erfolge der modernen Technik und industriellen Leistung aufbauten. Und doch sieht man auch dieses Absolutum heute wanken. Gewiß, im makrokosmischen Bereich besteht der Zusammenhang von Ursache und Wirkung im Sinn der klassischen Schulphysik unverändert weiter. Für die Mikrophysik dagegen, die mit Hilfe des Elektronenmikroskops arbeitet, hat sich das Bild völlig verwandelt. Die Art und Weise etwa, wie der Zerfall eines Radiumkerns vor sich geht, geschieht in Quantensprüngen, die wie akausale Entscheidungen wirken, die sich nicht vorausberechnen lassen, ja es scheint hier fast etwas wie Freiheit zu walten. Der Physiker Hermann Weyl hat im Blick auf derartige Vorgänge darum den Satz geprägt: „Die Materie ist nicht, die Materie geschieht." Wo aber Geschehen ist, da ist der Bereich der strengen Naturgesetzlichkeit durchbrochen.

Heim fügt noch eine weitere Erwägung hinzu, um das Dogma von der Pankausalität zu erschüttern. Er weist hin auf die abgrundtiefe Kluft zwischen allem, was geschehen ist, und dem, was noch in der Zukunft liegt. Völlig sicher ist immer nur das, was der Vergangenheit angehört. Alles dagegen, was die Zukunft betrifft, hat immer eine Ungewißheitskomponente bei sich. Selbst wenn ein Vorgang sich noch so oft wiederholt hat, können wir nie mit absoluter Gewißheit sagen, ob er das nächste Mal ebenso wieder eintreten wird. Für einen erfahrenen Arzt zum Beispiel verläuft eine diagnostizierte Krebserkrankung nach einem klar voraussehbaren Zerstörungsprozeß. Und doch, wie viele irrationale Überraschungen gibt es gerade auf dem Gebiet, Gott sei Dank, möchte man sagen.

Was den Glauben an die Allmacht und Ewigkeit der Materie betrifft, wie er von dem „dialektischen Materialismus" des Ostens in fanatischer Weise vertreten wird, so ist hier erst recht mit Händen zu greifen, wie der Mensch in diesem Fall eine Schöpfungsgröße zu einem Absolutum erhoben hat. Denn ein exakter Beweis dafür kann niemals angetreten werden. Es ist unschwer zu erkennen, wie hier einer weltanschaulichen und politischen Tendenz zuliebe eine Vorentscheidung getroffen worden ist.

So hatte man also naturwissenschaftliche Absoluta auf den Thron gesetzt, der Gott allein gebührt. Indem Karl Heim unter Zuhilfenahme der neuesten naturwissenschaftlichen Umwälzungen diese falschen Götter entthront, will er wie ein Adventsbote, dem Vorläufer Johannes gleich, dem wahren Herrn der Welt den Weg bereiten. Die falschen Höhen sollen erniedrigt werden, damit der König der Ehren einziehen kann.

Die theologische Jugend von heute hat für die Bedeutung und Tragweite einer solchen Bemühung kaum mehr Verständnis. Sie weiß nicht, sie macht sich nicht klar, wie verhängnisvoll die Absoluta der Naturwissenschaft ungezählten Menschen an der Jahrhundertwende den Zugang zum Gottesglauben verbaut haben, ja wie sie es vielfach heute noch tun. Die Luft, die in einer Technischen Hochschule weht oder in einer Medizinischen Fakultät, ist eben sehr anders als im theologischen Hörsaal. Die Theologie der Gegenwart meint, es genüge durchaus, im Wortanruf die Glaubensentscheidung zu fordern. Dann werde der Geist Gottes schon senkrecht von oben herab wie ein Blitz einschlagen und den Menschen ergreifen und umwandeln. Wo sich aber das Menschenherz dem göttlichen Zugriff verschließt, da bleibt es maxima culpa jedes einzelnen in Zeit und Ewigkeit, weil er eine Fehlentscheidung vollzogen hat. So schön das klingt und so richtig es theologisch gedacht sein mag, in Wahrheit ist es doch eine bedenkliche Simplifikation, und vor allem ist es unbarmherzig, dem Menschen nicht eine hilfreiche Hand zu reichen, daß er von falschen Denkvoraussetzungen loskommt, in denen er sich gefangen sah. Die wahre seelsorgerliche und missionarische Einstellung ist immer geduldig und verstehend. Sie sucht den Menschen da auf, wo er sich befindet, und nicht dort, wo man ihn haben möchte.

Es hat pietistische Kreise gegeben, die bei aller Verehrung für Karl

Heim nie recht verstanden haben, warum er sich eine so unendliche Mühe gab in der Auseinandersetzung mit dem modernen Geistesleben und naturwissenschaftlichen Denken. Heim hat wohl gewußt und es auch bereitwillig zugegeben, daß sein in die Tiefe dringendes Bohren nicht für jedermann bestimmt und nötig sei. Aber es hat genug Akademiker gegeben, die es ihm zeitlebens gedankt haben, daß er einen Weg aufgezeigt hat, wie sich Gottesglaube und naturwissenschaftliches Denken wieder finden können, nachdem die beiden Größen so völlig auseinander gefallen waren. Man muß eben manchmal erst die negativen Voraussetzungen des Gottesglaubens abbauen, ehe ein von Fesseln befreiter, lebendiger Glaube aufblühen kann.

Ein besonderes Streitobjekt seit der kritischen Entfremdung war von jeher die Frage nach dem Wunder und nach der Erhörbarkeit des Bittgebets. Das Wunder war einmal des Glaubens liebstes Kind. Im Verlauf der Neuzeit ist es immer mehr zum Schmerzenskind einer großen Verlegenheit geworden. Die evangelische Theologie hat darum seit Schleiermacher an dieser Stelle einen entschlossenen Rückzug angetreten. Der große Kirchenvater des 19. Jahrhunderts unterschied bekanntlich zwischen miracula externa und interna. Bei den Ersteren dachte man an die Heilung eines Blinden oder eines Taubstummen. Diese Art von Wunder sollte völlig preisgegeben werden. Um so nachdrücklicher bekannte man sich zu dem Wunder, daß ein Menschenleben durch die Kräftigkeit des in Christus wirkenden Gottesbewußtseins verwandelt werden kann aus einer triebhaften zu einer zuchtvollen Existenz, aus einem selbstsüchtigen zu einem selbstlosen Wesen und Leben. Auch Rudolf Bultmann ist dieser Linie treu geblieben, wenn er erklärt hat: im Grund gibt es nur ein einziges Wunder, und das ist das Wunder der Vergebung, alles andere ist als Mythos oder Legende anzusprechen. Es paßt nicht mehr herein in unser neuzeitliches Weltbild und muß darum eliminiert oder uminterpretiert werden.

Wenn Heim an dieser Stelle dem allgemeinen Zug der Zeit nicht folgt, so tut er es nicht nur aus Pietät gegenüber dem Zeugnis der Schrift. Er weiß, daß hier vor allem im Blick auf die praktische Glaubensfrömmigkeit des Alltags ungeheuer viel auf dem Spiel steht. Wie aber kann man einem naturwissenschaftlich-kritisch eingestellten Menschen den Zugang öffnen zu dem Glauben an einen Gott, der Wunder tut und der Gebete erhört? In keiner Weise kann Heim die Auffassung billigen, die für das mittelalterliche Denken maßgebend war, als würde im Vollzug des Wunders die Kausalität durch einen Machtakt Gottes aufgehoben, so daß alles möglich ist, um dann erneut wieder eingesetzt zu werden für den normalen Ablauf im Weltgeschehen. Auf solche Vorstellungen von einer lex suspensionis et restitutionis läßt sich begreiflicherweise kein moderner Naturwissenschaftler ein. Wohl aber gilt es zu fassen, daß bei dem Wunder die Kausalität überhöht wird durch Willensströme, die stärker sind als die ursprünglich wirksamen Abläufe. Solche Willensströme kann der Mensch zunächst aus sich selbst erzeugen und auf andere übertragen. Wir können dabei denken an den weitreichenden heilsamen Einfluß, den eine starke Arztpersönlichkeit auf schwerkranke Patienten auszuüben vermag. Und doch kommen wir Menschen mit dieser unserer Willensenergie rasch an eine Grenze, wo wir mit unserem Vermögen am Ende sind, darin den Jüngern vergleichbar, von denen in Markus 9 erzählt wird, daß sie nicht helfen konnten, als der Vater sein schwerkrankes Kind zu ihnen brachte. Im Wunder aber greift ein übermenschlicher Wille in das Naturgeschehen ein, das, wie wir heute wissen, ja kein toter Mechanismus ist, sondern ein lebendiges, feuerflüssiges Werden und Geschehen. Da es im Bereich des Wollens einen göttlichen reinen und einen widergöttlichen verunreinigten Willen gibt, muß bei dem Wunder immer nach der dahinter stehenden göttlichen Legitimation ausdrücklich gefragt werden. Es gilt die Geister zu prüfen und zu unterscheiden.

Als Beispiel einer echten Glaubensheilung führt Karl Heim an, was der schwer gelähmten Mutter des Dichters Hermann Hesse widerfuhr, als Elias Schrenk ihr die Hände auflegte und mit ihr und für sie im Namen Jesu betete. Maria Hesse konnte das überraschende und beglückende Befreitwerden von Schmerzen und Beschwerden nur in die Worte fassen: „Es flossen Kräfte auf mich herab." So gilt es Gott zu erfassen als die uns von allen Seiten umgebende Wirklichkeit, als den alles erfüllenden, überpolaren Raum, als die absolute Macht über allen Mächten. Nach der Überzeugung von Karl Heim kann uns der Zugang zu der überpolaren Gotteswirklichkeit freilich nur auf dem Weg über ein Gewissenserlebnis geschenkt werden. An dieser Stelle bleibt der Tübinger Systematiker Luther und Kant unmittelbar verbunden. Man muß sein Leben an Gott ausliefern, man muß es wagen, auf die Brücke des praktischen Gehorsams in der Willenshingabe zu treten, und man wird dabei erfahren, daß die Brücke trägt, daß sie sich den Belastungen der Welt und des Lebens gewachsen zeigt.

Mit einer Heftigkeit ohnegleichen entbrannte der Kampf zwischen Kirche und Naturwissenschaft im 19. Jahrhundert über der Abstammungslehre. Die damalige anglikanische Kirche, der Fundamentalismus in Amerika, die katholische Apologetik, die Gemeinschaftsbewegung und weit hin auch die protestantische Theologie in Deutschland, sie alle wehrten sich leidenschaftlich, und sie wehren sich heute weithin noch gegen das evolutionistische Weltbild, das die Überzeugung von einem lückenlosen Zusammenhang im Werden alles Lebendigen vertritt. Die Entstehung der Pflanzen, der Fische, der Vögel und der Tiere sollte auf einzelne, voneinander unterschiedene, getrennte Schöpfungsakte zurückgehen. Besonders aber sollte der Mensch seinen Ursprung einer einmaligen, außerordentlichen Schöpfungstat Gottes verdanken. Nur mit Hilfe solcher voneinander streng abgehobener Schöpfungsereignisse glaubte man die einzigartige Rangstellung des Menschen im Ganzen der Schöpfung wahren zu können.

Die kirchliche Apologetik trat dem Darwinismus mit dem Einwand entgegen, daß gewisse Zwischenglieder immer noch nicht gefunden seien, die in lückenloser Kette den Zusammenhang zwischen hochentwickelten Tierstämmen oder dem Menschen schließen sollten. Oder man klammerte sich, wie ich es als Erlanger Student vor mehr als 40 Jahren selbst erlebt habe, an den dortigen Zoologen Professor Fleischmann, der noch im 20. Jahrhundert die Abstammungslehre für einen unbewiesenen Wahn erklärte. Karl Heim hat sich auf solche fragwürdigen Vertröstungs- und Verteidigungskünste niemals eingelassen. Er hatte sich nicht nur mit Physik und Astronomie beschäftigt, sondern auch mit vergleichender Anatomie und Physiologie. Dabei stieß er auf das phylogenetische Gesetz, wonach die Entwicklung des menschlichen Embryos als eine zusammengefaßte Rekapitulation der gesamten Stammesentwicklung in gedrängter Form verläuft. Er wußte um die überraschende chemische Blutsverwandtschaft, die zwischen Mensch und Affe besteht. So kam für ihn die altkonservative Anschauung nicht in Frage. Gleichzeitig aber stand er vor der Aufgabe, die einzigartige Rangstellung zu erweisen, die den Menschen nach dem biblischen Zeugnis von aller anderen Kreatur abhebt und ihr gegenüber auszeichnet.

Die Art und Weise, wie Heim dieses Problem gelöst hat, ist wahrhaft genial zu nennen. Er hat nämlich den Beweis für den organischen Zusammenhang des Menschen mit der ganzen übrigen Schöpfung aus der Bibel selbst gewonnen, so daß auch Biblizisten und Anhänger der Verbalinspiration im Grund nichts mehr dagegen einwenden können. Gleichzeitig aber vermag er deutlich zu machen, wie durch Gottes Handeln und Berufen Vorgänge, die in der Flächendimension nebeneinander zu liegen kommen, sich in der Tiefendimension wesenhaft voneinander abheben.

Heim stellt fest: nach dem Zeugnis der Schrift bildet die gesamte Schöpfung, angefangen vom Staubkorn bis hin zum Menschen, eine große, zusammengehörige Einheit. Sie ist Kreatur und steht als solche unter dem Gesetz des Werdens und Vergehens Gott gegenüber, der allein Unsterblichkeit hat. Diese Wahrheit kommt zum Ausdruck in dem Zeugnis des Predigers Salomonis: „Denn es geht dem Menschen wie dem Vieh. Wie dies stirbt, so stirbt er auch." Oder es sei erinnert an das prophetische Wort, wo von allen Geschöpfen gesagt wird: „Du nimmst ihren Odem weg, so vergehen sie und werden wieder zu Staub. Du läßt deinen Odem wehen, so werden sie geschaffen, und du erneuerst die Gestalt der Erde."

Auch Paulus nimmt Römer 8 die ganze Schöpfung in menschlichen und untermenschlichen Bereichen zusammen. Er sieht sie wie eine große Familie in Weh und Hoffnung vor Gott ausgebreitet und auf ihn hin ausgerichtet. Gott allein als der Absolute steht jenseits dieses ganzen Zusammenhangs.

Worauf beruht dann die Überlegenheit des Menschen gegenüber aller übrigen Schöpfung? Jedenfalls nicht darauf, daß der Mensch unabhängig von allen anderen Geschöpfen entstanden ist, sondern allein darauf, sagt Karl Heim, daß es Gott in seiner souveränen Freiheit gefallen hat, sich dieses Geschöpfes unter allen anderen besonders anzunehmen. Er hat es zu seinem Gegenüber, zu seinem dialogischen Partner gemacht. Allein durch diesen Berufungsakt wird der Mensch zum homo sapiens, zum homo divinans. „Gott hat ein einfaches Geschöpf, das im Zusammenhang mit der ganzen übrigen Schöpfung steht, durch seine Berufung zu sich emporgezogen. Sobald dem Menschen der Zusammenhang mit Gott wieder verloren geht, sinkt er auf die tierische Stufe zurück."

Heim verdeutlicht sein Anliegen an dem Beispiel der Geschichte Israels. Das jüdische Volk war von Natur auch nicht wertvoller als andere Völker im vorderen Orient. Bei den Propheten finden sich Klagen genug über das gierige, störrische und undankbare Wesen in Israel. Allein dadurch, daß es Gott gefallen hat, sich um dieses Volk in besonderer Weise zu kümmern, es als ersten Baustein der Erwählung aus dem Steinbruch der Völkerwelt herauszunehmen und sich zuzubereiten, bekommt dieses Volk die außerordentliche Qualität, die bis auf den heutigen Tag sein eigentümliches religiöses Schicksal ausmacht. Immer ist es der göttliche Berufungsakt, der auszeichnet, der heraushebt, aber niemals der natürliche Zusammenhang, in den eine Kreatur mit allen anderen zu stehen kommt und darin Gott gegenüber steht.

Eine besondere Anfechtung für den Gottesglauben ist in den Herzen und Köpfen vieler Menschen entstanden durch die modernen Erkenntnisse von der Unermeßlichkeit des Weltalls. Schon David Friedrich Strauss hatte in seinem 1872 erschienenen Werk „Der alte und der neue Glaube" erklärt, im Zusammenhang mit dem neuzeitlichen Weltraumwissen sei für Gott die Wohnungsnot angebrochen. Das in England und neuerdings nun auch in Deutschland stark beachtete Buch des anglikanischen Bischofs Robinson „Honest to God" erweckt den Eindruck: hier ist selbst ein Theologe und Kirchenmann in keiner Weise fertig geworden mit dem Thema Gottesglaube und modernes Raumbewußtsein. Das Verhängnisvolle an dieser Veröffentlichung ist: weil der Verfasser als neuzeitlich denkender Mensch eine räumliche Transzendenz Gottes nicht mehr anzuerkennen vermag, streicht er die Transzendenz Gottes als weltüberlegene Wirklichkeit überhaupt, er verlagert Gott im Anschluß an ein unzureichendes Verständnis von Paul Tillich in die „Tiefe des Seins", was im übrigen auch wieder eine räumliche Vorstellung in sich schließt. Man hat bei der Lektüre von Robinson den Eindruck: wie schade, daß dieser anglikanische Theologe nie auf Karl Heim gestoßen ist! Wie hätte ihm dort geholfen werden können zur Wiedergewinnung der Transzendenz Gottes auf überräumlicher Grundlage! Um diese Zielsetzung zu erreichen, schlägt Heim einen doppelten Weg ein.

Er weist darauf hin, daß es echte Jenseitigkeit gibt, die mit räumlicher Überweltlichkeit nichts zu tun hat. Eine solche Jenseitigkeit besteht zunächst bei jeder ersten Begegnung zwischen einem Ich und einem Du. Wie anders ist der andere! Wie fremd wirkt er in vielen Stücken auf mich und gewiß auch ich auf ihn. Es scheint keine Brücke herüber und hinüber zu geben. Das, was uns trennt, ist nicht in Lichtjahren auszudrücken, und doch ist es echte Jenseitigkeit, unter der man bitter schmerzlich leiden kann. Aber nun gibt es gleichwohl eine Brücke über den unendlich trennenden Abstand hinweg, das ist das Mysterium der Sprache. In dem Augenblick, wo wir anfangen, miteinander zu sprechen, schließt sich der Abgrund. Wir fassen Vertrauen zueinander. Das Ich kommt zum Du, das Du kommt zum Ich, und es entsteht Gemeinschaft.

So lebt auch Gott, betont Karl Heim, für uns Menschen in einer Jenseitigkeit und Verborgenheit, in die wir nicht eindringen können, so wenig wie in das Geheimnis des Du. Aber nun geschieht auch hier das Wunderbare, daß die verborgene, für uns unzugängliche Gottesmacht zu sprechen anfängt in einem liebenden und werbenden Wort. Das ist anfangsweise und stückweise geschehen durch den Mund der Propheten, und in Vollmacht und Fülle durch das Wort Christi. Durch dieses Lebenswort werden alle trennenden Geschiedenheiten durchstoßen. Gott kommt uns nahe durch seine Anrede, die in unser Herz eindringt. Wir werden seiner gewiß, mag sich der Weltenraum in noch so unvorstellbaren Weiten für uns ausdehnen.

In dem 5. Band seines Alterswerkes („Die Wandlung im naturwissenschaftlichen Weltbild") hat sich Heim unerschrocken zu den letzten Konsequenzen von Einsteins Relativitätstheorie bekannt. Zugleich hat er diese Einsichten mit dem Ansatz der modernen Existenzphilosophie unmittelbar in Zusammenhang gebracht. Für Einstein gibt es keinen ruhenden Mittelpunkt im Weltall. Es gibt nur ungezählte, gleichermaßen mögliche Standorte, von denen aus das Gesetz der Welt anvisiert werden kann. Die dabei gewonnenen Ergebnisse lassen sich dann jederzeit auf andere Bezugskörper und Koordinatensysteme umrechnen.

Der gleichen Empfindung gibt im Grund auch Heidegger Ausdruck, wenn er in „Sein und Zeit" von dem Ich sagt, es sei „geworfen in das Da". Diese Bezeichnung will jedenfalls das zufällig und willkürlich Erscheinende meiner Existenzsetzung deutlich machen. Es ist in der Tat nicht einzusehen, warum mir unter Billionen von Lebewesen, die die Erde schon bevölkert haben, heute bevölkern und in der Zukunft bevölkern werden, gerade diese Stelle in Raum und Zeit angewiesen worden ist, an der ich mich vorfinde. An sich wäre jede andere Position doch genau so denkmöglich.

Es blickt mich also sowohl von Einstein wie von Heidegger her das Rätsel meiner Existenz gleich abgründig an. Der Mensch aber wird die Frage nicht los: was ist das für eine Macht, die mir gerade diesen Ort als mein Hier und die mir gerade diesen Zeitpunkt als mein Jetzt angewiesen hat? Das moderne Denken zieht es vor, nach dem Zerfall des Gottesglaubens in der Neuzeit, für diese Urmacht neutrale, unpersönliche Worte zu gebrauchen. Man spricht vom Seinsgrund, vom Urschoß, vom Fatum, vom Schicksal, das mich in das Dasein geschleudert hat. Als ein vorläufiger Ausdruck für das ungelöste Rätsel unserer Existenz will Heim derartige Wortprägungen durchaus gelten lassen. Zuletzt aber, so betont er, kann das Ich seine Existenz nicht aus der Hand eines Es empfangen haben. Ich kann als Ich nur durch ein ewiges, allgegenwärtiges Du gesetzt worden sein. Dieses ewige Du aber steht jenseits aller Räume, sonst könnte es ja nicht raumsetzend wirken. Wenn ich mich diesem absoluten Du anvertraue, dann finde ich in der Unendlichkeit der Welt mit den Myriaden von Sonnen und Sternen, inmitten von unendlich vielen, an sich denkmöglichen Standorten und Setzungen einen Ruhepunkt von weltüberlegener Gültigkeit und kann mein Leben im Frieden annehmen und verwirklichen.

Seitdem Karl Heim am 30. August 1958 aus diesem Leben abgerufen wurde, ist die naturwissenschaftliche Entwicklung bereits wieder ungestüm weitergeeilt. Neue Namen wie Adolf Portmann, Arnold Gehlen, Teilhard de Chardin, die sich bei Heim nicht mehr berücksichtigt finden, haben sich inzwischen Gehör verschafft und haben uns vor neue Aspekte und Erkenntnismöglichkeiten im Begreifen der Natur gestellt. Wir dürfen darum nicht bei dem Erreichten stehen bleiben. Wir müssen unentwegt weitergehen und Schritt halten in dem immer neu sich gestaltenden Gespräch zwischen christlicher Theologie und Naturwissenschaft. Von Karl Heim aber könnte die theologische Jugend der Gegenwart lernen: es gilt, wach und beweglich zu bleiben im geistigen Ringen der Zeit, und es gilt unerschütterlich fest zu stehen auf dem Grund, den Gott in Jesus Christus gelegt hat, nicht nur für jeden einzelnen von uns, sondern für seine ganze Schöpfung.

TEILHARD DE CHARDIN, EIN CHRISTLICHER NATURFORSCHER

1

Die geistige Entwicklung im Abendland ist in den letzten 150 Jahren in der Richtung verlaufen, daß sich Christentum und Naturwissenschaft ständig weiter voneinander entfernt haben. Es ist das nicht immer so gewesen. So sehen wir im Mittelalter bei Albertus Magnus und Hildegard v. Bingen, im Reformationszeitalter bei Luther und Paracelsus, im 17. und 18. Jahrhundert bei Jakob Böhme, bei Hamann und Oetinger durchaus das Bemühen am Werk, den christlichen Gottesglauben und die Betrachtung der Natur lebensvoll miteinander zu verbinden. Die mannigfachen Gründe für die gegenseitige Entfremdung können im einzelnen nicht aufgezählt werden. Es genügt festzustellen, daß diese Entwicklung auf beiden Seiten sich notvoll ausgewirkt hat. Die Kirche, die Gott und die Schöpfung nicht mehr zusammenzusehen vermochte, zog sich zurück auf die reine Innerlichkeit, auf Seelenpflege und Pflichtenethik, während die vom Gottesglauben gelöste Naturwissenschaft in ein immer weiter aufgespaltenes Spezialistentum hineingeriet, das wohl überragende fachliche Einzelleistungen hervorbrachte, aber zu keiner umfassenden Deutung und Zusammenschau der Weltwirklichkeit mehr fähig war.

Wir leiden heute in allen Fakultäten unter dieser Aufspaltung und sehnen uns nach einer Überwindung der Gegensätze von Natur und Geist, von Gott und Welt. Es sind in unseren Tagen viele verheißungsvolle Kräfte am Werk, die eine erneute Synthese von wissenschaftlicher und gotterfüllter Welterkenntnis erstreben. Es sei für die Biologie an Adolf Portmann in Basel erinnert, für die Medizin an die Heidelberger Internistenschule und für die Physik an Namen wie Eddington oder Carl Friedrich v. Weizsäcker.

In einer besonders eindrucksvollen Weise hat sich der Franzose Teilhard de Chardin darum bemüht, Liebe zur Schöpfung und Liebe zu Christus in einer höheren Einheit zusammen zu schauen. Sein umfängliches Schrifttum, das einstweilen nur bruchstückhaft vorliegt, hat nicht nur in Frankreich, sondern weit darüber hinaus ein ungewöhnliches Echo gefunden. Besonders zeigt sich die Jugend aller Länder dafür geöffnet und begeistert. Auch kann kein Zweifel darüber bestehen, daß die Auswirkung ständig im Wachsen begriffen ist. Wir wollen zuerst die Lebensbahn und dann das Weltbild dieses frommen und gelehrten Forschers kennenlernen und uns zuletzt mit den kritischen Einwänden auseinandersetzen, die dagegen geltend gemacht worden sind.

2

Pierre Teilhard de Chardin wurde am 1. Mai 1881 geboren, unweit von Clermont-Ferrand. Er war das vierte von elf Kindern. Die Familie gehörte zu dem begüterten Adel der Landschaft Auvergne. Schon das Kind zeigt zwei elementare Äußerungen, die für die spätere Laufbahn entscheidend werden sollten. Es ist auf der einen Seite erfüllt von einem leidenschaftlichen Frömmigkeitssinn, der an Pascal erinnert. Daneben steht eine nicht minder glühende Begeisterung für das Reich der Natur in all seinen Erscheinungsformen von Stein und Metall, von Pflanze und Tier. Schon der Sechsjährige legt sich im väterlichen Landhaus eine Sammlung an, wo Eisenstücke, Schmetterlinge und Schnecken untersucht werden. Der junge Adelige empfängt seine schulische Ausbildung in einem Jesuitenkolleg bei Lyon. Mit 18 Jahren tritt er in Aix-en-Provence in die „Gesellschaft Jesu“ ein.

Wenn der protestantische Mensch das Stichwort Jesuitenorden hört, verbindet er damit ein gewisses Unbehagen in Erinnerung an mancherlei kirchenpolitische Umtriebe und Machenschaften der Societas Jesu, die nicht immer erfreulich waren. Darüber wird allzu leicht vergessen, daß der Orden zahlreiche bedeutende Gelehrte hervorgebracht hat, was allein dadurch schon begünstigt wird, daß die Ordensdisziplin nach einer langjährigen philosophischen und theologischen Grundausbildung jedes Mitglied auch noch zum Studium einer weiteren Spezialdisziplin verpflichtet. Teilhard hat von dieser Möglichkeit ausgiebig Gebrauch gemacht. Er war Priester und Gelehrter, Philosoph, Mystiker und Naturwissenschaftler, Physiker, Paläontologe, Geologe und Anthropologe in einer Person.

Von 1906 bis 1908 unterrichtet er in Ägypten an höheren Schulen im Fach der Physik und Chemie. Diese erste Begegnung mit der Welt des Orients hat die Liebe zu allen erdhaften Dingen bei ihm nachhaltig verstärkt. Gleichzeitig liest er mit Begierde das 1905 erschienene Werk von Henry Bergson „Die schöpferische Entwicklung“. Im Unterschied zu Darwin, der in der Natur den blinden Zufall am Werk sieht, bekennt sich der französische Lebensphilosoph zu der Idee einer schöpferischen Kraft, was dem jungen Ordensmann den Mut geben wird, bis zu einer gotterfüllten Schau der Weltentstehung und Weltentwicklung durchzudringen. Es folgen 1908—1912 Studienjahre in England. Im Jahr der Priesterweihe (1911) reift der ungewöhnliche Entschluß, alle Kräfte hinfort an die Erforschung der Urgeschichte von Welt, Erde und Mensch zu wenden.

Im Ersten Weltkrieg hat Teilhard als Sanitätsgefreiter die schaurigen Schlachten an der Somme und vor Verdun mitgemacht. Dabei wurde sein Mut und seine Aufopferungsbereitschaft allgemein gerühmt. Während den kämpfenden Heeren in der Hölle der Materialschlachten der Fortschrittsglaube der Neuzeit zerbrach, war für Teilhard das Kriegsgeschehen im Erlebnis der Kameradschaft und gegenseitigen Hilfe eher eine Bestätigung dafür, zu welchen ungeahnten Möglichkeiten eines einheitlichen Zusammenschlusses das Menschengeschlecht fähig ist, wenn Not oder freiwillige Wahl es zusammendrängen. 1919 wurde der 38jährige als Geologieprofessor an das Institut Catholique in Paris berufen. Die Vorgesetzten erwarten von dem jungen Kollegen eine kraftvolle Bekämpfung und Überwindung des Darwinismus. Teilhard ist dazu auch entschlossen und bereit; aber wie er zur Erreichung dieses Ziels einen völlig andern und sehr viel kühneren Weg einschlägt, als es der offiziellen Kirchenlehre gemäß und erwünscht ist, schickt man den nicht mehr Willkommenen im Jahr 1923 als Mitarbeiter zu einer geologischen Expedition in die Mongolei. Die Rechnung ging freilich nicht ganz auf; denn gerade dieses „Asiatische Abenteuer" sollte der Anstoß zu der späteren weltweiten Wirksamkeit werden.

Es folgt nun eine ausgedehnte Forschungsreise nach der andern. Die Wege führen durch China, Nordindien und Burma und durch den afrikanischen Kontinent, der von Abessinien bis zur Südspitze durchquert wird. Im Dezember 1928 entdeckt eine vom Pater geschulte und geführte Forschergruppe junger Chinesen 50 Kilometer von Peking entfernt die Schädeldecke des China-Menschen, Sinanthropus pekinensis genannt. Dieser Fund zählt zu den bedeutsamsten paläontologischen Ereignissen des 20. Jahrhunderts und bringt dem erfolgreichen Finder hohen Ruhm in der Fachgelehrtenwelt ein. Wir müssen es bildhaft vor Augen sehen, wie Teilhard nimmermüde unterwegs ist von der Wüste Gobi bis nach Turkestan auf endlosen Pfaden, zu Pferd oder von einem zweiräderigen Maultierkarren gezogen, in eisiger Kälte und glühender Hitze, von Sandstürmen und plündernden Banden bedroht. Dabei „entgeht nichts im Reich der Dinge seinem erfahrenen Auge. Was immer er bemerkenswert findet, wird registriert und verarbeitet." Er geht tausend Wege und denkt tausend Gedanken, immer nur von dem einen Streben besessen, „dem Geheimnis der Erde auf die Spur zu kommen und den Maßstab zu finden, nach dem man den Menschen mißt, um den Platz dieses rätselhaften Wesens in der Natur zu bestimmen".

Beim Ausbruch des Zweiten Weltkriegs wird Teilhard in Peking festgehalten. In dieser unfreiwilligen Gefangenschaft entsteht das bedeutsame Werk „Le phénomène humain“. 1946 ist es endlich so weit, daß der Forscher nach Paris zurückkehren kann. Dort wächst von Jahr zu Jahr die Schar der Schüler und Gelehrten, die sich suchend, fragend und diskutierend an ihn wenden als eine Größe von anerkannter wissenschaftlicher Autorität und vorbildlicher Frömmigkeit. 1948 trifft den Gelehrten ein schwerer Schlag. Die Zensur in Rom lehnt das in Peking geschriebene Werk ab und verweigert die Druckerlaubnis. Der Gehorsam gewohnte Ordensmann fügt sich; er fügt sich auch, wie man ihn 1951, im Jahr seines 70. Geburtstags, erneut aus Paris abschiebt, dieses Mal nach New York. Doch muß „zu Ehren seiner Ordensoberen vermerkt werden, daß sie dem unbequemen Untergebenen stets erwünschte Verbannungsorte anwiesen, wo sich seine wissenschaftliche Betätigung frei entfalten konnte“. Am 10. April 1955, einem Ostersonntagabend, ist Teilhard de Chardin mitten in einer lebhaften Aussprache vom Schlag gerührt zusammengebrochen. Es war einer seiner letzten Wünsche gewesen, am Tag der Auferstehung Christi sterben zu dürfen. Diese Wunscherfüllung blieb ihm nicht versagt.

3

Versuchen wir jetzt das Weltbild zu umreißen, wie es sich für Teilhard als Ertrag eines wagemutigen und arbeitsreichen Lebens darstellt. Es gibt zwei, einstweilen noch unveröffentlichte, als Manuskript vielfach abgeschriebene und weitergereichte Abhandlungen des französischen Paters, die die bezeichnenden Titel tragen: „Comment je vois“ und „Comment je crois“. Schauen und Glauben, sorgsames Beobachten und ehrfürchtiges Anbeten vor den unermeßlichen Geheimnissen der göttlichen Schöpfung waren für diesen kühnen Denker keine sich ausschließenden Gegensätze. Auf keinen Fall wollte er im Blick auf seinen Gesamtentwurf angesehen werden als ein spekulativer Gnostiker, der mit dichterischer Phantasie ein religiös gefärbtes Naturdrama entwirft. Teilhard legte den größten Wert darauf, als exakter Naturwissenschaftler ernst genommen zu werden, und es ist ihm diese Anerkennung von Fachkollegen aller Länder auch nicht versagt geblieben. Gleichzeitig ist Teilhard als Christ und katholischer Ordensmann tief von der Überzeugung durchdrungen, daß Gott alles in allem ist, und daß alle Wege der Schöpfung in Christus als dem Haupt ihren Ursprung und ihr Ziel haben.

Die Schrift „Comment je crois“ beginnt mit einer vierfachen Erklärung in Form eines Glaubensbekenntnisses:

„Ich glaube, daß das Universum eine Evolution ist.

Ich glaube, daß die Evolution in Richtung auf den Geist geht.

Ich glaube, daß der Geist sich im persönlichen Gott vollendet.
Ich glaube, daß das höchste Personale der universale Christus ist."

Wenn Teilhard in diesem Zusammenhang viermal die Worte „Ich glaube" gebraucht, so will er dieses Credo doch nicht verstanden wissen in dem Sinn eines bloßen äußerlichen Fürwahrhaltens. Er ist vielmehr überzeugt, daß es möglich ist, auf naturwissenschaftlichem Weg den Nachweis von der Gültigkeit dieser Sätze zu erbringen.

Mit dem Satz „Ich glaube, daß das Universum eine Evolution ist" wird ein für allemal gebrochen mit der fundamentalistischen Auffassung und ebenso auch mit der Lehrüberlieferung der älteren kirchlichen Apologetik im katholischen wie im protestantischen Bereich, als wäre die Schöpfung einschließlich der Erschaffung des Menschen in Gestalt von vielfachen, getrennten und voneinander unabhängigen Schöpfungsakten ins Dasein getreten. Wenn sich der französische Pater auch in wesentlichen Stücken von Lamarck und Darwin unterscheidet, so ist er doch überzeugt, daß der von diesen beiden Forschern vertretene Grundgedanke einer durchgängigen Entwicklung im Weltall und Erdgeschehen richtig ist, und daß es sinnlos ist, wenn sich die Kirchenlehre dagegen sperrt. Auch die christliche Theologie muß sich der Tatsache öffnen, daß sich der Werdeprozeß im Kosmos über Milliarden und Millionen von Jahren entrollt und entfaltet hat. Es begann damit, daß sich das Gewimmel von Atomen zu Molekülen zusammenfügte. Aus Molekülen haben sich Zellen gebildet. Aus Zellen wurden Organe aufgebaut, und Organe haben sich zu Organismen zusammengeschlossen. Der Aufstieg im All erfolgt über Staub, Stein, Pflanze und Tier bis hin zu vormenschlichen und vollmenschlichen Wesen. Teilhard kann dafür auch sagen: Der Weg der Schöpfung führt über Kosmogenese, Biogenese, Zoogenese zur Anthropogenese, wofür er gern auch das Wort Noogenese gebraucht (von dem griechischen Wort Nous = Verstand, Vernunft), weil es erst bei dem Menschen ein Wissen um sich selbst gibt.

Damit stehen wir vor dem zweiten Satz im Teilhardschen Glaubensbekenntnis: „Ich glaube, daß die Evolution in Richtung auf den Geist geht." Wenn wir die Materie von außen betrachten, dann wirkt sie auf uns wie totes, vorhandenes Zeug. Aber die Materie hat auch noch eine Innenseite. Mag diese experimentell nicht faßbar sein, sie ist gleichwohl vorhanden. Nach der Überzeugung von Teilhard muß bereits den untersten Schichten im kosmogonischen Prozeß eine Art von dumpfem Bewußtsein zugeschrieben werden. Die Menschenseele aber bildet sich aus diesen Vorstufen und Vorgegebenheiten heraus zur vollen geistigen Klarheit.

Während Darwin und auch Bergson die Wirklichkeit Gottes bei dem Werden von Weltall, Erde und Mensch als eine überflüssige Hypothese ausgeschaltet hatten, bekennt Teilhard aus tiefster Überzeugung: Ich glaube, daß der Geist Gottes von Anbeginn der Welt in allem Geschehen am Werk ist und sich im persönlichen Gott vollendet. Die Evolution im Universum ist nicht das zufällige Ergebnis einer uns unbekannten, triebhaft waltenden Macht. Die Entwicklung im All ist planmäßig gelenkt. Die Mutationen, die zum Aufbau von immer neuen Formen des Lebens führen, vollziehen sich nicht willkürlich und richtungslos. Der Weltprozeß verläuft im Sinn einer Orthogenesis, in der Richtung einer sinnvoll gesteuerten, immer höheren Differenzierung und Vervollkommnung. Die Urbestandteile alles geschöpflichen Seins enthalten bereits im Keim die Möglichkeiten zu dem gesamten Prozeß der späteren Entwicklung, ein Vorgang, der gewiß ebenso staunenswert und anbetungswürdig ist wie der Lobpreis, den frühere Generationen auf Gottes Schöpfermacht angestimmt haben, der in einzelnen Schöpfungsakten sein Werk voranführen sollte.

Gegner Teilhards im katholisch-kirchlichen Lager haben vielfach den Vorwurf des Pantheismus gegen ihn erhoben. Aber man tut ihm mit solcher Verdächtigung zweifellos unrecht. Denn für Teilhard ist der Zielpunkt der Evolution nicht das Unendliche, in dem sich alles verliert, und auch nicht ein Ozean, in dem das individuelle Leben versinkt und sich auflöst. Für ihn ist der personale Gott und die personale Vollendung der menschlichen Einzelexistenz der höchste Zustand, auf den das Weltgeschehen hinstrebt.

Aber nun geht Teilhard de Chardin in dem vierten und letzten Satz seines Credo noch einen Schritt weiter: „Ich glaube, daß das höchste Personale der universale Christus ist." Der Aufstieg der Schöpfung über die Erde und den Menschen drängt in ununterbrochenem Fortgang auf ein Vollendungsziel hin, das von Teilhard mit Vorliebe als Punkt Omega bezeichnet wird. Das Omega ist nicht nur der letzte Buchstabe im griechischen Alphabet, es ist zugleich ein Ausdruck der Selbstbezeugung des erhöhten Christus, wenn dieser im letzten Buch der Bibel, in der Johannes-Offenbarung durch den Mund des Jüngers die hoheitsvollen Worte spricht: „Ich bin das A und O, der Anfang und das Ende" (21, 6). Teilhard begnügt sich also nicht mit einer bloßen Jesusverehrung, er bekennt sich zu einer kosmologischen Christologie im Sinn des Kolosserbriefs, wenn es dort im Eingangskapitel von Christus heißt: „Denn in ihm ist alles geschaffen, was im Himmel und auf Erden ist; es ist alles durch ihn und zu ihm hin geschaffen." So wird also die Christogenese zum krönenden Abschluß der Kosmogenese. Im totalen Christus ist das All zusammengefaßt, auf ihn zielt von Anbeginn der Welt alle Entwicklung der Schöpfung hin.

Die Menschheit aber hat noch einen weiten Weg vor sich, bis diese universale eschatologische Ausreifung erreicht sein wird. Es hat unendlich lange Zeiträume gebraucht bis zur gegenwärtigen Entwicklungshöhe. Wir werden weitere Millionen von Jahren nötig haben, um die Keime des Zukünftigen, die in der Schöpfung angelegt sind, sich voll entfalten zu lassen. Es warten neue Weltentage auf uns. Sie verlangen aber auch unsere Bereitschaft, unermüdlich zu forschen und an der Höherentwicklung des Menschengeschlechts mitzuarbeiten. Dazu müssen vor allem die verhängnisvollen Trennungen überwunden werden, die einstweilen immer noch Völker, Rassen und Klassen in fruchtlosem Streit voneinander scheiden.

4

Wie soll man diese imponierende, weltumspannende Schau beurteilen? Die erste Frage hat zu lauten: was davon ist Wissenschaft und was ist Vision? Teilhard selbst hat an dieser Stelle nie einen Zwiespalt für seine Person empfunden. Er hat ein Leben lang gegraben und gesammelt, beobachtet und geforscht wie jeder andere Empiriker auch, und er hat sein Brevier gebetet und seine Messe gelesen, wie es dem Stand im Orden entsprach. Wissenschaftserkenntnis und Glaubensergriffenheit haben sich für ihn in einer inneren Einheit vermählt. Wenn man sich heute auch in Rußland, im Bereich des „dialektischen Materialismus", brennend für das Lebenswerk von Teilhard de Chardin interessiert, so gewiß nicht wegen der Rolle, die der kosmische Christus in diesem System spielt. Wohl aber hält man es dort anscheinend für möglich, die Teilhardschen Erkenntnisse vom Werden alles Lebendigen aufzunehmen, unter völligem Absehen von der religiösen Interpretation. Daran wird deutlich, daß die Ausrichtung auf den universalen Christus in dieser Gesamtschau für das moderne naturwissenschaftliche Denken in keiner Weise zwingend oder überzeugend ist. Der säkularisierte Forscher sieht darin lediglich einen bürgerlich christlichen Rest eines kirchlich noch Befangenen, der bedenkenlos eliminiert werden kann.

Auf der anderen Seite ist festzustellen: die Zusammenschau von Kosmogenese und Christogenese hat etwas so Faszinierendes an sich, daß sich schon mancher zunächst rein naturwissenschaftlich eingestellte Zeitgenosse auf dem Weg über das Teilhardsche Weltbild für die christliche Wahrheit neu geöffnet hat, wozu er bei einer rein dogmatischen Belehrung wohl niemals bereit gewesen wäre. Ein Industriearbeiter hat die in ihm durch die Lektüre Teilhardscher Schriften vorgegangene innere Umwandlung folgendermaßen beschrieben: „Scheinbar bin ich noch derselbe, und dennoch hat sich alles verändert; ich stehe nicht mehr auf der gleichen Ebene, ich habe den Eindruck einer Geburt, und wie eine leuchtende Sonne entdecke ich das wahre Antlitz Gottes in mir." Wenn man bedenkt, wie schwer der Mensch im technischen Zeitalter auf die Gotteswirklichkeit hin ansprechbar ist, dann sollte man den Beitrag, den Teilhard für eine religiöse und christliche Neubesinnung in unseren Tagen zu leisten vermag und schon geleistet hat, nicht gering einschätzen.

Es sind aber im Namen der Naturwissenschaft wie der christlichen Theologie noch weitere Fragen an die Gesamtschau des französischen Gelehrten und Ordensmannes zu richten. Nach Teilhard hat weder der Vorgang einer ständig sich wandelnden Anpassung, wie Lamarck gelehrt hat, noch der Kampf ums Dasein, wie Darwin meint, die Entwicklung im Weltgeschehen vorangeführt; es muß vielmehr an eine planmäßig gelenkte Transformation in Richtung der Höherentwicklung gedacht werden. Die dazu nötigen Mutationen müßten dann alle günstig verlaufen sein. Nun gehört es aber zum fest gesicherten Wissen der Erbbiologie, daß weitaus die meisten Mutationen im Erbgang nicht eine Verbesserung, sondern eine Verschlechterung des Erbgutes bewirken. Wie aber will man dann den teleologischen Prozeß der Höherentwicklung von daher verständlich machen?

Wenn auch der Mensch bereits „im Ei der Schöpfung" mit angelegt war, wenn alles Geschehen im Leben der Natur nur eine Entfaltung und Ausrollung dessen darstellt, was potentiell und virtuell im Urkeim bereits vorhanden war, dann ist zu fragen, ob Gottes freischöpferisches Handeln in der *Geschichte* von dieser Schau her nicht in bedenklicher Weise beeinträchtigt erscheint. Kann und darf man das Schema des naturwissenschaftlichen Denkens ohne weiteres auf das Mysterium der menschlichen Geburt anwenden? Lassen sich Bach und Mozart, Dürer und Rembrandt ausreichend erklären als das Ergebnis von glückhaften Mutationen? Muß man hier nicht vielmehr von einer Creatio extraordinaria sprechen, von einem Schöpfungswunder ohnegleichen, das jede natürliche Erklärung übersteigt? Für das schlechthin Neue, das in die Geschichte unaufhörlich einbricht, hat dieses Evolutionsschema keinen rechten Platz, keine zureichende Deutung, was zweifellos als ein beträchtlicher Mangel anzusehen ist.

In der bisherigen Diskussion um Teilhard de Chardin ist von seiten der kirchlichen Vertreter vor allem gerügt worden, daß der strahlende Optimismus dieses religiösen Fortschrittsglaubens keinen rechten Raum hat für das Leid und Übel in der Welt, für das dunkle Rätsel der Erbsünde und für den herben Anstoß, den das Kreuz Christi in sich schließt. Der französische Pater ist von seinen Freunden daraufhin zu wiederholten Malen angesprochen worden. Er hat sich dazu folgendermaßen geäußert: Die Evolution kann gar nicht anders als schmerzhaft sein. Nach dem Zeugnis des Apostels Paulus im 8. Kapitel des Römerbriefs liegt die ganze Schöpfung in Geburtswehen und wartet voll Sehnsucht auf die Erlösung der

Kinder Gottes. Die weltweiten Reisen gaben dem unermüdlichen Wanderer gewiß Gelegenheit genug, das Elend der Kreatur und der gequälten Menschheit wahrzunehmen. Gleichwohl ist Teilhard der Meinung, man dürfe nicht wie gebannt auf Schmerz und Leid in der Schöpfung hinstarren; man müsse auch sehen, wie all diese mit dem Prozeß der Entwicklung unvermeidlich gegebenen Krisen und Verletzungen im Dienst der Annäherung an den universalen Christus stehen, und darum sind „die Leiden dieser Zeit nicht wert der Herrlichkeit, die an uns soll offenbar werden" (Römer 8, 18). Teilhard war ein ausgesprochener Gegner des französischen Existentialismus. Er hat an Gabriel Marcel und an François Mauriac harte Kritik geübt, weil sie nichts anders vermochten, als ständig nur um das Elend der menschlichen Natur zu kreisen.

Ein katholischer Priester, der das Meßopfer verwaltet, wird an dem Kreuz Christi niemals vorübergehen. Teilhard hat sich in dem 1927 erschienenen Werk „Le milieu divin" zum Verständnis des Karfreitags ausführlich geäußert. Er bestreitet nicht, daß das Kreuz ein Gerichtszeichen, ein Zeichen des Widerspruchs ist, das den Gegensatz zwischen Gott und Mensch tief aufreißt. Gleichwohl legt er auch hier allen Wert darauf, daß wir aus dem Kreuz Christi nicht nur ein Symbol der Schuld und der Traurigkeit machen; wir sollen es vielmehr zusammen mit der Auferstehung Christi ansehen als einen befreienden Durchbruch, der der Menschheit die Möglichkeit zu neuen Aufstiegsstufen gebracht hat.

Der Glaube an den kulturellen und sittlichen Fortschritt hatte das 19. Jahrhundert erfüllt und begeistert. In Hegels berühmter Geschichtsphilosophie hatte sich diese Schau eine hinreißende Darstellung geschaffen. Bis zum Jahr 1914 waren die Völker, besonders in Europa, von diesem zukunftsfreudigen Aspekt geprägt. Dann kam als Folge des Ersten Weltkriegs der Gegenschlag und Umbruch, dem Oswald Spengler in seinem Werk „Der Untergang des Abendlandes" und Karl Barth in seinem „Römerbrief" einen machtvollen Ausdruck verliehen haben. Die Katastrophe des Zweiten Weltkriegs hat erst recht dazu beigetragen, den Kulturpessimismus zu steigern und dem Fortschrittsglauben den Todesstoß zu versetzen. In Teilhard de Chardin meldet sich dieses verschüttete Gedankengut gleichwohl aufs neue. Und doch ist es nicht einfach eine Repristination des idealistischen Fortschrittsglaubens. Denn für Teilhard ist es ja der universale Christus, der in allem Erd- und Weltgeschehen sein Werk treibt und der die Krisen und Katastrophen der Geschichte dazu gebraucht, Schöpfung und Menschheit dem Christus Allherrscher entgegenzuführen.

Wenn man auch dieser neuen Weltschau den christologischen Charakter zuerkennen muß im Unterschied zu Hegel, für den Jesus nur ein Vorbild des aufstrebenden Weltgeistes war, so kann doch nicht verschwiegen werden, daß Teilhard sich mit seinem von Christus gelenkten, unaufhaltsam höher strebenden Weltprozeß weit entfernt hat von den Wiederkunfts-Reden Jesu und von den apokalyptischen Bildern der Johannes-Offenbarung, die nicht von einer zunehmenden Verklärung der Welt und der Menschheit reden, sondern von einer dramatischen endgeschichtlichen Auseinandersetzung zwischen Christus und den antichristlichen Mächten, wobei es zu einer Scheidung der Geister kommen wird, in der Trennung von Guten und Bösen.

Teilhard ist nicht nur angegriffen worden, er ist auch seinerseits zum Gegenangriff übergegangen. Die Argumente, die er dabei vorbringt, sind von solcher Bedeutsamkeit, daß die Christenheit gut daran täte, darauf zu hören. Mit Recht wird der Vorwurf erhoben: es fehlt der Christenheit der Sinn für die Erde; sie hat zu wenig Verständnis für die Rolle, die die Materie gerade auch für das geistige Leben des Menschen spielt. Die Frömmigkeit der Mystik hat sich von der Erde losgesagt, was doch eine Herabsetzung Gottes des Schöpfers bedeutet. Vor allem hat diese „spirituelle Verdampfung der christlichen Wahrheit" bewirkt, daß die christliche Kirche immer unfähiger wurde, die konkreten Probleme des alltäglichen Lebens zu sehen und mit tatkräftigem Gestaltungswillen in Angriff zu nehmen. Hätte die Christenheit dieser Aufgabe gegenüber nicht so versagt, der Marxismus hätte niemals zu der Weltmacht werden können, die er heute repräsentiert. Eine Jenseitsreligion, die nur an den Himmel denkt und die Erde verachtet, und eine Weltbewegung, die unter Verhöhnung jeder Metaphysik nur an das Irdische denkt, sind gleich fragwürdige, unerfreuliche Erscheinungen. Teilhard ruft auf zu einer Überwindung dieser Gegensätze. Es muß sowohl das „Empor die Herzen!" und das „Vorwärts in der Weltgestaltung!" ernst genommen werden. Andacht und Anbetung, die nach oben blickt, und praktischer Dienst an der Erde, an der Menschheit müssen zusammenkommen, wenn die Welt nicht dem Verderben anheimfallen soll. Um mit dem Göttlichen in Berührung zu kommen, muß man nicht am Kosmos vorbeigehen. Es gilt vielmehr Gott beizustehen bei seinem zielstrebigen Mühen um die Verklärung der Welt durch verantwortungsvollen Dienst an der Schöpfung.

Wir werden dem Lebenswerk von Teilhard de Chardin am besten gerecht, wenn wir uns vor Augen halten, wie groß in der Neuzeit die Entfremdung zwischen Christentum und Naturwissenschaft geworden ist.

Mag vieles an dieser universalen Schau problematisch sein und nach weiterer Klärung verlangen; wir sollten ein Empfinden dafür haben, daß hier ein großer und edler Geist am Werk war, erfüllt von dem heißen, ehrlichen Verlangen, Glauben und Wissen in einer höheren Einheit wieder zusammenzubringen.

NATURLIEBE UND NATURVERBUNDENHEIT IM CHRISTLICHEN GLAUBEN

Wer es redlich meint mit dem Menschen und seiner Zukunft, der muß die Sorge um die schwer gefährdete Natur heute mit aufs Herz nehmen. Da ist die ständig steigende Verunreinigung unserer Flüsse und Seen, in denen man kaum mehr baden kann, ohne sich ein bösartiges Hautekzem zu holen. Das Fischereigewerbe am Bodensee wird bald nicht mehr möglich sein, weil das Dieselmotor-Öl zu einem allgemeinen Fischsterben führt. Mehr noch muß uns beunruhigen die Verpestung der Luft durch die Abgase der Fabriken und der motorisierten Fahrzeugschlangen, ganz zu schweigen von der unheimlichen Bedrohung der gesamten Schöpfung durch den zunehmenden Atomstaub. Regen und Wind reichen an vielen Stellen nicht mehr aus, um die Luft von der Dunstglocke reinzuwaschen, die über unseren Großstädten hängt.

Die Schädlingsbekämpfung in der Landwirtschaft durch ungezählte chemische Präparate und Spritzmittel bewirkt eine fortlaufende Verschlechterung der Bodenqualität. Damit aber verlieren Korn und Obst, Feldfrüchte und Südfrüchte zusehends an gesundheitlichem Nährwert. Je mehr der Konsum von Zeitung und Magazinliteratur wächst, um so mehr müssen Wälder umgeschlagen werden, um den immensen Papierbedarf zu decken. Die Zerstörung des Waldes aber verändert den lebenswichtigen Grundwasserspiegel. Es wird die Vogelwelt vertrieben, die zur Insektenbekämpfung dringend nötig wäre. Etwas Furchtbares ist die Zunahme der Lärmschäden, die uns in Stadt und Land kaum mehr zu einer friedvollen Nachtruhe gelangen lassen.

Man sollte meinen, wenn Boden, Wasser, Luft und Wald immer mehr verdorben werden, dann müßte es in der Menschheit zu einem erregten Aufstand wider all diese zunehmende Lebensminderung kommen. Die christliche Kirche in all ihren Konfessionen sollte vorangehen bei der Verteidigung dessen, was Gott gut geschaffen hat und was er gesund und heil erhalten sehen möchte. Leider ist von einer solchen vorkämpferischen Haltung der Christenheit in unseren Tagen kaum etwas zu merken. Teilnahmslos und widerstandslos schaut die christliche Gemeinde zusammen mit der übrigen Menschheit dem Schauspiel zu, wie die Natur immer mehr mißbraucht und mißhandelt wird. Man denkt sich nichts dabei, und man ahnt nicht, wieviel leibliche und seelische Schädigung von daher auf uns zukommt*.

Die protestantische Theologie der Gegenwart redet viel von Schöpfungsordnungen. Man braucht dazu nur an das Lebenswerk von Paul Althaus oder Friedrich Gogarten zu erinnern. Aber die elementare Schöpfung wird dabei kaum berücksichtigt. Stets hat man nur die menschlichen Gemeinschaftsbezüge vor Augen, wie wir zueinander gestellt sind in Ehe und Familie, in Nachbarschaft und Beruf, in Volk und Staat. Das Anthropozentrische, die personale Ich-Du-Begegnung wird ungeheuer ernst genommen, aber die kosmische Verantwortung liegt außerhalb der Blickrichtung.

In der neuesten Theologie, die sich von Martin Heidegger hat befruchten lassen, erscheint bei Gerhard Ebeling, Ernst Fuchs, Herbert Braun und dem anglikanischen Bischof Robinson das Wort von der Mitmenschlichkeit machtvoll in den Vordergrund gerückt. Ja, schließlich soll Gott überhaupt nur da in Erscheinung treten und sich verwirklichen, wo Mitmenschlichkeit geübt wird. Sicher ist solches Verhalten eine gute und nötige Aufgabe. Sie hat an dem Beispiel Jesu ihr helles Vorbild, und alles gerechte soziale Verhalten beruht darauf. Und doch, wie verhängnisvoll ist es, wenn über der Mitmenschlichkeit die Mitgeschöpflichkeit vergessen wird. Ehrfurcht vor dem Du ist recht und gut. Aber es sollte sich „die Ehrfurcht vor dem Leben", um mit Albert Schweitzer zu reden, durchaus hinzugesellen.

Daß Kirche und christliche Frömmigkeit der Natur gegenüber so gleichgültig und lieblos geworden sind, dafür trägt die Hauptschuld die Überflutung der protestantischen Theologie der Neuzeit durch den Geist der idealistischen Philosophie. Schon Descartes hatte Natur und Geist bedenklich auseinandergerissen. So konnte er erklären, die Tiere, die doch in Wahrheit hochempfindsame Wesen sind, seien nichts anderes als „mechanisch gelenkte Maschinen". Bei Kant und Fichte ist die Natur lediglich Material, das der Menschengeist seinem Willen zu unterwerfen hat. Der Geist kann daran seine souveräne Überlegenheit erweisen. Aber dankbare, liebende Verbundenheit mit der Natur kann bei einer solchen Einstellung nicht zustande kommen.

Man hat zur Rechtfertigung der Herrschaftsgewalt des Menschen über die Natur gern hingewiesen auf das göttliche Befehlswort, das sich bereits auf den ersten Blättern der Bibel findet, indem dort an den Menschen

* Eine rühmliche Ausnahme macht der Züricher Theologe Fritz Blanke in dem Beitrag: Unsere Verantwortlichkeit gegenüber der Schöpfung. Erschienen in der Festgabe zum 70. Geburtstag von Emil Brunner: Der Auftrag der Kirche in der modernen Welt, Zürich, 1959.

die Aufforderung ergeht: „Machet euch die Erde untertan!“ Auch der 8. Psalm wird in dem Zusammenhang regelmäßig zitiert. Es heißt dort von dem Menschen: „Du, o Gott, hast ihn nur wenig niedriger gemacht denn Gott selbst; mit Ehre und Schmuck hast du ihn gekrönt, du hast ihn zum Herrn gemacht über deiner Hände Werk; alles hast du unter seine Füße getan, Schafe und Ochsen allzumal, dazu auch die wilden Tiere, die Vögel unter dem Himmel und die Fische im Meer und was im Meer geht.“

Gewiß gehört es zu der außerordentlichen Rangstellung des Menschen im Kosmos, daß sein Geist alle Dinge erkennen, mit Namen benennen, gestalten und in seinen Dienst stellen darf. Aber das ist doch nur die eine Seite, wie im biblischen Zeugnis von Natur und Erde geredet wird. Die Bibel weiß ebenso gut darum, daß der Mensch mit hineingehört in das große Ganze der Schöpfung und daß er sich ihr darum geschwisterlich verbunden wissen soll.

Die biblischen Zeugen sind ergriffen von der Größe und Schönheit der Natur. Dieser Reichtum ist keineswegs allein um des Menschen willen da. Die Schöpfung ist nicht nur unseretwegen wunderbar geschaffen und ausgerüstet, sie ist vielmehr als ein unmittelbarer Ausdruck der Herrlichkeit Gottes zu verstehen. Im 148. Psalm wird alles geschaffene Leben wie eine große Familie angesehen und zusammengenommen, die gemeinsam zum Lobe Gottes aufgerufen ist. Es heißt da: „Lobet ihn, Sonne und Mond, lobet ihn, alle leuchtenden Sterne! Lobet den Herrn, ihr Walfische und alle Tiefen; Feuer, Hagel, Schnee und Dampf, Berge und alle Hügel, fruchtbare Bäume und Zedern, Tiere und alles Vieh, Gewürm und Vögel!“ Und dann wird unmittelbar fortgefahren: „Lobet den Herrn auf Erden, ihr Könige und Fürsten, Jünglinge und Jungfrauen, Alte mit den Jungen, die sollen loben den Namen des Herrn.“

Ebenso wird im 104. Psalm das kosmische und das menschliche Leben auf das innigste miteinander zusammengesehen: „Du lässest Brunnen quellen in den Gründen, daß die Wasser zwischen den Bergen hinfließen, daß alle Tiere auf dem Feld trinken und das Wild seinen Durst lösche. An denselben sitzen die Vögel des Himmels und singen unter den Zweigen. Du feuchtest die Berge von oben her; du machst das Land voll Früchte, die du schaffest; du lässest Gras wachsen für das Vieh und Saat zu Nutz den Menschen, daß du Brot aus der Erde bringst und daß der Wein des Menschen Herz erfreue, und seine Gestalt schön werde vom Öl und das Brot des Menschen Herz stärke, daß die Bäume voll Saft stehen. Daselbst nisten die Vögel und die Reiher wohnen auf den Tannen. Die hohen Berge sind der Gemsen Zuflucht und die Steinklüfte der Kaninchen. Du hast den Mond gemacht, das Jahr danach zu teilen; die Sonne weiß ihren Niedergang. Du machst Finsternis, daß es Nacht wird; da regen sich alle wilden Tiere, die jungen Löwen, die da brüllen nach dem Raub und ihre Speise suchen von Gott. Wenn aber die Sonne aufgeht, heben sie sich davon und legen sich in ihre Höhlen. So geht denn der Mensch aus an seine Arbeit und an sein Ackerwerk bis an den Abend. Herr, wie sind deine Werke so groß und so viel! Du hast sie alle weislich geordnet, und die Erde ist voll deiner Güter." Was ist das für eine liebevolle Einfühlung in das Leben der Natur! Gewiß, das alles ist auch um des Menschen willen da, daß er sich davon nähre und seine Gestalt schön werde. Aber es gilt doch auch zu empfinden, wieviel Größe, Glanz und Kraft der Schöpfung, völlig unabhängig vom Menschen, das All erfüllt.

Die Theologie des Alten Testaments bei Walter Eichrodt, Gerhard von Rad und Wilhelm Vischer hat gewiß mit Recht darauf hingewiesen, daß Gott sich in dem prophetischen Zeugnis des Alten Testaments zuerst immer offenbart als der Herr der Geschichte, der *ein* Volk in besonderer Weise beschlagnahmt hat, der ihm seinen heiligen Willen kundtut, der es aus Not und Gefahr befreit, der es führt und regiert. Aber man darf darüber nicht vergessen, daß Gott in der prophetischen Verkündigung immer auch erscheint als Schöpfer und Erhalter der Natur. Wer das noch nicht gemerkt hat, dem sei empfohlen, einmal die Roman-Trilogie „Joseph und seine Brüder" von Thomas Mann zu lesen. Es wird dort die Geschichte der Patriarchen nacherzählt. Gleichzeitig aber ist dieses Buch prall voll von Leben und läßt uns verspüren, wie sehr Gott die menschliche Existenz eingebettet hat in das Kräftespiel von Tag und Nacht, von Saat und Ernte, von Frost und Hitze, von Zeugung und Geburt, von Wachstum und Vergehen.

Sollte aber jemand meinen, das alles sei eben noch der Erdgeruch einer Bauernreligion, im Neuen Testament sei dieser tellurische Einschlag glücklicherweise endgültig abgestoßen und überwunden, den muß man darauf aufmerksam machen, daß dem keineswegs so ist. Die Sprache Jesu in den Gleichnissen ist gesättigt von liebevoller Naturanschauung und Naturverbundenheit. Christus spricht vom Weizenkorn und vom Weinstock. Er weist uns hin auf die Lieblichkeit der Feldanemonen und auf die Sorglosigkeit der Vögel unter dem Himmel. Auch hat sich Jesus ja nicht nur um verirrte Seelen gekümmert, er hat sich ebenso teilnahmsvoll der kranken und hungrigen Leiber angenommen.

Im 8. Kapitel des Römerbriefs spricht der Apostel Paulus von der seufzenden Kreatur, die mit uns gemeinsam wartet auf eine universale Welterlösung. Der Tübinger Theologe Adolf Schlatter wollte bei diesem Wort allerdings nur an die außerchristliche Menschheit denken, die den Quälereien des Heidentums ausgeliefert ist. Aber es spricht doch auch viel dafür, daß Paulus bei dem Wort von der seufzenden Kreatur an das allumfassende Weltleid gedacht hat, das Mensch und geschöpfliche Welt gleichermaßen zu tragen haben. Eine Vergötterung der Natur ist dann allerdings nicht möglich. Denn was selbst leidvoll ist und nach Erlösung sich ausstreckt, das kann ich nicht zur Gottheit erheben. Wohl aber dürfen sich Mensch und Kreatur verwandtschaftlich zusammengeschlossen wissen in dem gemeinsamen Verlangen nach einem Tag der Welterlösung.

Es muß um der Redlichkeit willen festgestellt werden, daß es in der Christenheit aller Konfessionen und aller Jahrhunderte Strömungen gegeben hat, die einem naturverbundenen Glaubensleben ausgesprochen feindselig gesinnt waren. Der Neuplatonismus, der Manichäismus, die Gnosis, die späthellenistische Mystik und nicht zuletzt das abstrakte Denken des Idealismus wollten immer nur den Zusammenhang: *Gott und die Seele, Gott und die Vernunft gelten lassen, nicht aber den Zusammenhang: Gott und die Natur.* Gleichwohl wollen wir nicht vergessen, daß es in der Geschichte des Christentums immer auch Stimmen gegeben hat, die zur Naturliebe und Naturverbundenheit aufgerufen haben.

Für das Mittelalter ist neben Albert dem Großen und Hildegard von Bingen vor allem Franz von Assisi zu nennen. Er sagt zu den Tieren Bruder und Schwester. Er rühmt in seinem Sonnengesang die elementaren Kräfte, die Sonne, das Wasser, die Erde als Ausstrahlungen göttlicher Güte und Herrlichkeit.

In den Briefen und Schriften von Martin Luther finden sich ungezählte Stellen, die auf eine innige Naturaufgeschlossenheit hinweisen. Er beobachtet auf der Feste Coburg das Spiel im Vogelnest vor dem Fenster und schreibt seinem Sohn Hänschen darüber einen rührenden Brief. Er liebt und lobt den *Himmel voller Licht,* den blühenden Kirschzweig und den Brotlaib. Luther kennt keine *natürliche Theologie,* wohl aber eine Theologie der Natur. Da diese Unterscheidung vielleicht nicht für jedermann ohne weiteres einleuchtend ist, sei sie kurz erläutert. Der Reformator hält es nicht für möglich, Gott aus der Natur unmittelbar zu erkennen. Eine Ahnung von der Größe Gottes kann uns wohl von daher zukommen, aber keine Erkenntnis in Klarheit und Fülle. Eine solche wird uns allein zuteil im Angesicht Jesu Christi, in Krippe und Kreuz. Wenn wir aber Gott auf Grund dieser seiner personalen Selbsterschließung haben ins Herz schauen dürfen, dann bekommen wir dadurch einen neuen Sinn. Wir dürfen Gott in all seinen Werken entdecken und uns daran freuen.

Angerührt von dieser glaubenserfüllten Naturliebe haben uns Paul Gerhardt und Matthias Claudius herrliche Morgen- und Abendlieder, dazu Lieder zum Lobpreis der Jahreszeiten und des Erntesegens geschenkt. Den meisten von uns sind diese Verse wohl bekannt, doch seien sie wieder einmal ins Gedächtnis gerufen, um die Behauptung von dem sinnen- und naturfeindlichen Christentum zu widerlegen.

Die güldne Sonne
Voll Freud und Wonne
Bringt unsern Grenzen
Mit ihrem Glänzen
Ein herzerquickendes, liebliches Licht.

Nun ruhen alle Wälder,
Vieh, Menschen, Städt und Felder,
Es schläft die ganze Welt.

Der Mond ist aufgegangen,
Die goldnen Sternlein prangen
Am Himmel hell und klar;
Der Wald steht schwarz und schweiget,
Und aus den Wiesen steiget
Der weiße Nebel wunderbar.

Geh aus, mein Herz, und suche Freud
In dieser lieben Sommerzeit
An deines Gottes Gaben;
Schau an der schönen Gärten Zier,
Und siehe, wie sie mir und dir
Sich ausgeschmücket haben.

Gewiß wird in diesen Liedern das Naturgeschehen immer auch zum Gleichnis für die innerlichsten Vorgänge des Herzens, das zur Demut, zur Stille, zur Erneuerung aufgerufen wird. Aber daneben finden sich viele Verse, die einfach der Naturfreude Ausdruck verleihen, ohne besondere Abzweckung auf den Menschen hin.

Die Bäume stehen voller Laub,
Das Erdreich decket seinen Staub
Mit einem grünen Kleide;
Narzissus und die Tulipan,
Die ziehen sich viel schöner an,
Als Salomonis Seide.
Die Lerche schwingt sich in die Luft,
Das Täubchen fleucht aus seiner Kluft,
Und macht sich in die Wälder;
Die hochbegabte Nachtigall
Ergötzt und füllt mit ihrem Schall
Berg, Hügel, Tal und Felder.

Die Glucke führt ihr Völklein aus,
Der Storch baut und bewohnt sein Haus,
Das Schwälblein speist die Jungen;
Der schnelle Hirsch, das leichte Reh
Ist froh und kommt aus seiner Höh
Ins tiefe Gras gesprungen.
Die Bächlein rauschen in den Sand
Und malen sich und ihren Rand
Mit schattenreichen Myrten;
Die Wiesen liegen hart dabei
Und klingen ganz von Lustgeschrei
Der Schaf und ihrer Hirten.
Die unverdroßne Bienenschar
zeucht hin und her, sucht hier und dar
Ihr edle Honigspeise.
Des süßen Weinstocks starker Saft
kriegt täglich neue Stärk und Kraft
In seinem schwachen Reise.
Der Weizen wächset mit Gewalt,
Darüber jauchzet jung und alt,
Und rühmt die große Güte
Des, der so überflüssig labt
Und mit so manchem Gut begabt
Das menschliche Gemüte.

Wie weit haben wir uns von diesem frommen Schöpfungsrealismus entfernt, wenn die Natur nur noch *als vorhandenes Zeug* in der Existenzphilosophie der Gegenwart bezeichnet wird, und wie nötig wäre es, daß wir diesen verlorenen Aspekt wiedergewinnen!

Viel könnten wir in der Beziehung lernen von den großen Schwabenvätern und von den russischen Erzählern aus der vorkommunistischen Zeit. Bei Oetinger und bei Blumhardt ist Gott niemals nur der Gott der sittlichen Forderung und der höchsten Intelligenz. Gott ist für diese Männer aus dem Schwabenland immer auch der Gott des Lebens, der die Fülle seines Reichtums ausgegossen hat in das ganze Haus der Schöpfung und der das verletzte Haus der Schöpfung heilen und zurechtbringen möchte. Von Blumhardt wird erzählt: Als man von der überlieferten bäuerlichen Ordnung abgehen wollte, einen Acker auch einmal ein Jahr lang brachliegen zu lassen, weil infolge der modernen Kunstdüngermittel eine solche Pause nicht mehr nötig sei, da soll er gesagt haben: „Laßt es beim alten, so ein Äckerle will sich auch einmal verschnaufen dürfen."

Manchen von uns wird das vielbändige Romanwerk „Die Brüder Karamasow" von Dostojewskij bekannt sein. Dort wird uns der Staretz Sossima geschildert, einer der russischen Pilgerväter. In seinen Gesprächen mit Aljoscha findet er die wunderbarsten Töne: „Brüder, habt die Erde lieb! Liebt jedes Gräslein, seid gut zu den Tieren, laßt auch sie Genossen eurer Freude sein!"

Das wäre jedenfalls unsere erste Aufgabe, daß wir bei jung und alt eine neue Liebe erwecken zu Gott dem Schöpfer, der uns in der Natur überströmend beschenkt. Aus solcher dankbarer Naturverbundenheit wird dann ganz von selbst ein geschwisterliches, brüderliches Verhalten der Natur gegenüber erwachen. Wie leicht sind besonders Kinder daraufhin ansprechbar, wenn wir uns als Eltern und Erzieher nur ein wenig Mühe geben, ihnen die Welt der Blumen und der Tiere nahezubringen und aufzuschließen!

Zur Naturliebe sollte sich im christlichen Glauben die Naturverantwortung gesellen. Es geht nicht an, daß wir diese nur verschiedenen außerkirchlichen Reformbestrebungen überlassen. Es gehört diese Aufgabe durchaus mit hinein in das christliche Liebesgebot und Liebeshandeln. Schon dem Kind ist zu sagen: Sei nicht *dem Knaben gleich, der Disteln köpft.* Albert Schweitzer meint dazu: Die Wiese muß gemäht werden. Woher bekämen wir sonst die Milch für den Säugling, wenn das Vieh im Stall nicht sein tägliches Futter hat. Aber völlig unnütz ist es, nur aus Gedankenlosigkeit auf dem Heimweg vom Feld Blumen auszuraufen, um sie dann wieder wegzuwerfen. Ein bäuerlicher Mensch wird so etwas nie tun. Nur der gedankenlose Großstädter ist auf seinem Sonntagsspaziergang dazu fähig. Und warum soll man die Jugend nicht lehren, sich ruhig einmal zu bücken und eine Schnecke von der Straßenmitte an den Wiesenrand zu befördern, damit sie nicht vom nächsten vorüberrasenden Motorrad zerquetscht wird und sie sich noch länger des Lebens erfreuen darf, wie wir es alle auch möchten.

Es gibt Menschen, die aus christlicher Gewissensüberlegung heraus den Weg zum Vegetarismus finden. Die Kirche wird daraus sowenig wie bei der Abstinenz ein gültiges Gesetz machen, das sie jedermann wie ein schweres Joch auf den Hals legt. Aber wir sollten für uns selbst und in der Erziehung unserer Kinder wenigstens so weit kommen, daß wir das Bewußtsein wachhalten: Es ist ein Opfer, das uns die Tierwelt bringt, das wir dem Tier zumuten, wenn wir es für Speise und Kleidung zu unseren Gunsten schlachten. Wir sollten darauf bedacht sein, wie wir dem Tier und der Natur, die uns dient, auf andere Weise unsererseits dienen könnten, damit das Opfer nicht nur von der einen Seite her geschieht.

Wenn das bodenlose Wüten gegen die Natur so weitergeht wie bisher, dann schaufeln wir uns selbst das Grab zum Untergang. Gewiß, wir wollen uns keiner naiv-verschwärmten Romantik hingeben in der Sehnsucht nach vergangenen Zeiten. Das Leben im industrietechnischen Zeitalter in der zweiten Hälfte des 20. Jahrhunderts bringt vieles Widernatürliche mit sich, was wir nicht ändern und nicht vermeiden können. Wir können das Rad der Entwicklung nicht zurückdrehen. Aber wir können und müssen darüber wachen, daß die Zerstörung der Natur nicht unbedacht unaufhaltsam fortschreitet. Es ist in der Beziehung höchste Zeit, daß etwas geschieht. Wir sollten uns als christliche Kirche und Gemeinde nicht zu gut vorkommen, bei dieser Aufgabe tätig mit Hand anzulegen. Unsere Frömmigkeit ist viel zu einseitig nur Seelenpflege und Willensertüchtigung geworden. Beides ist gut und nützlich, aber es erschöpft nicht das Maß der christlichen Verantwortung.

Es ist doch schmerzlich, daß es gerade unter frommen Leuten so entsetzlich viel Krankheit gibt. Gewiß, Krankheit kann daher kommen, daß ein Mensch sich um einer großen Aufgabe willen restlos aufgeopfert hat und darum allzu früh verbraucht wurde. Aber zweifellos kommt viel Krankheitselend auch daher, daß wir die Verbundenheit mit der heilsamen Gottesschöpfung allzu sehr verloren haben. Der griechische Mythos von Antaios steht zwar nicht in der Bibel, gleichwohl enthält er eine tiefe Wahrheit. Es wird berichtet: „Antaios war so lange unbesiegbar, als er mit den Sohlen fest auf dem Boden der Mutter Erde stand. Erst als es Herakles gelang, ihn davon loszulösen und in die Luft zu werfen, war es möglich, den Riesen zu zerbrechen."

Sind nicht auch unter uns darum viele Menschen so zerbrechlich geworden, weil sie die Verbundenheit mit den Kraftquellen des elementaren Lebens verloren haben? Darum sollten wir schon aus Gründen der Selbsterhaltung darauf bedacht sein, die Natur zu schützen und zu bewahren, soviel uns nur möglich ist. Wir dürfen den Garten Gottes nicht noch mehr verderben, in dem wir allein gesund bleiben können. Aber nicht nur um der Selbsterhaltung willen sollte der Mensch gütig sein gegenüber Natur und Kreatur, er soll ihr seine Schutzhilfe auch darum gewähren, weil er mit ihr zusammengehört in dem großen Haus der Schöpfung, die gemeinsam zum Lobe Gottes berufen ist.

DER MAGISCHE WELTASPEKT UND SEINE RELIGIÖSE BEDEUTSAMKEIT

Natur und Maschine

Das naturwissenschaftlich-technische Denken ist unter uns zur beherrschenden Macht geworden. Der moderne Mensch ist tief davon durchdrungen, daß er sich die Natur allein dienstbar machen kann durch die Anwendung der physikalischen Gesetze, durch die exakt berechenbaren, kausalmechanischen Einwirkungen von Druck, Kraft und Stoß. Man kann in der Tat nur staunen über die großartigen Leistungen, die durch die Anwendung des technischen Verfahrens, unaufhaltsam fortschreitend, zustande kommen, im Maschinenbau, in der Chirurgie, in der Pharmazeutik und an ungezählten anderen Stellen mehr, wenn wir auch manchmal die bange Sorge nicht unterdrücken können, ob dem Reich der Natur bei dieser Art der Bemeisterung nicht allzu ehrfurchtslos Gewalt angetan wird, was eines Tages verhängnisvoll auf uns zurückschlagen könnte.

So eindeutig die sichtbaren Erfolge sind, die das naturwissenschaftlich-technische Einwirken auf die Stoffwelt vorzuweisen hat, wir sollten uns gleichwohl der Frage öffnen, ob es nicht auch noch ganz andere Möglichkeiten gegeben hat, ja heute noch gibt, auf die Natur, die uns umgibt und die wir in unserer Leiblichkeit an uns tragen, Einfluß zu gewinnen als nur über die maschinellen Anwendungsvorgänge. Diese andere Möglichkeit muß durchaus bejaht werden.

Es hat Kulturen gegeben, die auf eine völlig andere Art und Weise gebaut, gejagt und geheilt haben, als das bei uns geschieht, und die damit das gleiche erreicht haben wie wir. Ja, sie haben uns in vielen Stücken sogar übertroffen, grüßen uns doch aus der Vergangenheit da und dort Bauten, gigantische Obelisken, Pyramiden und gewaltige Tempelstätten, die wir mit den uns heute zur Verfügung stehenden Mitteln gar nicht mehr aufrichten könnten, so daß sich die Frage erhebt, ob dabei eine Machtausübung von Kräften am Werk war, die uns verlorengegangen ist, weil wir nicht mehr darum wissen und nicht mehr daran glauben.

Es handelt sich bei dem allem aber nicht nur um interessante kulturhistorische Vorgänge aus grauer Vorzeit. Es gibt auch heute noch Welten, die sich dieser andersartigen Möglichkeit der Naturbemeisterung bedienen.

Auch ist sehr wohl damit zu rechnen, daß dieses Alte wiederkommen und neu wirksam werden könnte.

Es ist heutzutage allerdings ungeheuer schwer geworden, dafür Verständnis zu erwecken. Der moderne Mensch ist ganz einseitig an den berechnenden Verstand, an das rational-technische Können hingegeben. Er sagt: Eine Stahlgießerei, ein Elektrizitätswerk, eine Schuhfabrik, ein gut funktionierender Güterbahnhof, ein Eishockeywettspiel, das sind habhafte Realitäten. Hier geht es überall streng nach dem Zusammenhang von Ursache und Wirkung. Hier herrscht der Mensch durch die Kraft seiner Logik über den Mechanismus der Natur. Daß es auch noch andere wirksame Umgangsformen mit der Natur geben könnte als die unter uns heute allein gültigen und gebrauchten, hält man für ganz unwahrscheinlich, ja, für denkunmöglich. Wer sich gleichwohl dazu zu bekennen wagt, muß damit rechnen, daß er entweder mitleidig belächelt oder entrüstet abgelehnt und bekämpft wird.

Wir müssen darum die andersartige, am besten „magisch" zu nennende Möglichkeit im Blick auf den Umgang mit Mensch und Natur ganz neu wieder entdecken. Erst dann, wenn sich uns die Mächtigkeit dieser fremdartigen Wesenszusammenhänge in unausweichbarer Gültigkeit erschlossen hat, können wir weiter fragen, was sich für religiöse Konsequenzen daraus ergeben.

Die Allbeseelung der Natur

Oft kommt man einer Wahrheitsgültigkeit dadurch näher, daß man ein wenig Sprachphilosophie treibt. Denn die Sprache ist voller verborgener Weisheit und sie vermag dem, der in sie hineinlauscht, die großartigsten Einsichten zu vermitteln. Das Wort Materie kommt von Mater und bringt zum Ausdruck, daß die Materie im Grund etwas Mütterliches ist und nicht ein starres, totes, mechanisch geprägtes Gebilde. Das Wort Natur kommt von nasci und deutet an, daß hier ein lebendig gebärendes Element unablässig am Werk ist.

Die Allbeseelung der Natur ist von den größten Geistern der Menschheit vertreten worden. Wir befinden uns also in durchaus guter Gesellschaft, sofern wir dazu stehen. Es beginnt bei den Hylozoisten der Vorsokratiker und führt über Pythagoras weiter zu Parazelsus und Jakob Böhme. Goethe und Schelling, Novalis und Franz von Baader, Schopenhauer und Gustav Theodor Fechner haben sich dazu bekannt bis hin zu Hans Driesch, Edgar Dacqué, August Bier und dem Tübinger Theologen Karl Heim. Diese Wahrheit von dem strömenden, quellenden Grund der Natur wird wunderbar erleuchtet und bestätigt durch die moderne Atomphysik. Es sei nur erinnert an den berühmt gewordenen Satz des (vor kurzem verstorbenen) Physikers Hermann Weyl „Die Materie ist nicht, die Materie geschieht".

Der feuerflüssige Werdezustand der Natur aber läßt ganz andere Einwirkungsmöglichkeiten auf die Natur offen. Wenn die Natur energetisch beseelt ist, dann ist sie nicht nur von außen her anzugreifen, durch Hebel und Schrauben. Dann ist sie auch von innen her beeinflußbar, sowohl verletzbar wie heilbar. Damit erschließen sich ganz neue Wechselwirkungen zwischen Menschengeist und Natur, zwischen Seele und Materie, zwischen Wortkraft und Bios, zwischen menschlichem Voluntarismus und „der Welt als Wille".

Die Menschheit hat jahrtausendelang um diese magischen Zusammenhänge gewußt und hat sich ihrer ganz selbstverständlich bedient. Assur, Babylon und Ägypten, das alte Indien und China, das Reich der Azteken und Inkas im archaischen Mexiko, sie alle haben von unserem modernen Wissen in Architektur, Medizin und industrieller Mechanik so gut wie nichts gewußt. Und doch waren sie hochentwickelte Kulturen, eben auf magischer Grundlage. Was ihnen an Erkenntnis im heutigen naturwissenschaftlichen Sinn fehlte, haben sie ersetzt durch ein ganz anderes Verstehen und Vermögen, indem sie die das Welt- und Schöpfungsgeschehen durchflutenden Kräfte unmittelbar in ihren Dienst stellten. Die Menschen müssen damals viel damit erreicht haben. Sonst wäre die Lebensdauer und Machtwirkung dieser magischen Kulturen überhaupt nicht zu erklären. Was einmal so ungeheure Realität besessen hat, verdient auf alle Fälle Respekt. Wir modernen Menschen neigen in bedenklicher Weise dazu, das uns Fremde entweder überhaupt abzustreiten oder allzu rasch als etwas Zurückgebliebenes, Minderwertiges anzusehen, was wir Gott sei Dank auf Grund unserer neuzeitlichen Fortschrittsleistungen dahinten gelassen und überwunden haben. Es wäre aber gewiß viel eher angemessen, wenn wir das uns Fremde nicht schnellfertig als töricht und wertlos betrachten würden, sondern nur als andersartig und anderswertig, mit der ganzen Bereitschaft, auch ihm Größe und Stärke zuzubilligen.

Für den heutigen Beobachtungskreis ist der magische Bereich noch immer feststellbar geblieben in der Welt primitiver Naturmenschen, etwa in Äquatorialafrika oder auf den Inseln der Südsee. Gewiß siegt auch dort in steigendem Maß das Auto und das Jagdgewehr, die chemikalische und chirurgische Klinikbehandlung über die alte magische Überlieferung. Und doch lassen sich dort überall Reste magischer Natur- und Krankheitsbewältigung wahrnehmen [1].

[1] Theodor Wilhelm Danzel: Der magische Mensch. Vom Wesen der primitiven Kultur, 1928.

Das moderne technische Denken, das den magischen Möglichkeiten abhold ist, hat versucht, sich das Verhalten primitiver Jäger und Medizinmänner auf rein rationalistische und psychologistische Weise zurechtzulegen. Da wird etwa berichtet von einem Häuptling, der auf die Jagd geht. Zuvor malt er die Figur einer Antilope in den Sand. Er schießt auf diese Bildzeichnung mit einem Pfeil in die Mitte des Tierleibes. Genau an der gleichen Stelle wird hernach das Tier auf der Jagd erlegt. Die in der Schulwissenschaft übliche Deutung eines solchen Vorgangs geht in folgender Richtung: der Jäger hat dabei eine Art Konzentrationsübung vorgenommen. Er hat sich auf die künftige Handlung eingestellt. Er hat dadurch bei sich eine Haltung der Überlegenheit, der Sammlung, der Selbstzuversicht erweckt und gewonnen. So war es ihm möglich, ruhig und genau zu zielen in dem Augenblick, wo ihm das Tier in das Schußfeld läuft. Aber es fragt sich, ob wir mit dieser psychologisierenden Erklärung, mit dem Schlüssel der Autosuggestion, wirklich durchkommen, um zu verstehen, was hier geschieht. Die magische Deutung würde jedenfalls tiefer graben und darauf hinweisen, daß alle Dinge im Weltall und im Weltgeschehen innig aufeinander bezogen sind und daß darum auch durch den magischen Willen reale Anziehung und Abstoßung hergestellt werden kann.

Für das magische Weltbild steht der Mensch der Natur nicht gegenüber als reflektierender Geist, der seine Verstandesschnitte vornimmt, nicht als kühl beherrschendes Subjekt, das sich die Materie in technischer Bemeisterung unterwirft. Mögen auch diese Aspekte gelten und anwendbar sein, der Mensch sollte erkennen, daß er gleichzeitig tief eingebettet ist in den Kosmos durch die mineralischen, pflanzlichen, animalischen und astralen Kräfte, die er in sich birgt, weil sie bei dem Werden seines Lebens mitgebaut haben. Die Ich-Welt des Geistes und die Es-Welt der Stofflichkeit dürfen nicht absolut voneinander getrennt werden. Es sollte uns ein verwandtschaftliches Gefühl erfüllen, wie innig wir mit allem Leben in Verbindung stehen. Kraft dieser „participation mystique“ wird dann eine magische Einwirkung auf den Kosmos wie auf die Natur des Menschen durchaus denkmöglich.

Während das abseits gelegene Tibet und das animistische alte Afrika die magische Praxis heute noch ausüben, scheint der Untergang der Magie im Abendland endgültig besiegelt. Sowohl von den Theologen wie von den geisteswissenschaftlichen Kulturphilosophen wird das Christentum allgemein kräftig gerühmt und gefeiert als die Überwindermacht des magischen Zeitalters. Es sei nur erinnert an die Theologie Friedrich Gogartens, wo diese Schau besonders deutlich zutage tritt. Allein es dürfte an der Zeit sein, diese Deutung kritisch zu überprüfen. Wenn Jesus mit der Möglichkeit rechnet, daß ein Mensch zu einem Berg spricht: „Hebe dich hinweg und wirf dich ins Meer!" (Mrk. 11, 23) — so ist das durchaus im Rahmen der magischen Vorstellungswelt gedacht, denn wir würden ja sagen: Um einen Berg zu versetzen, braucht man viele Bohrmaschinen, Bagger und Fahrzeuge. Die christliche Kirche hat noch jahrhundertelang mit der Möglichkeit gerechnet, daß ein gläubiger Mensch mit Tieren redet und sie auf diese Weise beschwichtigt und lenkt, daß ein Priester oder Seelsorger den Kranken die Hände auflegt und Worte des Segens über sie spricht und daß es dadurch besser mit ihnen wird. Das alles sind nicht die modernen technischen Mittel, zu wirken und zu helfen, sondern magische Beeinflussungen in heiliger Dienst- und Liebesabsicht. Das magische Verstehen und Vermögen ist darum nicht durch den Einfluß des Christentums zerstört worden, sondern erst durch den Siegeszug der Aufklärung, durch die triumphalen Erfolge der modernen Naturwissenschaft und durch die ungeheuere Entfaltung des technischen Zeitalters [2]. Ob diese Ablösung der seelischen Verbundenheit mit der Natur durch die mechanistische Unterwerfung der Natur von seiten des rechnenden Verstandes nur Gewinn war, mag man füglich bezweifeln. Die Rühmung des Christentums sollte darum besser in anderer Richtung gesucht werden als darin, daß es den säkularen Fortschritt ermöglicht hat.

Freilich, so sehr der moderne Mensch das magische Element in seinem Tagesbewußtsein ausgeschaltet hat, in seinen unbewußten Reaktionen wirkt es gleichwohl in Anziehung und Faszination, in Angst und Erschrecktwerden unverändert weiter. Gewiß, nach außen hin scheint heute alles, selbst bis in das künstlerische Wirken hinein, nur noch bestimmt zu sein von Intellekt, Routine, Leistung und zweckhafter Ertragssteigerung. Trotzdem, ein viel gelesenes Buch unserer Tage trägt die Überschrift: „Magie des Taktstockes." Es werden uns hier die größten Dirigenten der Welt vorgeführt, und es wird dabei deutlich: die vollendete Beherrschung der Partitur macht es allein noch lange nicht. Es müssen da ganz andere Fähigkeiten hinzukommen, typisch magische Fähigkeiten, sich als Orchesterleiter mit den spielenden Musikern, mit dem lauschenden Publikum, mit den Chormassen auf das innigste zu verbinden. Wo dieses Aufheben des Getrennten, dieses Ineinanderfließen zu einer großen harmonischen Ineinssetzung nicht gelingt, wird die letzte künstlerische Reife und Höhe nicht erreicht.

[2] Zutreffend sagt Eduard Spranger: „Man kann nicht leugnen, daß das magische Denken sich besser mit der christlichen Frömmigkeit vertragen hat als unsere moderne, kausal-technische Erklärung der Weltinhalte". Magie der Seele, S. 114. 1949.

Von der magischen Weltauffassung sagt der einsichtige Gelehrte: „Sie reicht bis in fernste Urzeiten der Menschheit zurück, während die rationale Denkweise sehr jung ist und nur bei wenigen Völkern Wurzeln geschlagen hat".

Daß es magische Möglichkeiten der Einwirkung im Blick auf die Natur auch heute noch gibt, läßt sich eindrucksvoll erweisen an den Vorkommnissen, die sich in jeder spiritistischen Sitzung ereignen. Die Schweizer Forscherin Frau Fanny Moser, die in jeder Weise ernst zu nehmen ist, hat anschaulich berichtet, wie tief sie erschüttert war, als sie zum ersten Mal in einer solchen Sitzung einen schweren Tisch in der Levitation langsam in die Höhe schweben sah. Sie meinte, das Opfer einer Wachsuggestion geworden zu sein. Sie stürzte auf die Knie und fingerte den Boden ab, und es brach der in der streng exakten naturwissenschaftlichen Forschung groß gewordenen Frau eine Welt zusammen, als sie mit ihren Händen den leeren Raum zwischen dem Fußboden und dem schwebenden Tisch feststellen mußte. Als ähnliche Vorkommnisse in einer spiritistischen Sitzung lassen sich nennen, daß ein Klavier spielt, eine Schreibmaschine Anschläge macht, daß sich ein Möbelstuhl durch das Zimmer vorwärtsschiebt, ohne daß Menschenhände dabei am Werk sind. Forscher wie der Berliner Professor Dessoir, der Tübinger Psychologe Constantin Traugott Österreich, der Münchener Nervenarzt Freiherr von Schrenck-Notzing hätten am liebsten von ihrer modern-kritischen Ausgangsstellung her all diese Geschehnisse als Lug und Trug, als Schwindel und Wahn entlarvt. Aber sie haben sich nach ungezählten Versuchen und allen nur erdenklichen Kontrollmaßnahmen dazu bereitfinden müssen, die Realität solcher Abläufe anzuerkennen. Sie haben freilich alle mit Nachdruck erklärt: Mit der Erscheinung von abgeschiedenen Seelen und verstorbenen Geistern hat das nichts zu tun. Wohl aber handelt es sich hier um magische Wirkungen, die von dem Medium auf die umgebende Sachwelt ausgehen. Sicher äußerst seltsame und kaum glaubwürdige Vorgänge für jeden, der nur das technische Gegenüberverhältnis von Mensch und Natur kennt und anerkennen will. Dagegen durchaus faßlich für jeden, der weiß, daß die Substanz der Natur auch eine seelische Innenseite hat, die von dem magisch beschwörenden Willen des Menschen angesprochen und angegangen werden kann. Ob es ratsam ist für das Heil der Seele, sich an solchen Sitzungen zu beteiligen, ist eine Frage für sich, die man aus guten Gründen bezweifeln kann. Hier in unserem Zusammenhang geht es zunächst nur einmal darum, einsichtig zu machen, daß die Natur auch auf nichtmechanische Weise bewegt werden kann.

Kräfte der Seele als Segen und Fluch

Bei religiösen Menschen ist die Skepsis gegenüber der Möglichkeit einer magischen Weltbetrachtung und Weltgestaltung im allgemeinen nicht so stark ausgeprägt wie bei dem säkularen Menschen, dem es ärgerlich und unsympathisch ist, daß es noch eine ganz andere Struktur der Wirklichkeit geben soll als unsere intellektuelle und technisch-nützliche Erfahrungswelt. Der religiöse Mensch ist von vornherein ganz anders offen für das Irrationale, für das Wundersame und Geheimnisvolle im Weltgeschehen.

Dafür hat der religiöse und besonders der christliche Mensch einen anderen, wesentlichen Einwand gegen den magischen Weltaspekt. Er bezweifelt ihn nicht in seiner Gültigkeit und Wirksamkeit im Blick auf das Gestern und Heute, aber er lehnt seinen Gebrauch leidenschaftlich ab als ein gefährliches Unternehmen, wie hier mit Mensch und Welt umgegangen wird. So hat sich in den kirchlich-gläubigen Kreisen einseitig der Sprachgebrauch und das Werturteil durchgesetzt: Magische Wirksamkeit kann zwar nicht aus Gründen rationalistischer Kritik geleugnet werden, sie muß aber unter allen Umständen bekämpft und verneint werden, weil es sich hier um ein widergöttliches, selbstherrliches Zwingen und Vergewaltigen von Natur und Mensch handelt. Diese Anschauung hat besonders temperamentvoll Walter Schubart in seinem Buch „Religion und Eros" vertreten. Für ihn ist Magie das Grundböse schlechthin, weil hier der Mensch sich als Geschöpf Gott gegenüber etwas anmaßt, wozu er kein Recht hat. Die gleiche Auffassung vertritt Dr. Kurt Koch in seinem vielbeachteten Buch „Seelsorge und Okkultismus". Dieser Theologe, der über eine reiche evangelistische Erfahrung verfügt, gibt unumwunden zu, daß es weiße und schwarze Magie gibt, die heilen und schaden kann. Aber weil es eben um magisches Tun geht, verwirft er beides gleich entschieden, nicht nur die magische Wirkung, die durch bösen Blick oder Fluchzauber schadet, sondern auch da, wo mit segnenden Händen auf diese Weise Heil und Hilfe geschieht.

Demgegenüber möchte hier für eine andere Auffassung und Bewertung der Magie um Verständnis geworben werden, wie sie sich vor allem in dem tiefgründigen Schrifttum von Edgar Dacqué vertreten findet[3]. Der magische Weltaspekt bedeutet zunächst nur, daß es in der Schau und Gestaltung von Natur und Mensch auch noch eine andere Möglichkeit gibt als die naturwissenschaftlich-technische Methode, die in der heutigen Zivilisation, nach außen hin wenigstens, zur alleinigen Geltung gelangt ist. Statt zu trennen und zu unterscheiden zwischen Ich und Du, zwischen Ich- und Es-Welt kann man auch verbinden und vereinen. Man kann die unterirdischen

[3] Edgar Dacqué: Natur und Erlösung, 1933. Vom Sinn der Erkenntnis, 1931. Das verlorene Paradies. Zur Seelengeschichte des Menschen, 1938. Vgl. auch Viktor von Weizsäcker: Pathosophie: „Zu den vielleicht in den nächsten hundert Jahren noch zu erforschenden Dingen gehört das Verhältnis von Magie und Wissenschaft. Es hat sich in meiner Lebenszeit herausgestellt, daß dies Verhältnis nicht geklärt und erledigt ist, wie man eine Zeit lang gemeint hat" (S. 262). 1956.

Zusammenhänge alles Geschehens erfühlen und erahnen und auf Grund dieser kosmischen Allverbundenheit auf das Ganze mächtig einwirken. Ob man ein Tier mit einem modernen Zielgewehr erlegt oder auf die vorhin beschriebene magische Weise, hat mit Dämonie nichts zu tun, ist vom ethischen Standpunkt aus gleich zu bewerten, wenn wir schon dem Tier das Opfer zumuten dürfen, uns Fell und Fleisch zur Erhaltung des eigenen Lebens zu gewähren. Wer über die magische Kraft verfügt, könnte einem verwundeten Kameraden auf dem Schlachtfeld zu Hilfe eilen, wo kein Arzt zu finden ist, und die Gefahr des Verblutens verhüten. Wer wollte bei einem solchen brüderlichen Dienst vom Wirksamwerden finsterer Mächte sprechen! Bei einem jungen Menschen, der künstlerisch begabt ist, kann man nur dann raten, den langen, dornenvollen Aufstieg zur Dirigentenlaufbahn zu wagen, wenn man von dem Bild des musischen Jünglings den Eindruck gewinnt, daß ein gewisses magisches Fluidum um seine Person her ist. Sonst wird der Arme nie weiter kommen, als daß er in einer Provinzstadt am Sonntagnachmittag in einer Aufführung zu ermäßigten Preisen „Zar und Zimmermann" dirigieren darf.

Mit alledem soll deutlich gemacht werden: das magische Handeln ist genau so viel und genau so wenig dämonisch wie das technische Handeln. Man kann mit der Technik unendlichen Segen stiften, wie sich an dem Beispiel von Albert Schweitzer zeigen läßt, dessen edles, vorbildliches Lebenswerk in Lambarene ohne ständige Diensthilfe von seiten der Technik gar nicht denkbar war. Und man kann mit der Technik eine Hölle anrichten, wenn sie in die Hand böser, gewissenloser Menschen gerät, die damit hemmungslos losschlagen, wie wir es erlebt haben. So ist auch das Magische eine großartige und unheimliche Möglichkeit im Herzen des Menschen, wobei schlechterdings alles darauf ankommt, wo ein Mensch seinen Standort hat, ob bei dem lebendigen Gott in der Haltung von Ehrfurcht, Liebe, Demut und Vertrauen, oder im Bereich der Dämonen, die dem Menschen einen schlechten und zerstörerischen Mißbrauch des Magischen nur allzu gern nahelegen.

Es kann nicht verschwiegen werden, daß die Verwendung des Magischen im verhängnisvollen Sinn sich ungleich häufiger ereignet, als seine heilsame Auswirkung. Trotzdem sollte eine gnadenhafte Möglichkeit des Magischen nicht einfach geleugnet werden, so wie es ja auch eine gottgemäße Verwaltung von Macht und Sinnlichkeit gibt und es nicht angeht, diese Größen für wesenhaft bös zu erklären, weil sie schon so oft entartet sind. Die Gefahr ist sicherlich groß, daß der Mensch die magische Formbarkeit der Welt in Trotz und Hochmut, in Stolz und Eigensinn dazu verwendet, seine herrschsüchtigen Wunschziele rücksichtslos zu erreichen. Die großen Verführer der Menschheit in der Politik, in der Erotik, die einflußreichen

Scharlatane in der Heilkunst sind alles Magier gewesen. Ohne Magie läßt sich auch im Bösen nichts Überdurchschnittliches erreichen. Von diesen unheimlichen und fragwürdigen Gestalten her hat das Wort Magie begreiflicherweise genug seine schlechte Zensur weggekriegt und scheint sie nie mehr loszubekommen.

Was aber würden unsere Techniker dazu sagen, wenn man sie alle für Teufel erklären würde, darum, weil die aus ihrer Werkstatt hervorgegangene Bombe die japanische Stadt Hiroshima auslöschte? So gewiß, wie es eine Magie des unheimlich Gefährlichen gibt, bis hin zu der schaurigen Möglichkeit eines real abgeschlossenen Paktes mit dem Teufel, so gewiß gibt es auch eine Magie des Heiligen. Diese Möglichkeit müßten wir auch sehen, zum Heil der Menschheit. Wenn uns berichtet wird von Franz von Assisi, von russischen Staretzen und von anderen Heiligengestalten der Christenheit und der großen außerchristlichen Religionen, daß sie Macht hatten über die Tiere, daß sich selbst wilde Fresser an sie schmiegten, ohne ihnen Schaden zu tun, so gibt es darauf nur eine sachgemäße Erklärung, das war Magie, die von gereinigten, ja erlösten Seelen ausstrahlte.

Der erlöste Mensch wird die magische Kraft niemals gewaltsam an sich reißen (das wäre ein Mangel an Ehrfurcht und Demut vor Gott), er wird sie erst recht niemals zum Schaden seiner Mitmenschen gebrauchen, denn das wäre eine Versündigung an der Liebe, die wir Gott und dem Nächsten schuldig sind. Aber der erlöste Mensch wird dafür offen sein, daß die magische Möglichkeit mit zu den Schöpfungsgeheimnissen gehört, die man empfangen kann, genau so wie die künstlerische, musikalische, die musischmalerische, die sprachliche oder die mathematische Begabung. In jedem Fall, bei der Magie, bei der Musik, wie bei der Mathematik, ist der Mensch gefragt, ob er bereit ist, das ihm anvertraute Pfund mit heiligen Händen zu verwalten, oder ob er es verdirbt, indem er sich selbst dabei sucht, um seinen eigenen Willen, seine eigenen fragwürdigen Herrschaftswünsche durchzusetzen.

Der erlöste Mensch, der über magische Fähigkeiten verfügt, wird immer lauschen und horchen auf den göttlichen Willen, so, wie wir es im Leben Jesu in einzigartiger, einmaliger, schlechthin vorbildlicher Weise sehen, ob es auch des Vaters Wille ist, mit der empfangenen Kraft einem Menschen in seiner notvollen Lage zu dienen. Niemals wird der gottverbundene Mensch das magische Vermögen einsetzen, um seiner eigenen Ruhmerhöhung willen oder um den Willen zur Macht bei sich selbst zu steigern. Er wird bei einer solchen Anwandlung vielmehr verzichten, um nicht der Versuchung des „Sein Wollen wie Gott" zu erliegen. Es werden sich bei ihm aber auch Zeiten und Stunden finden, wo er mit innerster Klarheit weiß: Hier darfst du Gott verherrlichen und dem Nächsten dienen mit Rat und

Tat durch die Gabe, die in dir ist. Ist diese Schau nicht größer und beglückender, als wenn wir das Magische aus Gründen der modernen Verstandeskritik völlig wegleugnen oder nur seine dämonisch entstellte und mißbrauchte Seite zu sehen vermögen?

Magie und Wunder

Die Erschließung des magischen Weltaspektes hilft uns in ganz neuer Weise, viele Aussagen der Bibel besser zu verstehen. Das Alte und Neue Testament erzählen ja von vielen magischen Vorgängen, wie Moses und die Zauberer am Hof des ägyptischen Pharao miteinander gerungen haben um den Machterweis, wie Daniel in der Löwengrube wundersam bewahrt wird, wie eiserne Türen des Gefängnisses sich bei der Nacht auftun und die Ketten von den Händen des gefesselten Apostels abfallen. Für den modernen Menschen ist die Bibel darum so fremd geworden, weil er mit derartigen Berichten schlechterdings nichts mehr anfangen kann.

Die wissenschaftlich kritische Theologie ist diesem Empfinden verständnisvoll entgegengekommen. Sie hat erklärt, all solche Berichte seien als Mythos, Sage oder Legende anzusehen und darum völlig unverbindlich. Man betreibt eifrig die Entmythologisierung, um unnötige Anstöße aus dem Wege zu schaffen. Es soll nur das am Zeugnis der Heiligen Schrift in Geltung bleiben, was dem unmittelbaren existentialen Glaubensvollzug entspricht und ihm dienstbar gemacht werden kann. Wer sich aber nur ein bescheidenes Wissen von der Wirklichkeit und Mächtigkeit des magischen Reiches angeeignet hat, dem stellt sich alles ganz anders dar. Man hat dann keinen Anlaß, all diese ungeheuren Vorgänge zu bestreiten und sie im Schatten der Legende verdämmern zu lassen. Man kann sehr viel mehr in Ehrfurcht stehen lassen, weil man um die Möglichkeit außerordentlicher Wirkungszusammenhänge weiß. Es muß einmal offen ausgesprochen werden: Viel Kritik an den biblischen Berichten von seiten moderner Theologie und Geschichtswissenschaft beruht einfach auf der völligen Ahnungslosigkeit dieser Kritiker gegenüber der Welt der Magie, der Parapsychologie und des Okkultismus. Würden sich diese Kritiker die Mühe machen, in diese Welten einmal ebenso wissenschaftlich gründlich einzudringen, wie in ihre eigenen modernen Denkvoraussetzungen, es würde ihnen wie Schuppen von den Augen fallen und sie würden behutsamer werden in der Bestreitung so mancher biblischer Berichterstattung. So aber setzt man unser heutiges Begriffswissen unbedenklich gleich mit dem, was allein sein kann und darf, und muß dann natürlich an allen Ecken und Enden zu kurz greifen. Je mehr sich das Verständnis des magischen Weltbildes in den kommenden

Jahrzehnten wieder durchsetzen wird, um so mehr wird man den Kopf schütteln über die Naivität und Ahnungslosigkeit, wie altklug und überheblich sich die Schulwissenschaft in der ersten Hälfte unseres Jahrhunderts vielfach gebärdet hat.

Ohne Einsicht in den magischen Hintergrund der Welt befindet sich der moderne Mensch etwa bei der Lektüre der Apostelgeschichte in einer schwierigen Lage. Ist er gutmütig und kirchlich konservativ gesinnt, dann wird er diesen Berichten gegenüber ein sogenanntes sacrificium intellectus vollziehen, das heißt, er unterwirft sich im Fürwahrhalten der biblischen Autorität, auch wenn ihm vieles von den berichteten Tatsachen fremd und unglaubwürdig erscheinen will. Da aber die Zahl derer, die zu einer solchen gutherzigen Gehorsamsunterwerfung bereit sind, zweifellos immer geringer wird, muß die Gefahr der Bibelentfremdung ständig wachsen. Mit dem Wissen um den magischen Hintergrund der Welt tun sich uns ganz neue Aspekte und Perspektiven auf. Wir halten es dann nicht mehr für denkunmöglich, daß es Heilwunder, Befreiungswunder, Zauberei und wirksamen Fluch gibt. Dafür rückt allein die brennende Frage in den Vordergrund: aus welcher Vollmacht heraus wird die Welt bewegt, aus der göttlichen oder aus der dämonischen Dimension? Von daher ergibt sich eine völlig neue Beleuchtung des Wunders. Für den modernen Menschen gilt das Wunder von seinen schulwissenschaftlichen Voraussetzungen her als denkunmöglich. Widerfährt es ihm gleichwohl, etwa in Gestalt einer außerordentlichen Heilung von Krankheit, nachdem man von allen Ärzten längst aufgegeben war, dann wird das Wunder ganz ungebrochen als direkter Ausdruck der göttlichen Machtwirkung gepriesen. Im magischen Bereich ist das Wunder auf dem Hintergrund unserer Alltagswirklichkeit keineswegs denkunmöglich, sondern vielmehr sehr wohl vorstellbar. Dafür tritt mit ganz anderer Dringlichkeit die Frage in den Vordergrund, um die es auch im Ringen Jesu mit seinen Gegnern ständig allein geht: Wer steht hinter diesem Tun? Das Wunder als solches erweist noch nicht ohne weiteres den göttlichen Ursprung. Es könnte ja auch ein Wunder Satans sein oder ein Ausdruck ungewöhnlicher psychischer Suggestionskraft aus dem Reservoir des Humanum. Darum muß immer erst der Erweis erbracht werden, ob ein Mensch vom Heiligen Geist, von seinem eigenen Geist oder von einem dämonischen Geist erfüllt ist, damit das Wunder in seinem Wert gedeutet werden kann.

Das Beispiel der Apostelgeschichte

Es sei zur Bestätigung dieser Zusammenhänge verwiesen auf den Bericht aus dem achten Kapitel der Apostelgeschichte, wo von dem Zusammenstoß zwischen dem Zauberer Simon Magus und den Christusjüngern Philippus und Petrus erzählt wird. Es heißt da: „Ein Mann namens Simon hatte früher in der Stadt magische Künste getrieben und das Volk von Samaria in Erregung versetzt. Denn er behauptete, etwas Großes zu sein. So hingen sie denn alle an ihm, groß und klein, und sagten: Dieser ist die Kraft Gottes, welche die große heißt."

Die übliche Auslegung, die die Realität der Magie nicht gelten lassen will, muß sich einem solchen Text gegenüber in der Weise helfen, daß sie erklärt: Dieser Mann war ein Betrüger. Er hat dem einfältigen Volk raffinierte Taschenspielerkunststücke vorgemacht und die dummgläubige Menge ist auf diesen Schwindel prompt hereingefallen, wie man das heute noch auf Rummelplätzen und Volksfesten erleben kann. Aber so einfach lassen sich geschichtliche Texte nicht vergewaltigen. Dieser Mann in Samarien hat zweifellos über ein echt magisches Handeln verfügt. Zugleich ist er ein Musterbeispiel dafür, wie die Möglichkeit des Magischen mißbraucht werden kann. Es heißt ja von ihm, er habe sich gerühmt, etwas Großes zu sein, und er habe es sich, einem König Herodos gleich, widerspruchslos gefallen lassen, wenn alles Volk, groß und klein, ihm huldigte und ihn geradezu mit göttlichen Ehrenprädikaten überschütete. Wenn ein Mensch in dieser Weise von seinen magischen Kräften Gebrauch macht, ist es immer vom Übel. Dann ist er unendlich fern von dem demütigen Geist, der aus den Worten Christi spricht: „Ich nehme nicht Ehre von den Menschen." Von solchen selbstherrlichen Meistern sich magisch behandeln zu lassen, und wenn es nur Magnetiseure wären, davor kann nur dringend gewarnt werden, weil die magische Einwirkung zweifellos von ungleich stärkerer Art ist als jede technische Behandlung. Wenn ich mich von einem tüchtigen Chirurgen, der seiner religiösen Einstellung nach Atheist ist, an einem Magengeschwür operieren lasse, so werde ich dadurch bestimmt keinen Schaden an meiner Seele nehmen. Wenn ich aber einem magischen Heiler, der ein Schmutzfink oder ein gewalttätiger Mensch ist, Einfluß auf mein Leibesleben gewähre, so kann ich wohl auf Grund einer solchen Behandlung gewisse Gesundheitswünsche erfüllt bekommen, aber um den Preis, daß ich seelisch dadurch verdorben werde.

Nach dem Bericht der Apostelgeschichte kamen damals Philippus und Petrus in die Stadt, wo Simon Magus sein Wesen trieb. Die Apostel verkündigen die Botschaft vom Reiche Gottes. Viele Männer und Frauen schenken diesem Zeugnis Glauben und lassen sich taufen. Auch Simon Magus kommt hinzu und empfängt die Taufe. Dann aber heißt es weiter: „Als er sah, welche Zeichen und gewaltige Krafttaten und Geistesausrüstungen durch die Handauflegung der Apostel geschahen, war er ganz außer sich. Er brachte ihnen Geld und bat: ‚Gebt doch auch mir diese Vollmacht'! Petrus aber antwortete ihm: ‚Dein Silber sei verdammt und du dazu, weil du glaubst, du könntest die Gabe Gottes für Geld erschachern. Du hast nicht das geringste Anrecht daran; denn dein Herz ist nicht aufrichtig vor Gott. Wende dich bußfertigen Sinnes von deiner schlechten Tat ab und bitte den Herrn, ob dir der Einfall deines Herzens möge vergeben werden.' Da antwortete Simon: ‚Bittet für mich zum Herrn, daß der keines über mich komme, davon ihr gesagt habt.'

Den Simon scheint damals so etwas wie Neid erfaßt zu haben, als er die Zeichen und Wunder sah, die durch der Apostel Hände geschahen. Er wußte bisher nur um eine Magie, die der Gewinnsucht und Ruhmsucht des Menschen entstammt. Darum entblödet er sich nicht, dem Petrus Geld anzubieten, in der Hoffnung, auf diese Weise zu der gleichen Vollmacht wie die Christuszeugen zu gelangen. Mit Recht wird er zurückgewiesen, denn die wahre, heilige Magie, die zu großen Gottestaten und Hilfen befähigt, läßt sich niemals kaufen. Sie kann nur geschenkweise von Gott empfangen werden in der Haltung des Glaubensgehorsams und des Gebets.

Wir haben hier einen eindeutigen Zusammenprall vor uns von einer Magie, die aus dem Motiv selbstsüchtiger Erfolgsgier stammt, die schon viel Unheil angerichtet hat und noch anrichten wird, mit einer Heilhilfe an der notleidenden Menschheit, die die umschaffende Machtwirkung in Demut und Vertrauen allein von Gottes Geist erwartet.

Es ist ebenso unheimlich wie großartig, daß es das magische Handeln gibt. Wenn es das magische Geschehen nicht gibt, dann wird der Weltablauf zu einem technischen Rechenexempel. Dann kann es keine Wunder Gottes und keine Machtwirkungen aus dem Bereich der Finsternis geben. Wenn es das magische Geschehen gibt, dann wird die Welt abgründiger und herrlicher zugleich. Wir müssen mit Dunkelheiten im menschlichen Fehlhandeln rechnen, die weit über das hinausgehen, was im rationalen Blickfeld für möglich gehalten wird. Wir dürfen dann aber auch mitten unter der Vorherrschaft des technischen Zeitalters damit rechnen, daß bei Gott kein Ding unmöglich ist, daß die rechte Hand des Herrn alles ändern kann, weil alles Weltgeschehen wie weiches Wachs ist, das sich von guten Händen formen läßt. Wenn der magische Weltaspekt zu recht besteht, dann tun wir gut daran, um Gottes Schutz und Bewahrung zu bitten gegenüber den Bedrohungen, die im Dunkel schleichen, ist es ja nicht unvorstellbar, daß ein Feind mir eine Krankheit aufhalst. Wir dürfen dann aber auch Gott in einem Berge versetzenden Glauben alles an Hilfe und Befreiung zutrauen.

Durch die Leugnung des magischen Weltaspektes ist unser modernes Weltbild und damit auch unsere moderne Frömmigkeit allzu harmlos und gesichert geworden. Wir erschrecken nicht mehr ob der Abgründigkeit der Welt, und wir trauen Gott nicht mehr die großen Rettungshilfen zu, weil wir befangen sind in den kritizistischen Voraussetzungen des positivistischen Weltbilds. Durch die Wiederentdeckung des Magischen könnte unser Glaubensleben neue Tiefen des Erschauerns, aber auch neue Ausmaße wagemutiger Glaubensfreudigkeit empfangen. Sollte es nicht möglich sein, daß diese verwandelte Schau unserem verflachten religiösen und kirchlichen Leben nach der Licht- wie nach der Nachtseite hin neue Reife und Belebung vermitteln könnte?

PHYSIS UND PSYCHE

Ein Buchbericht

1

Seitdem im 17. Jahrhundert unter dem übermächtigen Einfluß des französischen Philosophen Descartes (1596—1650) das Ganze der Wirklichkeit auseinandergebrochen war in eine räumlich ausgedehnte, meßbare und in eine vernünftig-seelische Welt, hatten sich Natur- und Geisteswissenschaft immer weiter voneinander getrennt und entfernt. Heute ist man sich in Philosophie und Psychologie, in Physik, Biologie und Medizin im Grund darüber einig, daß diese duale Aufspaltung der Wirklichkeit eines der verhängnisvollsten Ereignisse in der Geschichte der Menschheit war. Die getrennten Gebiete sehnen sich wieder nacheinander, man geht aufeinander zu und ist von dem Wunsch erfüllt, das cartesianische Weltbild zu überwinden. Bis sich der Riß aber wirklich wieder geschlossen hat, ist noch eine gewaltige Arbeit zu leisten. Man muß jedem dankbar sein, der in dieser Richtung einen wesentlichen Beitrag zu leisten vermag. Unter solcher Blickrichtung kommt dem umfassenden Werk von Professor Dr. Ernst Anrich eine höchst beachtliche Rolle zu*. Obwohl Historiker von Beruf, hat er sich in einer erstaunlichen und bewundernswerten Weise in die Grundlagen der modernen Physik und Tiefenpsychologie eingearbeitet. Mit Absicht hat er gerade diese Einzelwissenschaften gewählt, die der allgemeinen Überzeugung nach auf zwei völlig entgegengesetzten Flügeln arbeiten, in der Welt des Objektiven und in der Welt des Subjektiven.

Sollte es gelingen, diese beiden so weit auseinanderliegenden Bereiche einander anzunähern oder gar ineinander aufgehen zu lassen, dann wäre damit Entscheidendes gewonnen für eine universale Wissenschaftsbetrachtung und gewiß zugleich auch für eine Neugestaltung unserer Universitäten. Anrichs Werk ist klar und übersichtlich in vier großen Teilen aufgebaut. Er entfaltet zuerst die Ergebnisse der modernen Physik, dann schildert er die grundlegenden Entdeckungen der Tiefenpsychologie von Freud bis

* Ernst Anrich, Moderne Physik und Tiefenpsychologie. Zur Einheit der Wirklichkeit und damit der Wissenschaft. Ein Versuch. 622 S. Ernst Klett-Verlag, Stuttgart 1963.

C. G. Jung. Diese beiden Eingangskapitel sind darum nicht überflüssig, auch wenn sie vieles, allgemein bekanntes Material bringen, weil bereits die Darstellung dieser fachlich begrenzten Bereiche ständig geöffnet ist in der Richtung auf die gegenseitige Bezugnahme, deren Durchführung dann der dritte Teil bringt. Zuletzt aber drängt es den Verfasser zu einem krönenden Abschluß der gewonnenen Zusammenschau in einem Theismus, der sich als trinitarisches Zeugnis erweist.

2

Es ist eigenartig und überraschend, daß Physik und Psychologie in den letzten 60 Jahren völlig unabhängig und ohne eigentliches Wissen voneinander zu Entdeckungen und Erkenntnissen gekommen sind, die das ganze bisherige Vorstellungsbild von Welt und Seele von Grund aus umgestürzt haben. Es kam in jeder der Einzelwissenschaften zur Sprengung der bis dahin streng eingehaltenen Grenzen. Beide sind zu einem Strukturwandel gelangt und vorgedrungen, daß sich eine übergreifende innere Einheit unmittelbar ergibt, einfach aus den aufweisbaren neuen Gegebenheiten heraus, ohne Zuhilfenahme gewagter Spekulationen.

In der Physik begann der Umbruch mit dem Quantengesetz, das um 1900 von Max Planck entdeckt wurde. Bis dahin war das physikalische Denken aufgebaut gewesen auf der Annahme von der gleichmäßigen Stetigkeit, wie Energie von einem Körper abgegeben oder aufgenommen wird. Über der bestürzenden Entdeckung von Planck zerbricht dieser Kontinuitätsglaube. Man weiß hinfort, daß die Aussendung von Wärme und Licht in Sprüngen und Schüben erfolgt, die den Eindruck einer gewissen Willkür erwecken. Fünf Jahre später geschah die zweite große Erschütterung des bisherigen wissenschaftlichen Bildes von der physikalischen Welt. Lange Zeit hatten sich die Gelehrten darüber gestritten, ob das Licht ein Wellenvorgang oder eine korpuskuläre körnige Ausstreuung sei. Jetzt wird durch Einstein der überzeugende Nachweis erbracht, daß das Licht beides zugleich ist. Es gibt Erscheinungen, die nur mit Hilfe der Wellengesetze erklärbar sind, und andere, die nur mit Hilfe der entgegengesetzten Theorie gedeutet werden können. Die gleichzeitige Gültigkeit der beiden Modi ist für unser logisches Denken unvorstellbar und muß dennoch aufrechterhalten werden.

Anrich fragt nach jedem Aufweis eines wissenschaftlichen Fortschrittes im Weltbild der Physik, was sich daraus für Folgerungen für die Seinsstruktur des Ganzen ergeben, und er kommt auf Grund der bisher geschilderten Resultate zu der für sein ganzes Denken entscheidenden Feststellung von dem komplementären Charakter der Wirklichkeit. Dieses Prinzip aber reicht weit über die funktionale Verkoppelung von Wellenhaftem und

Korpuskulärem hinaus. Es betrifft ebenso das Verhältnis von Energie und Masse. Es gibt nicht Energie an sich, und es gibt nicht Masse an sich. Wie Welle und Korpuskel, so sind auch Energie und Masse nicht voneinander zu lösen.

Wieder einen bedeutsamen Schritt weiter sollte die moderne Relativitätstheorie führen, die Raum und Zeit in die neugewonnene Funktionskette mit hineinnahm. Auch Raum und Zeit sind keine getrennt bestimmbaren Möglichkeiten. Jede Zeitangabe hängt immer davon ab, auf welches System räumlicher Messung im Weltall sie bezogen ist. Beide Faktoren kommen nur in der Verknüpfung miteinander vor. Sie existieren nicht als apriorische Gegebenheiten. So erscheinen immer mehr Größen, die man bisher als selbständig für sich bestehend angesehen hatte, funktional aufeinander bezogen. Einstein hatte es allerdings abgelehnt, die Quantenmechanik mit der Relativitätstheorie zu verschmelzen. Anrich dagegen vertritt die Überzeugung — und er steht damit heute keineswegs allein —, daß eine umfassende Union von Welle/Korpuskel/Energie/Masse/Raum/Zeit möglich ist.

Aus den neuen Denk- und Vorstellungsformen im Weltbild der modernen Physik folgte ganz von selbst ein völliges Aufgeben des gewohnten Begriffs der Materie. Die überlieferte Anschauung verstand Materie als Masse, als schwere Substanz in räumlicher Ausdehnung, mechanischen Gesetzen berechenbar unterworfen. Inzwischen hat man erkannt, daß diese feste, ruhende Masse ein naiver Oberflächeneindruck unserer sinnlichen Wahrnehmung ist. In Wahrheit hat sich die cartesianische res extensa aufgelöst in ein ungeheures dynamisches Geschehen. Alles in der physikalischen Wirklichkeit ist bewegt und bewegend. Das Stoffliche besteht aus dem ständigen Zusammenwirken aller aufgezählten Strukturelemente. „Die Materie ist nicht, die Materie geschieht."

3

In merkwürdiger Gleichzeitigkeit mit dem kühnen Vordringen der Physik wurde auch in den Geisteswissenschaften Neuland gefunden, und dort ebenso wie in der Naturwissenschaft nicht auf Grund spekulativer Höhenflüge, sondern in unmittelbarer Berührung mit der Wirklichkeit. Der Einstieg geschah über dem Versuch der Heilung von geistigen Erkrankungen. Bislang war man bemüht gewesen, den *Willen* der verletzten Person zu stärken. Doch waren die Erfolge dabei schmerzlich gering geblieben. Jetzt wird in der Schule von Freud entdeckt, daß die Leidenssymptome der Neurotiker einen Sinn haben. Es gibt Schichten im psychischen Bereich, die das Bewußtsein nicht zu erfassen vermag und die auf Willensappell und Symptomverbot in keiner Weise ansprechbar sind. Wohl aber kann durch die Bewußtmachung von verschütteten Seelenerlebnissen wesentliche Befreiung bewirkt werden.

Als weitere wesentliche Erkenntnis kam hinzu, daß diese Tiefenschicht des Unbewußten eine Energiequelle größten Ausmaßes darstellt, die das Bewußtsein sowohl stören wie stärken kann. Für jede Heilung wird darum von jetzt an entscheidend, daß aus dem bewußten und unbewußten Geschehen eine Ganzheit entsteht, wodurch die krankmachende Aufspaltung der Person überwunden wird. So wie die Physik die Gegensatzpaare Welle/Korpuskel, Energie/Masse, Raum/Zeit überwunden hatte, so war jetzt der Psychologie die Einsicht in den funktionalen Bezug von Bewußt und Unbewußt gelungen. Auch im Bereich der Seele herrscht das Komplementaritätsgesetz und das dynamische Element ebenso wie im Bereich der Materie. Damit war zwar eine wichtige Entsprechung bei der Zusammenschau zweier Fakultäten gewonnen, aber noch nicht die Einebnung des Gegensatzes zwischen einer subjektiven und objektiven Wirklichkeit. Anrich aber hat sich als Ziel gesetzt, auch diese letzte Gegensätzlichkeit zu überwinden, um damit zu einer vollkommenen Ganzheitsschau der Wirklichkeit zu gelangen.

Mochten bei Freud die sexuelle Libido und bei Adler die Machttriebe im Traum als der Symbolsprache der Seele dominieren, in dem einen Stück gehörten die beiden Meister aus der Wiener Schule einhellig zusammen, daß sie die Inhalte des Unbewußten, in der Hauptsache jedenfalls, auf das individuelle, historische Leben bezogen sein ließen. Was je aus meinem Leben abgesunken ist und verdrängt wurde, was aus nichtbewältigten persönlichen Konflikten stammt, das sammelt und staut sich im Bereich des „Unterbewußten". Bildeindrücke, die über den vom einzelnen eingenommenen Lebensraum hinausgehen, sind dort nicht anzutreffen.

Erst Carl Gustav Jung hat in bahnbrechenden Erkenntnissen darüber hinausgeführt. Er fand in den Träumen seiner Patienten nicht nur Erinnerungen aus dem persönlichen Lebensablauf wirksam. Zu dem Individuell-Erworbenen trat ein Reich des Unbewußten hinzu, das den einzelnen mit dem seelischen Erfahrungsschatz der ganzen Menschheit verbindet. Es gibt über das Persönlich-Unbewußte hinaus ein Vorpersönliches. Dieses Reich, erfüllt von gewaltigen Kräften, Bildern und Symbolen, ist der Mutterboden der Sprache, der Mythologie, der Dichtung, der schöpferischen Phantasie und jeder großen, produktiven Leistung. Jung hat dieses in unserer Seele keimhaft und potentiell angelegte Menschheitsgut, aus Jahrtausenden gesammelt und über alle Kulturen hin wirksam, in dem Begriff des Kollektiven-Unbewußten zusammengefaßt. Es ist nicht nur der Sammelort verdrängter, vergessener, unerledigter persönlicher Konflikte, es ist einem Ozean vergleichbar, der über unermeßliche Kräfte und Tiefen verfügt. Nach Jung ist dieses Seelenmeer nicht ein diffus wogendes Chaos. Es ist in sich gegliedert in eine archetypische Vielfalt.

Geht man an das Werk, die Fülle dieser mächtigen Bilder zu ordnen, dann kommt man dabei auf Gestalten und Gestaltungen, die sowohl aus der personalen wie aus der gegenständlichen Wirklichkeit stammen. Zu den Archetypen subjekthafter Prägung, die segnen und erschüttern können, gehören die große Mutter, der alte Weise, der König und der Ritter, der Held und die Hexe, der Hirte und der Bräutigam. In dem seelischen Erbgut der Menschheit, das es von dem Bewußtsein zu integrieren gilt, schlummern aber auch machtvolle Bilder und Figuren aus der objektiven Wirklichkeit der Welt. Es gehören dazu das Pferd und die Schlange, der Strom und die Brücke, Brot, Wein und Salz, es gehören dazu Sonne und Mond, Stein und Wasser, Zahlen und Farben, geometrische Gebilde wie der Kreis und die Spirale. All diese Zeichen sind nicht erst im übertragenen Sinn bedeutsam, wenn sie als Metapher und Symbol für eine seelisch gemeinte Wirklichkeit genommen werden. Sie haben in sich selbst eine ungeheure Gewalt, zum Herzen des Menschen zu sprechen. So ist z. B. jeder Psychotherapeut erfreut und schöpft neue Hoffnung für einen neurotisch verkrampften Patienten, wenn dieser bei der Aufforderung, daheim für sich zu malen, Bilder in die Sprechstunde mitbringt, die einem Mandala gleichen, das von Kreisen, Ellipsen und Spiralen durchzogen ist. Verheißungsvoll sind solche Zeichnungen allerdings nur dann, wenn vorausgesetzt werden kann, daß sich der Patient nicht bereits vorher in der Fachliteratur orientiert hat und nun „seinem Meister" zulieb entsprechendes Material produziert.

Anrich muß zugeben, daß auch schon Jung „in Hunderten von Fällen" von der archetypischen Bedeutung der objektiven Erscheinungsbilder auf dem Grund der Seele gehandelt hat und um ihre heilende Bedeutung weiß. Gleichwohl ist Anrich der Meinung, daß Jung an dieser Stelle zu früh haltgemacht hat und daß ihm die volle Union zwischen der Welt des Subjektiv-Personalen und der Welt des Objektiven noch nicht wirklich gelungen sei. Dieses Ziel zu erreichen, hat sich der dritte Hauptteil gesteckt mit der charakteristischen Überschrift: Möglichkeiten des weiteren Eindringens und der Inbezugsetzung von Tiefenpsychologie und moderner Physik.

4

Wenn sich im Träumen der Seele Bilder aus der Welt des Objektiven melden, wenn Krone und Mantel, Turm und Labyrinth, Würfel und

Becher, Wasser und Schlange erscheinen, dann war man in der therapeutischen Interpretation nur zu schnell bereit und geneigt, solche Bildkerne gleichnishaft zur Deutung humaner Seelenvorgänge zu benützen. Anrich lehnt eine derartige Erhellung nicht von vornherein ab. Er kommt in dem Zusammenhang auf die Mächtigkeit von Symbol und Mythos zu sprechen. Er weiß sehr wohl darum, wie der Mensch blaß und krank wird, wenn er in Sprache und Kultus entsymbolisiert und entmythologisiert. Und doch werden wir der Urgewalt der Bilder aus der Welt des Objektiven nicht gerecht, wenn wir nur nach ihrer Bedeutsamkeit im humanen Erlebnissinn fragen. Es gilt zu erkennen, daß den Bildworten, die der außermenschlichen Welt entstammen, unmittelbare Kraft innewohnt, eine Kraft, die aus den Dingen selbst kommt und nicht erst aus dem gleichnishaften Sinn, den wir hineinlegen. „Was zieht und zwingt einen Menschen in bestimmten Lebenslagen dazu, einen Waldsee aufzusuchen und dort Stunden zu verbringen? Es ist nicht das rationale Wissen, dort einige ruhige Stunden zu verbringen, auch nicht die Meinung, daß das Naturbild seine Gedanken beruhigen könnte." Das Unbewußte weiß, daß der See nicht nur Hinweis ist auf irgend etwas, der Mensch setzt sich der Wirkung des Objekthaften unmittelbar aus und erfährt Hilfe davon. Auch die Sprache ist nicht entstanden aus rationaler Handhabung. Nicht die Bezeichnung der einzelnen Dinge hat sich zur Sprache summiert, sondern die Macht der Bilder hat die Sprache geformt.

Als Ergebnis stellt Anricht fest: Das Unbewußte empfängt seine Kräfte nicht nur aus der Energie subjektiver Größen, es wird ebenso gespeist von der Energie des Objektiven. Welt und Mensch sind im Menschen durchdrungen. Der Mensch kann nicht Mensch werden, ohne die in ihm schlummernde Welt zu erfassen. Sie tritt ihm nicht nur als Umwelt entgegen, sie ist in ihm, und muß von ihm bewältigt werden, damit er Mensch wird. Die subjektive und die objektive Welt bedürfen sich gegenseitig. Auch hier gilt die komplementäre Struktur. Die Unionskette Masse/Energie, Raum/Zeit ist radikal durchzuführen bis hin zu der funktionalen Union von Subjekt/Objekt. Damit aber ist die cartesianische Scheidung von res cogitans und res extensa endgültig aufgehoben.

Aus dem allen erwächst eine völlig neue Auffassung vom Wesen des Erkennens. Wer einmal begriffen hat, daß unser Ich eine Energiequelle ist, die von der Menschheitserfahrung und von der Seinsfülle der welthaften Dinge unablässig gespeist wird, dem ist es nicht mehr möglich, die Ratio als einzige Kontrollmethode anzuerkennen, als wäre nur das logisch-verstandesmäßige Denken echter Erkenntnis fähig. Man weiß hinfort vielmehr: Gerade der fruchtbare Ein-Fall stammt aus dem Ansturm der Seinsmächte der Tiefe, dem der Mensch nicht widerstreben sollte. Seher und

Dichter haben um diese Zusammenhänge stets gewußt. Es wäre gut, wenn solche Einsicht zum Allgemeingut aller geistigen Berufe würde. Noch immer sind logisches und symbolisches Denken einander feind. Dabei würden sich dem menschlichen Geist ganz neue Räume erschließen, wenn er bereit wäre, den dynamischen Prozeß zu vollziehen, der als Wiedervereinigung von Bewußt und Unbewußt geschieht.

5

So wichtig es ist, daß das individuelle Bewußtsein zu einer Vermählung mit dem kollektiven Humanum und dem Reichtum der objektiven Welt gelangt, zu einer umfassenden Selbstverwirklichung gehört vor allem, daß die Bezogenheit auf das Du nicht außer acht gelassen wird. Anrich gibt zu, daß Jung auch diese Aufgabe bei dem Vollzug der Individuation berücksichtigt hat. Er ist aber mit Hans Trüb und Ernst Michel der Meinung, daß der Faktor der Mitmenschlichkeit ungleich stärker berücksichtigt werden müsse, als es in der Züricher Schule geschieht. Der Mensch ist seinem Wesen nach bestimmt zu verantwortlicher Partnerschaft. Die Krankheit unserer Zeit ist, daß uns das Wissen um dieses Verknüpftsein verlorengegangen ist. Ein Mensch, der zum Dialog nicht mehr fähig ist, muß an innerer Verarmung erkranken. Das Gewissen ist das Organ, das uns ruft, die Isolierung der Ichwelt zu durchbrechen und den Anspruch und Zuspruch des Nächsten ernst zu nehmen. Es ist oberflächlich, im Gewissen nur ein Produkt humaner oder religiöser Erziehung sehen zu wollen, wie das in der marxistischen Ideologie geschieht. Das Gewissen ist von Uranbeginn im Menschen angelegt. Wer seiner mahnenden Stimme ausweicht, kann niemals zur Selbstverwirklichung gelangen. Unser Versagen der Stimme des Gewissens gegenüber schafft nicht nur Unruhe, es wird zugleich der Ansatzpunkt für die Erkenntnis einer metaphysischen Schuld, die sich auf unser Leben legt.

Wenn man ernst macht mit der Erkenntnis, daß das Sein ein stetes Geschehen ist, daß Raum und Zeit, Energie und Masse, Subjekt und Objekt nicht für sich existieren, sondern in Union zueinander sich befinden, dann fällt von da aus neues Licht auf den Menschen als geistiges, seelisches und leibliches Leben. Auch dabei handelt es sich um Faktoren, die untereinander uniert sind. Das Geistige ist allem Leiblichen immanent. Ebenso ist das Seelische in unser Gesamtleben eingewoben, und durch den Leib sind wir mit allem stofflichen Leben verbunden. Damit wird das Dreifaltige zum Wesensgrund und Wesensziel alles Seins. Anrich gewinnt seine Lehre von der Dreifaltigkeit ähnlich wie schon Augustin und später Hegel und Schelling aus den vestigia trinitatis, von denen die ganze Schöpfung geprägt und erfüllt ist. Er bleibt aber nicht bei einer ontologisch gewonnenen Trinitätslehre stehen. Nicht nur Natur und Seele befinden sich in einem unablässigen Werden. Das Sein Gottes selbst ist dramatisches Geschehen, ist geschichtliches Handeln. Darum ist Gott aus sich herausgetreten, um Mensch zu werden und sich aufzuopfern. So wird der trinitarische Gottesglaube der christlichen Kirche zuletzt zum Schlüssel für ein allumfassendes Verständnis des Geschehens in Natur und Geisteswelt.

Anrich macht es trotz aller pädagogischen Bemühung dem Leser nicht immer leicht, seinen Gedankengängen zu folgen. Man muß ihm freilich auch zugute halten, daß die hier zur Behandlung kommenden Themen ihrem Wesen nach so schwierig sind, daß sie sich einer für jedermann leicht faßlichen Darstellung entziehen. Das Unternehmen als Ganzes ist auf jeden Fall höchster Beachtung wert. Es werden hier Grenzen und Schranken, die Physik und Psychologie, subjektive Erlebniswelt und objektiven Beobachtungsbereich voneinander getrennt gehalten hatten, mit einer Kühnheit und Konsequenz niedergelegt, die etwas Erregendes und Beglückendes an sich tragen. Wenn Ernst Jünger in seinem „Sanduhrbuch" (Frankfurt 1954) von einer Zeit spricht, da sich „die messenden Wissenschaften, vor allem die Physik und die Astronomie, an die Theologie wieder annähern, der sie dereinst entsprossen sind", dann dürfte mit dem vorliegenden Buch der Anbruch dieser Zeit nahe herbeigekommen sein.

BERUF UND BERUFUNG DES ARZTES

Der Beruf des Arztes hat in der Geschichte der Menschheit zu allen Zeiten als einer der höchsten und verantwortungsvollsten unter allen Berufen gegolten, und das mit Recht.

Die Welt, in die wir durch die Geburt eintreten, ist auf der einen Seite wohl eine Welt voll Schönheit und Lebensfülle. Gleichzeitig aber ist diese Welt, in der wir zu bestehen haben, randvoll von Schmerz und Leid, von Krankheitsnot und Todesangst.

Der Arzt ist insonderheit dazu berufen, diesen Verderbensmächten den Kampf anzusagen. Es ist doch etwas Großes, wenn es ärztlicher Kunst gelingen darf, eine kinderreiche Mutter der Familie zu erhalten, und wäre es nur auf weitere kostbare sieben Jahre, nachdem der Tod schon an das Lager der Frau getreten war. Oder was kann es für ein Volk, ja für die Menschheit bedeuten, wenn einem überragenden Dichter, Künstler oder Wissenschaftler durch eine geglückte Operation die Lebens- und Schaffenskraft noch einmal zurückgegeben wird.

Der Auftrag des Arztes, dem Schutz und der Erhaltung des Lebens zu dienen, geht so weit, daß der Arzt selbst den auf der Verfolgungsjagd verletzten Verbrecher wieder zusammenflickt, daß er selbst den Suiziden, der nicht mehr weiter leben wollte, ins Dasein zurückzuholen sucht. Gerade an diesen äußersten Grenzfällen mag deutlich werden, wie sehr es Sache des Arztes ist, im Dienst am Leben zu stehen.

Die Ausgangsmotive, die in jungen Jahren zu dem Entschluß geführt haben, das Studium der Medizin zu ergreifen, mögen mannigfaltiger Art gewesen sein. Bei dem einen war es vielleicht ein ausgesprochen naturwissenschaftliches Interesse, das über die Biologie zur Anatomie und Physiologie des Menschen geführt hat. Bei einem anderen mag das ärztliche Leitbild, das bereits der Vater repräsentiert hat, bestimmend gewesen sein, die gleiche Bahn einzuschlagen.

Und wieder ein anderer war schon früh entschlossen, die Medizin als den Beruf zu wählen, der für die Betätigung warmherziger Hilfsbereitschaft unendliche Möglichkeiten bietet. Welcher Beweggrund auch immer ausschlaggebend gewesen sein mag, auf jeden Fall stellt der Arztberuf einen Lebensentwurf von ungewöhnlich hohem Ausmaß dar.

Vielleicht sagt sich mancher im Rückblick: es war gut, daß man als junger Mensch die Tragweite dieser Berufswahl nicht voll ermessen konnte. Man wäre sonst vielleicht zurückgeschreckt und hätte sich den Entschluß zu diesem Turmbau noch einmal überlegt. Nun aber hat der Beruf einen in seinen mächtigen Strom hineingezogen und es gilt, sich darin zu bewähren.

So gewiß sich die Heilkunde auf dem langen Weg durch die Geschichte in einem unaufhaltsamen Vorwärtsschreiten befindet, so darf doch gesagt werden, daß unser Jahrhundert in diesem Bereich besonders stürmische Wandlungen gebracht hat.

Die Medizin um 1910 war eine überwiegend naturwissenschaftlich-technisch eingestellte Wissenschaft geworden. Selbst bei den Psychosen dachte man ausschließlich an Erkrankungen der Gehirnsubstanz. Auch für den Internisten war die Bakteriologie zum wichtigsten Gesichtspunkt für die Ursachebestimmung einer Krankheit geworden. Die mikroskopischen Resultate erschienen dem Arzt bei weitem bedeutsamer und interessanter als das Gespräch mit dem Patienten. So konnte ein berühmter Arzt damals im Rückblick auf sein Leben schreiben: „Immer habe ich die Veterinäre darum beneidet, daß ihr Krankheitsmaterial stumm ist."

Wie völlig hat sich in der Beziehung das ärztliche Bewußtsein im Lauf der letzten Jahrzehnte gewandelt! Die Heidelberger Schule, die schon mit Ludolf von Krehl verheißungsvoll einsetzte, hat über Richard Siebeck und Victor von Weizsäcker dahin geführt, daß man heute in der sogenannten „biographischen Medizin" fragt: warum wird ein Mensch gerade jetzt zu diesem Zeitpunkt krank, und warum zeigt sich die Krankheit gerade an diesem Organ, im Hals oder an der Leber, was für unbewältigte Schicksalsnöte, Lebenskonflikte und Schuldverstrickungen mögen mitgewirkt haben, daß der Mensch derzeitig und dergestalt auf das Krankenlager geworfen wird?

Die Erweiterung der Medizin in der Richtung der Psychosomatik bringt auf der einen Seite in das diagnostische und therapeutische Handeln viel mehr Unsicherheitsfaktoren, als wenn rein laboratoriumsmäßig vorgegangen wird. Auf der anderen Seite gewinnt der Beruf des Arztes dadurch eindeutig an humaner Größe und an ethischer Verpflichtung. Wenn die Krankheit ein ganzheitliches Phänomen ist, wenn sie die Person des Menschen betrifft und nicht nur ein örtlich entzündetes Zellengewebe, dann muß sich auch der Arzt in der Ganzheit seiner Person einsetzen. Die „Kleine Psychotherapie" sollte darum heute jeder Arzt, besonders auch der Facharzt, beherrschen, um sie überall da hilfreich anwenden zu können, wo sie am Platz ist.

Gewiß wird es immer Patienten geben, die nicht mehr brauchen und nicht mehr verlangen als ein Rezept aus dem längst erprobten Arzneimittelschatz. Zur Heilung eines Knochenbruchs nach Schiunfall bedarf es keiner Psychoanalyse und keiner Integration von Archetypen, sondern allein der handwerklichen Tüchtigkeit im Erfahrungsbereich der Chirurgie und der Orthopädie. Aber nun ist es ja ein offenes Geheimnis, wie heute das Heer der Kranken ständig zunimmt, die organisch keine nennenswerten Schäden aufweisen und die sich trotzdem ständig müde, gedrückt und unfroh fühlen. In den meisten derartigen Fällen liegen funktionale Störungen vor, die auf dem pharmazeutischen Weg allein nicht aufgearbeitet werden können. Sie bedürfen der ärztlichen Aussprache und Lebensberatung. Naturwissenschaftlicher Forschungsdrang und christlich-humaner Helferwille sollten sich darum bei der Berufswahl und Berufsausübung des Arztes in schönem Verein zusammenfinden.

Ein so feinsinniger Beobachter des Lebens wie Romano Guardini hat erklärt: über jeden Menschen kommt zur Zeit der Lebensmitte ein Zustand, den man bezeichnen könnte als die Erfahrung der Grenze und als das Erlebnis der Entzauberung. Der Beruf wird alltäglich. Es bleiben einem Enttäuschungen nicht erspart, Enttäuschungen mit Kollegen, mit Patienten, vielleicht auch mit den eigenen Kindern. Man wollte einmal einen ganzen Wissenschaftszweig oder wenigstens eine Klinik von Grund aus erneuern, und muß schließlich feststellen: auch deinem Können und Vermögen sind Grenzen gesteckt. Du kommst längst nicht überall so durch, wie du es dir erträumt und erhofft hattest. So wie es unzählige Pfarrer und Schulmeister gibt, die längst resigniert haben, die ihr Pflichtmaß nur noch abdienen, ohne im Geist und in der Liebe zu glühen, so dürfte auch der ärztliche Beruf nicht frei sein von der Gefahr der Abnutzung und der gewohnheitsmäßigen Routine.

Sicher kann solcher Erschlaffung auch vom wissenschaftlichen Bemühen her entgegengewirkt werden, indem man trotz aller Verknappung der Zeit mit entschlossener Energie für sich selber weiterarbeitet an Hand der Bücher, der Zeitschriften und der Fachkongresse. Und doch genügt das allein nicht, um den gewählten Lebensplan freudig und überlegen zu erfüllen. Es müssen da noch andere Faktoren mit ins Spiel kommen.

Zu den erregendsten Phänomenen unserer Tage gehört die Wiederentdeckung der Askese. Die Generation vor uns hatte diesem Wort gegenüber eine ausgeprägte Abneigung empfunden. Das moderne Verständnis des Wortes hat nichts zu tun mit Weltflucht oder Leibesfeindschaft, es verbindet sich damit keinerlei negative Einstellung zu unserer sinnlichen Natur. Es geht allein darum, daß der Mensch innerlich frei bleibt und frei wird von dem Übermaß der Bedürfnisse, Verwöhnungen und Ansprüche, die von allen Seiten her auf uns einstürmen und uns als lebensnotwendig aufgeschwätzt werden. Moderne Askese erstrebt eine Haltung der inneren Überlegenheit und Unabhängigkeit gegenüber Dingen, „die uns unerläßlich erscheinen, die es aber nicht sind, wenn wir ihnen auf den Grund gehen“

(Joachim Bodamer). Zugleich weiß man hier wieder, welch hohes, geistiges Glück dem zuteil wird, der überflüssige Angebote abzulehnen vermag, weil er sich darin einer königlichen Freiheit bewußt wird.

In der Sprechstunde begegnen dem Arzt heutzutage zahlreiche Patienten, die durch übermäßigen Genuß von Narkotika an ihrer Gesundheit bedenklich Schaden gelitten haben. Es gehört zu den schwersten und schönsten Aufgaben der ärztlichen Kunst, einen süchtig gewordenen Menschen zu heilen. Bloße Verbote und Warnungen tun es allein nicht. Es muß da schon eine Persönlichkeit eingesetzt werden, die Überlegenheit ausstrahlt, sonst bleibt die noch so gut gemeinte Ermahnung wirkungslos. Je mehr wir selbst Freiheit repräsentieren auf Grund der eigenen Lebensführung, um so eher werden wir auch unsere Patienten zur Freiheit führen können.

Dazu ist es wichtig, daß man bei sich selbst Widerstand leisten kann gegenüber allen lebensschwächenden Einflüssen. Noch bedeutsamer aber dürfte es sein, daß wir uns mit positiven Elementen des Lebens beschenken. Solches Beistandleisten kann sowohl aus der Dimension der Immanenz wie der Transzendenz sich Kräfte holen.

Selbst wenn die göttliche Wirklichkeit zum tragenden Grund unseres Lebens geworden ist, sollten wir niemals in eine Übergeistlichkeit verfallen, die die natürlichen Hilfen des Lebens ausschlägt. Der Arzt ist heute in einer Weise überfordert und beansprucht, daß er leicht in Gefahr gerät, gerade aus Gewissenhaftigkeit dem Beruf gegenüber atemlos, gejagt und gehetzt zu werden. Es ist aber bestimmt nicht der göttliche Wille, daß wir nur aus Müssen bestehen. Wir sollen auch ausreichend schlafen und wandern, musizieren und mit unseren Kindern spielen, und wir dürfen unsere Frau nicht geistig und seelisch darben lassen. Die Bücher müssen unsere guten Freunde bleiben, und das weit über die fachwissenschaftliche Literatur hinaus. Wie das im einzelnen verwirklicht werden kann, läßt sich nicht generell entscheiden. Hier soll nur die Notwendigkeit und das wohlbegründete Recht eines Hobbys deklariert werden.

Sicher gehört der Arztberuf zu den Berufen, die ungewöhnliche Opfer an Kraft und Zeit verlangen, wovon sich der auf einem Büro seine Dienststunden absitzende Angestellte keine Vorstellung machen kann. Und doch hat diese Aufopferung ihre Grenzen. Man muß auch Nein sagen können, man muß auch einmal kurz angebunden sein können, selbst auf die Gefahr hin, daß einem von unverständigen Leuten Lieblosigkeit und mangelnde Einsatzbereitschaft zum Vorwurf gemacht wird.

Als besonders hilfreich dürften sich alle musischen Betätigungen erweisen, wenn es gilt, Abspannung, Müdigkeit, Ärger und Verdruß, wie sie sich vom Beruf her ergeben können, abzuwehren. Wohl dem Arzt, zu dem die Trösterin Musik spricht, sei es über die Schallplatte, das Konzert oder noch besser über ein Streichquartett, in dem man selbst mitspielt. Bei anderen mag es die Dichtung oder die Malerei sein, die geistige Erquickstunden vermittelt, ganz zu schweigen von der lieben Natur, die in Wald und Feld so viel zur Ruhe bringen kann, was uns erregt und beschwert.

Immer aber bedeutet es seelischen Reichtum und Gewinn, wenn der Arzt über die innerweltliche Lebenshilfe hinaus sich in der Welt des Absoluten, in der göttlichen Wirklichkeit verankert weiß. Mit dem Menschen von heute teilt der Arzt freilich häufig eine gewisse Skepsis gegenüber der Dimension des Überweltlichen. Der moderne Wissenschaftspositivismus hat da viel zerstört. Wo die intellektuellen Denkschwierigkeiten im Vordergrund stehen, muß ihnen in aller Redlichkeit Rechnung getragen werden. Doch vollziehen sich heute genug geistige Wandlungen, in der Atomphysik, in der Biologie, in der Naturphilosophie, die für die Denkmöglichkeit eines lebendigen Gottesglaubens neu Raum schaffen.

Darüber sollten wir niemals vergessen, daß der Durchbruch zu Gott allein auf dem Weg des begrifflichen Verstehens nicht möglich ist. Angelus Silesius sagt dazu: „Der nächste Weg zu Gott führt durch der Liebe Tür, der Weg der Wissenschaft bringt dich nur langsam für“. Es genügt unter Umständen eine spontane Tat der Liebe, eine großzügige Geste der Versöhnlichkeit, ein freudig gebrachtes Opfer, und wir dürfen erfahren, wie ein Strom göttlicher Freude und Zuversicht in unser Leben einbricht.

Für den Beruf des Arztes dürfte es von besonderer Bedeutsamkeit sein, daß er um eine ewige Macht weiß, die ihn trägt und hält. Es ist ja gar nicht möglich, daß einem Arzt bei der täglichen Berufsüberforderung alle Diagnosen, alle medizinischen Verordnungen und Eingriffe gleich gut glücken. Gelegentliche Pannen werden auch bei größter Gewissenhaftigkeit im ärztlichen Handeln nie ganz zu vermeiden sein. Und was mutet einem das Heer der Seelisch-Kranken zu an Langmut, Geduld, Einfühlung und Hingabe! Wie entscheidend wird es da, um ein Meer des ewigen Erbarmens zu wissen, das alles Denken übersteigt.

Kürzlich wurde auf einer fachärztlichen Tagung, die sich mit den soziologischen und psychologischen Aspekten des Suizid beschäftigte, mit Recht betont: die wirksamste Hilfe gegen diese steigende Gefährdung ist die Stärkung von Vertrauen und Verantwortung. Vertrauen und Verantwortung aber braucht letztlich ein ewiges Du, von dem man sich getragen und demgegenüber man sich verpflichtet weiß. Ohne den Durchbruch in das Unbedingte hängt der Appell an Vertrauen und Verantwortlichkeit in der Luft. Gewiß ist es vor allem die Aufgabe des Seelsorgers, das Stehen vor der ewigen Wirklichkeit im Herzen der angeschlagenen und angefochtenen Menschen zu erwecken, während der Schwerpunkt des ärztlichen

Handelns in der Richtung der somatischen Betreuung zu liegen hat. Aber warum soll nicht auch der Arzt zu einem solchen personalen Einsatz bereit sein!

Es hat Zeiten gegeben, wo auch im Leben des Arztes Orare und Laborare eine innere Einheit gebildet haben. Wir brauchen dazu nur an den großen Arzt Paracelsus zu erinnern. Die geistige Entwicklung im Abendland hat beide Größen, das Religiöse und das Profane, immer weiter voneinander getrennt. Und doch mehren sich heute die Stimmen, die eine Wiedervereinigung von Oratorium und Laboratorium ersehnen und für möglich halten. Gewiß, eine solche Zielverwirklichung kann man nicht gewaltsam machen. Aber man kann sich dafür öffnen und bereithalten. Dann werden Beruf und Berufung des Arztes wieder zu einem Einheitserlebnis zusammenwachsen, die Kranken aber werden davon den Gewinn und den Segen haben.

DER SINN DES LEIBES IM CHRISTENTUM

Der Angriff der Lebensphilosophie

Das idealistische Denken, das in so großen Gestalten wie Kant und Hegel, Schiller und Fichte im neunzehnten Jahrhundert lebendig war, verstand den Menschen in hoher, edler Auffassung als Geistwesen. Der Mensch hat Geist, der Mensch ist Geist. Kraft dessen besitzt er Vernunft und Sprache, Gewissen und Freiheit, verfügt er über Selbsterkenntnis, Selbstbestimmung und Selbstverantwortung. Man braucht nur einmal auf Bildern die Gesichter dieser Männer anzuschauen, man muß ihre Briefe und Reden lesen, und man spürt etwas davon, wie sie sich alle als Könige im Reich des Geistes gefühlt haben.

So groß dieser Idealismus in seiner Weise gewesen ist, an einer Stelle hat ihm zweifellos etwas Entscheidendes gemangelt. Er hat kein rechtes liebendes, brüderliches Verhältnis zur Welt der Leiblichkeit und der Natur gefunden. Der Leib gilt bereits als das erste, wenn mir auch zunächst liegende Stück *Außenwelt*. Er gehört schon nicht mehr wesentlich zum Menschen, da ja das eigentliche Wesen des Menschen ausschließlich in seinem geistigen Bewußtsein beruht. Der Leib wird betrachtet als „Material der Pflicht", an dem der Menschengeist seine Herrscherwürde ausüben und betätigen lernen soll. An sich selbst hat der Leib keinen Eigenwert, er hat sich dem Geist zu unterwerfen und der Geist fragt nicht danach, ob dem Leib dadurch Gewalt angetan wird.

Es ist darum nicht von ungefähr, daß auf das klassische Zeitalter des Geistidealismus am Ausgang des neunzehnten Jahrhunderts eine gewaltige naturalistische Gegenbewegung gefolgt ist, deren Auswirkungen bis herein in unsere Tage spürbar sind. Am weitesten ist bei dieser Aufstandsbewegung der Sinnenwelt gegen den Geist das materialistische und marxistische Denken gegangen. Aber auch wo der Weg von Ernst Haeckel und Karl Marx nicht mitgegangen wird, können wir heute allenthalben eine stark betonte Leibesliebe und Leibespflege wahrnehmen. Wir denken an den Siegeszug von Hygiene, Gymnastik, Sport, Körperkultur, Lebensreform und Rassenpflege in aller Welt. Je mehr das großstädtische Leben mit seiner fortschreitenden Technik und Zivilisation unser Leben unnatürlich macht, um so sehnsüchtiger strecken sich ungezählte Menschen nach einem sinnenfrohen, naturnahen Leben aus.

Wer in den Kreisen der Lebensphilosophie, der Körperkultur, der modernen Naturromantik zu Haus ist, weiß: man wird dort als christusgläubiger Mensch nicht gern gesehen. Es wird einem zu verstehen gegeben: als Christ hast du in unseren Reihen nichts zu suchen. Seit Friedrich Nietzsche heißt in allen vital empfindenden Bewegungen die Losung: Dionysos oder der Gekreuzigte! Entweder überströmendes Leben durch den Gott des Rausches oder im Gefolge des Christus eine Religion des reinen Geistes mit abgetötetem Sinnenleben. Man fordert die Erlösung von der Knechtschaft des leibfremden, leibfeindlichen Christentums mit der Begründung: wenn schon von Sünde gesprochen werden soll, dann hat sicher die christliche Kirche die schwerste Sünde auf sich geladen, die gedacht werden kann, und das ist die Sünde wider Leib und Blut, die Sünde der Entfremdung von den schöpferischen Kräften des natürlichen Lebens.

Man erzählt mit Vorliebe Schauergeschichten von mittelalterlichen Mönchen und Nonnen, wie sie ihren Leib durch übermäßiges Fasten und Kasteien zerquält haben, wie sie sich wochenlang nicht gewaschen hätten, nur um die bösen Triebe des Fleisches dadurch abzutöten. Mit Befriedigung wird auf solche Überlieferungen hingewiesen und erklärt: Da seht ihr's, das ist die Stellung des Christentums zum Leib. Eine solche Frömmigkeit hat einer gesund empfindenden Jugend nichts mehr zu sagen.

Das verhängnisvolle hellenistische Erbe

Nun kann darüber kein Zweifel sein, daß in der langen Geschichte der Christenheit auf dem Gebiet der leiblichen Haltung merkwürdige Entstellungen und Entgleisungen vorgekommen sind. Und doch muß der geschichtlich geschulte Beobachter sofort feststellen: gerade diese widernatürlichen Verkrampfungen stammen ihrem geschichtlichen und wesensmäßigen Ursprung nach nicht aus dem Geist der Bibel und des Evangeliums, sondern aus der Welt des späten Griechentums.

Diese Feststellung mag viele zunächst überraschen. Gelten doch die Griechen nach allgemeiner Anschauung als *das* Volk der schönen Leiblichkeit, als das Volk der olympischen Spiele, als das Volk der plastischen Meisterwerke, deren Anblick heute noch jeden künstlerisch empfindenden Menschen entzückt. Grundsätzlich ist das gewiß richtig. Aber nun ist es eigenartig und tief ergreifend zu beobachten, wie in der griechischen Welt diese beschwingte Leibesfreude im Lauf der Zeit in das äußerste Gegenteil umschlägt. Im Neuplatonismus, der eine Schöpfung des spätgriechischen Geistes und Lebensgefühles ist, gilt der Leib als schmutzig, sündig, unrein, man muß ihn verachten und niedrig halten, er verdient es nicht anders. Wie ist es zu diesem merkwürdigen Stimmungsumschlag gekommen?

Man hat darauf aufmerksam gemacht, wie schon über den wundervollen Gesichtern und Gestalten der griechischen Bildkunst ein leiser Schatten der Trauer liegt, als wollten sie sagen: Auch das Schöne muß sterben. Dieser schwermütige Zug ist im Griechentum vor allem bestärkt worden durch den Orphismus.

Der Orphismus ist eine religiöse Sekte aus dem thrazischen Bergland, genannt nach dem sagenhaften Sänger Orpheus, der in die Welt des Todes hinabstieg und dort den ganzen Jammer der Toten gesehen haben soll. Von da her hat diese schwärmerische Bewegung von Anfang an ein ausgesprochen pessimistisch-asketisches Gepräge empfangen. Die Orphiker drangen mit ihrer weltflüchtigen Heilslehre in das lebensfrohe griechische Volk ein, und so fremd das alles zunächst im Lebensraum von Hellas wirken mußte, unter den schweren politischen und sozialen Erschütterungen des siebten und sechsten Jahrhunderts fand diese Botschaft mehr und mehr Eingang im Denken und Empfinden der griechischen Welt.

Schon bei Platon ist die Zerklüftung des Menschen in zwei ungleichartige, sich widerstrebende Hälften deutlich wahrnehmbar. Die Seele ist das eigentlich Wertvolle, das Bleibende, der göttliche Gast aus himmlischen Welten. Der Leib gehört zur schweren, glanzlosen Materie. Er ist Grabmal, Kerker und Käfig der Seele und belastet diese nur. Die Erlösung besteht in der Loslösung der Seele vom Leib. Keinen Leib mehr haben zu müssen, einmal nur noch Seele sein zu dürfen, gilt als der Güter höchstes Ziel. Diese Auseinanderreißung von Leib und Seele wird in der nachplatonischen Zeit immer schroffer betont. Bei Plotin und seinen Schülern erscheint der Leib schließlich als das Ekelhafte, Verabscheuungswürdige, was man nur noch hassen und von Grund aus verneinen kann.

Wenn wir nach den innersten Bewegkräften fragen, die diese eigenartige geschichtliche Entwicklung zugelassen und befördert haben, dann werden wir sagen dürfen: der griechische Mensch ist ganz ähnlich wie auch der indische Mensch mit den Realitäten Krankheit, Alter, Tod, Vergänglichkeit, Häßlichkeit, Verwesung innerlich nicht fertig geworden. Er ist zerbrochen an dem Ideal der starken, schönen Leiblichkeit. Nur darum konnte der pessimistische Strom des Orphismus in solchem Umfang schließlich Eingang finden. Das geliebte Leibesleben hatte nicht gehalten, was man von ihm erwartet. So wird es am Spätabend einer schönheitserfüllten Kultur schroff verneint als ein Ausdruck der Müdigkeit, der Rache, der Enttäuschung.

Das verhängnisvollste Ereignis aber, das die christliche Kirche je betroffen hat, war die Tatsache, daß dieser neuplatonische Fremdstrom schon frühzeitig in den Lebensraum der christlichen Kirche eindrang und seit dem Frühmittelalter auch im christlichen Abendland immer mächtiger wirksam wurde. Wie kam es zu dieser unseligen Verbindung?

Die christliche Theologie der ersten Jahrhunderte hatte das wohlverständliche Verlangen, die großen christlichen Lebenswahrheiten auch denkerisch-wissenschaftlich, planvoll geordnet auszudrücken und zu verarbeiten. Was lag näher, als daß die Kirche des Ostens für diese zusammenhängende Aufbauarbeit die bereitliegenden philosophischen Bausteine der hellenistischen Geisteswelt und Gedankenarbeit benützte? Freilich diese Anleihe wurde teuer bezahlt. Denn nun strömte über Platon und Plotin auch in das christliche Denken und Leben dieses leibfremde, naturverachtende Gedankenelement ein und gewann immer mehr Gewalt über die Frömmigkeit.

Evangelische Theologen wie Adolf Schlatter und Karl Heim, Emil Brunner und Wilhelm Stählin, die für diese Zusammenhänge immer einen besonders offenen Blick besessen haben, haben mit Recht gesprochen von einer bald zweitausendjährigen Verseuchung der christlichen Kirche durch den Geist des Hellenismus. Diese Bemerkung ist nicht zu hart. Bis auf den heutigen Tag können wir die unseligen Auswirkungen dieser Überfremdung beobachten. Es gibt berühmte theologische Schulen in Vergangenheit und Gegenwart, in denen eine christliche Lehre vom Leib überhaupt nicht vorkommt. Immer wird nur geredet vom Ich, vom Bewußtsein, vom Geist, vom Willen, von der Seele des Menschen, von der praktisch-sittlichen Vernunft und von dem, was Gott darüber denkt und daran tut. Der Leib des Menschen wird überhaupt nicht erwähnt, als wäre er kaum vorhanden, als gehörte er gar nicht wesentlich zu unserer menschlichen Existenz. So ist bei allen denen, die heute auf Goethe und Nietzsche, auf Ludwig Klages und Stefan George hören, der Eindruck entstanden: die christliche Theologie hat zum Thema des Leibes nichts zu sagen, die christliche Kirche kann uns nicht helfen, wenn wir bedrängt von den Fragen der Leiblichkeit uns an sie um Rat wenden wollten. Daß hier eine Not vorliegt, müßten wir als Christen endlich einsehen. Wir müssen uns unter die schuldhaften Auswirkungen, die damit zusammenhängen und die heute vor aller Augen offenbar werden, mitverantwortlich beugen. Wir müssen bekennen, wie es Karl Heim einmal ausgedrückt hat: „Wir sind schlechte Haushalter gewesen im Blick auf die Gottesgabe der Leiblichkeit. Wir haben der Kreatur und ihrer Lebendigkeit nicht aufgeholfen. Nun haben andere die Fahne des Lebens ergriffen, die die Kirche Christi hatte sinken lassen."

Der Leib als Tempel Gottes

Dieser ganze Entwicklungsvorgang in seiner ungeheuren Tragweite wird dadurch besonders schmerzlich, wenn man bedenkt, daß das alles im Grunde gar nicht so sein müßte. Denn die in der Kirche so weit verbreitete Gleichgültigkeit und Geringschätzung gegenüber der Welt von Leib und Leben stammt gar nicht aus der Grundanschauung der Bibel. Das Evangelium selbst ist nicht dafür verantwortlich zu machen, es zeigt uns vielmehr eine ganz andersartige Gesamtschau.

Schon die ersten Blätter der Bibel bezeugen in eindeutiger Klarheit: Der Leib des Menschen, von der Erde genommen und mit der Erde verbunden, ist genau so ein Werk der überwältigenden Schöpferweisheit und Schöpfermacht Gottes wie unsere Seele und unser Geist. An keiner einzigen Stelle der Bibel wird der Leib des Menschen bezeichnet und beleidigt als ein böses, widergöttliches Wesen, das uns zwangsläufig von Gott trennt. Darum bekennt der Beter des vierundachtzigsten Psalms: Mein Leib und meine Seele freuen sich in dem lebendigen Gott.

Auch die Gesetzgebung Gottes in den Zehn Geboten darf und muß verstanden werden als ein Schutz, der von Gott zur Erhaltung des Lebens gegeben wird. Die Gebote Gottes sind uns oft ärgerlich und unbequem als Einschränkung und Begrenzung unseres selbstherrlichen Freiheitsdrangs. In Wahrheit aber will Gott durch die Gebote verhüten, daß unser Leben früh auseinanderbricht. Gott will durch die Gebote erreichen, daß unser Leben an Leib und Seele bewahrt bleibt. So wird in der Heiligen Schrift Gebot Gottes und Verheißung des Segens lebendig zueinander in Verbindung gestellt. „Ehre Vater und Mutter, auf daß es dir wohlergehe und du lange lebest auf Erden." Es ist, als wollte Gott damit sagen: Du liebst das Leben, das ich dir gab. Nun, so gehe den Weg, den ich dir zeige, und du wirst dein Leben bewahren.

Am meisten tut heute in Kirche und Theologie not, daß wir die Offenbarung Gottes in Christus Jesus neu verstehen lernen in ihrer Bedeutung für unser leibliches Leben. Das Wesen der Gottesoffenbarung in Christus wird in verhängnisvoller Weise verkürzt, wenn wir darunter nur eine Bekanntmachung göttlicher Wahrheitssätze verstehen, die uns bisher verschlossen waren und zu denen wir von uns selbst aus keinen Zugang finden konnten. Die Christusoffenbarung ist nicht nur Wahrheitsmitteilung, sie ist Wesensmitteilung Gottes an uns sündige Menschen. So bezeugt das Johannesevangelium im Eingang: Das ewige Wort Gottes, durch das alle Dinge Bestand und Wesen haben, ist in Jesus Christus *Fleisch* geworden, und es wird dazu gefügt: „In Ihm war das Leben." Damit wird zum Ausdruck gebracht: In Christus ist die reine Lebensfülle Gottes in diese lebenshungrige und doch so todverfallene Welt eingebrochen und hat damit auch unserm Leibesleben eine neue Hoffnung und Verheißung gebracht. Es ist ganz und gar unzulässig, die Gabe des Lebens, die Christus schenkt, nur auf das innere, seelische, geistige, geistliche Leben zu beziehen und zu beschränken. Diese in Pietismus und Kirche so beliebte, modern-abendländische Spiritualisierung hat sich weit entfernt von der ursprünglichen Freudenbotschaft des Neuen Testaments, das Jesus preist als den Träger und Bringer eines neuen, erlösenden Lebens für Mensch, Kreatur und Kosmos. Von Leibesfeindschaft und Naturverachtung kann da nicht mehr die Rede sein, wo Gott seine Schöpfung gesucht und geliebt hat.

Darum hat Jesus nicht nur gepredigt. Er hat sich auch der Kranken angenommen und viele gesund gemacht. Ja, er hat mit Wetter und Sturm und allen zerstörerischen Gewalten der Natur gerungen und damit bezeugt, daß seine Heilsgegenwart den Anbruch eines neuen Schöpfungstages für alle geschaffenen Werke bringt. Ein Neuplatoniker würde das alles niemals verstehen, was Leib und Erde mit Gott zu tun haben sollen. Mit Gott hat es doch immer nur die Seele zu tun! Darum wird ein Apostel Paulus in Athen auf dem Areopag ausgespottet, wie er vor Hörern der spätgriechischen Philosophie die Botschaft von der Auferstehung Jesu Christi ausrichtet.

Auch der moderne Mensch steht der Osterbotschaft ablehnend gegenüber. Er kann die Tatsache nicht fassen, sei es aus naturwissenschaftlichen Bedenken, sei es aus bestimmten weltanschaulichen Voreingenommenheiten heraus. Aber gerade an den vitalen Menschen der Gegenwart darf vom Evangelium her die Frage gerichtet werden: Du hungerst nach Leben, nach Leiblichkeit, warum willst du dein Herz nicht einer Botschaft erschließen, die dir aus dem Mund von vertrauenswürdigen Zeugen verkündet: Der Tod, dein äußerster und bitterster Feind, der deinen Leib einmal zerstören wird, soll nicht das letzte Wort über dein Leben behalten, der Tod ist verschlungen in den Sieg! Gott hat in der Auferstehung Jesu eine neue Lebensquelle aufbrechen lassen. In der Verbundenheit mit dem Fürsten des Lebens dürfen wir hoffen auf ein neues Vollmenschentum in der kommenden Welt Gottes.

Auch die Verkündigung des Apostels Paulus, dem man schon „orientalische" Leibfeindschaft zum Vorwurf gemacht hat, fällt aus dieser Gesamtschau nicht heraus. Paulus hatte es damals in Korinth mit Leuten zu tun, die die Prostitution als religiösen Rausch im Aphroditetempel oder als reinen Sexualrausch im Hafenviertel aufsuchten. Ihnen allen ruft der Apostel Paulus zu: Wißt ihr nicht, daß euer Leib ein Tempel des Heiligen Geistes ist, darum so preiset Gott an eurem Leib! Der Gemeinde in Rom, die von dem sittenlosen Geist der Weltstadt bedroht war, schreibt er: So ermahne ich euch durch die Barmherzigkeit Gottes, daß ihr eure Leiber darbringt zu einem lebendigen, Gott wohlgefälligen Opfer und Dienst!

So sind von der Gesamtverkündigung der Bibel her gesehen alle Voraussetzungen gegeben, dem Leib seine Ehre, seine Würde, seine Verantwortung zuzuerkennen. Wo dies in der Geschichte der christlichen Kirche nicht geschah, waren es immer Zeiten, die sich von außerchristlichen Fremdströmen überfluten ließen, die zur Botschaft der Bibel kein unmittelbares Verhältnis mehr hatten. Wo das Zeugnis von der Inkarnation und Auferstehung Jesu Christi lebendig verkündigt wird, da wird auch der Leib des Menschen seine gottgewollte Bedeutung und Verheißung empfangen.

Das christliche Menschenverständnis sieht auch die Welt der Leiblichkeit in Gottes Schöpfungs- und Erlösungsplan miteingeschlossen. Trotzdem verfällt das biblische Denken niemals in die Verwirrungen des naturalistischen und materialistischen Denkens, als wäre der Leib das Ganze am Menschen, als wäre der Mensch nur Stoff und Trieb, nur Erde und Natur. Gott hat dem Menschen, wie Jakob Böhme es gern ausgedrückt hat, ein „dreifaches Leben", ein Leben in „drei Prinzipien" gegeben. Der Mensch ist nicht nur Leiblichkeit, der Mensch hat Seele und Geist, der Mensch ist Herz und Wille, er ist Person und Subjekt und ragt als Geistträger nach der Ordnung des Schöpfers weit über Stein, Pflanze, Tier und alle andere Kreatur hinaus. Dieser dreifaltige Reichtum des Menschen darf nicht zerstört und zerrissen werden, indem sich ein Prinzip über das andere erhöht und die Rolle des Alleinherrschers an sich reißt. So darf auch der Leib des Menschen mit seinen Kräften und Ansprüchen niemals zum Selbstzweck der menschlichen Existenz werden, er muß vielmehr immer mit dem Gesamtleben des Menschen verbunden bleiben und sich ihm verantwortlich wissen. So bedeutsam die Leiblichkeit für unser Leben ist, so wenig wir sie verachten sollen, die Führung unseres Lebens kann ihr nicht zustehen. Die Führung in unserem Leben gehört dem Geist des Menschen, der sich freilich nicht unbrüderlich, hochmütig über den Leib erheben, sondern ihn ehren und achten soll als das kostbare Werkzeug und Gefäß aller geistigen Wirksamkeit.

Auch das Schöne muß sterben

Soweit das christliche Menschenbild eine harmonische Zusammenschau von Leib, Seele und Geist fordert, wird es in unseren Tagen weithin auf Verständnis und Zustimmung rechnen können. Denn unsere Zeit verlangt heraus aus dem unseligen Widerstreit von naturalistischem und idealistischem Menschenverständnis, wovon das Denken des neunzehnten Jahrhunderts beherrscht war. Dagegen stößt ein anderer entscheidender Satz christlicher Wahrheitsverkündigung leidenschaftlich auf Widerspruch, wenn in dem biblischen Zeugnis geredet wird von dem zerbrochenen Gottesverhältnis und damit auch von der Verdorbenheit und Todesverfallenheit unseres leiblichen Lebens. Gegen diesen Satz christlicher Überzeugung läuft der vital empfindende Mensch von heute Sturm. Er erklärt: Das Leben ist doch herrlich und heilig, der Leib ist gut und schön, die Kraft der Zeugung ist göttlich und rein! Nun kommen die christlichen Theologen und schütten in den Freudenwein des Lebens die Asche der Trauer und Buße. Allein an dieser Stelle ist an das Wort des Matthias Claudius zu erinnern: „Die Wahrheit richtet sich nicht nach uns, sondern wir müssen uns nach der Wahrheit richten." Es gibt nichts Hartnäckigeres als Tatsachen. Dieses Leben, das wir alle heiß lieben, ist kein ewiges Leben. Es waltet in ihm ein unheimliches Gesetz der Zerstörung. Es gibt wohl herrliche, gesunde Leiber, aber es gibt auch Säle mit Krebskranken und Tuberkulösen, und die Armen, die dort liegen, haben zumeist selbst einmal einen jugendfrischen Leib besessen. Es ist etwas nicht in Ordnung mit dieser Schöpfung, es ist eine Vergiftung in sie hineingekommen, daß sie neben all ihrer Herrlichkeit so viel Leid und Schmerz, so viel Elend und Gebrechlichkeit an sich trägt.

Es fehlen uns die erkenntnismäßigen Klarheiten, um die Zusammenhänge von Weltschuld und Weltleid, von Sünde und Krankheit, von Gottferne und Todesverhängnis in zureichender Weise begreifen und ausdrücken zu können. Aber wenn unser Gewissen durch die Begegnung mit Christus dem Herrn erwacht ist für die Tatsache unserer Schuld vor Gott, dann empfinden wir jedenfalls das Zeugnis des neunzigsten Psalms und des Römerbriefs zutiefst als wahr. Es besteht ein geheimnisvoll verborgener Zusammenhang zwischen unserer Flucht vor Gott und der Tatsache, daß uns das Leben flieht und verläßt. Weil wir Gott, die Urquelle alles Lebens, verloren haben, weil wir in trotziger Selbstbehauptung unser Leben ohne Gott und wider Gott leben, darum sagt Gott Nein zu unserem Leben und läßt uns dahinfahren und vergehen.

Was aber selbst so der Fragwürdigkeit, der Unreinheit, der Vergänglichkeit unterworfen ist, das darf von uns nicht als letzter Höchstwert angebetet werden. Wir dürfen den Leib lieben und ehren, aber wir wollen keinen Abgott aus ihm machen. Paulus sagt im Eingang zum Römerbrief: Das ist die eigentliche Ursünde des Menschen, wenn der Mensch anfängt, anstelle des lebendigen Gottes sterbliche, geschöpfliche Mächte anzubeten. Wenn der Mensch diesen Weg einschlägt, gibt es niemals ein gutes Ende. Die Welt des Heidentums mit ihrer Vergötterung der tellurischen Kräfte ist dafür der eindrücklichste Beweis. Wenn der Mensch sein eigenes Blut und Leben zu seinem Abgott macht, dann landet er schließlich nicht bei den Sternen, sondern bei dem gröbsten, hemmungslosen Fleischesdienst.

Praktische Gesundheitsverantwortung

Das christliche Denken und Leben wird immer Verständnis dafür haben, wie es im Leben eines Menschen sowohl zur begeisterten Bejahung wie zur müden Verneinung des Leibes kommen kann. Gott hat ja den Leib des Menschen so wunderbar bereitet, wie sollte man sich dessen nicht in überschwenglicher Freude freuen! Aber es wird hier auch ebensogut die andere Haltung verstanden, wie es zu dem neuplatonischen Weg der Leibesverachtung kommen kann, liegt doch der Fluch der Sünde über allen geschaffenen Werken und hat ihnen die ursprüngliche Klarheit geraubt. Im Endergebnis freilich kann sich der christliche Glaube weder dem neuromantischen Vitalismus noch der pessimistischen Verurteilung des Leibes anschließen. Der christliche Glaube geht seinen eigenen, freien Weg jenseits der Abgründe von Kreaturenvergötterung und Kreaturenverachtung. Er betrachtet den Leib als ein von Gott anvertrautes, kostbares Gut, für das wir dankbar sein dürfen und das wir in Ehren halten sollen. Wir sollten als Christen auch mit unserem Leib ein Bekenntnis dafür ablegen, daß wir teuer erkauft und Gottes Eigentum geworden sind.

Nun genügt es aber nicht, daß eine christliche Ethik nur grundsätzlich die Heilung des Leibes fordert, es muß angesichts der zu beobachtenden Gleichgültigkeit, Ahnungslosigkeit und Verantwortungslosigkeit in den Fragen des leiblichen Lebens praktisch-konkret darüber geredet werden, was das heißt: Gott an seinem Leibe zu preisen.

Wer den Leib als Gottes Gabe und anvertrautes Gut anerkennt, dem sollte es innerlich unmöglich geworden sein, seinen Leib durch groben Mißbrauch zu Grunde zu richten. Eigentlich sollte man meinen, daß das für jeden Menschen schon aus Gründen des bloßen Selbsterhaltungstriebes selbstverständlich sei, daß man dazu die Bindung an Gott gar nicht erst bedürfe. In Wahrheit aber zeigt sich, daß dem in Wirklichkeit nicht so ist.

Wer als Arzt, Pfarrer, Richter oder Sozialfürsorger in die verborgenen Seiten des Lebens hineinsieht, der steht immer aufs neue erschüttert vor der Tatsache, wie hemmungslos, wie unbedenklich gerade viele junge Menschen ihr Leibesleben herunterwirtschaften. Gott hat uns alles zur Freude gegeben im Reiche seiner Schöpfung, die Freude am anderen Geschlecht, die Schönheit der Natur, den Reichtum der Ernährung. Aber nun verderben die Menschen alles durch die Sünde der Maßlosigkeit, wie die Sünde sich ja immer in der maßlosen Gier äußert, die uns überfällt und überwältigt. Maßloses Rauchen, maßloses Trinken, maßloser Geschlechtsgenuß, maßlose Tanzwut, maßloser Sportehrgeiz, es ist unvermeidlich, daß solche unbeherrschten Ausbrüche früher oder später

Nervenschwäche und Organschädigungen zur Folge haben müssen. Wie oft wird die erste Hälfte eines Lebens damit zugebracht, die gute Schöpfung Gottes, die man am eigenen Leibe trägt, zu zerrütten und zu untergraben, um die zweite Hälfte des Lebens mit fruchtlosen Klagen in der bitteren Reue des Zuspät zu verbringen! Darum hat die christliche Jugendunterweisung vor dem heranwachsenden Geschlecht auf jeden Fall von dem Wundergeschenk eines gesunden Leibes und von der zeitlichen und ewigen Verantwortung solcher Gabe gegenüber mit allem Nachdruck zu reden.

Arthur Schopenhauer sagt: Neun Zehntel unseres Glücks beruhen allein auf der Gesundheit. Wir wollen mit dem Philosophen nicht über die so bestimmt gefaßte Zahlenangabe streiten. Aber eine Erkenntnis kommt mit diesem Satz sicherlich richtig zum Ausdruck: unsere Arbeitsfreudigkeit und Arbeitsfähigkeit hängt in entscheidender Weise davon ab, in welcher Verfassung sich unser leibliches Leben befindet.

Das Evangelium betont unaufhörlich: Du sollst dein Leben nicht für dich selbst leben, Gott will, daß du für deinen Nächsten da bist! Aber gerade dieses Dasein für den Nächsten, die Fähigkeit zu Dienst und Opfer hat zur entscheidenden Voraussetzung, daß wir über frische, lebendige Kräfte verfügen. Jede Mutter weiß, wie ganz anders leicht die Arbeit im Hause von der Hand geht, wenn man gut auf dem Damm ist. Wie hängt das Gelingen einer Schulstunde, einer Predigt, einer wissenschaftlichen Untersuchung davon ab, ob wir einen klaren oder einen benommenen Kopf haben, ob wir einen gesunden oder einen kranken Magen besitzen. Der Mensch, der sich ewig müde, abgespannt und unfrisch fühlt, bekommt davon eine traurige Seele, und mit einem erschöpften Leib und einer betrübten Seele kann man nicht so für den anderen da sein, wie man es selbst möchte und wie der andere es braucht.

Darum haben wir gerade im Blick auf die Dienstpflicht am Nächsten die Aufgabe ernst zu nehmen, so gesund wie nur möglich zu sein. Gesundheit aber ist und bleibt nun einmal zu einem großen Teil Sache des Charakters, der Zucht, der gottgebundenen Lebensführung. Es muß mit aller Offenheit ausgesprochen werden: wir tun Gott keinen besonderen Dienst und Gefallen, wenn wir uns bei unserem Berufswerk, als Vater und Mutter, hineingestellt in den mannigfachen Dienst an Volk und Kirche, frühzeitig verbrauchen und zugrunde richten. Es gibt ja aufrichtig und ehrlich begeisterte, fromme Seelen, die meinen, gerade um Gottes willen dürfe man sich keine Ruhe, keine Entspannung, keinen Schlaf, keinen Feiertag gönnen, müsse man immer trapp laufen.

Freilich muß hier ein Mißverständnis abgewehrt werden. Es gibt sicher in jedem Menschenleben Zeiten, wo jeder von uns bereit sein muß, sich ganz und gar hinzuopfern. Wenn die Kinder alle zusammen den Scharlach bekommen, dann kann sich die Mutter nicht schonen. Sie muß am Bett der kranken Kinder bei Tag und Nacht zur Wache bereitstehen. Sie darf in einer solchen Lage nicht an das Jung- und Hübschbleibenwollen um jeden Preis denken, sie soll sich ihrer großen, Kräfte aufzehrenden Aufgabe ganz hingeben. In der Missionsarbeit voran, darüber hinaus auf jedem verantwortlichen Posten können in unser aller Leben Forderungen kommen, wo der ganze Mensch zu einem letzten Opfer und Einsatz all seiner Kräfte bereit sein muß. Der Blick auf Jesus Christus, der sein Leben selbst nicht liebhatte, sondern es zur Erlösung für viele dahingab, wird uns in solchen Zeiten die Kraft geben, auch unser Leben bereitwillig zum Opfer einzusetzen. Aber ein solches Opfer muß wirklich in der inneren Notwendigkeit einer Sache selbst liegen und darf nicht nur dem Starrsinn und Eigensinn verkehrter, verschlampter Lebensgewohnheiten entstammen. In der modernen Heilkunde vollziehen sich heute in großer Zahl bedeutende, verheißungsvolle Wandlungen im Blick auf Leibespflege, Gesundheitsführung und Ernährungsfragen. Es würde nichts schaden, wenn wir als Christen etwas mehr davon wüßten, wenn wir uns darum etwas mehr bekümmern wollten, nach dem Grundsatz: Prüfet alles und das Gute behaltet...

Leiblichkeit im gottesdienstlichen Leben

Auch im gottesdienstlichen Leben und Handeln der Kirche muß mit den gewonnenen Einsichten ernst gemacht werden. Wir sollen beim Gottesdienst nicht nur „mit dem Herzen dabei sein", wir sollen „als ganze Menschen auch mit unserem Leib dabei sein". Singen und Beten, Sprechen und Hören, Aufstehen und Knien, die Hände Falten und einander nachbarlich die Hände Reichen, das alles sind ja leibhaftige Äußerungen des Glaubens und der Glaubensgemeinschaft. Wer diese sinnhaften Bezeugungen im gottesdienstlichen Leben unterschätzt, verachtet und unterläßt, wird bald merken, wie auch seine innere Andacht darunter Schaden leidet.

Der junge Theologe, der aller liturgischen Bildung und Erziehung abhold ist, der in lässiger Haltung am Altar steht und eine noch so sorgfältig ausgearbeitete Predigt in schlechter, unerzogener Sprache lispelt oder herausschreit, wird an der zurückgehenden Zahl der Gottesdienstbesucher, wird an dem „fortlaufenden" Beifall der Gemeinde bald merken, wie sehr es im kirchlichen Raum auch auf die Pflege der leiblichen Dinge und nicht nur auf den Geist und die Innerlichkeit und die dogmatische Korrektheit ankommt. Der Gottesdienstbesucher, der die Lieder des Gesangbuches nur mitliest statt mitsingt, der während der Gebete zerstreut umherblickt, der mit absichtlicher Verspätung nach der Liturgie endlich zur Tür hereingestürzt kommt, er wird infolge all dieser sogenannten „äußeren" Nachlässigkeiten niemals zu einer wirklich gesegneten, gesammelten Sonntagsfeier kommen. Nein, entweder steht der *ganze* Mensch in Ehrfurcht und Zucht vor Gott und begegnet in dieser Haltung dem lebendigen Gott, oder wir zerstören uns selbst durch unsere spiritualistische Geringachtung von Form und Leiblichkeit die Möglichkeiten, daß Gott durch uns und an uns wirken kann.

Auch das Sakramentsverständnis unserer Kirche erschließt sich uns von dieser Gesamtschau her in neuer Tiefe und Herrlichkeit. An dieser Stelle wird es von geradezu entscheidender Bedeutung, ob wir als Theologen und Christen platonisch oder biblisch-realistisch denken. Die meisten Menschen fragen sich von ihren humanistischen Denkvoraussetzungen aus: Was soll denn das Sakrament noch neben dem Wort? Genügt es denn nicht, wenn wir die Botschaft von Christus mit unseren Ohren hören und mit unserem Geist in gläubigem Vertrauen aufnehmen? Wozu bedarf es da noch eines leiblichen Essens und Trinkens im Sakrament?

Wer so redet, bezeugt damit nur, daß er noch völlig auf dem Boden eines abstrakten Begriffsidealismus steht. Wenn Gott dem Menschen Leib, Seele und Geist gegeben hat, wenn Gott beides, das Innere und das Äußere, das Sichtbare und das Unsichtbare, gleich ernst nimmt, dann sollten wir wahrhaftig verstehen, warum Christus uns Menschen seinen Gnadensegen nicht nur über das Hören und Denken, sondern auch über das Essen und Schmecken zueignen will. Wir berauben uns selbst der Fülle des göttlichen Schenkens, wenn wir in einer rationalistischen Denkeinstellung meinen, der leibhaft-sichtbar-sinnlichen Darbietung und Vermittlung des Heils nicht zu bedürfen.

Es ist die Bedeutung des lutherischen Sakramentsverständnisses, daß es die Gegenwart Christi nicht irgendwo außerhalb, über den Zeichen im Jenseits sucht, sondern „in, mit und unter" den Elementen von Taufwasser, Brot und Wein. Das Sakrament ist nicht nur eine überflüssige Zutat zu dem Wort. Es hat seine eigene Würde neben dem Wort, so gewiß es nicht ohne Gottes Wort besteht und gültig ist. Das Sakrament wendet sich in Taufe und Abendmahl durch die Zueignung eines sichtbaren Zeichens in unmittelbarer Weise an jeden einzelnen, es faßt jeden einzelnen in seinem leibgeistigen Wesen lebendig an. Es versiegelt uns in der Sprache von Wort und Anschauung, von Geist und Gestalt in einzigartiger Weise die Gewißheit, daß Christus unsere Versöhnung und unser Leben sein will.

So umfaßt die Frage nach dem christlichen Sinn des Leibes im Grund alle Gebiete des Lebens, die Sexual- und Sozialethik, das Verständnis von Gesundheit und Krankheit, die Verantwortung im Blick auf Vererbung und Erziehung, die Gestaltung von Gottesdienst und Sakramentsfeier. Ja zuletzt wird gerade an dieser Stelle in entscheidender Weise offenbar, ob wir verstanden haben, was die Tatsache der Menschwerdung Christi und seiner Auferstehung für uns zu bedeuten hat. Wer zu Jesus Christus im Glauben ja sagt, bekennt sich damit, wie es der schwäbische Theologe Oetinger treffend ausgedrückt hat, zur „Leiblichkeit der Wege Gottes".

SCHÖNER UND ENTSTELLTER LEIB ALS ETHISCHES PROBLEM*

Das Verlangen des Menschen, schön zu sein und durch Schönheit zu gefallen, ist in allen Kulturen der Weltgeschichte wahrzunehmen. In unseren Tagen dürfte diese ästhetische Zielsetzung in besonderer Weise an Dringlichkeit gewonnen haben. Der Mensch von heute will bis in das Alter hinein gut aussehen, und er muß gut aussehen, wenn sein Vorwärtskommen in der Welt nicht gefährdet sein soll. Zeitschriften wie Brigitte und Constanze in Deutschland oder Annabelle in der Schweiz überschütten vor allem die Frauenwelt mit Ratschlägen ohne Zahl, wie man sich pflegen kann und muß, um vorteilhaft und anziehend zu wirken. In allen Ländern der Erde hat sich eine kosmetische Industrie aufgetan, die Jahr um Jahr in ununterbrochener Steigerung Milliarden verdient an kostbaren Seifen und Salben, an Gesichtsmasken und Gesichtswasser-Flacons. Von den Plakatsäulen der großen Städte grüßen die Aufforderungen: „Schön sein ist leichter, als du glaubst", „Sei schön durch . . ." — und dann folgt irgendein neues Reklamemittel, das diese Wunscherfüllung garantiesicher verspricht, ja es wird sogar Rückzahlung verheißen, wenn der Erfolg ausbleiben sollte.

Wie ist dieses allgemeine Schönheitsverlangen unserer Zeit zu beurteilen? Ist es vom Standpunkt des christlichen Ethos aus vertretbar, oder muß man es verwerfen? Es ist dazu ein Ja und ein Nein zu sagen.

Nicht erfreulich ist es sicherlich, wenn ein Mensch in der Pflege seines Äußeren so völlig auf- und untergeht, daß sein Herz darüber kalt und gleichgültig wird gegenüber der Not des Nächsten und dem Jammer der Welt. Es gibt Menschen, die jeden Tag, den Gott gibt, stundenlang vor dem Spiegel verbringen, um sich zu beobachten und zu vervollkommnen. Wieviel Zeit wird darüber vergeudet, die wahrlich besser verwendet werden könnte.

Ebensowenig wird man es gutheißen können, wenn der Zeitgeist den Wert eines Menschen ausschließlich nach seinem äußeren Erscheinungsbild einschätzt, ohne Empfinden für die inneren Wertqualitäten einer Person. Wir kennen alle das Porträt, das Albrecht Dürer von seiner Mutter gemalt hat. Es ist das Bild einer alten, abgeschafften Frau, ein Gesicht voller Falten

* Vortrag, gehalten auf dem IX. Kongreß der Deutschen Gesellschaft der ästhetischen Medizin und ihrer Grenzgebiete, in Regensburg, Mai 1964.

und Runzeln. Und doch, was liegt darin für eine Güte des Herzens, was erzählt uns dieses Antlitz von der Größe eines aufopferungsvollen Lebens! Weiter wäre zu fragen: Ist es ratsam, sich selbst und anderen die Tatsache, daß man älter oder alt geworden ist, gewaltsam zu verhüllen? Warum will man nicht dazu stehen, wenn man in das siebte Jahrzehnt seines Lebens eingetreten ist! Gibt es nicht auch eine Würde des Alters trotz und mit Falten um Stirn, Augen und Mund? Der Psychiater sagt uns jedenfalls, daß es zu schweren Neurosen, ja sogar zu Psychosen kommen kann, wenn ein Mensch sich mit aller Gewalt gegen das Altern wehrt. Wird ihm diese Tatsache eines Tages doch wider Willen unausweichlich zum Bewußtsein gebracht, dann kann es zu plötzlichen schweren Zusammenbrüchen kommen.

Auch der Arzt, der den Beruf eines kosmetischen Chirurgen gewählt hat, wird bei aller grundsätzlichen Hilfsbereitschaft nicht darum herumkommen, gelegentlich Nein sagen zu müssen gegen merkwürdige, törichte und sinnlos-eitle Zumutungen, die an ihn gestellt werden.

Es muß nicht immer gleich ein so groteskes Anliegen sein, wie es von Peter Sebastian in dem Buch „Operation gegen Verzweiflung" berichtet wird (Lichtenberg-Verlag, München 1964). Ein Matrose kommt in die Sprechstunde und fragt den Arzt, ob auch Tätowierungen entfernt werden können. Wie diese Frage bejaht wird, öffnet der Matrose sein Hemd und zeigt ein Meisterwerk, das er sich in Kopenhagen in die Haut hatte einbrennen lassen. Es war ein großes rotes Herz, in das in blauer Schrift der Name Else eingraviert war. Inzwischen hatte der Mann seine Liebschaft gewechselt und sich mit einer Eva angefreundet, die das Wort Else auf der Brust ihres Verehrers begreiflicherweise nicht sehen mochte. Nun sollte der Arzt die Else herausmachen, damit der neue Name dafür eingesetzt werden könnte. Der Matrose ging grollend davon, wie der Arzt ein solches Ansinnen ablehnte. Wir werden das Verhalten des Arztes gewiß billigen. Wer weiß, ob der Mann über kurz oder lang nicht abermals mit Wechselwünschen erschienen wäre.

Aber auch abgesehen von solchen Geschmacklosigkeiten wird die ästhetische Medizin darauf achten müssen, ob die an sie gerichteten Verschönerungswünsche einem wohlbegründeten Bedürfnis entsprechen oder ob sie, was gar nicht so selten vorkommt, vielmehr Ausdruck eines krankhaften seelischen Komplexes sind, der sich auf ein Phänomen am Leib fixiert hat. In all solchen Fällen ist eine psychotherapeutische oder seelsorgerliche Beratungshilfe gewiß mehr am Platz als das Messer des Chirurgen.

Aber nun soll nicht nur das Nein, sondern auch das Ja zur Sprache kommen, das dem Beruf der ästhetischen Chirurgie Berechtigung, Würde und Ansehen verleiht. Die Bibel ist voll von Aussagen — wir brauchen nur an die Psalmen des Alten Testaments zu denken — die Gottes Schaffen in seiner großen, weiten Schöpfung ein Schaffen in Schönheit nennen. In Gott ist nur Gerechtigkeit, Wahrheit, Friede und Güte, Gott ist auch aller Schönheit Meister und er hat dem Menschen, besonders dem menschlichen Antlitz Anteil an seiner Schönheit gegeben. Aber nun geschieht es auf Grund von dunklen, unbegreiflichen Führungen gleichwohl, daß Menschen mit entstellenden Merkmalen geboren werden. Dazu kommen ungezählte Verletzungen an Gesicht und Leib, die im Verlauf eines Lebens erworben werden durch Verkehrs- und Betriebsunfälle, durch Verbrennungen, durch Kriegseinwirkungen und vor allem durch die unabwendbaren Abnutzungsschäden. Das alles bedeutet für jeden davon Betroffenen Schmerz, Leid, Enttäuschung, Zurücksetzung, Nachteil im Blick auf Ehe, Beruf und alle Formen menschlichen Zusammenlebens.

Es ist nicht nur Ästhetizismus, wenn wir Freude empfinden an einer schönen Gestalt, an einem edel geformten Gesicht. Es grüßt uns darin ein Abglanz der ewigen Schönheit. Eben darum macht es uns zu schaffen, wenn wir an uns selbst oder an anderen häßliche Verunstaltungen wahrnehmen müssen.

Am wenigsten leidet wohl das Kleinkind darunter, weil ihm die Vergleichsmöglichkeiten mit der Umwelt im allgemeinen fehlen. Und doch kann es auch schon am Frühmorgen des Lebens zu schweren seelischen Verletzungen kommen, wenn etwa der Vater, aus Enttäuschung und Empörung über die Hasenscharte oder die Gaumenspalte seiner kleinen Tochter, dem Kind die so nötige Zärtlichkeit und Liebe versagt. Mit dem Schuleintritt wird jeder Defekt im Aussehen seinem Träger in voller Wucht zum Bewußtsein gebracht. Kinder können bekanntlich grausam sein. Im Nu hat der Schuljunge einen Spitznamen weg, der ihn an seine Organminderwertigkeit erinnert, seien es auffallend große, abstehende Ohren oder eine ungewöhnlich dicke Nase. Jedesmal geht ein Stich durch das kleine Herz, wenn es daraufhin angesprochen wird.

Die Not steigert sich im Pubertätsalter. Hier beginnt sich das Gesetz von Bevorzugtwerden und Zurückbleibenmüssen unbarmherzig auszuwirken, besonders im weiblichen Leben. Was helfen Begabung und Charakter, was hilft ein Gesicht von ebenmäßigen Formen, wenn es von Pickeln, Pusteln, Mitessern und großen Poren überzogen ist, oder wenn ein Feuermal die Haut rot überflammt! Der Tanzstundenjüngling wird sich anderen Mädchen zuwenden, deren pfirsichfrische Haut zu küssen er vorzieht. Bei der Frage der Heiratschancen kann für die Frau sowohl die unschön überentwickelte wie die zu klein gebliebene Brust den Ausschlag geben, daß ein Mädchen sitzen bleibt. Der zweite Fall dürfte besonders für Amerika gelten, wo sich in den letzten Jahrzehnten, wie man hört, ein wahrer Busenkult entwickelt hat.

Aber auch im Leben des Mannes hängen Erfolg und Mißerfolg im Beruf weitgehend davon ab, wie er der äußeren Erscheinung nach wirkt. Der Offizier, der Schauspieler, der Künstler auf dem Podium, der Verkäufer, der Handelsvertreter, der Lehrer vor seiner Schulklasse, sie alle müssen gut aussehen, wenn sie sich durchsetzen und Erfolg haben wollen. Eine knollige Nase, eine unsaubere Haut, mehrere Warzen im Gesicht, das alles kann schon bewirken, nicht voll ernst genommen zu werden. Was hilft alles Jammern darüber, eine solche Verhaltensweise sei lieblos, oberflächlich und ungerecht. Das Schönheitsempfinden ist dem Menschen nun einmal tief einverwurzelt, daß er nicht so leicht davon abstrahieren kann.

Wir besitzen wertvolle Untersuchungen über Kosmetik und Psyche [1]. Sie alle weisen darauf hin, was für wehtuende seelische Belastungen und Schädigungen vor allem mit Gesichtsanomalien verbunden sind. Der Mensch verliert die Lebensfreude. Er kann sich in keiner Gesellschaft unbefangen bewegen. Ist jemand freundlich zu ihm, wittert er nichts als falsches Mitleid. Man kommt sich wie ausgestoßen vor. Das seelische Gleichgewicht ist schwer angeschlagen. Die einen ziehen sich verbittert in die Einsamkeit zurück. Andere wieder versuchen durch ein krankhaft übersteigertes Geltungsbedürfnis ihrer Umgebung im Vorgang der Kompensation zu beweisen, daß sie gleichwohl wer sind. Es ist überwältigend und beglückend zu sehen, wie rasch eine Umstimmung eintritt, wenn es der gütigen und geschickten Hand eines kosmetischen Chirurgen gelingt, den korrigierenden Eingriff vorzunehmen. Es kommt nicht selten vor, daß Menschen aus Haß über ihr abstoßendes Äußere zu Verbrechern geworden sind. Weil man ihnen ausweicht und nichts Gutes zutraut, rächen sie sich für ihr bitteres Los am Menschengeschlecht durch Übeltaten aller Art. Man hat in Amerika interessante Versuche mit Sträflingen angestellt. Bei Verschiedenen wurden während der Haftzeit entstellende Körperfehler chirurgisch beseitigt. Dabei ergab sich die Tatsache, daß nur 2,3 Prozent der Operierten rückfällig wurden, während die übliche Rückfallquote bei 20 Prozent liegt.

Hat man sich einmal klargemacht, wie negativ sich jeder unschöne Defekt auf das menschliche Wertbewußtsein auswirkt, dann kann man gar nicht dankbar genug dafür sein, daß es eine kosmetische Chirurgie gibt, die schon ungezählten Menschen dazu verholfen hat, das verlorene seelische Gleichgewicht wiederzugewinnen. Man kann die ästhetische Medizin mit guten Gründen eine Königin im Haus der Heilkunde nennen. In ihrem Bereich vereinigen sich nahezu alle Disziplinen der Kunst Äskulaps zu einer großartigen Ganzheit. Nicht nur der Chirurg und der Orthopäde, auch der

[1] Vgl. Ästhetische Medizin in Einzeldarstellungen. Hrsg. v. Prof. Dr. med. Schreus, Band 1 und 4, Seite 11 f. und 133 f. Heidelberg 1957.

Dermatologe, der Pharmakologe, der Hygieniker, sie alle wirken hier zusammen zum Wohl gequälter, angefochtener Menschen. Eine besondere Rolle dürfte dabei dem Internisten zukommen. Wer seinen Patienten zu einer reinen oder gar zu einer blühenden, gut durchbluteten Haut verhelfen will, der muß bei der Durcharbeitung des ganzen Organismus einsetzen. Es ist da vor allem hinzuweisen auf die Bedeutung von Atem und Bewegung, von Schlaf und Entspannung, von Diätetik und disziplinierter Einstellung gegenüber den Narkotika. Die bloße Anwendung äußerer Schönheitsmittel tut es gewiß nicht. Es bedarf einer umfassenden Erziehung im Sinn vorbeugender Gesundheitsführung, um gewisse Schäden gar nicht aufkommen zu lassen. Erst recht muß in ganzheitlicher Heilhilfe durchgegriffen werden, wenn stoffwechselbedingte Ursachen der Entstellung an Leib, Haut und Gesicht zugrunde liegen.

Der Arzt für ästhetische Medizin muß nicht nur biologisch denken, er muß auch, wie schon der Name besagt, etwas von einem Künstler an sich tragen. Man hat die künstlerische Begabung immer schon für eine wesentliche Seite am ärztlichen Beruf erachtet neben der wissenschaftlichen Qualität und der manuellen Geschicklichkeit. In der chirurgischen Kosmetik wird diese Begabungsseite zur unerläßlichen Voraussetzung. Wie viel Geschmack und Einfühlung gehört neben aller handwerklichen Tüchtigkeit zu der Vornahme einer Nasenkorrektur! Wie muß da das Ganze der Erscheinung und der Persönlichkeit ständig mitberücksichtigt werden, wenn ein glückhaftes Ergebnis gelingen soll!

So bewundernswert es ist, wie die ästhetische Medizin in zahlreichen Nöten zu helfen vermag, wir wollen darüber nicht vergessen, daß es Verletzungen und Verunstaltungen gibt, die so schwerwiegend sind, daß alle ärztliche Kunst sie nur notdürftig-unzureichend oder überhaupt nicht beseitigen kann. Denken wir an den Jammer der Contergan-Kinder, an die fürchterlichen Gesichtsverstümmelungen durch Granatsplitter oder zerschnittene Windschutzscheiben. Denken wir an ausgesprochen bösartige Ekzeme, die jeder Behandlung hartnäckig trotzen.

Was sagen wir denen, denen wir nicht helfen können? Und vor allem, was sagen wir den Angehörigen, den Eltern, Geschwistern und Verwandten, die diese Lasten mittragen müssen? In all solchen Fällen muß der Arzt wohl oder übel ein Stück seelsorgerliche Betreuung mit übernehmen. Gewiß, er kann diese Aufgabe auch an Pfarrer und Priester weitergeben. Und doch wäre es dringend wünschenswert, daß sich auch der Arzt in diesen Hilfsdienst mit einschaltet. Erfahrungsgemäß hat sein Wort in derartig notvollen Fällen mehr Durchschlags- und Überzeugungskraft als die kirchliche Seelsorge.

Man darf dem von der Geburt her zu kurz Gekommenen und dem im

Lauf des Lebens schwer Geschädigten sagen: der wahre Wert des Menschseins wird dadurch nicht angetastet, daß du mit verkrüppelten Füßen oder mit verstümmelten Händen durchs Leben gehen mußt. In aller Mißbildung des Leibes kannst du gleichwohl Liebe üben und Liebe erfahren. Du kannst Anteil haben an dem beglückenden Reichtum der Musik, der Literatur, der Malerei, an dem farbigen Wechsel der Jahreszeiten, an den fesselnden Problemen von Wissenschaft und Forschung. Was fromme Menschen und tiefsinnige Denker, was Propheten und Apostel über Leben und Tod, über Zeit und Ewigkeit, Wahrheit und Lüge, Recht und Unrecht bezeugt haben, das alles steht dem in seiner Lebensausstattung Benachteiligten ebenso offen wie jedem anderen. Ja man kann feststellen, daß die Beeinträchtigung an expansiven Lebensmöglichkeiten vielfach eine Einsicht und Einkehr hin zu dem Bleibenden und Wesentlichen bewirkt, was „diese Armen" reicher und wertvoller erscheinen läßt, verglichen mit den viel zu vielen, die ihr Hübschsein und Schönsein nur zu oberflächlichen Zerstreuungen gebrauchen. Es kann sich mit einer also getragenen Belastung ein inneres Leuchten verbinden, das auf die Umgebung stärker ausstrahlt als äußerer Erfolg.

Die schwersten seelischen Schädigungen im Leben der leiblich Beeinträchtigten entstehen erfahrungsgemäß durch das Fehlverhalten der Umgebung. Es gehört darum zur unerläßlichen Aufgabe einer ästhetischen Medizin, derartige unheilvolle Auswirkungen durch entsprechende Aufklärung und Erziehung der Angehörigen nach Möglichkeit zu verhüten. Es gibt zahllose in Gestalt und Aussehen zu kurz Gekommene, die sich tapfer und überlegen mit ihrem Los abfinden würden, wenn ihnen das Leben nicht nachhaltig vergällt und verbittert würde durch das taktlose und verständnislose Verhalten der anderen.

Soweit es sich um geburtsbedingte Schäden handelt, sind Vater, Mutter und ältere Geschwister in erster Linie als verantwortliche Träger aufzurufen, an denen sich entscheidet, ob das benachteiligte Kind mit seiner Lebenslast fertig wird oder nicht. Man kann ein solches Kind verderben durch ein Übermaß an Verzärtelung und Verwöhnung. Aus lauter Rücksicht auf die Gebrechen des Kindes wagt man überhaupt keine Forderung, keine Zumutung an das junge Leben zu stellen, und tut ihm damit wahrhaftig keinen guten Dienst. Noch größer freilich dürfte die Gefahr sein, daß ein solches Kind abgelehnt wird, weil es so viel mehr Mühe und Arbeit macht als ein normales Kind. Kinder sind an sich schon feinempfindlich. Das entstellte Kind ist es zweifellos noch einmal besonders. Es spürt die Zurücksetzung gegenüber den besser ausgestatteten Geschwistern und leidet schmerzlich darunter. Wird ihm dagegen ein Strom von Wertschätzung und Liebeseinhüllung entgegengebracht, dann faßt es Zuversicht und Vertrauen zum Leben trotz aller ihm anhaftenden Mängel. Es gibt jedenfalls Familien, die durch ihr körpergeschädigtes Kind geradezu gesegnet worden sind. Über der selbstlosen, geduldigen Betreuung sind Kräfte der Liebe aufgebrochen, die allen Beteiligten zum Besten dienen durften.

Wieder anders stellt sich die ärztlich-seelsorgerliche Aufgabe an dem erwachsenen Menschen, wenn die ästhetische Medizin ob der furchtbaren Verstümmelung oder Entstellung nur unzulänglich zu helfen vermag. Immer wieder wird der kosmetische Chirurg feststellen: Es gibt bei dem Erwachsenen eine ehrliche und eine unehrliche Einstellung zu seinem Gebrechen. Die wirklichkeitsfremde Haltung besteht darin: man will den Defekt nicht wahrhaben, man gesteht ihn sich selbst nicht voll ein und sucht ihn vor sich selbst und vor den anderen auf eine krampfhafte und im Grunde doch völlig aussichtslose Weise zu verheimlichen. Ein solches Bemühen als Dauerhaltung praktiziert ist namenlos anstrengend und es ist kein Wunder, wenn erhöhte Reizbarkeit und Verletzbarkeit als Folge auftritt. Man wird dem unter seiner Einstellung seelisch Leidenden darum in aller Güte sagen müssen: du vermehrst dir nur dein Leid durch solche gewaltsame Bemühung. Versuche, dich darein zu finden und gleichwohl alles Wertvolle in deinem Leben zu verwirklichen, was auch dir offensteht! Es hat ein jeder Mensch sein Kreuz zu tragen. Es fehlt in keinem Leben, es sieht nur in jedem Leben wieder anders aus, und es ist da, wo es verborgen bleibt, oft noch grausamer und härter wirksam als in den vor aller Welt sichtbaren Prüfungen. Wer das ihm zu tragen auferlegte Kreuz anzunehmen vermag als ein Hineingenommenwerden in die Kreuzesgemeinschaft mit dem Dulder, der am Karfreitag litt, wird erfahren, daß ihm von daher Kräfte zuströmen, die alles menschliche Denken übersteigen.

Das Thema: „Schöner und entstellter Leib als ethisches Problem" muß darum von zwei Seiten her angegangen werden, vom Eros und von der Agape. Wir verstehen das Wort Eros in dem erweiterten Sinn, wie es seit Ludwig Klages in der Bildungswelt allgemein gebraucht wird. Eros meint nicht nur das Wohlgefallen aneinander, das aus der Polarität der Geschlechterbegegnung entspringt. Eros umschließt alles, was mit Schöpfungsfreude und Schöpfungslust überhaupt zusammenhängt. In diesem Sinn gehört zur ästhetischen Medizin ein ausgeprägter Eros. Schönheitssinn und Schönheitsliebe dürfen hier zu treibenden Motiven werden, um das Unschöne zu bannen, um das Liebliche und Wohlgestaltete wieder hervortreten zu lassen.

Die ästhetische Medizin bedarf aber ebenso auch der Agape. Wir verstehen darunter eine Liebe, wie sie Jesus im Gleichnis vom barmherzigen Samariter geschildert hat oder wie sie der Apostel Paulus in dem Hohen Lied der Liebe 1. Kor. 13 entfaltet. Es ist die Liebe, die sich zu dem verwundeten und geschlagenen Leben aus reinem Helferwillen herabbeugt. Es ist die Liebe, die nicht das Ihre sucht, die sich durch keine Häßlichkeit der Erscheinung abschrecken oder abstoßen läßt, die vielmehr gerade daran eine mittragende und beistandleistende Güte aufbrechen läßt.

Eros und Agape sind einander schon oft als feindliche Geschwister gegenübergestellt worden. Im Bereich der ästhetischen Medizin dürfen sich diese beiden Größen finden zum Wohl vieler Hilfe suchender Menschen.

Es sei zuletzt noch ein Wort gesagt über Wert und Grenze leiblicher Schönheit. Wer von Natur mit auffallender Schönheit beschenkt worden ist, befindet sich damit als Mann und erst recht als Frau in einer besonderen Situation. Menschen von außerordentlicher Schönheit in Antlitz und Gestalt sind, jedenfalls bei uns hierzulande, verhältnismäßig selten. Sie werden dementsprechend beachtet, angeschwärmt, bewundert und bedrängt. Eine schöne Frau wird auf Reisen kaum in Ruhe gelassen (am allerwenigsten auf einem Schiff). Auch ohne ihr Zutun sieht sie sich von einem Schwarm von Verehrern und Anbetern umgeben. Diese Bedrängnis kann zur Not werden, so daß ein Mensch seine Schönheit verwünschen möchte. Größer freilich noch dürfte die Gefahr sein, daß der Mensch im vollen Bewußtsein seiner begünstigten Gestalt anfängt, hochmütig, stolz, eingebildet und kalten Herzens zu werden. Die schöne Frau spielt mit dem Mann. Es bereitet ihr Vergnügen, ihn zu erregen, ihn zu locken, um sich dann doch zu versagen.

Gibt es eine Möglichkeit, über solche sittliche Anfechtung hinwegzukommen? Vom Standpunkt des christlichen Ethos aus ist dem schönen Menschen ein Zweifaches zu sagen. Das eine ist ein Wort der Warnung, das andere ein Wort der seelsorgerlichen Hilfe. Das Wort der Warnung lautet: Sei nicht stolz, bleibe unter Gott mit deinem Reichtum, auf daß du nicht gedemütigt wirst! Solche Demütigung kann rasch über einen Menschen kommen. Eine Verbrühung der Haut, eine Infektion, die sich zum bösartigen Ekzem ausweitet, ein Scharlach, der das lieblichste Gesicht pockennarbig verdirbt, von dem unvermeidlichen, altersbedingten Verblühen ganz zu schweigen, und es ist vorbei mit aller Pracht und mit allem Bewundertwerden.

Es sei aber durchaus daran festgehalten, daß es sehr wohl möglich ist, Schönheit durch das Leben zu tragen, ohne darüber an der Seele Schaden zu leiden. Es kann dadurch geschehen, daß der schöne Mensch sich täglich neu Gott, dem Schöpfer und Erhalter seines Lebens, in Dankbarkeit zuwendet und ihn rühmt ob der empfangenen Gabe. Alles, wofür wir danken, bringt uns niemals mit Gott auseinander; denn im Danken geben wir ja das empfangene Gut an den Geber aller guten und vollkommenen Gabe zurück und bleiben dadurch mit ihm verbunden.

Der Apostel Paulus schreibt im 8. Kapitel des Römerbriefs: Weder die Höhen noch die Tiefen können es fertigbringen, einen Menschen von Gott zu scheiden, wenn der Mensch nur die ihm in Jesus Christus zugewandte göttliche Liebe erkennt und ergreift. Wir dürfen dieses Wort von den Höhen und Tiefen wohl auch einmal anwenden auf die Gegensätze: schön sein und unter leiblichen Mängeln und Gebrechen zu leiden haben. Es kann das eine wie das andere uns zum Verhängnis werden, indem sowohl Übermut wie Niedergeschlagenheit und Verbitterung das Herz des Menschen verderben können. Und doch muß dem nicht so sein. Es gibt eine in Gott gegründete Haltung, die es uns ermöglicht, sowohl im Überfluß wie im Mangel, im Glanz wie im Elend der Welt die ewige Hand festzuhalten.

URSPRUNG UND SINN DES SCHMERZES

Der Schmerz im biblischen Zeugnis

Das biblische Gesamtzeugnis kennt den Schmerz sowohl als körperliches wie als seelisches Erleiden. Von dem Erzvater Jakob wird erzählt: Als man dem alten Mann den blutbefleckten Rock seines Sohnes Joseph brachte, den nur ein wildes Tier getötet haben konnte, da „zerriß Jakob seine Kleider und legte einen Sack um seine Lenden und trug Leid um seinen Sohn; und alle seine Söhne und Töchter traten herzu, daß sie ihn trösteten, er aber wollte sich nicht trösten lassen und sprach: Ich werde mit Leid hinunterfahren in die Grube zu meinem Sohn. Und sein Vater beweinte ihn" (1. Mos. 37, 34 f.). Von David lesen wir, als ihm das tragische Ende von Absalom gemeldet wurde: „Da ward der König traurig und ging hinauf auf den Söller am Tor und weinte, und im Gehen sprach er also: Mein Sohn Absolom, mein Sohn, mein Sohn, wollte Gott, ich wäre für Dich gestorben, o Absalom, mein Sohn, mein Sohn" (2. Sam. 19, 1 f.).

Jesus sieht mit prophetischem Blick voraus, was für ein furchtbares Gericht über Jerusalem in Bälde hereinbrechen wird. „Und als er nahe hinzukam, sah er die Stadt und weinte über sie" (Luk. 19, 41). Paulus wird als Apostel mit der Tatsache nicht fertig, daß sein Volk den Messias Jesus verworfen hat. Er bezeugt sein Herzeleid darüber im Römerbrief mit den Worten: „Ich sage die Wahrheit in Christus und lüge nicht, daß ich große Traurigkeit und Schmerzen ohne Zahl in meinem Herzen trage für meine Brüder, die meine Stammesverwandten nach dem Fleisch sind" (9, 1 f.). Und vergessen wir nicht über dem Leid der Väter Maria, die Mutter des Herrn, das Urbild der Mater dolorosa, der ein Schwert durch die Seele geht, als sie den Sohn am Kreuz leiden sieht und zu Grabe trägt.

Nicht nur der tiefe seelische Schmerz, auch der grausame leibliche Schmerz begegnet uns allenthalben im Wort der Heiligen Schrift. Wie reich allein der Wortschatz hierfür ist, darauf hat Dr. Josef Scharbert in einer gehaltvollen Studie: „Der Schmerz im Alten Testament" (Bonn 1955) aufmerksam gemacht. Da ist der Geburtsschmerz im Leben der Frau, während der Mann dem Acker in Mühe und Pein die Frucht abringen muß. Von dem Dulder Hiob heißt es, er wurde mit bösen Schwären von der Fußsohle an bis auf seinen Scheitel geschlagen, und er nahm eine Scherbe und schabte sich und saß in der Asche. Die Freunde, die ihn besuchen kommen, verstummen: „denn sie sahen, daß der Schmerz sehr groß war". Im Mittelpunkt des Evangeliums steht das Bild Christi, von dem das Lied der Kirche singt: „Du großer Schmerzensmann, vom Vater so geschlagen." Das Haupt voll Blut und Wunden trägt die Dornenkrone. Geißeln, Schläge und Bande haben Leib und Angesicht entstellt, und vom Kreuz her hört man in der Gluthitze des langen Karfreitags den Schrei: „Mich dürstet!"

Es mag Zeiten gegeben haben, von einem euphorischen Fortschrittsglauben geprägt, wo die Bibel den Menschen fremd und fern war wegen der Fülle ihrer schmerzhaften Aussagen. Nachdem über unser Jahrhundert eine Schmerzensflut ohnegleichen hinweggerollt ist, ist uns die Bibel wieder nähergerückt als ein Buch, das die Realität des Schmerzes nicht verschweigt, sondern schonungslos enthüllt.

Existenzverfehlung und seelischer Schmerz

Man neigt heutzutage von der neu entdeckten Schau der Leib-Seele-Einheit her dazu, zwischen körperlichem und seelischem Schmerz kaum mehr zu unterscheiden. Man sagt, es handle sich dabei um ein einheitliches Geschehen, das nur von verschiedenen Seiten her beleuchtet werden kann. An dieser Feststellung ist so viel richtig, daß bei dem Schmerz in der Tat immer der ganze Mensch in Mitleidenschaft gezogen wird. Wenn mich eine Schreckensnachricht trifft, fühle ich mich auch leiblich wie zerschlagen. Wenn der Schmerz in unseren Nervenbahnen wütet, ist auch unsre Seele betrübt bis in den Tod. Trotz dieser Erlebniseinheit dürfte es geboten sein, zwischen dem seelischen und dem körperlichen Schmerz zu unterscheiden. Es ist zweierlei, ob der Schmerz von daher seinen Ausgang nimmt, daß ich einen liebsten Menschen verloren habe, oder ob ein Nierenstein im Harnleiter klemmt und ich vor Schmerzen darob aufschreien möchte.

Was den Ursprung des seelischen Schmerzes betrifft, so dürfte die Deutung dafür leichter sein als bei dem abgründigen Geheimnis des körperlichen Schmerzes. Unendlich viel seelischer Schmerz müßte gar nicht sein, wenn wir Menschen guten Willens und nicht argen Wesens wären. Wieviel Jammer des Herzens entsteht in den zwischenmenschlichen Beziehungen tagaus, tagein aus Haß und Neid, aus Eifersucht und unbeherrschtem Wesen. Wie leicht könnten wir uns die daraus entstehenden inneren Verletzungen und Verwundungen sparen, wenn wir bereit wären, gütig und liebreich, geduldig und verstehend miteinander umzugehen, statt hart und herrisch aufzutreten.

Gewiß gibt es auch seelische Schmerzen, die mit der Urschuld der Selbstliebe nicht zusammenzuhängen scheinen. Denken wir an das Abschiedsweh, wie ihm Beethoven im zweiten Satz der Klaviersonate „Les adieux" einen hinreißenden Ausdruck verliehen hat! Oder denken wir an den Schmerz über die Vergänglichkeit, an den Kummer über eine unerfüllt gebliebene Liebe, oder an das Leid, das der künstlerisch und geistig Schaffende durchmacht, wenn ihm ein Werk nicht so gelingen will, wie es ihm vor der Seele steht. Aber auch in all solchen Fällen, die wir nicht als Ausdruck eines schuldhaften Egoismus bezeichnen können, wird der gottverbundene Mensch zugeben: Daß ich unter dem allen so fürchterlich leide, hängt zuletzt doch damit zusammen, daß ich nicht tief genug in Gott eingegründet bin. Würde ich Gott über alle Dinge lieben und vertrauen, würde ich Gott völlig meines Herzens Freude und Trost sein lassen, dann könnte ich auch mit den Enttäuschungen, die mir das Leben nicht erspart, ganz anders überlegen fertig werden. Weil der seelische Schmerz zuletzt immer seine Wurzeln hat in einer Verfehlung unseres Verhältnisses Gott und dem Nächsten gegenüber, darum ist er nur zu begreiflich in seinem Vorhandensein. Er stammt aus der Urschuld unsres von Gott abgewendeten Wesens und wird von daher einer gläubigen Betrachtung einsichtig.

Der physiologische Schmerz als Machthaber

Aber nun gibt es neben dem seelischen Schmerz ja auch die ungeheure Gewalt des körperlichen Schmerzes, in allen Varianten von Brennen und Stechen, von Bohren und Wühlen, von Rasen und Toben, von Jucken und Reizen, von jäh aufbrechender Heftigkeit und von dumpf anhaltender Dauer. Der Mensch aber fragt sich voll Entsetzen: Was soll dieser unsinnige leibhaftige Schmerz, woher kommt er, was hat er zu bedeuten? Er scheint aus einer anderen Dimension zu stammen als der seelische Schmerz, den wir zu verstehen suchten als Ausdruck menschlicher Existenzverfehlung.

Der physiologische Schmerz bringt uns unausweichlich zum Bewußtsein, daß wir Menschen keine reinen Geistwesen sind, sondern unserer geschöpflichen Bestimmung nach unabtrennbar bis zum letzten Atemzug an unsre Leiblichkeit gebunden bleiben. Diese Tatsache anzuerkennen, fällt uns keineswegs leicht. Es gibt sowohl einen philosophischen wie einen religiösen Idealismus, der diese demütigende Abhängigkeit nicht wahrhaben will. Da sind die frommen Leute, die den Leib lediglich als ein Transportmittel für die allein als wertvoll geltende christliche Seele betrachten. Sie ignorieren den Leib, sie finden es unnötig und unwürdig, seiner zu achten, sie geraten aber auch schnell außer sich, wenn sie die

Qual des Gebundenseins an den Leib in eigener Person erfahren müssen. Der Philosoph Johann Gottlieb Fichte war so duchdrungen von der Überlegenheit der menschlichen Geist- und Willensmacht, daß er bereits den eigenen Leib wie ein Stück Außenwelt ansah und sich der hochgemuten Meinung hingab, die Auflösung des Leibes werde für den Geist nur ein Schauspiel sein.

Dann aber kommt der leibliche Schmerz in all seinen möglichen furchtbaren Auswirkungen und erinnert uns daran, daß es nichts ist mit all den Überschwenglichkeiten, von denen die Geistseele geträumt hatte. Wir erscheinen in harter Abhängigkeit an den Leib gebunden, ja angeschmiedet, wir können uns seinen wehtuenden Ansprüchen nicht entziehen. Das alles aber erinnert uns nachdrücklich an unsere Kreatürlichkeit, an unsere allseits begrenzte Endlichkeit und Geschöpflichkeit. Es nimmt uns jede Neigung zu Titanismus und Hybris und macht uns wider Willen bescheiden.

Hören wir einige Stimmen bedeutender Zeitgenossen, die sich dieser Tatsache gebeugt haben. „Schmerz ist wehrloses Zurückgeworfensein auf den eigenen Körper“ (H. Pleßner). „Der Schmerz ist der elementarste Hemmschuh menschlicher Selbstüberhebung, er verhütet die Verwechslung unseres Wesens mit Gott“ (August Vetter). „Der Schmerz bedeutet ein Zunichtewerden des Ich am Leibe der Qual“ (Victor von Gebsattel). „Vom Schmerz niedergeworfen, stirbt der Mensch tausend Tode“ (F. J. Buytendijk). „Der Schmerz ist völlig achtlos gegenüber unseren Wertrangordnungen. Er fürchtet König und Kaiser nicht. Es gibt keinen Ort auf der weiten Welt, wo der Schmerz nicht hinkommt“ (Ernst Jünger). In der gleichen Richtung geht, was Wilhelm Busch vom Zahnweh zu berichten weiß. Kaum spürt man das bekannte Zucken und Rumoren

> ...
> und aus ist's mit der Weltgeschichte.
> Vergessen sind die Kursberichte,
> die Steuern und das Einmaleins.
>
> Kurz, jede Form gewohnten Seins,
> die sonst real erscheint und wichtig,
> wird plötzlich wesenlos und nichtig.
>
> Ja selbst die alte Liebe rostet,
> man weiß nicht, was die Butter kostet,
> nur einzig in der engen Höhle
> des Backenzahnes weilt die Seele.

Wohl gibt es eine Herrschaft des Geistes über den Schmerz. Man hat mit Recht darauf hingewiesen, daß der Schmerz ab- oder zunimmt, je nachdem, wie ein Mensch tapfer-überlegen oder kleinmütig-verzagt sich zu seinem Schmerz einstellt. Als die Leiche Schillers seziert wurde, kamen die Ärzte aus dem Staunen nicht heraus, wie es möglich war, daß einem bereits so zerstörten Organismus noch immer so gewaltige Leistungen hatten abgetrotzt werden können. Hier fand sich das Wort bestätigt, daß der Geist es ist, der sich den Körper baut. Und doch dürfen wir diese Wahrheit nicht übertreiben. Der physiologische Schmerz bleibt ein gewaltiger und mitleidloser Machthaber. Die Heilmethoden der Autosuggestion, des Couéismus und der „Christlichen Wissenschaft" in Ehren! Man mag sich ungezählte Male das Sprüchlein beschwichtigend zumurmeln: „Es geht mir mit jedem Tag in jeder Hinsicht besser und besser" — leichte Schmerzen und Unpäßlichkeiten mögen auf diese Weise tatsächlich gemildert werden oder ganz abklingen. Daneben gibt es den großen, grausamen Schmerz, wir nennen als Beispiel eine Wurzelhautentzündung oder eine Trigeminusneuralgie, der all unsre Selbstbeschwichtigungsversuche völlig zunichte macht.

Aber woher nimmt der physiologische Schmerz seine Allgewalt? Daß meine Seele gepeinigt wird, wenn sie schuldhaft versagt, leuchtet gewissensmäßig ein. Dazu kann ich stehen, und solche Not kann durch Bereuung und Vergebung geheilt und überwunden werden. Aber was soll der irrsinnige Schmerz, den eine Verbrennung, eine Erfrierung, eine Verwundung, eine Migräne verursacht?

Die ärztliche Deutung des Schmerzes

Fragen wir zunächst: Was vermag uns das ärztliche Wissen darüber mitzuteilen? Die medizinische Wissenschaft richtet ihre Aufmerksamkeit vor allem darauf, wo der Schmerz entsteht und über welche Bahnen er in unserem Organismus verläuft. Unsere Hautoberfläche ist übersät mit feinsten Nervenendigungen, die als spezifische Empfangsorgane des Schmerzsinnes anzusehen sind. Durch Reizwirkungen von Hitze oder Kälte, von Stoß oder Stich werden diese schmerzfähigen Rezeptoren erregt. Die empfangene Erregung läuft mit unterschiedlicher Leitungsgeschwindigkeit auf den einzelnen Nervenfasern über das Rückenmark zum Zwischenhirn (Thalamus), das die Hauptumschaltestation für die Weiterleitung zur Großhirnrinde bildet. Neuerdings ist die Frage aufgetaucht und umstritten, ob die Weiterleitung von Schmerzreiz zur Schmerzempfindung auf elektrischem Weg oder durch chemische Vermittlung geschieht. Wie dem auch sei, wir empfangen mit diesen Ergebnissen wohl eine zutreffende Schilderung, wie der Schmerz verläuft, aber über seine metaphysische Hintergründigkeit erfahren wir dadurch nichts.

Ein seltsames Geheimnis, das die Ärztewelt tief bewegt, ohne daß sie es lösen könnte, besteht in der Unzuverlässigkeit des Schmerzes. Auf der einen Seite ist der Schmerz der beste Helfer. Er nötigt durch seine Heftigkeit den Kranken, den Arzt aufzusuchen. Er hilft dem Arzt bei der Diagnose auf den rechten Weg. Man hat den Schmerz darum gerühmt als Wohltäter der Menschheit, als eine „zarte Aufmerksamkeit der Natur", als einen willkommenen Warner bei heraufziehender Gefahr. Das Rätselvolle besteht nur darin, daß dieser Wachthund oft schläft, wo er unbedingt hätte bellen müssen. So ist zum Beispiel die Gebärmutter völlig unempfindlich, so daß sich das gefürchtete Karzinom dort ausbreiten kann, ohne daß es rechtzeitig wahrgenommen wird. Der Schmerz warnt uns auch nicht vor der Leukämie, die man zutreffenderweise den Krebs des Blutes genannt hat. Warum das Ohr auf jede geringste Schädigung mit rasenden Schmerzen reagiert, während das Gehirn keine Schmerzempfindlichkeit kennt, das sind Fragen über Fragen, auf die wir keine Antwort wissen.

Auch die Philosophie hat sich begreiflicherweise darum bemüht, Ursprung und Sinn des Schmerzes zu deuten. Arthur Schopenhauer hat die Überzeugung vertreten, die sich schon bei Rousseau vorgebildet findet, daß jeder kulturelle und intellektuelle Fortschritt von der Menschheit bezahlt werden müsse mit einer Erhöhung an Sensibilität und mit einem Verlust von ursprünglicher Gesundheit. „Je höher das Bewußtsein steigt, um so mehr wächst auch die Qual; insofern leidet der Genius am meisten." Für Kant und Fichte ist der Schmerz eine willkommene Gelegenheit, an ihm die idealistische Grundüberzeugung zu dokumentieren, daß der Geist über die Materie siegen kann und soll. Insofern hätten wir dem Schmerz geradezu dankbar zu sein, daß er uns genügend Übungsmaterial liefert, heroische Tapferkeit im Leid zu beweisen.

Metaphysische Hintergründe

Auch der christliche Glaube ist gefragt, wie er mit dem Ursprung und Sinn des Schmerzes fertig werden will. Die nicht zu übersehende Abhängigkeit der neueren protestantischen Theologie von der idealistischen Philosophie hat es mit sich gebracht, daß der Kantische Ansatz, wenn auch christlich vertieft, vielfach übernommen wurde. Die Sache stellt sich dann folgendermaßen dar: Gott selbst hat diese Welt, in der wir unser Leben zu bestehen haben, als „erste Schöpfung" gewollt, als eine Welt der Tränen und der Schmerzen, der Ängste und der Sterbensnot. In der neuen Welt Gottes wird der Tod nicht mehr sein noch Leid noch Geschrei. Aber diese erste Weltgestalt ist von Gott selbst als eine schmerzensreiche geschaffen worden, auf daß uns dadurch die Gelegenheit geboten würde, uns im Leben zu üben und den guten Kampf des Glaubens zu kämpfen und zu vollenden. Das Beste ist dann zweifellos, nicht zuviel nach dem Warum zu fragen, sondern auf dem Kampffeld des Schmerzes seine ewige Bestimmung zu erfüllen. Der Schmerz hat in diesem Fall, wie uns ausdrücklich versichert wird, nichts mit der Sünde zu tun. Wohl aber ist es Sünde, den Schmerz zu verfluchen, statt ihn im Gehorsam anzunehmen und ihn aus den Kräften von Glaube, Liebe und Hoffnung willig zu meistern.

Eine völlig andere Deutung des Schmerzes gibt uns die biblizistische Theologie, wie sie sich in dem Lebenswerk des Tübinger Theologen Karl Heim tiefsinnig durchdacht findet. Heim geht im Anschluß an Paracelsus, Jakob Böhme und Schopenhauer davon aus, daß alles Lebendige in der Schöpfung von einem unablässigen Selbstbehauptungswillen erfüllt ist. Ein Element sucht das andere zu verdrängen. Das Ergebnis davon kann nur ein allgemeines, schmerzhaftes Sichwehtun sein. Nicht nur der Mensch an der Spitze aller Kreaturen behauptet sich in bewußter Absolutsetzung gegenüber Gott und dem Nächsten. Es beherrscht der gleiche Antagonismus in dumpfer Unbewußtheit mit dämonischer Urgewalt alles geschöpfliche Leben. Mit dem Dichter der Romantik mag man sagen: „Es geht ein allgemeines Weinen, so weit die stillen Sterne scheinen, durch alle Adern der Natur.“ Der Schmerz ist dann zu verstehen als die Folge eines Urfalls, der die gute Schöpfung in allen Bereichen des Lebens entstellt und verdorben hat. Es ist etwas dazwischen hineingekommen, was ursprünglich nicht zu der Schöpfung gehört hat, von der das Schriftwort sagt: „Und Gott sah an alles, was er gemacht hatte; und siehe da, es war sehr gut“ (1. Mose 1, 31). Im Zusammenhang mit dieser kosmischen Schau bekommt Jesaja 53 zentrale Bedeutsamkeit, wenn im prophetischen Vorausblick von dem leidenden Gottesknecht gesagt wird: „Fürwahr, er trug unsre Krankheiten und lud auf sich unsre Schmerzen.“ Die Heilwunder Jesu sind von daher zu verstehen als der Durchbruch und Anfang einer neuen Welt Gottes, in der der Schmerz nicht mehr sein wird. Zweifellos ist diese Interpretation die tiefere, wenn sie auch die Faßbarkeit und Vorstellbarkeit unsrer Denkkraft bei weitem übersteigt.

Die praktische Auseinandersetzung mit dem Schmerz

Stärker als die metaphysische Deutung des Schmerzes mag uns alle die praktische Auseinandersetzung mit dem Schmerz bewegen. Mit Recht sagt der Holländer Buytendijk: „Im Vordergrund unserer Zeit steht nicht die Besinnung auf das rätselvolle Phänomen des Schmerzes, sondern allein der Wille, diesen Übelstand, diese Unannehmlichkeit so rasch wie nur möglich zu beseitigen." Die uns allen wohlvertrauten Parolen lauten: Geburt ohne Schmerz, Operation ohne Schmerz, Erziehung ohne Schmerz, Sterben ohne Schmerz und vor allem, Alltag ohne Schmerz! Der Schmerz soll sozusagen in unserem Dasein nicht mehr vorkommen. Die moderne Gesellschaft verlangt von der Medizin und von der Pharmazeutik eine stetig fortschreitende Beseitigung des Schmerzes. Es ist diesen Instanzen auch auf Grund hingebungsvoller Arbeit in Klinik und Laboratorium in einem erstaunlichen Ausmaß gelungen, den Schmerz zu bannen. Wenn man bedenkt, was die Menschheit in früheren Jahrhunderten auszustehen hatte an Qual und Geschundenwerden, etwa bei der Abnahme eines Beines wegen Altersbrand, dann kann man nicht genug dafür dankbar sein, wie gut es uns demgegenüber heute geht. Eine Fülle von kühnen und gewagten Operationen ist allein dadurch möglich geworden, daß die Kunst der Anästhesie im Bereich der Chirurgie so hoch entwickelt wurde.

Und doch dürfen wir die moderne Schmerzbekämpfung nicht nur verherrlichen als einen Triumph des Menschengeistes über unsere Naturgebundenheit. Das intensive Verlangen nach Schmerzausschaltung hat nicht nur Lichtseiten, sondern auch Schattenseiten, für die man nicht blind sein darf. Da ist zunächst darauf hinzuweisen, daß die moderne Schmerzverhütung vielfach nur eine Verlagerung von Schmerz bedeutet. Es fängt an bei der Zahnextraktion. Gewiß, sie ist schmerzlos geworden durch die vorangegangene Einspritzung. Aber hinterdrein plagt das vereinnahmte Gift unter Umständen unser Herz in einer schlechten Nacht. Es gibt wohl zahllose wirksame Präparate gegen Kopfweh, Neuralgie und Rheuma. Aber dauernd eingenommen, schaden sie der Leber, und mit einer kranken Leber ist nicht zu spaßen.

Untersuchungen in einer Schulklasse ergaben, daß der gesundheitliche Allgemeinzustand der Kinder auffallend ungünstig war. Dabei zeigten sich auch ungewöhnlich viele Zahnschäden. Die Frage des Schularztes: Hat man euch denn nicht zum Zahnarzt gebracht?, verneinten die Schüler und Schülerinnen und gaben an, die Eltern hätten ihnen statt dessen in großer Anzahl schmerzstillende Tabletten verabreicht. Um den Kindern den kurzen, unangenehmen Besuch beim Zahnarzt zu ersparen, hatte man sie gesundheitlich ungleich nachhaltiger durch unsinnige Medikamentenfütterung geschädigt. Wie recht hat darum Ernst Jünger mit dem Ausspruch: „Wo mit dem Schmerz gespart wird, kommt er anderswo tropfenweise hervor."

Die Flucht vor dem Schmerz bringt es mit sich, daß der Mensch um wesentliche Ereignisse des Lebens betrogen wird. Es gilt das vor allem im Blick auf die Mysterien von Geburt und Tod. Sicherlich wird man dem englischen Arzt Dr. Read aufrichtigen Dank wissen, daß er durch ein liebevoll ausgebildetes System von Gymnastik, Atemkultur und gynäkologischer Aufklärung den Müttern den Vorgang der Geburt wesentlich zu erleichtern geholfen hat[1]. Es gibt freilich Mütter, die nach der Lektüre des Buches und nachdem das Kind da war, gemeint haben, das Buch sei eben doch von einem Mann geschrieben. In unserer zivilisierten Welt bleibt jedenfalls mit und ohne Read jede Geburt ein ungeheures Geschehen. So mag sich in ungezählten Fällen die Narkose als Angebot des Arztes oder als Wunsch der Frau durchaus nahelegen. Gleichwohl gibt es nicht wenige Mütter, die es strikte ablehnen, auf diese Weise ihr Kind zu bekommen. Sie wollen dieses Urereignis bei vollem Wachbewußtsein durchstehen, weil sie wissen, daß die dabei erlittenen Schmerzen eine Wesensverbundenheit mit dem Kind schaffen und herstellen, die für das ganze weitere Leben bedeutsam bleibt.

Das gleiche gilt im Blick auf das Sterben. Von dem Berliner Kirchenhistoriker Karl Holl wird berichtet: Als es mit ihm zu Ende ging und man ihm den letzten Gang erleichtern wollte durch die Darreichung von Opiaten, soll er ausgerufen haben: „Ich werde mir doch meinen eigenen Tod nicht rauben lassen“, und er hielt standhaft durch, bis ausgelitten war. Rilkes Klage, daß heute in den Kliniken „fabrikmäßig“ gestorben werde, und seine Bitte im „Stundenbuch“: „O Herr, gib einem jeden Menschen seinen Tod!“, gehören ebenfalls hierher.

Der Mensch gewinnt also nicht nur durch die modernen Möglichkeiten der Schmerzverhütung, er kann dadurch auch verlieren an Größe und Würde in seinem Personsein. Der Hunger nach Behagen, Wohlbefinden, Bequemlichkeit und Steigerung der Lust ist in unserem Zeitalter in einer Weise entwickelt, daß man vor so viel Eudämonismus nur warnen kann. Frühere Generationen waren dem Schmerz gegenüber zweifellos tapferer und tiefer blickend, als es unter uns heute der Fall ist. Man muß nicht gleich bei jedem Halsweh Penicillinbonbons schlucken, und Müdigkeit bekämpft man besser nicht mit Aufputschungsessenzen. All diese Mittel haben Nebenwirkungen, deren Schaden zumeist größer ist als der davon erhoffte Gewinn.

Auch im Blick auf den seelischen Schmerz gibt es Möglichkeiten, ihm bis zum äußersten auszuweichen. Die beiden bedeutsamsten Bemühungen in der Richtung sind der Buddhismus und die stoische Philosophie mit ihrem Ideal der Apathie und der Ataraxie. Ein wesentlicher Satz der indischen Weisheit lautet: Begehre, und du wirst leiden! Daraus ergibt sich der Ratschlag: Begehre nicht mehr, dann wird dich auch nichts mehr leiden

[1] Read: Mutter werden ohne Schmerz. Die natürliche Geburt, 1959.

machen! So gilt es, auf alles zu verzichten, auf Erfolg, Ehre, Belohnung, Anerkennung, Wünsche nach Glück, dann kann mich auch keine Enttäuschung mehr kränken. Der Mensch geht hinfort in einem Kleid, aus Tränen und Resignation gewebt. In diesem Kleid ist er unangreifbar geworden. Es berührt ihn kein Schmerz mehr, freilich auch keine Freude und keine Wonne.

Luther kannte dieses Ideal von der schmerzfreien Empfindungslosigkeit der Seele aus der antiken Philosophie und aus der quietistischen Mystik, die er im Kloster eifrig studiert und praktiziert hatte. Aber der Reformator wendet sich eindeutig gegen diese Zielsetzung einer leidfreien Unberührbarkeit. Er sagt dazu: „Sie wollen eitel Steine und Klötze aus uns machen, daß man sollte tränenlosen Auges dastehen, es stürbe gleich Vater oder Mutter, Mann, Sohn oder Tochter. Das aber ist eine erdichtete Tugend und nicht der göttliche Wille". Luther weist in dem Zusammenhang hin auf Jesus in Gethsemane, der den Schmerz angenommen und ihm standgehalten hat, der, wie der Hebräerbrief sagt, unter Gebet, Flehen, Tränen und starkem Geschrei an dem, das er litt, Gehorsam gelernt hat und von Gott darum bestätigt wurde.

Der Schmerz als Weg zu Gott

Zur christlichen Existenz gehört auf keinen Fall Schmerzsüchtigkeit. Wo eine solche aufgetreten ist, und es ist das in der Geschichte der christlichen Kirche da und dort durchaus der Fall gewesen, gehören solche Erscheinungen in den Bereich der Religionspathologie. Wohl aber gehört zur christlichen Existenz Schmerzbereitschaft und -willigkeit überall da, wo das Übel in leiblicher oder seelischer Gestalt ungewollt und ungesucht an uns herantritt. Die christliche Wahrheitsschau vermag dem physiologischen und psychologischen Schmerz nach drei Seiten hin eine echte Wertqualität abzugewinnen.

Zu allen Zeiten gibt es in der Menschheit eine Grundhaltung, die der Philosoph Max Scheler als „metaphysischen Leichtsinn" bezeichnet hat. Der Mensch hat den Eindruck: Ich hab' ja alles, mir fehlt ja nichts, ich meistere das Leben aus eigener Kraft, wozu soll ich die Hände falten und aus der Tiefe rufen: Herr, erbarme dich meiner! Der Schmerz aber kann zu dem großen Erwecker werden, daß wir anfangen, das Gefängnis unserer Endlichkeit aufzubrechen und nach dem Letzten zu fragen. Gewiß, der Schmerz *muß* nicht diese Wirkung haben, er kann auch verstocken und verhärten und Gott gegenüber das Herz unsäglich bitter machen. Und doch gibt es der Beispiele genug, wie der Schmerz auf dem Krankenlager oder

der Schmerz am offenen Grab es zustande gebracht hat, einen Menschen von Oberflächlichkeit und Weltgier zu befreien und ihn für Gott neu aufzuschließen. Der Meister Eckehart behält recht in seinem Wort: „Es gibt kein schneller Roß, das zur Vollkommenheit führt, denn Leiden."

Nach dem Zeugnis des Römerbriefs (Kap. 6) besteht das eigentliche Geheimnis der christlichen Existenz darin, daß der Mensch im Glauben in das Sterben und Auferstehen mit Christus hineingenommen wird. Wir sollen gleichgestaltet werden seinem Tod und seinem Leben. Zu dieser Partizipation am Leiden Christi, die zugleich voll österlicher Verheißung ist, kann uns der leibliche wie der seelische Schmerz in wesentlicher Weise verhelfen. Solange unser Leben den Schmerz kaum kennt, wird uns die Passion Christi reichlich fern bleiben. Ja wir stoßen uns wohl eher daran und finden in unserer kraftstrotzenden Lebensfülle, die frühgriechische Dionysosreligion mit ihren rauschenden Festen sei doch ungleich anziehender als das Wort vom Kreuz. In dem Augenblick, wo der Schmerz hart und heftig in unser Leben einbricht, ändert sich die Lage alsbald. Wir können mit einem Kultus von „Glaube und Schönheit" nicht mehr viel anfangen. Um so mehr werden wir reif für das Leben Christi, der uns Anteil geben will an seinem Leiden und an seinem Überwinden. So hat schon mancher auf der tiefsten Stufe sprechen gelernt: „Wenn mir am allerbängsten wird um das Herze sein, so reiß' mich aus den Ängsten, kraft deiner Angst und Pein."

Zuletzt wollen wir uns klar machen: Es reicht nicht aus, wenn der Schmerz und sein Ertrag nur im Blick auf die eigene Person bedacht wird. Wir müssen gleichzeitig auch fragen, was die uns zugemutete Schmerzanfechtung und Schmerzbewältigung zu bedeuten hat im Blick auf all die Menschen, die Gott uns in der Nähe und in der Ferne anvertraut. Im ersten Kapitel des Kolosserbriefs steht ein geheimnistiefes Wort, dessen Auslegung den Exegeten schon manches Kopfzerbrechen bereitet hat. Paulus schreibt den Brief als ein Gefangener. Er fragt sich, wäre es für die Sache des Evangeliums nicht besser, er könnte frei von Schmerz und Haft umhergehen und die Gemeinden durch seinen Besuchsdienst stärken. Aber er findet als Sinndeutung seiner Gefangenschaftsnot die Worte: „Nun freue ich mich in den Leiden, die ich für euch leide, und erstatte an meinem Fleisch, was noch mangelt an den Trübsalen Christi, seinem Leib zugut, welcher ist die Gemeinde" (1, 24). Die Aussage des Apostels darf auf keinen Fall so mißverstanden werden, als wäre das Leiden und Opfer Christi nicht allgenugsam und müßte durch ein zusätzliches Werk seiner Jünger ergänzt, aufgefüllt und abgeschlossen werden. Gegen solche Auslegung spricht eindeutig der Gesamtinhalt der paulinischen Verkündigung in allen seinen Zeugnissen.

Wohl aber dürfen wir das Wort aus Kolosser 1 in folgender Richtung verstehen: Bis zum Endsieg Gottes, bis zum Durchbruch seiner Reichs- und Königsherrschaft geht die Auseinandersetzung zwischen Licht und Finsternis, zwischen Christus und den antichristlichen Mächten in der Welt unablässig weiter. Nicht jeder kann bei diesem Kampf in der vordersten Front stehen, nicht jeder ist dazu berufen und dafür ausgerüstet. Aber es muß Menschen geben, und Paulus sieht sich als einen solchen an, die bereit sind, stellvertretend für viele andere die Last der Auseinandersetzung, den Zusammenprall im ersten Glied auf sich zu nehmen. Davon lebt die Kirche Christi, daß sie Menschen hat, die einer solchen Zumutung und Aufgabe nicht ausweichen.

Wir wollen darum den Schmerz nicht nur im Lichte der individuellen Lebensproblematik sehen: was hat er mir zu sagen, was bedeutet er für meine persönliche Lebensführung und Lebensreife? Wir wollen auch bedenken, daß der Schmerz in unserem Leben sein kann und sein muß um der anderen willen, denen wir damit dienen und einen Teil ihrer Last abnehmen. Die Welt kann nicht heil werden von den vielen Wunden, aus denen sie ständig blutet, wenn sich nicht Menschen willig finden, Schmerzen um eines größeren Ganzen willen auf sich zu nehmen. Ja im Grunde sollte jeder von uns bereit sein, an irgendeiner Stelle der großen Front des Lebens ein solcher Lastenträger zu sein. Es kann das geschehen im Dienst von Wissenschaft und Forschung, in der Sorge um Volk und Staat, zum Besten von Kirche und Reich Gottes oder auch für einen einzelnen bestimmten Menschen, der uns insonderheit anvertraut worden ist.

Erspart bleibt der Schmerz sowieso keinem Menschen. Der Versuch einer Drückebergerei gegenüber dem Schmerz ist aussichtslos. Wir mögen noch so viel Geist und Vermögen einsetzen, um dem Schmerz zu entrinnen, es wird uns nicht gelingen. An irgendeiner Stelle des Lebens wartet der Schmerz auf jeden von uns und will sich nicht abweisen lassen. Wenn aber schon Schmerz sein muß in einer Welt, die Gott so gewollt hat (sagen die einen), in einer Welt, die voll Weh ist, weil wir die Quelle des Lebens verlassen haben (sagen die anderen), dann wird alles darauf ankommen, daß wir uns auch den Schmerz zum Besten dienen lassen, indem er die Rückverbindung mit Gott wieder herstellen darf, indem er uns Anteil gibt an der Gemeinschaft mit Christus und seinen Leiden und unser Leben hineinnimmt in die Bereitschaft zum Opfer.

VERERBUNG UND VERANTWORTUNG

Einseitige Betrachtungsweisen

Das Thema der Vererbung hat in der Blütezeit des Nationalsozialismus eine gewaltige Rolle gespielt. Die Lehrbücher in den Schulen und erst recht die Erziehungsarbeit in den politischen Formationen waren erfüllt von Schlagworten wie Eugenik, Rassenhygiene und Erbpflege. Es gab eine eigene Gesetzgebung zur Verhütung erbkranken Nachwuchses, die in mitleidsloser Schärfe durchexerziert wurde in Gestalt von massenhaft vorgenommenen Zwangssterilisationen und in der noch grausameren Konsequenz, daß das sogenannte lebensunwerte Leben auf die roheste Weise ausgemerzt wurde.

Die nationalsozialistische Ideologie war so durchdrungen von der Allmacht der Vererbung, daß andere Faktoren wie Bildung und Erziehung daneben geradezu belanglos erscheinen mußten. Wer ein reinblütiger Arier war, wer aus edlem nordischen Blut stammte, an dem war sozusagen nichts zu verderben. Man konnte bei einem solchen bevorzugten Erbträger zuversichtlich sich entfalten lassen, was als gesunde Keimkraft in ihm angelegt war. Umgekehrt, wer das Unglück hatte, ein Mischling zu sein, oder wer gar dem semitischen Blutstrom angehörte, dem war nicht zu helfen, weder durch eine religiöse Wandlung noch durch die Bildungsmächte der Erziehung. Er schien für das ganze Leben auf Grund seiner ungünstigen Erbsubstanz verpfuscht und verdorben.

Mit dem Zusammenbruch des Nationalsozialismus verstummte diese ganze Musik wie auf einen Schlag. Niemand wagte mehr, von Vererbung zu sprechen. Es hätte ihm beim Durchgang durch die Spruchkammer beträchtlich schaden können. Dafür tritt jetzt eine andere Schau in den Vordergrund. Man wendet sich erneut der Milieutheorie zu. Pädagogik und Psychotherapie erhalten einen gewaltigen Auftrieb. Nun heißt es: Was hilft das beste Erbgut, wenn Vater und Mutter dem Kleinkind gegenüber versagen! Wenn nicht genug Vorbildlichkeit und liebevolle Betreuung eingesetzt wird, entstehen zwangsläufig infantile Traumata, die sich bis in das Erwachsenenalter hinein verhängnisvoll auswirken. Umgekehrt wird erklärt: Mag das Erbgut auch weniger günstig gelagert sein, bei hingebungsvoller Bemühung um ein heranwachsendes Leben kann das meiste davon aufgearbeitet und gebessert werden. So hört man von amerikanischen Familien: Wenn sie ein Kind adoptieren, sind sie im allgemeinen an der Frage nach dem Stammbaum kaum interessiert, weil man zu sehr von den grenzenlosen Möglichkeiten der Bildungsmacht überzeugt ist.

Damit treten in unserem Jahrhundert zwei Parolen einander in schroffem Widerspruch gegenüber. Die eine Überzeugung lautet: Vererbung ist alles, erzieherische Verantwortung kann nur wenig ausrichten. Dagegen steht der Grundsatz: Vererbung ist belanglos, wenn nur genügend pädagogische Bemühung vom frühen Kindesalter an eingesetzt wird. Zweifellos ist jede dieser beiden Haltungen, in einseitiger Betrachtungsweise vorgetragen, falsch. Mögen wir im deutschen Lebensraum dem gebrannten Kind gleichen, das das Feuer scheut, es gilt sich gleichwohl neu dafür zu öffnen, was für eine machtvolle Bedeutung dem Faktor Vererbung in unser aller Leben zukommt. Gleichzeitig aber wollen wir fragen: Wie weit reicht in der menschlichen Existenz der Raum der Freiheit und der Verantwortung trotz der Gegebenheiten der Vererbung? Müssen wir nicht einfach sein, was wir sind, entsprechend dem Gesetz, nach dem wir angetreten sind?

Geisteskrankheit und beschränkter Raum der Freiheit

Die ungeheure Gewalt der Vererbung drängt sich überall da am stärksten auf, wo wir vor den erbbedingten Geisteskrankheiten stehen. Gewiß, es gibt auch geistige Erkrankungen und Störungen, die erst im Lauf eines Lebens erworben werden. Zu diesen exogenen Defekten rechnet die Medizin alle Schädigungen, die nach der Vereinigung von Same und Zelle auf ein werdendes Leben einwirken. So führen mißglückte Abtreibungsversuche nicht selten zu Mißbildungen in der Leibesgestalt. Oder ein Mensch kann in seiner geistigen Verfassung entarten auf Grund einer Syphilis, einer schweren Alkoholvergiftung, einer cerebralen Sklerose oder infolge der Entstehung eines Gehirntumors.

Neben den Verletzungen, die im Laufe des Lebens erworben werden, stehen die anlagebedingten, endogenen Geisteskrankheiten, als da sind angeborener Schwachsinn, erbliche Epilepsie, schizophrene Wahnideen und das manisch-depressive Irresein. In jedem Fall wird durch solche anlagebedingten Geisteskrankheiten der Raum der personalen Freiheit in schmerzlicher Weise eingeschränkt. Dabei sind alle Spielarten denkbar, angefangen von dem idiotischen Kind, dem die Suppe eingelöffelt werden muß, bis hin zu dem lebensuntüchtigen Familienglied, das zwar noch daheim behalten werden kann und das doch nie und nimmer imstande wäre, einen Beruf im öffentlichen Leben auszufüllen.

Mit Nachdruck muß darauf hingewiesen werden: Eine Geisteskrankheit ist kein Versagen, auf das die moralische Zensur angewendet werden darf, so schrecklich auch der Charakter in der Geisteskrankheit entstellt sein mag in Gestalt von Verrohung, Gefühlskälte, perverser Triebhaftigkeit und brutaler Rücksichtslosigkeit. Wir sollten niemals dabei vergessen, daß hier schwere Destruktionen in der Anatomie und Physiologie des Gehirns oder des Nervensystems vorliegen, wodurch die Verantwortungsfähigkeit ganz oder teilweise aufgehoben erscheint.

Niemals sollten wir über der Geisteskrankheit und ihren zerstörerischen Auswirkungen die Person übersehen, die dahinter steht und unter ihrer Krankheit bitter leidet, auch wenn sie dieser Not keinen klarbewußten Ausdruck zu geben vermag. Darauf hat der Wiener Psychiater Victor Frankl in seinen beiden Werken „Homo patiens" und „Der unbedingte Mensch" mit Recht aufmerksam gemacht. Frankl sieht das Verhältnis von Gehirn und Seele instrumental. Ein Künstler mag noch so bedeutend sein, wenn ihm kurz vor dem Konzertauftritt das Instrument beschädigt oder verstümmelt wird, kann er nicht mehr spielen, er wird höchstens noch häßliche, unreine, unschöne Töne hervorbringen. Traurigen Herzens wird der große Meister zusehen, wie ihm die Ausdrucksmöglichkeiten genommen sind. Oh, er könnte schon spielen, wenn ihm nur jemand ein intaktes Instrument in die Hand geben wollte! Er ist ja noch da mit all seinem Vermögen, er kann es nur unter den gegebenen Umständen nicht äußern.

So gilt es auch in der Geisteskrankheit die verborgen leidende Person hinter der Krankheit zu entdecken und sie immer noch liebzuhaben und an sie zu glauben. Als die schönste Aufgabe des Arztes aber darf gelten, instrumentale Verletzungen zu beheben oder wenigstens zu bessern, sei es über das Medikament, über die Operation oder die elektrischen Ströme, auf daß die unverändert vorhandene Person sich auf dem reintegrierten Instrument wieder melden kann. Gewisse Erfahrungen in Anstalten wie Bethel bestätigen das Recht dieser Schau. Immer wieder einmal kommt es dort vor, daß Menschen, die als völlig verblödet gegolten haben, in der Stunde des Todes, wenn das sie hemmende Instrument von ihnen abzufallen beginnt, überraschende Zeichen geistigen Bewußtseins äußern. Sie beten ein Vaterunser, sie singen einen Liedvers von Paul Gerhardt. Es stellt sich heraus, sie haben das, was ihnen geistig und geistlich nahegebracht wurde, durchaus aufgefaßt, wenn sie den Empfang auch nicht bezeugen konnten, weil sie von der instrumentalen Verletzung her daran gehindert waren.

Für die Richter im Amt bleibt es eine unsagbar schwere Aufgabe, im Einzelfall mit Unterstützung der gerichtsärztlichen Medizin festzustellen, wieweit bei einem Verbrechen verminderte Zurechnungsfähigkeit vorgelegen hat und inwiefern der Täter für seine Tat verantwortlich gemacht werden darf, weil er auch anders hätte handeln können. Bei besonders scheußlichen Verbrechen, denken wir an den Lustmord an einem Kind, erwacht regelmäßig die Volkswut und fordert stürmisch die Wiedereinführung der Todesstrafe. Aber gerade bei so abstoßenden Handlungen liegen vielfach ausgesprochen ungünstige Erbanlagen vor, die, deutlich dominierend oder rezessiv verdeckt, durchgebrochen sind. Es gibt heute Juristen, denen der Vorwurf gemacht wird, sie brächten auf Grund ihres erbbiologischen und tiefenpsychologischen Wissens die Kraft zum Strafen nicht mehr auf. Es gibt aber auch Juristen, denen man im Blick auf die Ausübung ihres Berufes dringend nahelegen möchte, sich mehr psychotherapeutische und erbgenetische Fachkenntnisse anzueignen, weil sie sonst nicht imstande sind, Urteile zu fällen, in denen Gerechtigkeit und verstehendes Erbarmen einander die Waage halten.

Erbanlage und Gottesglaube

Aber nun gilt es, die Macht der Vererbung und die von daher bedingte Eingrenzung der Verantwortlichkeit nicht nur zu bedenken im Blick auf schwere pathologische Destruktionen und Determinationen. Wir wollen die Fragestellung auf den Normalfall des Lebens anwenden, wie er uns unmittelbar persönlich und die uns gesund erscheinende Umwelt betrifft.

Jeder Mensch bringt Anlagen, als Rohmaterial vererbt, in das Dasein mit als Grundlagen seiner Existenz. Es gibt körperliche und es gibt geistig-seelische Erbanlagen. Das leibliche Erbe drückt sich aus in Wuchs und Gestalt, in Haut und Haarfarbe, in der kraftvollen oder zarten Gesundheit, je nachdem, ob der Großvater noch hinter dem Pflug einhergegangen ist oder als Gelehrter eine dicke Brille getragen hat.

Noch bedeutsamer dürften die seelischen Grundfunktionen sein, die ein Mensch ins Leben mitbringt. Es gibt Menschen mit großer und kleiner vitaler Energie. Die einen sind gefühlsstark, die anderen in ihrem Empfindungsleben nur schwach ansprechbar. Der Tübinger Psychologe Gerhard Pfahler hat in dem Zusammenhang besonders aufmerksam gemacht auf die typologischen Unterschiede von Menschen mit festen und fließenden Gehalten[1]. Bei den Festgeprägten stehen an den Toren zur Seele des Nächsten „Zollwächter, die eine strenge Auswahl treffen“. Bei den Fließenden sind die Türen weit geöffnet. Die einen warten ab, die anderen sind erwartungsvoll. Die Festen haben einen ausgeprägten Sinn für Regel,

[1] G. Pfahler: Der Mensch und seine Lebenswerkzeuge, Erbcharakterologie, 1954.

Gesetz und Folgerichtigkeit. Sie neigen zum Grundsätzlichen. Ihre Gefährdung heißt: Rechthaberei, Pedanterie und Unerbittlichkeit. Sie treten mit geschlossenem Visier auf und haben Mühe, sich in neue Gemeinschaften und fremdartige Situationen einzuleben. Sie tun sich schwer, einen anderen gelten zu lassen, sie sind jeglichem Konpromiß abgeneigt.

Wie anders erscheint demgegenüber der fließende Typus! Er ist leicht aufzuschließen, er kennt keine Anpassungsschwierigkeiten, er findet überall seine Freunde. Er ist offen für die Welt, beweglich und locker, es bereitet ihm keine Mühe, aus sich herauszugehen und sich in andere hineinzuversetzen. Mit Recht sagt Prof. Pfahler: Man sollte diese beiden Möglichkeiten immer nur beschreiben, nicht aber bewerten. Denn jede der beiden Erbanlagen hat zweifellos ihre Bedeutung für das Zusammenleben in der menschlichen Gesellschaft. Immer aber sind wir auf Grund des alten Adams in uns in der Gefahr, daß wir nicht wertfrei urteilen, sondern von einem subjektiv befangenen Standort aus negative Zensuren abgeben. Der Mensch mit den fließenden Gehalten empfindet die Gegengruppe als eigensinnig, starr und verhärtet. Der Erbträger mit den festen Gehalten neigt dazu, die fließende Wesensart als weich, unverbindlich und unentschieden zu verurteilen. Statt daß wir uns freuen an der Vielfalt der Erscheinungen, die den Reichtum des Lebens ausmachen, verneinen wir den Gegentypus in liebloser Kritik. In Wahrheit hat jede der beiden Wesensarten ihre verheißungsvollen Möglichkeiten und ihre ausgesprochene Gefährdung, so daß keiner Grund und Anlaß hat, sich über den Splitter in des Bruders Auge zu erregen.

Wir wollen die Machtwirkungen der erbbiologischen Ausstattung in ihrer leibseelischen Ausstrahlung gewiß nicht unterschätzen. Wie vieles ist damit ein für allemal gegeben und auch ein für allemal uns verschlossen! Es gibt einen philosophischen, einen religiösen und einen christlichen Enthusiasmus, dem es an Wirklichkeitsnähe und Wirklichkeitsgehorsam in der Beziehung beträchtlich mangelt. Man tut so, als wäre einem hochgemuten Geist nichts unmöglich, als könnte man in der Zuversicht des Glaubens über alle Mauern springen. In Wahrheit ist es, solange wir in dieser Weltgestalt leben, damit nicht so weit her. Wer als Mimose ins Dasein getreten ist, wird auch durch Wiedergeburt und Bekehrung kein christlicher Elefant. Wer die Haut eines Dickhäuters mitbekommen hat, wird auch nach der Glaubensumwandlung kein Saitenspiel, das vom zartesten Windhauch wundersam bewegt zu klingen anfängt. Auch der christliche Mann bleibt ein Mann und die christliche Frau eine Frau mit allen spezifischen Merkmalen des einen oder anderen Geschlechts.

Gleichwohl kämpfen idealistische Philosophie und christlicher Glaube mit Recht gemeinsam dafür, daß der Mensch nicht nur aus objektalen Gegebenheiten besteht, denen er zwangsläufig unterworfen ist. Der Mensch ist zusammengesetzt aus Bios und Logos, aus Sinnlichkeit und Sittlichkeit, aus Naturbestimmtheit und transzendentalem Bezug. Darum braucht uns das Wissen um die Gültigkeit und Macht der Erbzusammenhänge keineswegs in eine fatalistische Resignation zu stürzen. So gewiß unsere Erbanlagen unabänderlich festliegen, sie gestatten uns gleichwohl einen weiten Spielraum von Möglichkeiten, innerhalb dessen wir unser Personsein verwirklichen können. Vererbung weist hin auf eine Inklination, die wir in uns tragen, sie bedeutet aber keine necessitas, keine Zwangsläufigkeit, die als absolute Determination zu verstehen ist. Es darf hier weder einem einseitigen Naturalismus Raum gegeben werden, als wäre Vererbung alles und die Geistesverantwortung nichts. Es ist aber ebenso zu warnen vor jedem naiven Geist- und Glaubensüberschwang, als wäre das Vererbungspotential eine quantité négligeable, die man mehr oder weniger bagatellisieren darf. Es muß vielmehr beides zusammen gesehen werden, die Einflußgewalt der Erbfaktoren und die „Kraft des Gemüts", die uns aus den gegebenen Möglichkeiten das Beste herausholen läßt.

Der christliche Glaube anerkennt die Tatsache der Vererbung. Wenn er es nicht täte, würde er sich einer bedenklichen Wirklichkeitsblindheit schuldig machen. Vor allem aber, der Mensch des Glaubens nimmt in Demut aus der Hand seines Schöpfers die Grundbestimmtheit an, die ihm durch seine Erbanlagen zugeteilt ist. Wohl kennt auch der gläubige Mensch Zeiten und Stunden des Lebens, da er in Anfechtung und Hader zu Gott spricht: Warum hast du den Bruder, die Freundin, den Rivalen so viel reicher ausgestattet und beschenkt als mich? Zuletzt aber überwindet der gläubige Mensch solche versucherischen Anwandlungen. Er weiß, der Ton, der Lehm hat nicht zum Töpfer zu sprechen: Warum machst du mich also? Das Dennoch des Glaubens hält sich an die Gewißheit: Gott weiß, warum er das Kleid meines Lebens gerade so gewebt hat und nicht anders, zuletzt hat er damit doch Gedanken des Friedens und nicht des Leidens mit mir im Sinn.

So wird alles darauf ankommen, daß wir es lernen, die Tatbestände unserer Vererbung aus Gottes Hand anzunehmen. Was ich von Gott her annehme, kann mich nie und nimmer von ihm scheiden. Es wird mich vielmehr nur um so inniger mit ihm verbinden, und wäre es selbst ein Leben, in dem die negativen Merkmale das positive Erbe überwiegen. Wo Vererbung nicht in diesem ergebungsvollen Sinn bejaht wird, da ist die Gefahr groß, daß mich die Vererbung entweder hochmütig oder melancholisch-depressiv macht.

Der an Leib und Seele glänzend Begabte, der für das reich empfangene Gut Gott nicht zu danken vermag, wird stolz, eingebildet und hochmütig.

Geringschätzig blickt er auf andere herab, die nicht so vielseitig ausgerüstet sind. Er bildet sich ein, alles sich selbst zu verdanken, während man ihm doch zurufen müßte: „Was hast Du, das Du nicht empfangen hast, so Du es aber empfangen hast, was rühmst Du Dich, als hättest Du es nicht empfangen."

Noch größer dürfte die Gefahr sein, wenn eine belastungsreiche Erbstruktur nicht der göttlichen Hingabe unterstellt wird. Dann ist die Versuchung nur allzu naheliegend, daß der Mensch, im Wissen um sein Benachteiligtsein, hart und bitter wird gegen den, der ihn zu kurz wegkommen ließ. Man sagt Gott die Liebe und das Vertrauen auf, weil er es nicht zu verhindern wußte, daß ich in ein Geschlecht eintreten mußte, das als schwerbeschädigt anzusprechen ist. Lerne ich es aber, eine Erblast ebenso willig auf mich zu nehmen und zu verarbeiten, wie Christus sein Kreuz getragen hat, ohne an Gott irre zu werden, dann kann gerade von einem solchen Leidensgehorsam ein besonderer Friede und Glanz ausgehen. Man lernt dann sprechen und verstehen: „Auf daß ich mich nicht überhebe, ist mir gegeben ein Pfahl ins Fleisch", und ich darf gewiß sein: Der, der um alle Dinge weiß, wird mir beistehen bei der Bewältigung meiner schwierigen Lebensaufgabe. Er wird mich nicht allein lassen, er hilft mir, daß ich es tragen und schaffen kann.

Im übrigen gilt: Je schwächer die Personkraft eines Menschen ausgeprägt ist, um so stärker wird er der Ausstrahlung seiner Erbtendenzen erliegen. Und je kräftiger ein Mensch um seinen Personwert weiß, um so mehr wird er sich in Freiheit darüber erhöhen können. Nun wird aber der höchste Personwert des Menschen zweifellos erreicht durch eine lebendige Begegnung mit dem Du Gottes. Wer von der Macht des Absoluten gehalten wird, braucht nicht mehr allein von endlichen Gegebenheiten und Grenzen bestimmt zu werden. Der Melancholiker behält wohl seine angeborene Neigung, aber die Schwermut darf ihn nicht mehr überfluten. Der Sanguiniker lebt wohl aus seinem Temperament, aber er braucht sich nicht hemmungslos davon fortreißen zu lassen.

Der philosophische Glaube ist um eine solche Einschränkung des Erbschicksals bemüht in der Kraft des guten Willens. Er wird von der Überzeugung getragen: Du kannst; denn Du sollst! Der christliche Glaube denkt über die Möglichkeiten des guten Willens sehr viel kritischer. Er weiß aus Schrift und Erfahrung — man denke nur an Römer 7 — um die leidvollen Konflikte des Herzens, die sich aus eigener Kraft nicht bewältigen lassen. Dafür nimmt der christliche Glaube seine Zuflucht zu der überweltlichen Macht Gottes, die uns in der Auferstehung Jesu Christi nahegekommen ist als eine neue, weltüberlegene Hilfe, mit der wir rechnen dürfen.

Gewiß gilt es, an dieser Stelle besonnen zu bleiben. Es empfiehlt sich, nicht zu laut zu tönen und den Mund nicht zu voll zu nehmen. Denn wie oft stoßen wir auf die eschatologische Grenze, vor der wir in Ehrfurcht haltmachen müssen. Es ist nicht gesagt, daß wir schon in dieser Weltzeit alle Schranken übersteigen werden, in die wir von Geburt aus gestellt sind. Wer von einem jähzornigen Vater, von einer süchtigen Mutter stammt, wird auch nach der Heimkehr zu Gott Niederlagen genug einstecken müssen, die aus der Summation von Getriebensein und Mittreiben resultieren. Der Glaube weiß, daß er solches schmerzliche Versagen zu Christus dem Weltversöhner bringen darf, der uns aus dem Staube aufhebt und uns Mut macht, den neuen Wandel gleichwohl täglich neu zu wagen, und wären es auch nur „erste Stufen der gebrochenen Freiheitsbahn", die uns gelingen.

Erbpflege und christliches Ethos

Das Thema „Vererbung und Verantwortung" läßt sich auch noch nach einer anderen Seite hin in Angriff nehmen, nämlich in dem Sinn: Was kann und muß geschehen, um das weitere Fortschreiten von Erbschädigungen zu verhüten? Über das Erbe, das wir überkommen haben, verfügen wir nicht mehr. Wir müssen es schon hinnehmen, wie es ist, um innerhalb der gesetzten Grenzen das Bestmögliche herauszuholen. Wohl aber liegt es in unserer Hand, dafür zu sorgen, daß gesundes Erbe gesund weitergereicht wird, daß es nicht Schaden leidet und verschlechtert wird durch unseren Mangel an Verantwortung.

Es steht der christlichen Verkündigung und Seelsorge wohl an, sich für gesunde Erbpflege einzusetzen. Die Einseitigkeiten und Maßlosigkeiten, die an dieser Stelle im „Dritten Reich" in Erscheinung getreten sind, dürfen uns nicht davon abhalten, unsererseits echte Verantwortung im Blick auf die Bewahrung und Pflege von gesundem Erbgut zu erwecken. Wenn das Lied der Kirche bezeugt: „Was unser Gott geschaffen hat, das will er auch erhalten, darüber will er früh und spat mit seiner Gnade walten", so schließt eine solche Verheißung unsere Treue nicht aus, sondern ein. Im Religions- und Konfirmandenunterricht bei der Behandlung des ersten Glaubensartikels, bei der Besprechung des 6. Gebots, bei der Themawahl für Mütter- und Männer-Abende gibt es Gelegenheiten genug, jung und alt in diesem Sinn zu verpflichten. Wir nennen einige Gesichtspunkte, auf die dabei aufmerksam zu machen wäre.

Bei der Wahl des Ehepartners sollte jede Art von Inzucht nach Möglichkeit vermieden werden. Wenn es fast in jedem Dorf einen oder mehrere Dorftrottel gibt, so ist nicht nur der Alkohol, sondern auch das ständige

Ineinanderheiraten auf engem Raum dafür verantwortlich zu machen. Der Rausch der Verliebtheit sollte nicht so weit gehen, daß die nüchterne Frage unterdrückt wird, ob der auserwählte Partner denn auch an Leib und Seele gesund ist. Wenn ältere, berufstätige Frauen häufig rauchen, um sich aufzumöbeln, mag das ihre Sache sein. Völlig unverantwortlich dagegen ist es, wenn schwangere oder stillende Frauen das Nikotingift dem werdenden oder neugeborenen Leben zumuten. Schöne und gesunde Kinder will jede verheiratete Frau gern haben. Sie sollte aber bedenken, daß die Brunnenstuben des Lebens, die Ovarien, durch anhaltenden Nikotingenuß unvermeidlich geschädigt werden, was jeder gewissenhafte Gynäkologe bestätigen wird.

Wir werden auch darum nicht herumkommen, uns Gedanken darüber zu machen, wie erblich Minderwertige davon abgehalten werden können, weiteres erbgeschädigtes Leben in die Welt zu setzen. Wir werden andere Wege finden müssen als die unmenschlichen Maßnahmen, die die nationalsozialistische Gesetzgebung zur Erreichung dieses Zieles eingeschlagen hat. Aber gerade die hemmungslose Zeugungslust, die für das Verhalten von erbkranken und asozialen Elementen so charakteristisch ist, läßt den Wunsch begründet erscheinen, einen solchen verderblichen Erbstrom einzudämmen.

Die eine Möglichkeit wäre die, daß wir ein Gesetz bekommen, das eine zwangsweise Anstaltseinweisung und -unterbringung vorsieht. Niemand stehe dagegen auf, indem er erklärt, eine solche Maßnahme sei viel zu kostspielig, um jemals durchgeführt werden zu können. Solange wir Milliarden für Alkoholgenuß und Faschingsfeste ausgeben, können und sollen wir ruhig auch die Mittel aufbringen, die nötig sind, um die Opfer von Ausschweifung und Unzucht zu verwahren.

Weitaus am heftigsten umstritten ist innerhalb der theologischen Ethik der Gegenwart die Frage, wie man sich zur Sterilisation stellen soll, um auf diese Weise krankhafte Nachkommenschaft zu verhüten. Es ist bekannt, daß die katholische Moraltheologie jeden derartigen Eingriff streng verwirft. Sie sieht darin eine so tiefe Verletzung der menschlichen Personwürde, daß auch an den Erbkranken niemals eine solche Zumutung gestellt werden darf.

Die evangelische Ethik ist in ihrer Stellungnahme einstweilen nicht ganz so einmütig. Sie hält es für möglich, daß Menschen, die unter geistigen Störungen oder körperlichen Mißbildungen leiden, auf eigenen Antrag hin sterilisiert werden können. Dagegen lehnt sie ein zwangsweises Verfahren ebenfalls überwiegend ab. So hat unter der Leitung von Dr. med. March ein evangelischer Medizinerkreis, der im Auftrag des Central-Ausschusses für Innere Mission an die Arbeit ging, erklärt: „Die Sterilisierung ist auf jeden Fall ein verstümmelnder Eingriff in die Persönlichkeit, der zum mindesten bei differenzierten Menschen zu erheblichen Störungen des seelischen Gleichgewichts zu führen pflegt. Ruht doch unser Selbstwertgefühl viel tiefer, als wir ahnen, in dem Bewußtsein auch unserer geschlechtsgebundenen Schöpferkraft als Mann oder Frau. Ein Mensch, der dieser durch einen willkürlichen Eingriff von außen beraubt wird, fühlt sich nur zu leicht als halber Mensch unter den anderen, als ein Geächteter." „Auch wenn die Gegebenheiten zu einer hochprozentig sicheren Erbprognose vorliegen würden, erhebt sich die ernste Frage, ob es nicht ein Überschreiten menschlicher Vollmacht bedeute, wenn wir uns unterfangen wollten, mit angemaßtem prophetischem Weitblick die Schöpfung zu korrigieren. Auf Grund mancherlei historischer Beispiele läßt sich sagen, daß derartige hybride Versuche stets Bahnbereiter des Unterganges und Todes waren. Das Leben des Menschen läßt sich nicht an Hand von statistisch errechneten Wahrscheinlichkeitsformeln vorausschauend steuern und beherrschen." Da jeder von uns Träger von rezessiven Erbanlagen sein kann oder mit ungünstigen Mutationen zu rechnen hat, „müßten die Sterilisierungsmaßnahmen in einem Umfang durchgeführt werden, durch die sie sich selbst ad absurdum führen". So kommt der Arbeitskreis der evangelischen Ärzte zu dem Abschlußergebnis: Die eugenische Gesundung eines Volkes läßt sich nicht durch staatliche Maßnahmen bewirken. Die Last der vorhandenen Erbkranken muß getragen werden, ihre Ausweitung gilt es zu verhüten durch die Rückführung des einzelnen Menschen zu einer Lebenshaltung, aus der heraus er sein Leben und besonders auch sein geschlechtliches Leben in Verantwortung vor Gott führt. Dazu gehört gemäß unserer fortgeschrittenen Erkenntnis auch eine „eugenische Gattenwahl", erzieherischer Unterricht über die Vererbungsgesetze, hygienische Eheberatung und Bekämpfung jeder Art von Süchtigkeit.

So brauchen wir angesichts der Gegebenheiten der Vererbung beides zugleich: Demut und Verantwortung. Es gilt, das Kleid anzunehmen und in Ergebung zu tragen, mit dem jeder von uns für dieses Leben ausgestattet worden ist. Es hat keinen Sinn, an sich selbst, an seine Kinder oder an seine Umwelt phantastische Wunschforderungen zu stellen, die von der Erbstruktur her nie und nimmer erfüllt werden können. Von einer kühlen Seele darf man keine Jubelstürme erwarten, auch nicht am Heiligen Abend. Man soll nichts fordern, was die Art ihrem Wesen nach nicht hergeben kann. Das führt nur zu Verdruß und Enttäuschung. So gibt es eine Elterneitelkeit, die sich um die Wesensart des Kindes kaum kümmert, aber von dem Kind gleichzeitig Äußerungen und Leistungen verlangt, die zu geben ihm unmöglich sind. Kinder sind nicht dazu da, um auf sie unsere Wunschträume zu projizieren. Wir müssen sie schon annehmen und hinnehmen, wie sie sind, und wir wollen sie von Herzen liebhaben, auch wenn sie längst nicht alle Hoffnungen erfüllen, von denen wir am Tag ihrer Geburt phantasiert haben.

Im übrigen möge man nicht vergessen, daß oft gerade schwierige und nervenzarte Kinder, deren Entwicklung den Eltern nicht wenig Kummer bereitet, eine größere Verheißung zu außerordentlicher Lebensleistung in sich tragen als ein anderes Kind, dessen gesunde Normalität nichts Überdurchschnittliches hergibt. Wer die Biographie genialer Menschen daraufhin verfolgt, wird feststellen müssen, wie das Ungewöhnliche an Begabung und Leistung eigentlich immer mit einem erhöhten Maß von Labilität bezahlt werden mußte. Man kann das eine nicht ohne das andere haben. Mit Hölderlin zu sprechen, gibt die Gottheit ihren Lieblingen nicht nur die Freuden, die unendlichen, sondern auch die Schmerzen, die unendlichen, ganz.

Der schwäbische Prälat Oetinger hat die wahrhaft christliche Einstellung zu dem Thema: „Vererbung und Verantwortung" einmal in ein Gebet zusammengefaßt, das alles enthält, was einen in dieser Frage bewegen mag: Gib mir, Gott, die Gelassenheit, Dinge hinzunehmen, die ich nicht ändern kann, und gib mir den Mut, Dinge zu ändern, die ich ändern kann, und gib mir die Weisheit, das eine von dem anderen zu unterscheiden!

DIE WAHRHEITSFRAGE AM KRANKENBETT

Der Konflikt zwischen Wahrheit und Liebe

Wahrheit und Liebe sind zwei Größen absoluter Art, die im Leben oftmals miteinander in Widerstreit geraten. Die Wahrheit, als Wille zur Wahrhaftigkeit verstanden, ist ein denkbar hohes Gut. Alle Gemeinschaft in Ehe und Familie, in Schule und beruflicher Zusammenarbeit beruht zuerst und zuletzt darauf, daß man sich auf das Wort seiner Mitmenschen verlassen kann. Wenn die Gültigkeit einer Aussage in der Ich-Du-Begegnung nicht mehr garantiert erscheint, dann steht es schlecht um jede Möglichkeit menschlicher Kommunikation. Der Philosoph Johann Gottlieb Fichte, darin durchaus seinem großen Lehrer Immanuel Kant folgend, hat darum erklärt, für die Aufrechterhaltung der Wahrheit sei kein Preis zu hoch. Was die Kompromißlosigkeit der Wahrheitsäußerung auch immer für Folgen haben mag, mag ein Mensch selbst dadurch zerschmettert werden, die Wahrheit darf deswegen doch niemals gebrochen werden.

Daneben meldet sich als andere hohe und herrliche Macht die Liebe, das Wort nun einmal nicht im venushaften Sinn verstanden als Sinnenglück oder Erosbeschenkung in der Polarität der Geschlechtsbegegnung, sondern in dem schlichten Sinn von Güte, Hilfsbereitschaft, freundlichem und verstehendem Erbarmen gemeint. Mit einer gewissen Bitterkeit spricht die Agape zu den Wahrheitsfanatikern, zu den Rigoristen aus Prinzip: Was soll es, wenn die Wahrheit wieder einmal triumphiert hat! Ein Menschenleben aber ist darüber zerbrochen im Sinne des Satzes: Vivat veritas, pereat mundus!

Eine besondere Aktualität erfährt der spannungsvolle Widerstreit von Wahrheit und Liebe am Krankenbett. Wenn sich nach der heute wiedergewonnenen Gesamtüberzeugung Arzt und Seelsorger für den Dienst an den Kranken gemeinsam verantwortlich wissen sollen, dann ist es wichtig, daß sich die beiden Fakultäten Medizin und Theologie über dieses Thema miteinander verständigen. Denn gerade hier können die Meinungsverschiedenheiten heftig aufeinanderprallen.

Im allgemeinen räumt man der Medizin als einer streng exakten Wissenschaft in besonderer Weise das Recht auf Wahrheitsforschung und Wahrheitsvertretung ein, während man umgekehrt geneigt ist, der Theologie und Seelsorge, um deren wissenschaftlichen Rang es weniger günstig bestellt zu sein scheint, die Liebesgesinnung zuzuordnen. Jedoch im Blick auf unser Thema vertauschen sich die Rollen eigenartigerweise. Der Arzt, der im Laboratorium ein Fanatiker der Wahrheitsergründung ist, pflegt am Krankenbett dem Wahrheitsfanatismus keineswegs günstig gesinnt zu sein. Umgekehrt wird der Seelsorger, dem man das liebreiche Herz schon von weitem ansehen sollte, am Krankenbett zum Anwalt der absoluten Ehrlichkeit, worüber die betreuenden Ärzte gewöhnlich alles andere als erbaut und begeistert sind. Versuchen wir die beiderseitigen Einstellungen kennenzulernen und gerecht zu würdigen, ehe wir ans Werk gehen, den spannungsvollen Konflikt zu lösen.

Es gibt viele Patienten, die aus angstbetonten Motiven eine offene Auskunft über ihren Zustand gar nicht hören wollen. Es liegt nahe, daß man dann als Arzt oder Seelsorger einfach schweigt, wo man nicht gefragt worden ist. Gleichwohl bleibt auch hier das Problem bestehen: Soll man die ernstlich Erkrankten unvorbereitet vom Sterben überrascht werden lassen? Tragen wir nicht ein Stück Mitverantwortung für die seelischen Erschütterungen, die in der Agonie zuletzt doch mit Urgewalt aufbrechen werden? Darf man es dahin kommen lassen, wie es Thomas Mann in seinem Roman „Der Zauberberg“ geschildert hat, daß auf ein tolles nächtliches Gelage im Sanatorium bei der euphorisch erregten Patientin am nächsten Morgen der tödliche Blutsturz erfolgt?

Noch schwieriger gestaltet sich die Situation, wenn der Patient seinen Arzt herzandringend beschwört, ihm doch die volle Wahrheit zu sagen. Die Hemmungen, die einen Arzt im Blick auf solche Wunscherfüllung bewegen können, gehen in einer zweifachen Richtung.

Erstens ist es so eine Sache um die volle Wahrheit. Wenn man sie selbst nur immer so genau wüßte! Wie differenziert ist jedes Krankheitsgeschehen! Das wissenschaftliche Erkennen allein tut es noch nicht. Der Kranke ist ja kein Abstraktum, kein Typus, wie man es in den Schulbüchern einmal gelernt hat mit der Einteilung nach Schubfächern. Es ist von jeher mit Recht darüber gestritten worden, ob der Arztberuf eine Wissenschaft oder eine Kunst sei. Er ist jedenfalls beides. Darum gehört zu einer rechten Diagnose immer auch ein intuitives Erfassen der Gesamtpersönlichkeit. Mit dem berühmten Einfühlungsfaktor wächst aber auch die Möglichkeit subjektiver Voreingenommenheit und Irrtumsfähigkeit. Ferner: mit wieviel unwägbaren, unter Umständen auch retardierenden Momenten muß bei jedem Krankheitsablauf gerechnet werden! Auch wer eine lange, ausgereifte Erfahrung am Krankenbett besitzt, wird gleichwohl immer wieder einmal überrascht von irrationalen Wendungen im Krankheitsgeschehen, wie man sie nie für möglich gehalten hätte. Wer von daher als Arzt kritisch gegen sich selbst eingestellt ist, dem vergeht die Lust, als Wahrheitsprophet mit apodiktischen Äußerungen aufzutreten.

Dazu kommt als entscheidende Erwägung ein zweites Motiv. Man hat nicht nur gesagt: Es hofft der Mensch, so lang er lebt. Es gilt mit noch mehr Recht die Umkehrung: Es lebt der Mensch, so lang er hofft. Spiro, dum spero. Seitdem uns die Gültigkeit und Machtwirkung der Leib-Seele-Einheit in der psychosomatischen Medizin neu klar geworden ist, wissen wir, was Lebenswille und Hoffnungskraft für gewaltige Heilfaktoren sind. Wie haben schwerkranke, alte Mütter und Frauen, deren Lebenstage nach medizinischer Diagnose längst gezählt waren, unentwegt weitergelebt! Sie konnten und wollten nicht sterben, ehe der geliebte Sohn aus der russischen Gefangenschaft heimgekehrt war. Darum gibt es für den Arzt am Krankenbett keinen besseren Helfer als die Erweckung der Zuversicht und Vertrauen, daß alles noch einmal gut werden wird. Die Bestärkung in dieser Fiducia-Haltung verbindet sich also mit der dem Arzt grundsätzlich gestellten Aufgabe, Verteidiger und Erhalter des Lebens zu sein im Kampf gegen die Verderbensmächte Krankheit und Tod.

Dazu muß der Arzt oftmals die Erfahrung machen: Selbst Menschen, die um eine rückhaltlos offene Auskunft gebeten haben, die sich feierlich bereit erklärt hatten, jeder Äußerung standzuhalten, zeigen sich in Wirklichkeit längst nicht so überlegen, wie sie zuvor versprochen hatten, wenn der Schlag einer harten Wahrheit sie schließlich trifft, sie brechen unter der Wucht der schmerzhaften Mitteilung zusammen und nehmen damit dem ärztlichen Handeln unter Umständen die letzte Aufbauchance.

Aber nun soll auch der Aspekt von der anderen Seite her zu Gehör kommen. Auf einem berühmten Altar finden sich die Worte: Dum vivimus, moriendum est, ne moriamur, quando morimur. Etwas freier übersetzt: Im Verlauf unserer Lebensbahn muß die Begegnung mit dem Tod gelernt werden, damit wir nicht dem Tode verfallen, wenn es ans Sterben geht. In gleicher Weise sagt Jakob Böhme: „Du mußt manchen Tod zuvor sterben, wenn dir der letzte glücken soll."

Unsere Zeit ist von der Weisheit solcher Wahrheitssätze weit entfernt. Der Mensch von heute will nicht altern. Er ist unfähig und durchaus abgeneigt, eine Krankheit anzunehmen und ihren Anruf zu verstehen. Vom Sterben will gleich gar niemand etwas wissen. Hat es in früheren Jahrhunderten eine ganze Literatur gegeben, von Philosophen, Dichtern und Seelsorgern geschrieben, die sich mit der ars moriendi beschäftigte, so will keiner, weder in gesunden noch in kranken Tagen, auf das Telos unserer Existenz hin angesprochen werden. Das Geschlecht von heute ist charakterisiert durch einen ausgesprochenen Unernst, wie man geflissentlich allem und jedem ausweicht, was zu einer echten und tiefen Auseinandersetzung mit dem eigenen Selbst führen könnte.

In Anbetracht dieses wenig erfreulichen Gesamtbildes ist doch zu fragen, ob wir als Ärzte diese Tendenz noch unterstützen dürfen, ob wir sie nicht in verhängnisvoller Weise verstärken, wenn wir bei der Krankheit vor allem mit Beschwichtigung und Verharmlosung, mit Symptombekämpfung und kurzfristigem Zurechtflicken arbeiten, statt einem Menschen die wahre Situation aufzuzeigen, in der er sich befindet und die ihn in steigendem Maß bedrohen muß, wenn er nicht von Grund aus umkehrt und neu beginnt in der Gesamtordnung und Führung seines Lebens.

Wahrheitsfrage und Todesnähe

Die schärfste Zuspitzung erfährt unser Problem verständlicherweise angesichts der Todesnähe. Zunächst ist festzustellen, daß es dem modernen Menschen in einem erstaunlichen Maß gelingt, dem Tod auszuweichen. Auf Grund einer überall zu lesenden Statistik, die von großartigen Fortschrittsergebnissen im Blick auf die ständig steigende Alterskurve zu berichten weiß, erwartet man zuversichtlich, man werde schon auch zu den vielen gehören, die zu hohen Jahren kommen. Es scheint darum durchaus unangebracht, sich etwa schon an der Sechzigerjahresgrenze daran erinnern zu lassen, wie es im Requiem von Johannes Brahms heißt, „daß unser Leben ein Ziel hat und wir davon müssen". Da kaum mehr daheim gestorben wird, im Kreise der Familie, sondern eigentlich nur noch in den Kliniken und Spitälern am Rand der großen Städte, rückt die konkrete Begegnung mit dem Tode immer ferner.

Dazu bewirkt der Vermassungsprozeß im technischen Industriezeitalter, daß auch das Sterben nicht mehr als personales Ereignis empfunden wird, das ich mit mir selbst abzumachen habe. Berühmt geworden sind in dem Zusammenhang die sarkastischen Äußerungen von Rainer Maria Rilke im „Malte", wo es heißt: „Es wird heute in den Kliniken fabrikmäßig gestorben. Bei der enormen Produktion ist der einzelne Tod nicht mehr so gut ausgeführt. Darauf kommt es auch nicht an. Die Masse macht es aus. Wer gibt heute noch etwas auf einen gut ausgearbeiteten Tod." Rilke stellt diesem kleinen, alltäglichen Sterben den wahrhaft erlebten, durchstandenen, „großen" Tod gegenüber, und er ruft im „Stundenbuch" aus: „O Herr, gib jedem seinen eigenen Tod!"

Warum ist es denn so bedeutsam, daß der Mensch um seinen eigenen Tod nicht betrogen wird? Warum sollen Arzt und Seelsorger es als ihre gemeinsame Aufgabe ansehen, den oberflächlichen, schäbigen Tod zu verhüten und den angenommenen, durchlittenen „großen“ Tod zu ermöglichen? Es ist diese Zielsetzung zunächst schon einmal um der Hinterbliebenen willen nicht unwichtig. Bei der allgemein verbreiteten Neigung, das Sterben nicht wahrhaben zu wollen und seine Nähe zu verschweigen, wird oft versäumt, auch nur die nötigsten Entscheidungen zu treffen, wie es nach dem Tod im Leben der Hinterbliebenen weitergehen soll. Eine Unsumme von Ratlosigkeit, besonders auch von Haß und Streit im Widereinander der Erben könnte vermieden werden, wenn dem Kranken zur rechten Stunde in Klarheit gesagt worden wäre: Es ist jetzt an der Zeit, daß du deine letztwilligen Verfügungen triffst.

Aber das ist ein Argument noch am äußersten Rand unserer Erwägung. Der eigentliche Grund, warum einem Menschen der herannahende Abschied und Aufbruch nicht vorenthalten werden sollte, liegt tiefer. Das Verständnis für diesen zweiten Grund nötigt uns allerdings, daß wir auf das metaphysische Geheimnis des Todes zu sprechen kommen und uns dafür öffnen. Wenn der Tod die endgültige, totale Vernichtung unserer gesamten menschlichen Existenz nach Leib, Seele und Geist bedeutet, wenn es kein Erwachen, keine Zukunft über Grab und Tod hinaus, keine Auferstehung gibt, dann ist es allerdings völlig gleichgültig, wie ein Mensch stirbt, ob vorbereitet oder unvorbereitet, ob gereinigt oder ungereinigt. Er versinkt ja in das völlige Nichts, er kann darum in seinem Personsein von niemand mehr zur Rechenschaft gezogen werden. Mögen die Zurückbleibenden noch so empört sein über ein verbrecherisches Leben, das sich schließlich durch Selbstmord erledigt hat, der, der auf diese Weise fortgegangen ist, wird von dem allen nicht im geringsten berührt. Er ist ja in das ewige Nichts versunken.

Es sei nicht verschwiegen, daß diese materialistische Vernichtungslehre Ungezählten unserer Zeitgenossen hochwillkommen ist, weil sie den Menschen im Tod jeder weiteren Verantwortung restlos enthebt. Aber es gibt zu viele Gründe, die gegen diese Annihilationstheorie sprechen. In allen Religionen der Welt lebt Ahnung und Aussage darüber, daß jedes Menschenleben einmal auf eine Weltenwaage gelegt wird, um nach seinen Werken zu empfangen. Man sollte einen solchen sensus communis omnium gentium in seiner Werthaftigkeit nicht gering anschlagen. Auch die christliche Verkündigung lehrt ein Gericht nach den Werken, nicht nur die altägyptische und persische Religion und das Tibetanische Totenbuch, nicht nur Judentum und Islam, wenn freilich auch im Christentum dieses Zeugnis umschlossen wird von dem größeren Angebot, sich mit der ganzen Last unseres Lebens vertrauensvoll in die Hände Gottes fallen zu lassen, der uns um Christi willen ein gnädiger und barmherziger Vater sein will. Auch das Erfahrungsmaterial aus Parapsychologie, Okkultismus und einem kritisch überprüften Spiritismus sollte uns nachdenklich machen. Denn es gibt dort überall Fakten genug, die bestätigen, daß der Mensch im Sterben sich selbst nicht los wird, daß seine Werke ihm nachfolgen als Lichtschein oder Fluchlast, als Segensmacht oder qualvolle Unruhe.

Gewiß kann niemand zu solcher Überzeugung gezwungen werden. Wer es vorzieht, im Blick auf die Frage nach dem Jenseits als Agnostiker auf dem Standpunkt des Ignorabismus zu beharren, mag es tun. Nur so viel sollte uns klar sein: Wenn der Mensnch ein nachtodliches Geschick zu erwarten hat, dann gewinnt von daher die Bereitung zum Sterben eine eminente Bedeutsamkeit, und es kann im Grund nicht verantwortet werden, wenn wir ein ganzes Gebäude von Ausreden und Beschwichtigungen um einen schwerkranken Menschen herum aufbauen, nur um ihm den eigenen, nahe kommenden Tod zu verheimlichen. Womöglich muß zuletzt noch ein Übermaß von Morphiumspritzen mithelfen, um die gewünschte Ahnungslosigkeit durchzuhalten, um ein letztes hellsichtiges Erwachen um jeden Preis zu verhüten, weil die aufbrechende Einsicht sich ja nur als Ausbruch einer furchtbaren Vertrauenskrise äußern könnte.

Die Wahrheit in Liebe vertreten

Ist es darum nicht würdiger und barmherziger, einem unheilbaren, todgeweihten Menschen die Gelegenheit zu geben, Friede zu machen mit Gott, mit seinem Nächsten und mit sich selbst, sich zu befreien von Haß, Groll und Unversöhnlichkeit, um mit möglichst leichtem Gepäck, das weder Herz noch Gewissen beschwert, die letzte Reise anzutreten? Gerade weil der Mensch von heute, sehr im Unterschied zum Menschen des Mittelalters oder des Dreißigjährigen Krieges, eine generelle Sterbensbereitschaft nicht mehr kennt, denkt er bis zuletzt nicht daran, Inventur zu machen, mit sich ins reine zu kommen, die große Gesamtüberprüfung seiner Existenz vorzunehmen, es sei denn, man macht ihn darauf aufmerksam, daß der Tod in seine Nähe getreten ist.

So ist der Christ als Seelsorger um der ewigen Schicksalszukunft willen nicht bereit, von der Wahrheitspflicht zu entbinden. Wer das entscheidende Wort, das zum Aufbruch fertigmachen will, spricht, ob der Arzt oder der Seelsorger, dürfte eine durchaus zweitrangige Frage sein. Der Hamburger Theologe Helmut Thielicke, der sich mehrfach zu unserem Thema geäußert hat[1], gibt der Vermutung Ausdruck, der Arzt von heute sei deswegen vor allem so wenig geneigt, die Schwerkranken auf das Sterben vor-

[1] Theologische Ethik II, 1. S. 171 f. 1955.

zubereiten, weil er sich für seine Person der Auseinandersetzung mit dem Geheimnis des Todes selbst nicht ehrlich gestellt hat. Es wäre dann weniger die Schonung des Kranken als eine Schonung gegenüber der eigenen Unsicherheit, was die betonte Zurückhaltung im Blick auf derartige Gespräche bewirkt. Daran ist jedenfalls so viel richtig, daß die Flucht vor dem Tod im Blick auf die eigene Existenz einen Menschen nicht gerade geeignet macht, Helfer am Lager von Todgeweihten zu sein. Grundsätzlich spricht viel dafür, daß der Arzt durch sein entscheidendes Wort die nötige Situationsklärung schafft. Er kann ja den Kairos für eine so schicksalsschwere Mitteilung weitaus besser bestimmen als der ärztliche Laie. Es wird aber gewiß auch jeder rechte Seelsorger jederzeit bereit sein, die schwere Aufgabe zu übernehmen, wenn er nur, vom Arzt dazu ermächtigt, nicht zu fürchten braucht, eine unheilvolle Situation heraufzubeschwören, die das Handeln des Arztes stört.

Zuletzt stehen wir bei der Aufgabe der Krankheitsdeutung und der Vorbereitung auf das Sterben vor dem schweren Amt, Wahrheit und Liebe in der rechten Weise miteinander zu verbinden. Alle einlinigen Lösungen, aus Liebe verschweigen, aus Wahrheitsfanatismus loslegen, sind immer vom Übel und in dieser Einseitigkeit so oder so nicht zu verantworten. Liebe ohne Bereitschaft zur Wahrhaftigkeit kann einen Menschen um den Sinn seiner Krankheit, kann ihn um die große, ernste und reinigende Kraft des Todes betrügen. Wahrheitswille ohne Liebe aber wird zur verletzenden Rücksichtslosigkeit. Der dadurch ausgelöste Schock und Schreck kann so furchtbar sein, daß die daraus folgende leibliche und seelische Katastrophe uns in einer Weise belasten mag, die wir gar nicht zu tragen vermögen.

Fragen wir zuletzt noch: Wie sieht dieses — die Wahrheit in Liebe vertreten — praktisch aus? Es ist klar, daß es dafür keine unfehlbaren Rezepte geben kann. Es handelt sich hier nicht um eine erlernbare Methodik oder Technik. Wir können nur hoffen und bitten, daß uns besonders auch im Blick auf den Nachwuchs ein Ärzte- und Seelsorgerstand geschenkt werden möge, der ein hohes Wahrheitsbewußtsein und Liebesethos miteinander zu verbinden weiß, ausgerüstet mit viel Takt und Geschmack im Blick auf die Wahl der Worte und gewiß auch der rechten Zeit und Stunde.

Das erste wird immer sein, daß wir gemeinsam den Genesungswillen des Patienten anregen, unterstützen und zu verstärken suchen. Es gilt mit dem Kranken zu hoffen und seinen Lebensmut anzufachen. Soweit er auf Aussagen biblischer Wahrheit ansprechbar ist, kann man ihm nahelegen, die Worte aus dem 118. Psalm zu meditieren, in seinem Herzen zu bewegen und zu schmecken: Non moriar, sed vivam et nummerabo opera Dei, ich werde nicht sterben, sondern leben und des Herrn Werke verkündigen.

Zeigt es sich, daß die zerstörerischen Gewalten im Krankheitsablauf stärker sind als die Kraft unserer Heilbemühung und Lebenserweckung, dann kann es sich gewiß nicht darum handeln, den Kranken mit der Hiobspost der Unheilbarkeit oder der Todesnähe zu überfallen. Dann gilt es, ihm die harte Wahrheit in einem fortschreitenden Erkenntnisprozeß so nahezubringen, daß er die Wahrheit schließlich sich selbst zu sagen vermag, so daß er sie annehmen kann, ohne daran zu zerbrechen. Es ist ja ein überaus wohltätiges Grundgesetz des menschlichen Lebens, daß wir ungeheuer viel zu verkraften vermögen, wenn man uns nur Zeit läßt, uns mit einer schmerzlichen Tatsache, etwa einer Erblindung oder einer Oberschenkelamputation im Zusammenhang mit aufgetretenem Altersbrand, langsam vertraut zu machen. Sicher ist es einfacher und bequemer, eine Wahrheitsmitteilung auf den Tisch zu knallen. Und doch: Wieviel Unheil ist durch eine solche Weise des Vorgehens schon angerichtet worden! Umgekehrt, wieviel Schweres ist schon bewältigt worden auf Grund vorbereitender und vorwärtsschreitender Hinführung. Es gibt auch einen Fortgang der Wahrheit, und wir sind aufgefordert, um der Liebe willen diesen behutsamen, wenn gewiß auch mühevolleren Weg einzuschlagen. Um der Wahrheit willen aber sind wir gleichzeitig verpflichtet, diesen Weg auch wirklich zu gehen und ihm nicht auszuweichen, so gewiß es angenehmer wäre, ihn sich zu ersparen.

Den Tod mit keinem Wort erwähnen, den Kranken in den Abgrund des Sterbens stürzen lassen, ohne ihn darauf vorbereitet zu haben, ist ebenso lieblos wie die im Namen der Wahrhaftigkeit gerühmte rücksichtlose Offenheit. Je nach Wesensnatur und Temperamentsveranlagung mag der eine von uns mehr zum Rigorismus, der andere mehr zur Weichmütigkeit neigen, die jedes Spiel mit aufgedeckten Karten scheut. Es wird jeder von uns guttun, gegen seine Schwäche, gegen seine Versuchlichkeit besonders wach und entschieden anzukämpfen. Der eine muß seine Neigung zum Wahrheitsfanatismus durch Liebesgeistgesinnung ergänzen, der andere seine Liebeszartheit, die bis zur Schwäche des Ausweichens gehen kann, durch Wahrheitsernst auffüllen.

Es ist das Überwältigende an der Gestalt Christi, daß uns an ihr der Wille zum wahrhaftigen Leben und die Hingabe der Liebe in gleicher unbedingter Größe entgegentritt. Gegenüber allem verlogenen Wesen in Frömmigkeit und Leben ist Christus mit kompromißloser Schärfe für die Wahrhaftigkeit eingetreten. Gleichzeitig erscheint er als der, der den glimmenden Docht nicht verlöscht und das zerstoßene Rohr nicht zerbricht. Diese völlige Einheit von Wahrheit und Liebe im Christusleben ist von göttlich-überlegener Größe. Wäre es nicht das beste, wir würden uns in den Fragen des ärztlichen Ethos danach ausrichten?

DIE FRAGE DER GLAUBENSHEILUNGEN IN DER GEGENWART

Die hoffnungslosen Fälle

Wenn ein Mensch ernstlich krank wird, sei es am Leib oder an der Seele, dann kann er auch nach christlicher Überzeugung nichts Besseres tun, als sich in die Behandlung eines tüchtigen Arztes zu begeben. Man trifft in unseren Tagen nicht selten Vertreter einer enthusiastisch erregten Frömmigkeitshaltung, die mit Nachdruck erklären, es sei ein Mangel an Glauben und Gottvertrauen, in der Not der Krankheit den Arzt zu rufen, statt alle Hilfe allein von Gott und seinem wundermächtigen Eingreifen zu erwarten. Aber solche Leute fragt man am besten: Wenn an einem glutheißen Sommertag der Blitz in das Dach des eigenen Hauses einschlägt und dieses lichterloh zu brennen anfängt, wirst du dann nicht auch die Feuerwehr zu Hilfe rufen und dich nicht auf das Mirakel eines Wolkenbruchs verlassen, der eben zu dieser Stunde eben an diesem Ort die Feuersbrunst löschen soll? Nach biblischer Überzeugung ist uns der Arzt als ein Helfer von Gott gegeben. So wie Gott die Kinder nicht zuerst durch die Engel, sondern durch den Dienst der Mütter beschützt, so will er auch den Kranken beistehen durch das Können der Ärzte, denen er für ihren Beruf besondere Gaben ins Leben mitgibt.

Aber nun wissen die Ärzte selbst am besten: Wie oft stellt einen die Praxis vor hoffnungslose Fälle, sei es, daß der Kranke zu spät gekommen ist und die bösartigen Metastasen den ganzen Körper bereits überschwemmt haben, sei es, daß trotz frühzeitig begonnener Behandlung die unheimliche multiple Sklerose, die gefährliche Leukämie allen medizinischen Heilbemühungen beharrlich trotzt. Schließlich schickt man den Schwerkranken heim, damit er im Frieden seiner Häuslichkeit sterben möge. Der Todgeweihte aber ist in den meisten Fällen noch voll Lebenshunger. Er will nicht sterben. Er klammert sich in seiner Angst nun auf einmal an irrationale Möglichkeiten der Hilfe, die völlig jenseits von Medikamenten und Chirurgie liegen. Mag man bislang vielleicht religiös ganz indiferent gelebt haben, auf einmal öffnet sich jetzt das Herz des Menschen voller Verlangen, wenn einem von irgendeiner Seite her das Wunder der Glaubensheilung nahegelegt und angeboten wird. Wie ist über eine solche Möglichkeit zu urteilen, wie stehen dazu die großen christlichen Konfessionen, was ist vor allem zu halten von dem in unseren Tagen neu aufgebrochenen Massenangebot der Glaubensheilungen?

Das biblische Lehrgut des Alten und Neuen Testaments ist fest davon überzeugt, daß in einer allerdings sehr verborgenen Tiefe ein geheimnisvoller Zusammenhang besteht zwischen der Flucht des Menschen vor Gott und der ausgebreiteten Not der Krankheit. Der Psalter sagt von Gott: „Bei Dir ist die Quelle des Lebens." Das prophetische Wort aber läßt die Klage aus dem göttlichen Mund kund werden: „Mich, die lebendige Quelle, verlassen sie" und trinken statt dessen lieber abgestandenes Zisternenwasser. Wir brauchen diese beiden Aussagen nur zueinander in Beziehung zu setzen, und wir werden in der Richtung gewiesen, wie Schwäche, Erschöpfung, Ermattung, Krankheitsüberflutung in unserem Leben zusammenhängen mit dem Verlust an Gott-Unmittelbarkeit.

Das moderne naturwissenschaftliche Denken, wie es unsere Kliniken und medizinischen Fakultäten überwiegend beherrscht, will freilich von solchen Hintergründen nichts wissen. Krankheit hat zu tun mit Bakterien und Bazillen, mit Infektion und Vergiftung. Die Stellung des Menschen zu Gott soll hier nicht hereinspielen und hat hier nichts zu suchen. In unseren Tagen bereitet sich allerdings an dieser Stelle eine bedeutsame Wandlung vor. Immer mehr erkennt vor allem der Internist, zunehmend aber auch der Lungenspezialist, der Hautarzt, der Gynäkologe, der Facharzt für Halskrankheiten, wie stark die seelischen Faktoren bei der Entstehung und Überwindung von Krankheiten mitbeteiligt sind. Man weiß heute wieder in der biographischen und psychosomatischen Medizin, wie stark Angst und Sorge, wie sehr vor allem nicht bewältigte Schicksalskonflikte und Gewissensbelastungen dazu beitragen können, einen Menschen zu kränken und krank zu machen. Gram, Schuld und Verzweiflung aber hängen zweifellos damit zusammen, daß der Mensch in seinem Gottesverhältnis verletzt und gestört ist. Von da her erscheint der Weg nicht mehr so weit, Krankheitsnot und Urschuld der Menschheit in einem verborgenen Zusammenhang zu sehen, wenn wir uns auch davor hüten müssen, diese Korrelation im Einzelfall verrechnen zu wollen.

Christus als Arzt

Die heilsame Gnade Gottes, die in Jesus Christus allen Menschen zugut erschienen ist, wendet sich gewiß zuerst an das Herz des Menschen. Im Zentrum seiner Existenz soll der Mensch durch die Begegnung mit Christus dem Herrn erschüttert, gereinigt, gerechtfertigt und erneuert werden. Aber dieser Herrschaftseinbruch Gottes im Christuserleben will nicht auf die

Innerlichkeit des Menschen beschränkt bleiben. Die mit Weihnachten, Karfreitag, Ostern und Pfingsten begonnene Gotteserlösung umfaßt den ganzen Menschen, ja letztlich die ganze Schöpfung. „Auch das Fleisch soll wieder leben", heißt es zutreffend in einem Lied der Kirche.

Darum hat Jesus nicht nur gepredigt und gelehrt, er hat sich auch der kranken Leiber angenommen. Jesus nimmt den Kampf mit den Zerstörungsmächten bewußt auf, die die arme, seufzende Kreatur plagen und quälen, und er frohlockt im Geist, wenn er dem grausamen Gegner wieder ein Opfer hat entreißen dürfen. Es geht nicht an, die Wunder Jesu aus dem Evangelium zu streichen und sie in den Schattenbereich des Legendären zu verweisen. Gewiß, der moderne Mensch hat von seinen kausalmechanischen Denkvoraussetzungen her die größte Mühe, die Glaubwürdigkeit des Wunders anzuerkennen. Es hat auch keinen Sinn, ihm an dieser Stelle ein sacrificium intellectus zuzumuten, eine äußere Unterwerfung unter die Lehre der Schrift, unter das Dogma der Kirche. Wohl aber sollte man versuchen, den erkenntniskritischen Geist dahin zu bringen, daß er versteht: ich muß nicht etwas für wahr halten, was mir gegen die intellektuelle Redlichkeit geht, wohl aber darf ich mich dafür öffnen, daß die in Jesus Christus erschienene Gottesmacht so voll Heil und Leben ist, so viel Kraft und Sieg in sich birgt, daß auch die Nöte des Leibes davon mitumfangen werden. Und in der Tat, eine Erlösung, die nicht die Kraft besäße, auch die Bereiche des Physiologischen und Materiellen mitzuumspannen, würde das Prädikat wahrer Vollerlösung nicht verdienen.

So gewiß also die Krankenheilungen zu dem allumfassenden Heilandswerk Jesu Christi unabtrennbar mit hinzugehören, so müssen doch einige entscheidende Merkmale ins Auge gefaßt werden, wie Christus geheilt hat. Alle Heilbewegungen in Großkirchen und Freikirchen aber müssen es sich gefallen lassen, an diesem biblischen Maßstab überprüft zu werden. Jesus hat sein Heilen niemals als eine Technik verstanden, die sich erlernen läßt, über die man verfügt, die jederzeit unfehlbar wirksam angewandt werden kann. Jesus hat nach den Berichten der Evangelien vor seinen Heilungen zum Himmel aufgeblickt, er hat das göttliche Einverständnis erlauscht und eingeholt. Erst wenn er der Willenszusage von oben gewiß war, hat er in Vollmacht gehandelt. Vor allem hat Jesus jede Art von Schauwunder leidenschaftlich abgelehnt, wie aus der Versuchungsgeschichte in Klarheit zu erkennen ist. Er wollte um keinen Preis, daß aus der ihm verliehenen Helferkraft eine Sensation gemacht würde. Darum wird den Geheilten auf das strengste verboten, das Wunder auszuschreien. Darum nach vollbrachter Tat alsbald der Rückzug von der Volksmenge, die unter dem überwältigenden Eindruck des Geschehens zu messianisch-irdischen Huldigungen jederzeit bereit wäre. Man wird auch nicht sagen können, daß Jesus Massenheilungen großen Stils betrieben hat. Wohl hören wir, daß er sich denen nicht versagte, die in Scharen mit ihrer Not ihm zuströmten. Er kann aber auch am Teich Bethesda sich nur einem einzelnen Kranken zuwenden, der seiner Hilfe besonders bedarf, um ihm dadurch den Weg zum Christusglauben zu bahnen. Dabei mag dieser Teich von Notleidenden umsäumt gewesen sein.

Mit Recht weist die exegetische und systematische Theologie der Gegenwart darauf hin: die Wunder Jesu an kranken Leibern und Seelen sind erste, zeichenhafte Hinweise auf die frohe Tatsache, daß noch einmal alles Verwesliche das Unverwesliche anziehen wird. Die Wunder Jesu sind die Frühstrahlen von dem Morgenlicht der neuen Welt Gottes, in das in der Vollendung die ganze Schöpfung getaucht werden soll. Mehr sind sie nicht, und mehr wollen sie nicht sein als Vorschmack und Vorwegnahme einer zukünftigen Herrlichkeit, die als universale Seinsfülle noch aussteht.

Besonders deutlich wird der Charakter der Heilwunder Christi an der Art und Weise, wie er nach dem Zeugnis des Matthäusevangeliums mit dem Gichtbrüchigen gehandelt hat. Vermutlich hat sich der Gelähmte von seinen Freunden in die Nähe Jesu bringen lassen allein aus dem Wunsch heraus, wieder gehfähig zu werden. Aber es ist, als würde Jesus den Jammer der Krankheit gar nicht beachten. Er redet den Mann, der da vor ihm liegt, auf etwas ganz anderes hin an, auf seine Schuld vor Gott. Er nimmt ihm diese Last ab durch das Wunder aller Wunder, durch die Zusage der Vergebung. Erst daraufhin erfolgt der königliche Befehl: Stehe auf, nimm dein Bett und gehe heim! Hier werden die Urzusammenhänge der biblischen Wahrheitsschau völlig klar. Aus Schuldverlorenheit gegenüber Gott entsteht Schwäche, Ohnmacht, Krankheit. Durch die Wegnahme der Schuld kann der Lebensstrom Gottes wieder ungehemmt bei dem Menschen Einzug halten, so wie es Martin Luther in trefflicher Prägnanz formuliert hat: „Wo Vergebung der Sünden ist, da ist auch Leben und Seligkeit." Wohl kann es nach den Berichten der Evangelien auch einmal geschehen, daß das Wunder der Glaubenserfahrung und Vergebungsgewißheit vorangeht, so bei der Heilung des Blindgeborenen oder bei der Genesung des blutflüssigen Weibes. Aber auch in diesen beiden Fällen läßt Jesus das Wunder dazu dienen, daß es im Leben der Geheilten zu einer persönlichen Glaubensverbundenheit mit der Rettergestalt Christi kommt. Die Heilung bleibt also immer bezogen auf die Erfahrung des Heils, auf die Ich-Du-Begegnung mit dem göttlichen Heilbringer.

Jesus hat auch seine Apostel und Jünger mit der Vollmacht der Glaubensheilung ausgerüstet. In der großen Aussendungsrede von Matthäus 10 heißt es: „Geht aber und predigt und sprecht, das Himmelreich ist nahe herbeigekommen; macht die Kranken gesund, reinigt die Aussätzigen." Die Apostelgeschichte schreibt einen eindrucksvollen Kommentar zu der Gültigkeit dieser Verheißung und Beauftragung. Petrus und Johannes heilen den Lahmen, der vor der Tür des Tempels als Bettler liegt, indem sie ihn in der Namensvollmacht Jesu Christi an der Hand ergreifen und aufrichten. Der Diakon Philippus predigt in Samarien die Botschaft vom Reich. „Dabei wurden viele Gichtbrüchige und Lahme gesund, also daß eine große Freude war in derselben Stadt." Paulus nennt unter den Charismata, an denen die Urgemeinde so erstaunlich reich war, auch die Gnadengabe der Krankenheilung. Er macht den Korinthern den Vorwurf: Es ist kein Wunder, daß in euren Reihen Krankheit und Tod eine so reiche Ernte halten, wenn ihr nicht einmal imstande seid, das Herrenmahl in brüderlicher Liebe gemeinsam zu feiern! Auch bei dieser Feststellung tritt der Zusammenhang von Schuld und Vergänglichkeit, von Geistesmacht und Lebenskraft abermals klar hervor.

Von besonderer Bedeutsamkeit ist die seelsorgerliche Anweisung, die im Jakobusbrief (5, 16 f.) gegeben wird. „Ist jemand krank, der rufe zu sich die Ältesten von der Gemeinde, daß sie über ihm beten und ihn salben mit Öl im Namen des Herrn. Und das Gebet des Glaubens wird dem Kranken helfen, und der Herr wird ihn aufrichten. Bekenne einer dem andern seine Sünden, und betet füreinander, daß ihr gesund werdet." Es gibt demnach Krankheitsnöte, wo der einzelne, auf sich allein gestellt, nicht durchkommt, weil er für sich selbst zu schwach ist, den Widerstand zu brechen. Es muß eine Mannschaft, ein Ring der Beistandshilfe gebildet werden. Erst wenn viele zusammenstehen, weicht die Macht des Verderbens. Es handelt sich dabei um etwas ganz Persönliches. Der Kranke wird in keine Massenversammlung geschleppt. Er wird in seiner Behausung an seinem Lager aufgesucht. Hier kann er sich aussprechen, hier mag er eine Beichte ablegen, wenn es ihn innerlich dazu drängt, und er wird daraufhin die brüderliche Tröstung und Fürbitte erfahren. Was aber das Salben mit Öl betrifft, so ist dabei nicht an eine medizinische Heilwirkung zur Belebung oder Erwärmung der Hautfunktion zu denken. Der Sinn ist vielmehr der: So wie im Alten Bund die heiligen Geräte für die Stiftshütte oder für den salomonischen Tempel in feierlicher Weise gesalbt wurden, als Ausdruck der Übergabe an Gott, im gleichen Sinn soll sich der Kranke durch den Vorgang der Ölung mit Leib und Seele an Gott ausliefern. Solche Salbung aber dient nicht einer Bereitung zum Sterben, wozu die katholische Sakramentslehre diesen Vollzug gemacht hat, sondern gerade umgekehrt zur Genesung und Wiederaufrichtung des Kranken.

So reichhaltig und kraftvoll das neutestamentliche Zeugnis von den Glaubensheilungen ist, es wird doch durchaus mit der Möglichkeit gerechnet, daß einem Menschen trotz aller gläubigen Gottverbundenheit seine Krankheit bleibt. So berichtet der Apostel Paulus im 2. Korintherbrief von einem „Pfahl im Fleisch", den er mit sich herumzutragen hatte. Es mag eine Epilepsie, ein schweres Augenleiden gewesen sein. Menschlich gesprochen, mußte ihn diese Last im Blick auf seinen weltweiten missionarischen Auftrag unsagbar behindern. Darum er denn auch wiederholt zum Herrn gerufen und gefleht hat, es möge doch dieser „Satansengel, der ihn mit Fäusten schlägt", von ihm genommen werden. Aber da wird ihm die Antwort zuteil: „Laß dir an meiner Gnade genügen." Gerade in der Schwachheit des zerbrochenen Gefäßes will sich Gott herrlich erweisen.

Wir dürfen diesen Klang in der urchristlichen Botschaft auf keinen Fall überhören, sonst wird unser Zeugnis von Krankheit und Heilung in gefährlicher Weise einlinig und damit unnüchtern. Krankheit, die bei einem Menschen bleibt, muß nicht in jedem Fall Ausdruck von Kleinglaube oder Unglaube sein. Es kann dahinter sehr wohl auch eine göttliche Bestimmung, eine göttliche Erziehungsmaßnahme, ja sogar eine göttliche Auszeichnung stehen. Dem natürlichen Empfinden des Menschen wird es immer schwerfallen, eine solche Würde zu bejahen und anzunehmen. Zweifellos aber gibt es Beispiele genug, wie gerade die Art und Weise, mit der Kreuz und Leid getragen wurde, zu einem besonderen Segenszeugnis für die ganze Umgebung geworden ist, und das vielleicht mehr, als wenn einer im Besitz normaler Gesundheit im üblichen Schaffen tätig gewesen wäre.

Wenn auch das Bild von der Krankheit im urchristlichen Zeugnis vielschichtig ist, so muß doch zugegeben werden: auf das Ganze gesehen, hat die Christenheit unserer Tage die biblische Verheißung von der Glaubensheilung allzusehr vernachlässigt und vergessen. Besonders innerhalb der volkskirchlichen Frömmigkeit überwiegt angesichts der Krankheit bei weitem die Einstellung der frommen Resignation. Man muß sich eben in das Unabänderliche schicken und Gott bitten, er möge das Herz stark machen, daß wir die grausam ablaufenden Prozesse der Lebenszerstörung hinnehmen lernen, ohne zu toben und zu fluchen, ohne an Gott irre zu werden. Gewiß ist auch das nichts Geringes, wenn es einem Menschen geschenkt wird, sein unabwendbares Leid in Gottes Hand zu legen, wenn er es annimmt als verdiente Züchtigung, als schmerzliche Heimsuchung, als verborgene Liebesabsicht. Aber wir sollten doch viel aufgeschlossener ein Empfinden dafür haben, daß diese traurig-müde oder auch tapfere Ergebung in den unabänderlichen göttlichen Willen dem Geist des Neuen Testaments nicht voll entspricht. In den urchristlichen Zeugenstimmen findet sich gegenüber Krankheit und Tod ein ganz anderer Geist des Angriffs, als gegen das eigentlich Nichtseinsollende gerichtet. Die mehr oder weniger fatalistische Hinnahme der Krankheit sollte jedenfalls nicht als ein Zeichen besonderer Glaubensgröße gefeiert werden.

Das Erbe der Erfahrung

Gott sei Dank ist die christliche Kirche in all ihren Konfessionen nie so geistlich arm gewesen, daß ihr das edle Gut der Glaubensheilung völlig abhanden gekommen wäre. Wohl ist es nicht gerade ein breitmächtiger Strom, der durch die Jahrhunderte der Kirchengeschichte fließt. Aber von einer Quelle darf doch gesprochen werden. Mag sie gelegentlich unter dem Boden versinken, daß man meinen möchte, sie würde nie mehr auftauchen, plötzlich ist sie wieder da und erweist sich als frisch und lebendig.

Die „Großen Heiligen“ in der katholischen Kirche, wie Benedikt von Nursia, Bernhard von Clairvaux, Franz von Assisi waren alle auch Wundertäter. Die Staretzen, die für die russische Frömmigkeit soviel bedeutet haben, waren nicht nur Seelsorger für die Lebenskonflikte des Volkes, sie durften vielfach auch Krankheitsleid von den Hilfesuchenden wegnehmen. Für die evangelische Kirche des lutherischen und reformierten Bekenntnisses sei erinnert an Blumhardt Vater und Sohn in Bad Boll, an Samuel Zeller und seine Mitarbeiterin Dorothea Trudel in Männedorf am Zürichsee, an das Fräulein Henriette von Seckendorff in der Villa Cannstatt, an die Evangelisten Johannes Seitz und Elias Schrenk, an Vater Stanger in Möttlingen und an Frau Minna Popken. In Wahrheit ist die Zahl der Männer und Frauen, die solche Heilungen im Glauben wagten und die Erhörung finden durften, viel größer als das statistische Ergebnis. Ungezählte christliche Seelsorgergestalten, inner- und außerhalb des Amtes, haben im Laufe der Generationen erfahren dürfen, daß der Jesusname wunderbar hilft, nicht nur in Herzens-, sondern auch in Leibesnöten. Aber es hat ihnen zutiefst widerstrebt, den erlangten Sieg mit allen Glocken auszuläuten. Sie folgten dem Geist des Neuen Testaments, wenn sie mit dem außerordentlichen Geschehen in der Stille blieben und sich jeder Ausstellung im Schaufenster widersetzten.

Wenn wir auf das Lebenswerk der großen evangelischen Charismatiker der Glaubensheilung hinblicken, so lassen sich bei ihnen allen gemeinsame Grundsätze des Handelns erkennen, die wir als biblisch gesund ansprechen dürfen. Neben dem Willen zur Unscheinbarkeit und Verborgenheit finden wir bei ihnen allgemein den ganz persönlich geführten Weg, der von innen nach außen geht. Es wird nicht ein Trommelfeuer seelischer Erhitzung und Aufpeitschung vorgenommen. Der einzelne wird in liebevoller Geduld in dem Dienst der Sprechstunde für sich genommen. Der helfende

Austausch zielt zuerst nicht hin auf die Heilung von Krankheit, sondern auf die Befreiung des Menschen aus Schuld, Verirrung, Trotz und Selbstgerechtigkeit. Wenn es eine derartige Bemühung dahin bringen durfte, daß durch Beichte und Reue, durch Vergebung und Gelöbnis die glaubensvolle Verbundenheit mit Jesus Christus neu wiederhergestellt wurde, dann hat man an den Stätten evangelischer Glaubenshaltung gelassen und doch gespannt darauf gewartet, wie weit sich Gott nun auch bis in das leibliche Leben hinein nach der geschehenen inneren Reintegration auswirken wird, im Sinn der Bergpredigtworte: „Trachtet am ersten nach dem Reiche Gottes und seiner Gerechtigkeit, so wird euch all das andere obendrein gegeben werden."

Es kam vor, daß bei einem solchen Durchbruch zum Glauben schwerste Krankheitslasten in einem Nu abfielen, so daß Ärzte, die die Patienten vorher gekannt hatten, aus dem Staunen darüber nicht herauskamen. Bei anderen waren spürbare Besserungen im Leiblichen zu beobachten, ohne daß es zu einer völligen Heilung gekommen wäre. Wer aber schon einmal ernstlich krank war, weiß, wie man dann selbst für die kleinsten Erleichterungen dankbar wird, die sich zeigen. Es gab an diesen Stätten der Glaubensheilung immer auch Menschen, die ihre Last weiterhin tragen mußten. Aber auch sie empfanden die ihnen zuteil gewordene innere Wandlung als ein so ungeheures Gnadengeschenk Gottes, daß sie zu dem ihnen verbleibenden Leiden anders standen denn zuvor. Niemals aber haben diese Charismatiker die Parole ausgegeben: Wer glaubt, *muß gesund werden!* Denn auch der glaubende Mensch hat kein Recht darauf, Gott gegenüber Ansprüche zu erheben, Forderungen geltend zu machen, es muß das alles Gott und seiner Freiheit durchaus überlassen bleiben.

Der Verfall der Glaubensheilung

Wie hat es dazu kommen können, daß das biblische Anliegen der Glaubensheilung in unseren Tagen so zurückgetreten und in Verfall geraten ist? Es wären heute doch ungezählte Pfarrer und erst recht unsere Kirchenältesten in der größten Verlegenheit, wenn ein Schwerkranker nach ihnen rufen würde mit der Bitte, an ihm nach der Weisung des Jakobusbriefs zu handeln. Es haben mannigfache Ursachen zusammengewirkt, daß wir an dieser Stelle so arm geworden sind. Der kritische Geist der Aufklärung, der den neueren Protestantismus besonders heftig erfaßte, hat eine allgemeine Skepsis der Wunderscheu hervorgerufen und begünstigt. Was man aber nicht mehr für denkmöglich hält, dem geht man aus dem Weg und läßt es schließlich ganz der Vergessenheit anheimfallen. Der machtvolle Einfluß des idealistischen Geistes auf die Theologie des 19. Jahrhunderts brachte es mit sich, daß die Wirklichkeit Gottes nur noch in Beziehung gesetzt wurde zum Geist und Willen des Menschen, zu seinem Gewissen und Charakter, aber nicht mehr zu Leib und Leben in Natur und Schöpfung. Der christliche Glaube durfte dem Menschen Zucht und Treue in Wille und Gemüt gießen. Das war gewiß nichts Geringes. Aber für die Möglichkeit der Glaubensheilung blieb von diesem Denkansatz her kein Raum und Recht. Nach dem Ersten Weltkrieg kam ein junges Theologengeschlecht auf, das wohl kraftvoll davon zu reden wußte, daß all unser Werk vor Gott „umsonst ist, auch in dem besten Leben", und daß wir als arme, sündige Wesen uns allein seiner Vergebung getrösten können. Man rühmte wohl in neuen Zungen das Wunder der Begnadigung, aber man wollte nichts mehr wissen von einer Ausrüstung mit gnadenhaften Gaben, die Leib, Seele und Geist jetzt schon verheißungsvoll zu erneuern vermögen als Unterpfand und Vorschmack zukünftiger Güter. Das alles sollte ausschließlich der Eschatologie vorbehalten bleiben. Wer jetzt schon etwas davon in Anspruch zu nehmen wagte, galt als theologischer Romantiker und wurde dementsprechend abgekanzelt.

All diese Faktoren, die Wunderscheu der Aufklärung, die Geistabstraktion des Idealismus, der Antipietismus der jungen „dialektischen Theologie" haben zusammengewirkt, daß für das biblische Anliegen der Glaubensheilung kaum mehr ein Echo unter uns zu finden war. Wie es in solchen Fällen immer zu gehen pflegt, treten dann enthusiastische Randsiedler auf den Plan und ergreifen die Fahne, die die kirchliche Theologie und Seelsorge hatte zu Boden sinken lassen. Dabei geht es nach dem Gesetz des Gegenschlages nie ohne fieberhafte Entartungserscheinungen ab. So auch hier. Es ziehen heute Heiler aller Art durch die Lande. Sie werben in säkularer, religiöser oder christlicher Gewandung für den Vollzug der Wunderheilung. Sie kommen aus Deutschland und Amerika. Sie lehnen sich an die Kreise der „Pfingstbewegung" an, sie benützen vor allem die Abhaltung von Massenevangelisationen, um auf diesem Weg tief in die Kreise der Volkskirche einzubrechen. In solchen Versammlungen muß alles zusammen helfen, um die zusammengeströmten Scharen in einen Zustand höchster seelischer Erregung zu versetzen. Es soll nicht geleugnet werden, daß auch bei dieser Art des Angebots gelegentlich echte, anhaltende Heilungen sich ereignen. Es sind unter den Hilfesuchenden ja immer genug Menschen voll ehrlichen Verlangens nach Gott und seinem Heil, und Gott ist so großzügig in seiner Geduld und Güte, daß er auch da noch gibt und erhört, wo selbst krankhafte Berauschung das Feld beherrscht. Bei der Mehrzahl derer aber, die hier von widerfahrener Heilung berichten, liegt zweifellos nichts anderes vor als eine momentane Schmerzbetäubung, die unter dem erregenden Eindruck der Stunde eingetreten sei. Der Kranke fühlt sich durch die Suggestion der Erwartung, durch das süßliche Spiel der Kino-Orgel, durch das ständige Halleluja-Rufen, durch das Schreien und Toben der Redner auf dem Podium in seiner gesamten Gefühlshaltung dermaßen gesteigert und erhoben, daß seine Beschwerden für den Augenblick wie weggeblasen erscheinen, ja er richtet vielleicht sogar die gelähmten Glieder auf, oder er läßt sich hochreißen und meint, er könne gehen. Die eigentlich zerstörerischen Prozesse, der Leberkrebs, die Nierenschrumpfung, der Gehirntumor, entwickeln sich deswegen unverändert weiter fort. Oft erfolgt schon nach wenigen Tagen der bitterböse Rückschlag in Gestalt von erhöhten Qualen, wobei das Maß der Enttäuschung um so größer sein muß, je mehr man sich bereits in die Autosuggestion des vollständigen Geheiltseins hineingesteigert hatte. Inzwischen ist das geschehene „Wunder" in den „Fröhlichen Siegesnachrichten" der enthusiastischen Bewegung im Fettdruck, womöglich mit Photo, veröffentlicht worden. Auf einen Widerruf in all den Fällen, wo es sich um ein Enttäuschungserlebnis gehandelt hat, wartet man dort vergeblich. Am meisten aber müssen einem all die ungezählten Kranken leid tun, die auf Grund sensationeller Werbung und Versprechung mit höchst gespannter Erwartung und Hoffnung zu solchen Versammlungen vielleicht von weit her geeilt sind und die genauso elend wieder abziehen, wie sie gekommen sind. Es brauchen dann bloß noch Angehörige, den Freunden Hiobs gleich, auf diese Armen in taktloser Weise einzudringen und sie mit dem Vorwurf mangelnder Glaubensbereitschaft zu belasten, und der Jammer im Leben solcher Geschöpfe ist unvorstellbar.

Was soll man zu dem allen sagen? Wir müssen uns beugen und bekennen: Hätten wir in Theologie und Kirche das Anliegen evangelischer Glaubensheilung in biblisch gesunder Weise bejaht und ausgeübt, hätten wir Christus kraftvoller bezeugt als den großen Arzt für alle Nöte der Seele *und* des Leibes, es ist kaum anzunehmen, daß diese wildgewordenen schwärmerischen Bewegungen unsere Gemeinde so hätten verwirren und überfluten können. Und doch, es drückt sich in diesen Fiebererscheinungen der Gegenwart nicht nur unser Versäumnis aus. Es erfüllt sich darin auch etwas von der apokalyptischen Weissagung Jesu, daß auf das Ende der Welt hin die Zahl derer zunehmen wird, die mit medialen Kräften durch Zeichen und Wunder viele blenden und verführen werden.

Die Vieldeutigkeit des Wunders

Es gilt, sich klarzumachen: Das Wunder, wenn ein von den Ärzten völlig aufgegebener Kranker wieder genesen und lebenstüchtig werden darf, ist nicht in jedem Fall ein Erweis dafür, daß hier der lebendige Gott am Werk gewesen ist. Gerade im Blick auf das Wunder gilt es, die Geister zu prüfen, aus welcher Vollmacht heraus sich das Außerordentliche ereignet. Wenn sich wider alle menschliche Denkmöglichkeit ein Heilungswunder vollzieht, dann sind grundsätzlich drei Deutungen zu erwägen. Die eine Möglichkeit ist die, daß hier wirklich der lebendige Christus auf dem Plan gewesen ist mit seinem Geist und seinen Gaben. Ein Mensch hat sich demütig in grenzenlosem Vertrauen Gott ausgeliefert, und Gott hat ihm geantwortet über Bitten und Verstehen. Wenn es so ist, dann ist alles gut, und wir können nur Gottes Macht und Freundlichkeit preisen, daß es auch andere Elende hören und im Blick auf ihre eigene Anfechtung Mut fassen.

Es kann aber auch sein, wenn ein Wunder vor unseren Augen geschieht, daß dabei eine ganz andere Macht am Werk gewesen ist als der lebendige Gott, der Vater unseres Herrn Jesu Christi. Es gibt auch Wunder, die aus der Machtwirkung des Satanischen stammen. Die Erfahrung der Heidenmission und Volksmission lehrt uns, daß es dem Menschen möglich ist, sich in unheimlichen Versprechungsakten dem Reich der Finsternis zu verschreiben. Das Erstaunliche dabei ist, was das rationalistische Denken nicht zu fassen vermag: der Mensch kann über diesen Weg der Auslieferung wirkliche Erhörung seiner Heilwünsche finden, freilich um den Preis, daß er den Frieden mit Gott darüber völlig verliert, daß ein schwerer, seltsamer Bann von Schwermut und Perversion sich auf sein ganzes inneres Leben legt. Von dieser Gefahr, den Weg der schwarzen Magie zu gehen, sind unsere Kranken besonders bedroht. Man hat wohl zunächst seine Zuflucht bei Gott in Glaube und Gebet genommen. Wie aber die Erhörung der heißen Lebenswünsche ausgeblieben ist, da wurde der Enttäuschte bitter, er hat gedroht: Ich denke gar nicht daran, dieses schmerzhafte Leiden zu behalten. Bist du nicht bereit, mir zu helfen, dann weiß ich auch noch andere Mittel und Wege, wie ich gesund werden kann! So wendet man sich in Trotz und Verzweiflung von der Lichtmacht zur Finsternismacht und erzwingt auf diese Weise, was der eigene Wille begehrt. Die innere Not aber nach einer solchen ertrotzten Heilung kann so furchtbar werden, daß solche Menschen schon unter Tränen gefragt haben, ob es denn keine Möglichkeit gibt, die verlustig gegangene Krankheit wieder zu bekommen und zugleich mit ihr den verlorenen Seelenfrieden.

Wir müssen vielleicht noch eine dritte Möglichkeit der außerordentlichen, nichtmedizinischen Heilung ins Auge fassen. Es ist denkbar, daß Menschen helfen können nicht durch Beten und nicht durch Zaubern, sondern durch gewisse fluidale Energiekräfte, die ihnen, der künstlerischen Begabung vergleichbar, schöpfungsmäßig ins Dasein mitgegeben worden sind. So wirkt mancher große Arzt mehr durch die Sicherheit und Überlegenheit, die er ausströmt, als durch die Medikamente, die er verordnet. Besonders in der Praxis der Naturheilkunde dürfte neben der Verwendung manches verschütteten, natursichtigen Wissens diese suggestive, hypnotische oder vielleicht auch magnetische Begabung wirksam sein, worauf Erwin Liek in seinem Buch „Das Wunder in der Heilkunde“ zutreffend hingewiesen hat. Die Heilung erfolgt hier nicht unmittelbar aus der göttlichen oder dämonischen Tiefendimension. Sie scheint sich wie ungezählte andere ähnliche Vorgänge rein auf der immanenten Ebene von Mensch zu Mensch zu vollziehen. Und doch gilt es auch hier, auf der Wacht zu sein, daß der zu Heilende nicht in eine fragwürdige Bindung dem gegenüber gerät, der ihm helfen will. Es ist dringend anzuraten, sich gerade in solchen Fällen den Menschen sehr gründlich anzusehen, wes Geistes Kind er ist, auf daß er nicht unter Umständen seine innere Unruhe und Zerrissenheit auf uns überträgt.

Aus dem allen mag deutlich werden, wie problematisch im Grund der Vorgang der Wunderheilung ist. Das Wunder als solches besagt noch nicht allzuviel, trotz alles äußeren Staunens über das außerordentliche Geschehen. Es läßt mancherlei Dinge offen, und längst nicht überall, wo es sich ereignet, ist der reine Geist Jesu Christi wirksam am Werk gewesen.

Auf keinen Fall aber genügt es, sich über die Entartungserscheinungen zu entrüsten, die sich in unseren Tagen mit dem Vorgang der Glaubensheilung so seltsam und besorgniserregend verquickt haben, während gleichzeitig womöglich in Kirche und Theologie alles beim alten bleibt. Wir müssen den übererregten Ausbrüchen unserer Zeit ein gesundes biblisches Zeugnis und Handeln vom Dienst an den Kranken entgegensetzen. Die Kirche in England hat sich dieser Aufgabe schon seit längerer Zeit geöffnet. Ebenso hat der Schweizer Pfarrer Bernhard Martin den Ruf ergehen lassen, „Die Heilung der Kranken als Dienst der Kirche“ (Basel 1954) mit neuem Glaubensmut anzugreifen. Der Verfasser dieser Schrift tritt vor allem dafür ein, diesen Auftrag nicht nur einigen wenigen, besonders charismatisch Ausgerüsteten zu überlassen. Es sollte vielmehr jeder Seelsorger kraft seines Amtes den Mut fassen und wieder wagen, zu den Kranken zu gehen mit der Botschaft: Christus kann deine Krankheit von dir nehmen, bei Gott sind alle Dinge möglich.

Im allgemeinen wird unsere Glaubenskraft zu schwach sein, und es steht zuviel Ungeordnetes und darum Schwächendes zwischen uns und unserem

Gott, als daß wir Berge versetzen könnten. Aber wie wäre es, wenn wir alle wenigstens einmal anfangen wollten, kleine Siege von Gott zu erbitten und zu erwarten angesichts von Müdigkeit, Föhnwetter, Schlaflosigkeit und verdrossener Abspannung? Dann könnte es am Ende ja geschehen, daß wir mit der Zeit auch über Mauern springen lernen. Im allgemeinen trauen wir Gott zu wenig zu und am allerwenigsten im Blick auf die leiblichen Gebrechen. Der aber, der uns um das Kommen des Reiches Gottes bitten heißt, hat uns mit der vierten Bitte das Recht gegeben, auch all das vor Gott zu bringen, was das Leid unserer leiblich-irdischen Existenz betrifft.

GLAUBE UND LEBENSFRISCHE

1

Wenn die Menschen unserer Tage in einem bedenklichen Ausmaß vorzeitig verbraucht werden, wenn sich daraus eine Fülle von somatischen Erkrankungen und seelischen Konflikten als schmerzliche Not ergibt, so ist es auch nach christlicher und allgemein religiöser Überzeugung selbstverständlich, daß zuerst die Wissenschaft im medizinischen, psychologischen und soziologischen Bereich aufgerufen wird, diese Gefährdungen in ihrem vollen Ausmaß zu erkennen und eine Überwindung tatkräftig in Angriff zu nehmen. Es wäre übergeistliche Schwärmerei, hier alle Hilfe allein von einem göttlichen Wunder im Empfang und Vollzug des Glaubens erwarten zu wollen, während gleichzeitig nichts Nachhaltiges geschieht zur konkreten Beseitigung von realen Lebensschäden, durch die der Mensch von heute in mitleidsloser Härte verzehrt wird.

So sehr eine Gestalt wie Martin Luther kritisch war im Blick auf die Reichweite der Vernunft, was ihr Eindringen in die göttlichen Geheimnisse betrifft, so kräftig hat er dieselbe Vernunft gerühmt und zum Handeln aufgerufen in den natürlichen Erkenntnissen und Verantwortlichkeiten des Lebens. Hier wollte der Reformator durchaus nichts wissen von außerordentlichen Erleuchtungen und Entzückungen. Hier sollte vielmehr durchaus die Parole gelten: frage deinen gesunden Menschenverstand und tue danach! Hübsch ist in dem Zusammenhang die Geschichte, die aus dem Bereich des schwäbischen Pietismus erzählt wird. Ein frommer Bauersmann klagt seinem Nachbarn, auf seinem Acker wolle durchaus nichts Rechtes gedeihen, obschon er den Herrgott schon oftmals im Gebet um besseres Wachstum angerufen habe. Darauf antwort ihm der Nachbar mit einem herzerfrischenden Wirklichkeitssinn: „O Karle, da hilft alles Beten nix, in Dein Äckerle muß *Mist* rein!"

So wäre es auch abwegig, dem früh verbrauchten Menschen lediglich religiöse Ratschläge zu geben, die sein Glauben, sein Beten, sein Gehorchen gegenüber dem göttlichen Gebot und Willen betreffen. Gleichzeitig aber unterläßt man es, ungute und untragbar gewordene Verhältnisse zu ändern, an denen die Menschen zwangsläufig krank werden müssen. Gerade die christliche Kirche sollte sich hüten vor einem solchen Mangel an Realismus. Sie müßte dadurch unglaubwürdig werden und in der Öffentlichkeit immer mehr an Vertrauen verlieren. Es steht der christlichen Kirche im Blick auf ihren Auftrag in Verkündigung und Seelsorge wohl an, mit wachen Augen in der Zeit zu stehen. Was als Sachwissen von erfahrenen Ärzten, Psychologen, Soziologen vorgetragen wird, sollte gerade von allen diakonisch und karitativ geprägten christlichen Helferkreisen gründlich studiert und wohlbedacht für das eigene Handeln mitberücksichtigt und ausgewertet werden. An dieser Stelle müssen sich Heilkunde und Innere Mission die Hände reichen zum Besten der heute ernstlich bedrohten Menschheit.

2

Die Thematik: „Glaube und Lebensfrische" kann sowohl von seiten der Theologie wie von seiten der medizinischen Wissenschaft im Blick auf den inneren Zusammenhang angegriffen werden. Wir wollen die Einwände, mit denen hier von beiden Seiten aus zu rechnen ist, im Nacheinander bedenken.

Der Einwand von seiten der Theologie geht in der Richtung: man darf die Haltung und die Verheißung des Glaubens nicht pragmatisch deuten. Der Glaube ist auf ein ewiges, überweltliches Ziel gerichtet. Der gläubige Mensch hängt nicht an Gesundheit und Lebensfrische als den höchsten Gütern des Lebens. Der betende Mensch spricht in der Hinwendung zu Gott: „Wenn mir gleich Leib und Seele verschmachten, so bist Du doch allezeit meines Herzens Trost und mein Teil." Der Glaube weiß sich auch in Angst und Schwachheit von einer ewigen Liebe umfangen. Es geht ihm nicht um äußeres Glück, es geht ihm um die Vergebung der Schuld, um die Anteilhabe am Reiche Gottes, um die Hoffnung auf eine zukünftige, unzerstörbare Gemeinschaft mit der göttlichen Liebesmacht. Demgegenüber wird erklärt: wer den Glauben zu sehr in Verbindung bringt mit irdischem Vorteil und Erfolg, der entstellt und verdirbt ihn.

Es ist etwas Richtiges an dieser Kritik. Wenn man an die zahllosen Bücher zur Lebenskunst denkt, die die amerikanische Publizistik ständig auf den Markt wirft, wo die Religion als gewinnbringend für Geschäft und Gesundheit eindringlich gerühmt und jedermann darum anempfohlen wird, so kann man das unangenehme Empfinden nicht unterdrücken, daß hier der Glaube in eudämonistischer Zweckhaftigkeit peinlich mißbraucht wird.

Auf der anderen Seite sollte man nicht vergessen, daß die Bibel Alten und Neuen Testamentes den Zusammenhang zwischen Gottesglaube und Lebensverheißung durchaus kennt. Besonders im Alten Testament begegnet uns an vielen Stellen diese Verklammerung. In den Sprüchen Salomonis (4, 10) heißt es: „Nimm an meine Rede, so werden deiner Jahre viel sein!" In der Bergpredigt wird die Jüngergemeinde gewiß aufgefordert, zuerst nach dem Reiche Gottes und nach seiner Gerechtigkeit zu trachten. Aber auch hier fehlt die Verheißung nicht, daß dem, der dazu bereit ist, auch alles Übrige, was er zum Leben bedarf, dann wie von selbst zufallen wird (vgl. Matth. 6, 33). Jesus weiß sich gesandt als Bringer und Bahnbrecher der neuen Königsherrschaft Gottes. Es gilt, sich an ihn zu halten, um dieser Reichsgenossenschaft teilhaftig zu werden. Sein barmherzig-hilfreiches Handeln an den leiblich und seelisch Kranken aber läßt klar erkennen, daß die erlösende Gottesherrschaft nicht nur die Innerlichkeit des Menschen meint, sondern den ganzen Menschen, seine leiblichen Nöte und Bedürfnisse mit eingeschlossen.

Es geht darum nicht an, wenn die Theologie der Gegenwart in einer Vielzahl von Vertretern es geradezu ablehnt, Reich Gottes und leibseelische Lebenserneuerung miteinander in Beziehung zu setzen. Gewiß, das erste Anliegen des Glaubens soll immer sein, nach Gott und seiner personalen Gemeinschaft zu fragen. Doch ist nach dem Zeugnis des Neuen Testaments die Gottesfurcht zu allen Dingen nütze, sie hat bereits die Verheißung dieses und nicht nur des zukünftigen Lebens (vgl. 1. Tim. 4, 8). Wer den Zusammenhang von Heil und Heilung leugnet, huldigt einem hellenistischen Spiritualismus, welcher dem Geist der Bibel ganz und gar zuwider ist.

3

Die Verbundenheit von Glaube und Lebensfrische wird nicht nur von seiten der Theologie bestritten. Sie wird vielleicht noch mehr von dem modernen wissenschaftlichen Denken in Zweifel gezogen. Man erklärt: die Gründe, die zum frühzeitigen Verbrauchtwerden der Menschen in unseren Tagen führen, sind rein diesseitiger Art. Mit der Stellung des Menschen zu Gott soll das überhaupt nichts zu tun haben. Der Glaube vermöge an den Umweltschäden ja doch nichts zu ändern. Da müssen ganz andere Faktoren ins Spiel kommen, wie medizinische Aufklärung, technische Sanierung, gesetzgeberische Maßnahmen im Blick auf die Arbeitshygiene, dann allein wird es gelingen, die Lebensbedingungen des Menschen von heute wesentlich zu bessern.

Es wurde schon zu Eingang betont, wie töricht es wäre, wenn die Schau des Glaubens die Bedeutsamkeit solcher Bemühungen mißachten würde. Es kann auch von der Sicht des Glaubens her gar nicht genug an immanenter Hilfe geschehen. Der Heilige Geist kann auch durch Sauerstoffmangel Schaden leiden. Auch im Glaubensleben würde vieles besser gehen, wenn wir mehr gehen würden.

Wir lassen darum der Medizin, der Psychotherapie, der Soziologie in allen gesetzgeberischen und gestaltungskräftigen Äußerungen die volle Bedeutsamkeit und wissen diesen Dienst in der Tragweite für das Leben des Glaubens sehr wohl zu schätzen, wirkt doch das Außen immer auch auf das Innen. Auch in der Beziehung gilt: was Gott nach seinem Schöpferwillen zusammengefügt und wesenhaft aufeinander bezogen hat, das soll der Mensch nicht scheiden.

Aber nun gilt es doch einzusehen, daß das Außen nicht nur auf das Innen wirkt. Es wirkt nicht nur die Natur auf den Glauben, es wirkt auch die Glaubenshaltung auf den Ablauf der natürlichen Lebensvorgänge. Nach drei Seiten hin mögen konkrete Beispiele das des Näheren erläutern.

4

Das Wort Glaube ist vieler Deutungen fähig. Wir fassen es hier im schlichtesten Wortsinn. Wer sich im Geist der biblischen Religion zum christlichen Glauben bekennt, der rechnet in seinem Leben mit der Allmacht und Treue Gottes, er vertraut auf Gott, er unterstellt sich Gott im Gehorsam, er weiß sich gehalten und geführt von einer Übermacht, die sich der Menschheit in der Selbsterschließung Gottes, in dem Christusleben, kundgetan hat.

Die so verstandene Glaubenshaltung bringt es mit sich, daß der Mensch dadurch einer klar bestimmten sittlichen Ordnung unterstellt wird. Diese sittliche Führung bewirkt ganz von selbst, daß ein Leben dadurch innerlich gefestigt wird und vor dem Argen bewahrt bleibt.

Da ist das dritte Gebot: Du sollst den Feiertag heiligen! Der Sonntag ist dem Menschen als eine Wohltat von Gott gegeben, daß wir an Leib und Seele ruhen mögen von unseren Werken, und besonders von dem vielen Müssen. Was kann der recht begangene Sonntag für das Einzelleben und erst recht für das Leben eines ganzen Volkes für eine heilsame Erquickung bedeuten! Wie sehr aber ist der moderne Sonntag krank geworden durch Rast- und Ruhelosigkeit! Sowohl in den Schulen wie an den Stätten der Industriearbeit häufen sich die Klagen, daß Kinder und Erwachsene am Montagmorgen mehr oder weniger unbrauchbar erscheinen, Zeichen genug dafür, daß der Sonntag verkehrt gelebt worden ist. Wie kann uns Lebensfrische und Bewußtsein der Kraft jemals zuteil werden, wenn wir einem so elementaren Gebot gegenüber uns beharrlich verfehlen. Der Sonntag sollte den Menschen in der Begegnung mit Gott und seiner Botschaftsverkündigung reinigen, stärken und trösten. Dann könnte von einem solchen regelmäßig wiederkehrenden Kraftzentrum aus die Werktagswoche ganz anders überlegen bewältigt werden.

In gleicher Weise läßt sich der Zusammenhang von Glaube und Lebensfrische dartun im Blick auf die Achtung gegenüber dem sechsten Gebot. Gewiß kennt jeder vitale Mensch das Verlangen nach mannigfaltigen Liebeswünschen. Eine andere Frage ist es, ob man diesen triebhaften Gelüsten nachgibt in unordentlichen Wegen und Abenteuern. Die damit verbundenen Unaufrichtigkeiten, die gewaltsamen Anstrengungen der Verheimlichung, die Entdeckungsängste, die Überforderung der Kräfte, das alles pflegt vor allem im Leben des älter gewordenen Mannes beträchtlich an seiner Substanz zu zehren. Jedenfalls, wer lebenstüchtig und leistungstüchtig bleiben will, tut gut daran, die Ehe als die göttliche Ordnung für das Zusammenleben der Geschlechter zu achten.

Auch am achten Gebot: „Du sollst nicht falsch Zeugnis reden wider deinen Nächsten" läßt sich der Zusammenhang von Glaubensgehorsam und Lebensverheißung illustrieren. Wer um das Wort Christi weiß: „Wir Menschen müssen vor Gott Rechenschaft geben von einem jeden unnützen Wort, das aus unsrem Munde geht", der hütet seine Zunge vor allem zuchtlosen, lieblosen Reden. Es ist nicht auszusagen, wieviel lebensschwächender Jammer schon dadurch entstanden ist, daß uns die Ehrfurcht gegenüber dem Wort, die Kraft zum Disziplinhalten in der Sprache gemangelt hat. Erlittene Gehässigkeiten, bedrückende Unversöhnlichkeiten, an denen wir selbst mitschuld sind, können uns das Dasein regelrecht vergällen. Kein Wunder, wenn Leber und Galle davon in Mitleidenschaft gezogen werden und der Mensch verfällt, statt aufblüht.

5

So bedeutsam die Beachtung der sittlichen Gesetze ist, das Gebot der Nächstenliebe, die Hochachtung des Mitmenschen im Blick auf seinen Namen, sein Gut, seine Ehre, die Ehrfurcht gegenüber dem anderen Geschlecht, wir sollten darüber nicht vergessen, daß es auch kosmische Ordnungen der Schöpfung gibt, die für die Bewahrung unseres Lebens von ebenso großer Tragweite sind wie die Beachtung der ethischen Grundbestimmungen.

Der christliche Glaube ist ja nicht nur Erlösungsglaube im Blick auf die rettende Sendung Jesu Christi in die Welt, er ist als trinitarischer Glaube zugleich immer auch Glaube an Gott, den Schöpfer Himmels und der Erde. Dieser christliche Schöpfungsglaube schließt in sich eine tiefe Ehrfurcht vor der heiligen Rhythmik und Ordnung, die das Weltgeschehen durchwaltet. Da ist der Wechsel von Tag und Nacht, der uns schaffen und ruhen heißt. Da ist der Wandel der Jahreszeiten, der von Warten, Blühen, Wachsen und Gedeihen spricht und der auch unser menschliches Leben in diesen gelassenen Ablauf mit hineinnehmen möchte. Durch unseren Leib geht das wunderbare Gesetz des Atmens im Einströmen und Ausströmen der Luft, in Anspannung und Entspannung des gesamten Organismus. Im kosmischen Schöpfungsgeschehen vollzieht sich nichts hastig und willkürlich. Das Leben läßt sich Zeit, wie ein Kind im Mutterleib sich bildet, wie es Gehen, Stehen und Sprechen lernt.

Es ist etwas sehr Ehrwürdiges um diese Schöpfungsgesetze des Lebens. Sie gelten in jedem Land und zu jeder Zeit. Sie standen schon in Kraft, als Babylon und Ninive erbaut wurden, und sie werden in alle Zukunft unbeugsam gelten. Die Kraft unseres Lebens aber beruht auf dem Gehorsam gegenüber diesen Gesetzen. Wer sich von dem Strom dieser herrlichen Ordnung tragen läßt, bleibt gesund und kann wieder gesunden. Wer sich gegen diese kosmische Gesetzmäßigkeit beharrlich versündigt, wer sie gedankenlos oder hochmütig-absichtlich mit Füßen tritt, wird davon bitteren Schaden leiden. Die taoistische Mystik des alten Chinas und die Weisheit des Alten Testaments stimmen in der Hinsicht durchaus überein.

Es gehört zur Größe und zur Gefährdung des Menschen, daß er über die rätselvolle Freiheit verfügt, aus den Schöpfungsordnungen heraustreten zu können, falls es ihm gefällt, anders zu leben. Vogel und Fisch, Biene und Ameise verfügen über solche Freiheit nicht. Die außermenschliche Kreatur lebt tief eingebettet in die kosmische Rhythmik und vermag aus ihr gar nicht auszubrechen. Daß der Mensch allein sich über diese streng angepaßte Naturgesetzlichkeit zu erheben vermag, ist eine Auszeichnung seiner personalen Unabhängigkeit. Wir können den Schlaf opfern, wenn eine wichtige Aufgabe es nötig erscheinen läßt. Wir können eine Arbeit pausenlos forcieren, wenn ihre Vollendung vordringlich ist.

Aber wir sollten im Besitz einer so außerordentlichen Freiheit niemals vergessen, daß auch wir Menschen der ewigen Weltordnung unterstellt sind. So hoch uns Sprache, Vernunft und Gewissen über alle übrige Kreatur erheben, wie bleiben mitsamt unserer geistigen Überlegenheit doch ein Teil der Natur. Alle Weltenrhythmen und Naturgesetze schwingen durch uns hindurch. Wir sollten uns über diesen wundersamen, starken Zusammenhang mit dem Gesamtleben der Schöpfung freuen. Wir sollten diese Verbundenheit nicht als einen „Erdenrest, zu tragen peinlich" empfinden. Ist es doch schön, mit Wasser, Feuer, Luft und Erde, mit Sonne, Regen und Wind verwandt zu sein. Dann aber gilt es auch, solche Verbundenheit zu achten und zu ehren, statt sie zu übersehen.

Das Verhalten des modernen Menschen ist dadurch gekennzeichnet, daß er die Lebensgesetze in einem erschreckenden Ausmaß nicht mehr kennt, nicht mehr anerkennt. Bei den einen ist es einfach Unwissenheit. Trotz aller neuzeitlichen Aufklärungsarbeit, die auf diesem Gebiet wahrhaftig schon geleistet worden ist, gibt es noch immer ungezählte Väter und Mütter, Seelsorger und Erzieher, die nichts davon gehört zu haben scheinen. Sie leben in einem einseitigen religiösen Spiritualismus dahin. Man achtet wohl im Glauben die zehn Gebote, die das sittliche Zusammenleben der Menschen regeln, aber man mißachtet die Lebensordnungen im göttlichen Schöpfungsplan.

Die Antwort des Lebens auf unsere Übertretungen und Verkehrtheiten in der Lebensführung erfolgt, seltsam genug, nicht plötzlich, sondern stillschweigend langsam. Manchmal wäre es besser, der göttliche Schöpferwille würde jäh und heftig auf unseren Ungehorsam reagieren. Dann käme es auch dem Oberflächlichen zum Bewußtsein, daß Gott seiner nicht spotten läßt. Dadurch aber, daß unser Leib, von Franz von Assisi der „Bruder Esel" genannt, mit rührender Geduld unsere Fehler hinnimmt, mit unermüdlicher Arbeit ausbessert und ausgleicht, kann der Scheineindruck entstehen, als käme es auf die Beachtung der kosmischen Ordnung im Grund nicht an. Häufig wirkt sich das Strafgesetz sogar erst im Zusammenhang der Generationen aus und wird dadurch dem einzelnen, der am Beginn einer Kette steht, überhaupt nicht bewußt. Mit Recht sagt Alexis Carell in seinem Buch „Betrachtungen zur Lebensführung" (Zürich 1954): „Das Leben bereitet die schmerzliche Antwort langsam vor." Grundsätzlich rächt sich jeder Lebensfehler als schleichend fortschreitende Verschlechterung an der Einzelexistenz und an der Erbsubstanz im Blick auf Familie, Volk und Rasse. Der Zusammenbruch kommt oft erst spät. Dem sachkundigen Blick hat sich die Krise der Degeneration längst zuvor gezeigt.

Die Gesamtlage der Menschheit ist heute an dieser Stelle so ernst geworden, daß nicht mehr länger dazu geschwiegen werden darf. Auch die christliche Kirche sollte sich mitverantwortlich wissen im Kampf um die Überwindung der Zivilisationsschäden, die unser Leben unmittelbar bedrohen. Indem die christliche Kirche zur Andacht und Ehrfurcht vor der göttlichen Schöpfungsordnung erzieht, kann sie in entscheidender Weise dazu beitragen, Leben zu schützen und zu fördern. Das Wort der Schrift sagt: „Solange die Erde steht, soll nicht aufhören Saat und Ernte, Frost und Hitze, Sommer und Winter, Tag und Nacht" (1. Mose 8, 22). Mit der Bedeutsamkeit dieser Worte muß praktisch Ernst gemacht werden. Sie sind nicht nur ein Ausdruck der göttlichen Erhaltungsgüte im Blick auf die Welt, sie sind zugleich konkrete Anweisung, das Leben nach diesen Gesetzen zu führen.

6

Für den frühzeitigen Verschleiß des Menschen unserer Tage ist zweifellos auch das Übermaß von Narkotika und Stimulantia mitverantwortlich zu machen, die zu konsumieren wir uns angewöhnt haben. Auch hier sollten Medizin und Psychologie in erster Linie abwehren und helfen, indem sie hinweisen auf die schweren psychosomatischen Gefährdungen der Süchtigkeit, indem man all die Mittel rezeptpflichtig macht, die nicht in den freien Handel gehören. Aber auch hier ist der Anteil der Glaubenshaltung nicht zu übersehen, wenn es gilt, derartige Nöte zu heilen. Die Wurzeln der Suchtkrankheit liegen sehr tief. Aus dem bloßen Genußverlangen sind diese Fehlhaltungen nicht zu erklären. Man kann vielmehr mit Sicherheit annehmen, daß dem süchtigen Verhalten stets ein geheimer Lebenskummer, eine tiefe Lebensenttäuschung zugrunde liegt. Der Mensch wird z. B. nicht damit fertig, daß er die geliebte Heimat in Ostpreußen oder Schlesien verloren hat, daß ihm die Söhne, die Hoffnung seines Alters, gefallen sind, daß der Krieg einen verstümmelt oder um Beruf, Besitz und Ansehen gebracht hat, daß die Ehe kinderlos geblieben ist oder der ersehnte Stammhalter sich nicht einstellen wollte, der die Fabrik, die Praxis, die Apotheke des Vaters einmal übernehmen sollte. Oder es hat ein Mensch beruflich nicht die Erfüllung gefunden, die er sich ersehnt hatte und die er wohl auch verdient hätte. Über all diese Schicksalsschläge muß der Alkohol, ein hektisches Rauchen oder sonst ein Opiat hinwegtrösten. Erfahrungsgemäß ist der sittliche Willensappell an den suchtgefährdeten Menschen, sich doch mehr zusammenzunehmen, sich nicht schwächlich gehen zu lassen, völlig wirkungslos. Im Gegenteil, der Mensch wird durch solche moralische Standpauken nur noch mehr in das Gefühl seiner Ohnmacht, seiner Traurigkeit und Schwäche hineingestoßen.

Wie sehr wird es darum in jedem solchen Fall darauf ankommen, ob es gelingt, in dem angefochtenen und zerschlagenen Menschenleben eine neue Gotteszuversicht zu erwecken, daß eine ewige Macht im Himmel und auf Erden um uns weiß, an uns denkt und zuletzt nicht Gedanken des Leides, sondern des Friedens mit uns hat. An dieser Stelle bekommt der christliche Glaube seine unmittelbare Bedeutsamkeit. Steht doch bei ihm im Mittelpunkt das Zeichen des Kreuzes, die Passion Christi, die uns eine Duldergestalt zeigt, die auch noch aus der tiefsten Leidensstufe ganz liebend, ganz vertrauend Ja gesagt hat zu dem göttlichen Willen. In dem Maß, als ein Mensch es lernt, dieses Bild in sein Wesen aufzunehmen und davon sich prägen zu lassen, wird es ihm ebenfalls geschenkt werden, sich in schwere Lebensführungen zu finden, ohne der Verzweiflung anheimzufallen, die abermals nach der Suchtmittelbefriedigung verlangen würde.

Der gläubige Mensch weiß um sittliche und um kosmische Ordnungen von unbedingter Gültigkeit, und er lebt aus einem Vertrauen, das in der Gewißheit einer göttlichen Planung und Führung seinen unerschütterlichen Grund hat. Indem der Glaube aus diesen Kräften und Überzeugungen sich nährt, darf er gewiß sein, von daher auch im Blick auf die leib-seelische Gesundheit reich beschenkt zu werden.

PSYCHOTHERAPIE UND SEELSORGE IN ABGRENZUNG UND BEGEGNUNG

Der Vorschlag zur Trennung

Es gibt in unseren Tagen Ärzte und Theologen in großer Zahl, die für eine völlige Trennung von Psychotherapie und Seelsorge eintreten. Die medizinischen Autoritäten empfinden es schon als ein nicht geringes Unglück, daß sich so viele Nicht-Ärzte aus dem Bereich humanistisch-philosophischer Bildung auf die Ausübung der Psychotherapie gestürzt haben. Wenn nun gar noch die Pfarrer anfangen, ihre Gemeindeglieder zu analysieren und Kernneurosen zu behandeln, dann scheint dem therapeutischen Kurpfuschertum Tür und Tor geöffnet.

Nicht weniger lebhaft ist heute auf seiten der Theologen der Widerstand gegen die Psychotherapie wirksam, vor allem, sofern es sich um ihr Eindringen in die eigentlichen Bereiche des kirchlichen Dienstes handelt. Die Gründe für diese Abneigung sind mannigfacher Art. Die evangelische Theologie hatte sich im 19. Jahrhundert unter der Einwirkung der Schleiermacher-Schule weithin zu einer Schilderung frommer Bewußtseinszustände entwickelt. Die „Bekennende Kirche" in Deutschland, nicht zuletzt dank der Unterstützung durch Karl Barth, hatte demgegenüber den Durchbruch zu einer Theologie des Wortes, zur objektiven Verkündigung der göttlichen Heilstaten gefunden. Nun will man nicht unter dem Einfluß der Psychotherapie erneut in den Psychologismus der religiösen Erfahrung zurückfallen. Vielen Theologen macht der Umstand beträchtlich zu schaffen, daß die großen, führenden Meister und Schulhäupter der Psychotherapie überwiegend kein lebendiges Verhältnis zum Christentum haben. Freud und Adler haben sich äußerst kritische Verlautbarungen gegen Religion, Theologie und kirchliche Frömmigkeit geleistet, Äußerungen, die in beunruhigender Weise an die Thesen von Ludwig Feuerbach erinnern. G. R. Heyer macht kein Hehl daraus, daß ihm die dionysischen Gottheiten Griechenlands näherstehen als das Bild des Cruzifixus.

Bei C. G. Jung findet sich wohl eine ganz anders ehrfürchtig aufgeschlossene Bereitschaft, auf die religiösen Phänomene zu achten. Aber gerade ihm ist es von theologischer Seite besonders verübelt worden, daß er über die psychologischen Tatbestände nicht hinausführt zur Anerkennung einer metaphysisch-transzendenten Realität, die als Ursprung des religiösen

Niederschlags in der Seele anzusehen ist. Besonders häufig kann man in Theologen-Kreisen die Sorge ausgesprochen hören: Wenn die Seelsorger sich zuviel mit Psychotherapie abgeben und deren Handwerkszeug beherrschen lernen, dann besteht die große Gefahr, daß sie bei ihrem Berufswirken mehr auf die psychagogische Kunst und Technik vertrauen werden als auf das Gebet und die Glaubenszuversicht, daß Gott im Heiligen Geist über ihrem Wort das helfende Werk an der notleidenden Seele tun möge.

Von all diesen Bedenken *beider* Fakultäten her hat man darum vorgeschlagen, Psychotherapie und Seelsorge völlig beziehungslos voneinander zu scheiden. Demnach soll es sich hier um zwei Aufgabenkreise handeln, die gerade noch aneinanderstoßen, im Grund aber nichts miteinander zu tun haben. Die Lage würde sich dann folgendermaßen darstellen: Der Psychotherapeut ist darum bemüht, den lebensuntüchtigen Menschen wieder gemeinschaftsfähig zu machen. Wer stottert oder unter Platzangst leidet, wer neurotisch bedingte Funktionsstörungen seiner Organe hat, wer aus seelischen Hemmungen heraus impotent oder frigid ist, der gibt in Ehe und Beruf keine gute Figur ab, er fällt sich und seiner Umgebung mit all solchem Versagen zur Last. Wie sehr muß man es darum begrüßen, wenn es einem Psychotherapeuten gelingen darf, diese lebenshemmenden Gebrechen aufzuarbeiten und zu beseitigen, so daß der bislang geschädigte Mensch wieder normal wie jeder andere unter seinen Mitmenschen stehen und leben kann. Mehr aber sollte die Psychotherapie, so sagt man auf seiten der Theologie, nicht beanspruchen, nicht erreichen wollen. Der wiederhergestellte Mensch, der etwa seine Platzangst losgeworden und damit zum Kirchgang wieder fähig ist, mag dann unter der Verkündigung des Evangeliums hören, was ihm von Gott her gesagt werden soll, die Tatsache seiner Schuld und Gefangenschaft unter den Mächten der Welt, die Frohbotschaft von dem Versöhnungshandeln Gottes und dem Anbruch der Erlösung im Reiche Gottes, die auf die Vollendung aller Dinge hinweist.

In diesem Sinn braucht sich nur jeder der beiden Partner an den ihm zugehörigen Bereich zu halten, und jede Konfliktspannung scheint ausgeschlossen. Der Seelenarzt verzichtet auf das „Amt der Schlüssel", auf die Vollmacht der Sündenvergebung, die allein dem im Auftrag Gottes handelnden Priester oder Geistlichen zusteht. Umgekehrt läßt die Theologie die Hände von der Psychotherapie und maßt sich keine analytische Sprechstundenarbeit an. Soweit wäre alles in Ordnung, und man könnte rasch zum Abschluß unserer Themastellung übergehen.

Die Gefahr der Simplifizierung

Und doch erheben sich gewichtige Bedenken gegen eine also geforderte radikale Diastase von Psychotherapie und Seelsorge, und zwar sind die Einwände mit Recht von beiden Disziplinen her geltend gemacht worden, vom Arzt wie vom Seelsorger. Unseren Berufspsychologen fällt auf: Wenn ein Theologe besonders heftig gegen die Psychotherapie wettert und von ihren Schäden und Gefahren viel zu erzählen weiß, dann ist es fast immer ein Mensch, der selbst eine therapeutische Behandlung bitter nötig hätte. Man merkt es an dem seltsamen Klang der Stimme, man spürt es an dem Ausdruck selbstherrlicher Überzeugung, daß der Mann im Grund verkrampft ist und unter triebhaften Verdrängungen leidet.

Aber auch die Zahl der Theologen ist heute im Wachsen begriffen, denen sich die Einsicht aufdrängt: Wir können es uns auf die Dauer nicht leisten, an den bahnbrechenden Einsichten der Psychotherapie in ihren verschiedenartigen Schulrichtungen achtlos vorüberzugehen. Die Seelsorger der Gegenwart (und zwar in allen Konfessionen) muß wahrhaftig die Frage bewegen und beunruhigen: Wie ist es eigentlich zu erklären, daß heutzutage so viele Menschen ungleich lieber zum Nervenarzt oder zum Psychotherapeuten in die Sprechstunde kommen, als daß sie den Weg ins Pfarrhaus oder in die Sakristei der Kirche wählen, obwohl sie dort kostenlose Beratung finden könnten, was zu gewähren dem Arzt und Therapeuten aus Gründen der Berufsexistenz so nicht möglich ist?

Man hat zur Begründung dieser Abwanderung aus dem sakralen in den profanen Bereich, sich selbst beruhigend, von seiten der Theologie erklärt: Der moderne säkulare Mensch will eben nichts mehr wissen von Gottes Gebot und Ordnung. Er wünscht, etwa bei einem Ehekonflikt, nicht, auf die ewigen sittlichen Gesetze angesprochen zu werden. Darum geht er lieber zum Seelenarzt, bei dem er mehr Eingehen und Nachgeben im Blick auf seine Daseinsnöte und Lebenswünsche zu erwarten hofft. Allein, es ist sehr ernst zu fragen, ob die Seelsorge sich mit dieser Selbstrechtfertigung zufrieden geben darf. Der moderne Mensch ist nun einmal in besonderer Weise differenziert, sensibel, schwierig und schwerlebig geworden. Denken wir nur an den tiefgreifenden Wandel, der sich seit dem Ende des patriarchalischen Zeitalters im Wesen der Frau vollzogen hat! Der Mensch unserer Tage braucht sich auf seine seelische Labilität, auf seine Neigung zu Aggression und Depression, gewiß nichts einzubilden. Das alles bedeutet vielmehr ständige Bedrohung seiner Existenz. Aber nachdem die seelengeschichtliche Entwicklung im Abendland diesen Verlauf genommen hat, erfordert die veränderte Situation von jedem Seelsorger ein besonderes Maß an einfühlendem Verstehen und mitschwingender Bereitschaft.

Der von Krisen aller Art umgetriebene Mensch der Gegenwart lehnt jedenfalls an einem Theologen nichts so sehr ab als Grobschlächtigkeit und Simplifikation. Darum brauchen wir in der Kirche heute nicht nur eine theologische Anthropologie, deren dogmatische Gültigkeit immer zu Recht besteht, wir brauchen auch eine umfassende Kenntnis aller seelischen Zusammenhänge, Gesetze und Abläufe. Wo aber könnte der Theologe solches Wissen besser und sachkundiger vermittelt bekommen als eben durch das Studium der Psychotherapie? Man merkt es einem Seelsorger beim ersten Gespräch bereits an, ob er nur über eine primitive „Holzhammerseelsorge" verfügt oder ob er einen Zuwachs an seelenheilkundlicher Erfahrung besitzt. Für die Frage der Gesprächsanknüpfung, für das Herstellen einer Vertrauenskommunikation ist das alles von höchster Bedeutsamkeit. Mancher kommt nicht wieder in die Sprechstunde des Seelsorgers, einfach weil er bei der ersten Fühlungnahme gespürt hat: Der Mann ist nicht imstande, meine Träume, meine Phantasien, meine Wunschbilder und Sehnsüchte zu fassen, zu verstehen. Er hat sich statt dessen nur moralisch darüber entrüstet. Wäre der Seelsorger, in der Sprache von C. G. Jung geredet, selbst einmal seinem eigenen „Schatten" begegnet und hätte ihm standgehalten, er hätte aller Voraussicht nach dem in seinem Hause Hilfe-Suchenden in einer ganz anderen Weise begegnen und Beistand leisten können.

Psychotherapie als Hilfswissenschaft

Aber nun soll der Hinweis auf die Bedeutsamkeit therapeutischer Schulung und Erfahrung nicht nur allgemein-grundsätzlich ausgesprochen werden. Es ist jetzt an einigen konkreten Beispielen aufzuzeigen, wie groß der Gewinn für den Seelsorger sein kann, wenn er bereit ist, tiefenpsychologische Zusammenhänge zu berücksichtigen.

Wie oft bringen Eltern dem Seelsorger ihre Enttäuschungen, Sorgen und Kümmernisse betreffs der heranwachsenden Kinder. Es handelt sich dabei gar nicht so sehr darum, daß die Kinder entgleisen, indem sie in der Großstadt auf schlechte Wege kommen. Der bitterböse Streit im Haus entsteht bereits dadurch, daß die größer werdenden Kinder im Blick auf die Berufspläne anders wollen, als der Vater über sie beschlossen hat. Väter fixieren besonders den Sohn gern in unnachgiebiger Starrheit auf ihr eigenes Leitbild. Jeder Mensch trägt in der Tiefe seiner Seele gewisse bildhaft geprägte Zielsetzungen, die meist sehr ausgesprochen mit dem persönlichen Ehrgeiz und Machtverlangen zusammenhängen. Der Stammhalter soll selbstverständlich das Geschäft, die Fabrik, die Praxis vom Vater übernehmen und weiter zum Blühen bringen. Der Sohn aber, der auf ein derartiges Leitbild festgelegt wird, ist zum Kummer und Zorn des pater familias hochmusikalisch und möchte liebend gern den solistischen Berufsweg einschlagen.

Der Seelsorger sollte sich von der Psychotherapie sagen lassen: Wenn einem Menschen das Leitbild zerbricht, dann wird er an der Wurzel seiner Existenz getroffen, dann werden ihm nicht nur die im Bewußtsein reflektierten Pläne zerschlagen, dann wird er in den Tiefen seiner Seele zerbrochen und zerstört. Darum bedarf der Erwachsene im Stadium einer solchen Krisis ein besonderes Maß teilnehmender Betreuung, weil es für den Angefochtenen dabei um Sein oder Nichtsein geht. In dem Romanwerk „Die Geschwister von Neapel" hat Franz Werfel die Geschichte einer solchen Vater-Tragödie mit einzigartiger dichterischer Gewalt und Größe geschildert. Der wissende Seelsorger wird darum äußerst behutsam vorgehen, er wird auf den in diesem Fall so beliebten Vorwurf von halsstarrigem Trotz und Eigensinn besser verzichten, aus dem tiefen Wissen heraus, daß bei einer solchen Daseinsenttäuschung das ganze Lebenshaus wankt und bebt.

Man kann einem Vater, dem der Sohn oder die Tochter das langgehegte Leitbild zerbrochen hat, vielleicht dadurch ein Stück weiterhelfen, indem man ihn auf ein seelisches Lebensgesetz aufmerksam macht, um das die Psychotherapie seit langem weiß. Kinder leben häufig das ungelebte Leben ihrer Eltern. Sie wollen darstellen und nachholen, was die Ahnen geopfert, unterdrückt oder versäumt haben. Wenn gewisse Seiten der Wirklichkeit Generationen lang vernachlässigt worden sind, im Schatten haben liegen müssen, sagen wir einmal das Musische, das Dichterische, das Spielerische, wenn über Geschlechter hin immer nur die Worte Pflicht, Leistung, Verzichten, Sparen ganz groß geschrieben worden sind, dann kommt es nach dem Gesetz der Enantiodromie mit einer gewissen seelischen Zwangsläufigkeit dahin, daß diese ausgefallenen Kräfte des Humanum sich in einer nächsten Generation ungestüm melden und ihr Recht fordern. Es hat keinen Sinn, ein so begabtes, so geartetes Kind mit Gewalt bei einem ihm fremden Leitbild (und wäre es das des eigenen Vaters) festzuhalten. Es ist auch völlig verkehrt, einem solchen Kind Vorwürfe der Undankbarkeit, der Pietätlosigkeit, der Untreue gegenüber dem Erbe der Väter entgegenzuschleudern. Ein solches junges Leben ist ja gerade das Opfer seiner Ahnen. Es ist durch deren einseitige Lebensgewohnheiten überanstrengt worden, so daß es jetzt ein elementares, im Grund durchaus gesundes und berechtigtes Ausgleichsverlangen empfindet. Jedenfalls kann ein Seelsorger mit psychologischer Sachkenntnis bei dem so häufig vorkommenden Konflikt zwischen Vätern und Söhnen sowohl die Verzweiflung der Alten wie das Lebensrecht der Jungen besser würdigen und vertreten als einer, der von diesen hintergründigen Zusammenhängen und Gesetzmäßigkeiten nichts weiß.

Es ist schon viel darüber geklagt worden, daß der kirchlichen Seelsorge im Lauf der Zeit ganze Stände verlorengegangen sind: Die Arbeiter, die internationale Großfamilie der Sportbegeisterten oder weite Kreise der Lehrerschaft. Zu diesen Ausfallsgruppen gehört vor allem auch die Schar der Künstler, was einen kaum zu wundern braucht, wenn man sich vergegenwärtigt, wie hoch differenziert diese Naturen sind und wie sie darum auf jede noch so gut gemeinte, aber grobschlächtige Seelsorge negativ ansprechen. Welchen Beitrag könnte das therapeutische Wissen dem Seelsorger vermitteln bei der Betreuung von Künstler-Persönlichkeiten?

In seinem Buch „Gestaltungen des Unbewußten" hat Jung darauf hingewiesen, daß der große Künstler viel mehr darstellt und aussagt als nur sein eigenes, persönliches Schicksal. Gewiß ist in jedes Kunstwerk immer auch individuelles Lebensglück und Lebensleid mit hineinverwoben. Aber das wahrhaft große Kunstschaffen ist immer Ausdruck einer Gesamterfahrund der Volksseele oder gar der Menschheitsseele. In Caruso sang ganz Neapel, ganz Sizilien, in Tschaikowsky schluchzt und träumt die russische Seele mit ihrem unendlichen Fernweh. Aus Fontane spricht das Preußentum und aus Jeremias Gotthelf das Emmental und Berner Land. Weil der Künstler so stark aus dem Reichtum und aus der dunklen Welt der unbewußten Seelenkräfte dichtet, singt, malt, komponiert, darum fließen all seine Kraftströme nach dort hin, und es bleibt ihm nicht mehr allzuviel übrig im Blick auf die Lebensbewältigung im Tagesbewußtsein. Daher das so häufig festzustellende unleidliche, unerfreuliche Wesen, das hilflose Versagen bei künstlerischen Menschen im Blick auf Geld, Ehe, Kindererziehung und gesundheitliches Verhalten. Man muß es verstehen, warum diese Mimosen besonders gefährdet sind und wie die überdurchschnittliche Lebensleistung erkauft werden muß mit einer außerordentlichen Verletzbarkeit dem ganzen Dasein gegenüber. Ein Seelsorger, der um diese innersten Zusammenhänge weiß, kann einem künstlerischen Menschen ganz anders brüderlich zur Seite stehen, und wie dankbar ist gerade der musische Mensch, wenn er einem Du begegnen darf, das sich in seine krisenhaften Zustände hineinzuversetzen vermag.

Bei der Arbeit einer kunstgerechten Analyse spielt der Vorgang der Übertragung und Gegenübertragung und die sich daran anschließende Aufgabe der Wiederablösung eine entscheidende Rolle. Der Seelenarzt weiß, was hier geschieht. Er ist darauf gefaßt und braucht sich darum an diese Vorgänge nicht zu verlieren. Bei jeder intensiven Seelsorgebemühung geschieht im Grund das gleiche, nur mit dem Unterschied, daß der Seelsorger gewöhnlich nicht darum weiß und darum viel leichter das Opfer solcher Abläufe wird. Wie schnell sind Frauen bereit, sich in den Seelsorger zu verlieben, der ihnen im Gespräch ein so wohltuendes Verständnis entgegenbringt! Wie groß ist die Gefahr, wenn dieses Geschehen nicht durchschaut wird! Wir sind im Selbstgefühl wohlgefällig erhoben, wir halten langandauernde Unterredungen für echtes Wahrheitsringen, während unter Umständen eine Frau es nur genossen hat, sich mit einem *Mann* stundenlang unterhalten zu können. Es ist dann nur noch ein Schritt weiter, daß wir von dem auf uns zufließenden Liebesstrom gleichfalls mitgenommen werden, und eine wechselseitige Verstrickung ineinander ist nicht mehr aufzuhalten. Wie gut ist es darum, wenn der Seelsorger von dem Psychotherapeuten lernt: Solche Übertragungen und Gegenübertragungen werden bei jeder lebendigen Begegnung zwischen einem Ich und einem Du eintreten. Man darf sich nur davon nicht blenden lassen. Man soll sich auch nicht darüber kränken, wenn eine solche Beziehung auch einmal die Formen des Hasses annimmt. Gerade weil der Geistliche schon durch seinen Stand ganz ungewollt so stark die Rolle der Autorität des Über-Ich, des Väterlichen repräsentiert, muß er damit rechnen, daß Menschen, die in ihrer Kindheit durch ein erdrückend wirkendes Vaterbild überfordert worden sind, einen heftigen Widerstand einschalten, wie es umgekehrt auch geschehen kann, daß alle Vaterliebe und Vatersehnsucht auf den Seelsorger projiziert wird. In beiden Fällen, bei der angriffigen Haltung wie bei dem Vorgang der Vergötterung, muß man sachlich und überlegen bleiben, weil es immer ein Unglück gibt, wenn wir auf solche Vorkommnisse in persönlicher Gereiztheit oder Eitelkeit reagieren.

So könnte die Beschäftigung mit der Psychotherapie wesentlich dazu beitragen, daß der Seelsorger in seinem Einfühlungsvermögen, im Verstehen und Mitgehen, reicher, elastischer und beweglicher wird, und das wäre wahrhaftig ein nicht geringer Gewinn für einen Berufsauftrag. Eduard Thurneysen hat darum in seinem Buch „Die Lehre von der Seelsorge" (München 1948) die glückliche Formulierung gefunden: Psychotherapie und Psychologie sollten auf jeden Fall zu einer „Hilfswissenschaft" für den Theologen werden. Es bleibt dabei die Unterscheidung von Psychotherapie und Seelsorge vollauf gewahrt. Es giht hier nach dem Grundsatz: Der Theologe sollte die Psychotherapie möglichst wenig praktizieren, aber möglichst viel von ihr wissen. Es ist also dringend zu wünschen, daß die Theologie der Gegenwart ihre Abneigung gegen die Psychotherapie aufgibt und wenigstens so weit gelangt, daß sie sich den Hilfsdienst dieses neuen, bedeutsamen Wissenschaftszweiges in reichem Umfang gefallen läßt.

Weltanschauliche Hintergründe

Neben Abstandhalten und freundnachbarlicher Begegnung bietet sich eine dritte Möglichkeit an, daß Psychotherapie und Seelsorge sich wesenhaft durchdringen, daß sie sich in einer idiomatischen Kommunikation wechselseitig das Beste schenken, was sie einander zu geben haben. Da ist zunächst mit der Möglichkeit zu rechnen, daß ein berufsausgebildeter Arzt für seine Person die christliche Existenz wählt, nicht einer klerikalen Zeitströmung zuliebe, sondern aus innerster Überwältigung, die ihm unter der Begegnung mit der Gotteswirklichkeit widerfahren ist. Wie soll es dann weitergehen in der Berufswirksamkeit eines also ergriffenen Menschen? Soll er nur im Herzen ein Glaubender sein, während der Kopf schlechterdings nichts wissen will von der geschehenen religiösen Wandlung? Eine solche „schizophrene" Aufspaltung müßte einen Menschen auf die Dauer zerreißen und tief unglücklich machen. Nur der Mensch kann gesund sein und frei-überzeugend wirken, der seinen Beruf in einheitlich geschlossener Gestaltung ausübt.

In dem Sinn gibt es heute eine große Anzahl führender, bedeutender Seelenärzte, bei denen sich die gläubige Existenz bis in die Substanz ihres Berufswirkens hinein kundtut, und man wird im Blick auf sie wahrhaftig nicht behaupten können, daß die Kraft ihrer fachwissenschaftlichen Qualität dadurch gelitten hätte. Im Gegenteil, man gewinnt den Eindruck, daß diese Ärzte über der Begegnung mit der Realität des Heiligen vertiefte Einsichten in die Hintergründe und Zusammenhänge von leibseelischer Erkrankung und Genesung gewonnen haben. Es kann sich jetzt in keiner Weise um Vollzähligkeit im Aufführen von Namen handeln. Es geht lediglich darum, an einigen wenigen Beispielen zum Bewußtsein zu bringen, daß es heute die Durchdringung von Psychotherapie und Seelsorge im ärztlichen Beruf tatsächlich gibt und wie sich eine solche Wesensvermählung auswirkt.

Bei der Lektüre der Werke des Wiener Nervenarztes Victor Frankl spürt man allenthalben, wie hier ein Psychiater und Psychotherapeut am Werk ist, der durch seine Beheimatung im alttestamentlichen Prophetismus geprägt ist. Wenn sich Victor Frankl für eine Existenzanalyse und Logotherapie einsetzt, so steht dahinter der Personalismus einer theistischen Gottesgewißheit. Demnach hat sich der Seelenarzt nicht nur um den Ablauf psychischer Kräfte zu kümmern, die einer gewissen Naturgesetzlichkeit unterworfen sind, er muß den Menschen immer auch sehen im Ringen um die Sinnfrage des Daseins, weil von einer ungelösten Finalität her jederzeit schwerste Lebenskonflikte aufbrechen können.

Bei Ernst Michel und dem Frhr. von Gebsattel ist die Eingründung in

22.80

der katholischen Glaubenswelt unverkennbar. Sie wirkt sich auf das psychotherapeutische Handeln in der Richtung aus, daß die Rätsel des Humanum letztlich nur dem verstehbar werden, der die eigentliche Bestimmung des Menschen darin sieht, „Partner Gottes" zu sein. Die Verfehlung dieses Transzendenzbezuges erscheint als der eigentliche Grund für die Unfähigkeit zu echter Liebesgemeinschaft. Vom katholischen Christentum her hat man hier auch den Mut, die heilsamen Möglichkeiten einer asketischen Disziplin in die gesundende Lebensführung miteinzubauen, ohne dabei einer manichäischen Welt- und Sinnenfeindschaft zu verfallen.

An ärztlichen Gestalten wie Paul Tournier, Alphons Maeder und Theodor Bovet, an Fritz Künkel und Gerhard Pfahler, an Wilhelm Bitter, Joachim Bodamer und Frau Herzog-Dürk wird unverkennbar deutlich, wie stark sie bei ihrer Berufswirksamkeit und Publizistik vom Geist des evangelischen Christentums geprägt sind. Hier wirken nicht nur Freud, Adler und Jung, sondern auch Luther, Pascal und Kierkegaard auf das Verständnis von Neurose-Deutung und -Heilung wesenhaft ein. Im Blick auf die genannten Schweizer Seelenärzte wäre besonders noch auf den Einfluß von Frank Buchman und der von ihm ins Leben gerufenen „Gruppen-Bewegung" und „Moralischen Aufrüstung" hinzuweisen.

Wie stark durchdringen sich in den viel beachteten Ehebüchern von Theodor Bovert Psychotherapie und Seelsorge! Von einer Ausschaltung der Psychotherapie um der gewählten christlichen Existenz willen kann bei der Menschenführung dieses Arztes gewiß nicht die Rede sein. Aber es genügt ihm auch nicht, die Psychotherapie nur als Hilfswissenschaft zu verwenden. Hier erscheinen vielmehr Seelen-Heilkunde und Seelenheil-Kunde innigst aufeinander bezogen. Die Sinngebung der Ehe wird ganz theozentrisch, ja christozentrisch gewonnen. Sie ist Abglanz, Zeichen und Hinweis des ewigen Treuebundes, den Gott um der Menschheit willen mit seinem auserwählten Volk geschlossen hat. Mann und Frau sollen sich in der Ehe ebenso völlig und unteilbar zu eigen gehören, gleich wie Christus die Gemeinde liebt. Kein Theologe könnte die Grundlagen der Ehe biblisch klarer und gültiger entfalten, als es hier aus der Feder eines Arztes geschieht. Aber gerade weil der Verfasser weiß, wie sehr die moderne Ehe gefährdet ist, schon im Blick auf den Vorgang der Ehewahl und erst recht im Blick auf die Eheführung, und weil er die Ehe schützen und retten möchte, darum begnügt er sich nicht mit der Entfaltung theologischer Gültigkeiten und christlicher Verheißungen aus Wort und Geist, darum setzt er das ganze psychotherapeutische Erfahrungswissen der Gegenwart ein, um jungen und alten Eheleuten zu helfen.

Da werden die jungen Menschen, die noch vor den Toren der Ehe stehen, hingewiesen auf die Gefahr, wie leicht man bei der Wahl des

Lebenspartners durch Mutterbindung beim Mann und durch Vater-Imago-Bindungen auf seiten der Tochter fragwürdigen Wunschprojektionen verfallen kann und wie diese abgebaut werden können und müssen, wenn in der Ehe die Ernüchterung gegenüber solchen Übertragungsvorgängen erwacht. Oder es wird gezeigt, wie eine Ehe nicht nur gefährdet werden kann durch die Überbewertung, sondern genauso durch die Unterbewertung der sinnlichen Seite der Liebesgemeinschaft, ja wie gerade christliche Ehen aus besonders frommen Häusern häufig dazu neigen, die Bedeutung des Eros zu übersehen oder sie ganz zu verneinen, was dem Blühen im Garten der Ehe keineswegs günstig ist. Und weil heute die Ehen nach der Lebensmitte besonders oft auseinanderbrechen, darum wird zur Erhaltung der gealterten Ehe das ganze Wissen der „komplexen" Psychologie eingesetzt, wie es für den Individuationsprozeß eines gereiften Mannes zweifellos heilsamer ist, bei sich selbst Bewußtsein und Anima-Wünsche zu schöpferischer Fülle zu vermählen, statt in endloser Verliebtheit Anima-Projektionen nach außen zu werfen und darüber nie zur Lebensreife zu gelangen. Wie langweilig, wie harmlos-ahnungslos, wie wenig hilfreich waren die christlichen Ehebücher noch vor fünfzig Jahren! Wie sehr hat die christliche Eheberatung dadurch gewonnen, daß Seelenärzte als Seelsorger das Wort zu diesem Lebensgebiet ergriffen haben. Nicht weniger verheißungsvoll zeigt sich die Durchdringung der Fakultäten, wenn Psychotherapeuten in der Verantwortung vor Gott ihr Wissen und Können einsetzen für die Lebensprobleme der Kinderstube, der Jugendführung und der Altersbetreuung.

Theologie im Bildzeitalter

Wenn sich vom Arzt her Psychotherapie und Seelsorge zu einer Einheit des heilenden Handelns verschmelzen, dann besteht jedenfalls nicht die Gefahr, daß das ärztliche Wissen dilettantisch mißbraucht wird. Das christliche Gewissen aber ist nicht in dem Maß an theologisches Schulwissen gebunden, daß es nur dann sinnvoll wirksam werden könnte, wenn ein volles Theologiestudium absolviert worden ist. Schwieriger scheint sich die Sachlage zu gestalten, wenn umgekehrt die Theologen sich so intensiv für die Psychotherapie öffnen, daß sie deren Inhalte in die Substanz ihres beruflichen Wirkens mitaufzunehmen entschlossen sind. Um in einem solchen Fall Dilettantismus und Pfuschertum zu vermeiden, ist unbedingt zu verlangen, daß nicht nur ein gründliches Studium der reichen Fachliteratur bewältigt worden ist, es muß dann auch der Vollzug einer Lehranalyse gefordert werden, damit der Theologe nicht wie der Blinde von der Farbe redet.

Unter diesen Voraussetzungen aber kann die Begegnung und Durchdringung von Theologie und Psychotherapie zu einer legitimen und verheißungsvollen Möglichkeit im Dienst von Seelsorge und kirchlicher Verkündigung werden. Namen wie Adolf Allwohn, Otto Haendler, Karl Bernhard Ritter, Hans Joachim Thilo und Walter Uhsadel mögen dafür als lebendige Beispiele stehen.

In seinem Buch „Die Predigt" (Berlin 1941) sagt Otto Haendler mit Recht: Gewiß soll der Prediger zuerst darauf bedacht sein, wie er die ihm anvertraute Botschaft sachgemäß weitergibt. Aber nicht weniger wichtig als das „Was" der Verkündigung ist das Wie der Verkündigung, ist die Person des Predigers. Ist der Mann auf der Kanzel innerlich zerrissen durch Minderwertigkeitskomplexe, durch eheliche Zerwürfnisse in seinem Daheim, durch triebhaft begründete Verstimmungen, dann wird etwas Gequältes, Verkrampftes und Verstörtes von seinem Wesen ausgehen. Die hörende Gemeinde aber wird es bewußt und unbewußt spüren, sie wird darunter leiden, sie kann nicht recht beschenkt werden, und wäre der Inhalt des bezeugten Wortes noch so rechtgläubig korrekt und geistreich anregend. Haendler geht noch einen Schritt weiter. Er wagt es auszusprechen, daß gerade wir Pfarrer und Theologen besonders häufig unter neurotischen Verdrängungen leiden, und er gibt den Rat, es möchten sich doch, nicht zuletzt um der Genesung der Predigt willen, recht viele Pfarrbrüder bereit finden, das Purgatorium einer psychotherapeutischen Beratung und Durcharbeitung des Charakters auf sich zu nehmen.

Als eine besondere Not innerhalb der Theologie der Gegenwart ist die Entartung der Sprache zu nennen. Die Gabe des bildhaften, anschauungsgesättigten Redens ist uns verlorengegangen. Wir können, von ganz wenigen Ausnahmen abgesehen, nicht mehr erzählen, wir können nicht mehr mit Worten malen. Unsere Sprache ist trocken geworden, begriffsdünn und dürr, von des Gedankens Blässe angekränkelt. Daß wir auf diese fragwürdige Kunst der Abstraktion noch wunder wie eingebildet-stolz sind, möchte einen fast hoffnungslos stimmen. Aber was steckt da eigentlich dahinter? Die Antwort und die Hilfe kann nur von der Psychotherapie her gegeben werden. Dort weiß man zur Genüge, wie heute gerade die Akademiker in einem hochgezüchteten Intellektualismus keinen Kontakt mehr haben und suchen zu den Tiefenschichten der unbewußten Seele. Unser Bewußtsein ist zwar reich an Begriff und Reflexion, aber arm an Bildgehalt. Schon unser Persönlich-Unbewußtes ist demgegenüber ganz anders angereichert mit Imago-Geschenken, die aus der frühen Kindheit stammen. Erst recht darf von dem Kollektiv-Unbewußten gesagt werden, daß es einen unvorstellbaren Vorrat an Bildeindrücken aus dem gesamten Seelen- und Erfahrungsschatz der Menschheit enthält. Gewiß sind es nicht immer nur beglückende Bilder, die uns von daher zuströmen. Der Archetypus der Magna mater birgt in sich nicht nur Nährendes und Holdseliges, sondern auch ein unheimliches und verzehrendes Element. Der Mensch aber, der sich gegen den Zustrom der seelischen Inhalte aus der Welt des Unbewußten nicht grundsätzlich verschließt, kann von daher ganz neu beschenkt werden mit symbolkräftigen Bildern, Gesichten und Gleichnissen, er darf, den Dichtern gleich, erleben, wie seine Sprache langsam wieder Farbe, Fülle und Ganzheit bekommt und nicht mehr nur aus einseitiger, gehirnlicher Leistung besteht.

Wir leben nun schon einmal in einem ausgesprochenen Bildzeitalter, mag es uns lieb oder leid sein. Die Bilder stürmen auf den Menschen ein über illustrierte Zeitungen und Magazin-Literatur, über Kino, Kiosk-Reklame und Fernsehreklame. Mag dieser Bilderbrei verwüstende oder erfrischende Eindrücke vermitteln, er bewirkt auf jeden Fall, daß die Fähigkeit und Neigung, auf das reine Wort zu hören, immer mehr abnimmt. Von daher gesehen, dürften die Chancen der Predigt in Zukunft immer ungünstiger werden, vor allem, wenn diese Predigt sich in der dünnen Luft abstrakter Gedankenführung bewegt. Nun kann man aber das anschauliche, bildgesättigte Predigen nicht einfach lernen wollen, so wie man sich willensmäßig vornehmen kann, kürzer oder länger zu sprechen. Nein, zur Genesung der Sprache bedarf es eines wesensmäßigen Wandlungsvorgangs an unserer Seele. Wir müssen zunächst einmal herunter von dem hohen Roß der Einbildung, als wäre nur die intellektualisierte Rede eine wahrhaft bedeutsame wissenschaftliche Leistung. Wir müssen wieder das Unschöne, das Unmusikalische, das Staubige und Dürftige der begrifflichen Rede empfinden lernen. Dann sind auch die Voraussetzungen dafür gegeben, daß wir uns sehnen nach einer Genesung unserer Sprache. Daß es heute Theologen gibt, die unter der Entartung der Sprache leiden, denen die Hintergründe ihrer Verkümmerung aufgegangen sind, ist allein das Verdienst der Psychotherapie, die sich erlaubt, auch die Theologie auf die Krise aufmerksam zu machen, in der sie mit dem ganzen übrigen abendländischen Geistesleben tief drin steckt.

Von der Psychotherapie gewarnt und angeregt, hat die Theologie auch einen neuen Zugang zu dem Wesen der Meditation finden dürfen. Meditation ist etwas völlig anderes als Reflexion und — was viel zu wenig verstanden wird — auch etwas völlig anderes als geschickte Illustration. In der Meditation werden die Urworte der Menschheit wieder erfaßt in ihrem Grundgeschmack, in ihrer ursprünglichen Bildkräftigkeit, so daß die Worte wieder zu leuchten beginnen und die Mächtigkeit zurückgewinnen, die ihnen als magische Gewalt innewohnt. Was man heute gemeinhin Predigt-Meditation nennt, ist ohne jeden Zugang zu diesen Tiefenschichten der Worte. Umgekehrt merkt man es einer Verkündigung von der Kanzel her immer an, wenn über die wesentlichen Worte des Textes wirklich meditiert worden ist, etwa, was Christus mit den hoheitsvollen Selbstbezeugungen aussagen will, wenn er spricht: „Ich bin das Brot des Lebens, ich bin die Tür, ich bin der rechte Weinstock, ich bin das Licht der Welt."

Das abstrakt-begriffliche Wort erreicht grundsätzlich nur das reflektierende Bewußtsein des Menschengeistes. In die tieferen Schichten der Seele vermag es nicht einzudringen. Um so empfänglicher sind dafür die verborgenen Reiche der Seele für die Sprache lebensvoller Bilder. Diese werden dort mit Verlangen, mit Dankbarkeit aufgenommen und haften nachhaltig und lange weiterwirkend. Wenn z. B. der Seelengrund eines Menschen durch verwüstende Bildeindrücke vererbter oder unmittelbar empfangener Art gekränkt und entstellt worden ist, dann kann ihm nur dadurch geholfen werden, daß heilende, wohltuende Bildeindrücke aus der Welt des Heiligen in Wort, Gestalt und Erscheinung in den verletzten Seelengrund eingepflanzt werden. Dagegen dürfte die in einem solchen Fall so beliebte moralische Belehrung und Strafrede ohne jede heilende Wirkung sein.

Es sind uns drei Möglichkeiten entgegengetreten, wie Psychotherapie und Seelsorge sich zueinander verhalten können, in Diastase, als Hilfswissenschaft und als fruchtbare Durchdringung. Die dritte Möglichkeit, für die hier persönlich eingetreten wird, begegnet wohl immer noch der stärksten Abneigung, während die freundschaftliche Annäherung das Postulat der scharfen Abtrennung mehr und mehr zu verdrängen scheint Eine abgegrenzte Arbeitsteilung wird schon darum nicht zu vermeiden sein, weil es im allgemeinen die Zeit und die Kraft eines einzelnen übersteigt, beide Bereiche in der Personheit überlegen zu beherrschen. Wo aber die Union in *einem* Leben hergestellt wird, sei es, daß der fachgebildete Seelenarzt die christliche Existenz für seine Person gewählt hat, sei es, daß der Seelsorger über die Grenzen einer bloß dilettantischen Interessiertheit im Umgang mit der Psychotherapie hat wirklich hinauswachsen dürfen, da können für den Arzt wie für den Seelsorger neue und verheißungsvolle Möglichkeiten des beruflichen Wirkens aufbrechen. Den Gewinn davon aber dürften auf jeden Fall die Kranken und die Hilfesuchenden haben.

DIE ROLLE DER RELIGION BEI FREUD, ADLER UND JUNG

Das religiöse Bewußtsein im allgemeinen und der christliche Glaube im besonderen erscheint bei den drei großen Meistern der modernen Tiefenpsychologie jeweils an einer ganz bestimmten Stelle im Rahmen ihres Systems. Man kann diese Stelle nicht sichtbar machen, wenn man nicht zuvor, wenigstens in den Grundzügen, das Gesamtgefüge darstellt, aus dem der jeweilige Ansatz zur Bewertung der religiösen Haltung hervorgeht.

Religion als Sublimierungsvorgang

Sigmund Freud (1856—1939) hatte den Mut gehabt, in einer Blütezeit der bürgerlichen Prüderie und gesellschaftlichen Verlogenheit darauf hinzuweisen, welche ungeheure Rolle das geschlechtliche Verlangen, das sinnliche Lustbegehren in der Tiefe der menschlichen Seele spielt. Freud, der für seine Person eine vorbildliche Ehe, noch dazu mit vielen Kindern, geführt hat, hat in keiner Weise gewünscht, daß sich diese Libido hemmungslos austoben möge. Aber er war sich klar darüber, daß es sich dabei um eine ungeheure seelische Energiegewalt handelt, der damit noch nicht geholfen ist, daß man peinlich verlegen darüber schweigt.

Freud ging von der Überzeugung aus, daß sich das Lustprinzip in der Frühzeit der Menschheit ganz anders ungehemmt entfalten konnte und durfte, als es heute der Fall ist. Es hat heiße Kämpfe gekostet, um diese wilden Ausbrüche der Sinnenlust einzudämmen und zu bändigen. Kultur und Moral, Gewissen und sittliche Erziehung mußten dabei über Jahrtausende hin eine harte und strenge Arbeit leisten. Freud, der mit dieser Schau dem Basler Mythenforscher Bachofen nahekommt, billigt letztlich diese Entwicklung. Aber er verhehlt sich nicht, was für schmerzliche Verzichtleistungen zur Erreichung dieses Ziels von der Menschheit gebracht werden mußten. Dieser Prozeß wiederholt sich gewissermaßen in jedem Leben aufs neue, und es ist keineswegs selbstverständlich, daß die sittliche Reifung jedermann gleich gut gelingt.

Freud hat für den Widerstreit der Kräfte, die um unsere Seele ringen, die glücklich gewählten Ausdrücke gebraucht: Das Lustprinzip und das Realitätsprinzip. Er kann die beiden Größen auch das Es und das Über-

Ich nennen, die von zwei Seiten her auf das „arme, kleine Ich" einstürmen und es wie Mahlsteine zu zermalmen drohen. Das Es in uns ist letztlich amoralisch. Das Es möchte lauter verbotene Dinge tun. Das Es kümmert sich nicht darum, ob eine Frau verheiratet ist. Das Es möchte jede Frau nehmen, die ihm gefällt. Das Über-Ich, repräsentiert durch Autoritäten wie Staat und Kirche, Gesellschaft, Sitte und Polizei, sagt zu solchen abwegigen Wünschen eindeutig Nein. Der gläubige Mensch hat von den göttlichen Geboten her wohl die stärksten Hemmungen, dem sinnlichen Lustverlangen der Seele nachzugeben. Die Folge davon ist, daß wegen dieser Verzichtbereitschaft gerade in christlichen Herzen und Häusern besonders viel Libido verdrängt und unterdrückt wird. Dieser Vorgang kommt keineswegs immer gut heraus. Jeder Psychotherapeut weiß, daß es gerade in christlichen Familien nicht selten schwere Formen von Neurosen gibt. Jedenfalls müssen wir dafür offen sein, daß auch in unserem Jahrhundert ungezählte Menschen mit diesen Konfliktstoffen nicht fertig werden.

Wie denkt sich die Psychoanalyse den Heilvorgang bei solchen triebhaften Spannungen? Sie erstrebt die Genesung durch die sogenannte Expektoration, durch den Vorgang der Übertragung und durch die Sublimierung der Libido. Was ist darunter im einzelnen zu verstehen, und wo erscheint im Zusammenhang damit die Rolle der Religion?

Als erste Zielsetzung ist eine starke, vertrauensvolle Kommunikation zwischen dem Arzt und seinem Patienten anzustreben. Auf Grund dieser Verbundenheit kann es dann geschehen, daß der von seinen Komplexen bedrängte Mensch anfängt auszupacken. Er berichtet von seinen geheimen Wünschen und Sehnsüchten. Er kann es spontan tun, oder man läßt ihn Träume erzählen, und wer die Symbolsprache des Traumes einigermaßen versteht, kann daraus sehr wohl vernehmen, in welcher Richtung das unterdrückte Verlangen geht. Freud hat sich in dem Zusammenhang gern auch des Assoziationsverfahrens bedient. Man wirft dem Hilfesuchenden das eine oder andere Stichwort zu und fordert ihn auf, alles zu sagen, was ihm dazu einfällt. Auch dieses Verfahren kann dazu beitragen, eingeklemmte Affekte ans Licht zu bringen. Je mehr Unbewußtes auf diese Weise aufgearbeitet wird, um so mehr befreit sich der Mensch von den ihn bedrängenden Gewalten.

Bei diesem Durchbruch der oft sich selbst nicht eingestandenen Liebessehnsucht kann es geschehen, daß zwischen Arzt und Patient, zwischen Seelsorger und Beichtkind, eine geheime Übertragung herüber und hinüber stattfindet. Der am Leben leidende Mensch fängt an, den Arzt, den Pfarrer, den Priester zu lieben, oder vielleicht auch zu hassen, so wie man den eigenen Vater, die eigene Mutter geliebt oder gehaßt hat. Solche Vorgänge gehören nach der psychoanalytischen Überzeugung geradezu notwendig zum Ablauf einer schulgerechten Therapie. Man muß sich nicht darüber wundern, wenn es dazu kommt. Im Gegenteil, es ist zu begrüßen, wenn der seelische Heilungsprozeß in dieser Richtung verläuft. Es werden dadurch frühkindliche Situationen noch einmal hergestellt. Damals als Kind war man dem Vater- und Mutterbild völlig hilflos ausgeliefert. Man hat geliebt oder gelitten, und niemand ist einem in der Not der Seele beigestanden. Nun darf das alles noch einmal wiederholt werden, jedoch mit dem bedeutsamen Unterschied, daß es jetzt in die Klarheit des Bewußtseins gehoben wird, wodurch die Geschehnisse ihre wehtuende und bedrängende Schärfe verlieren.

So freimütig Freud den Machtbereich der sexuellen Triebwünsche beim Namen genannt hat, er war gleichwohl ein entschiedener Gegner eines hemmungslosen Sichauslebens. Der Mensch soll sich zwar seine heimlichen Begierden offen eingestehen, er soll vor sich selber nicht Versteck spielen, aber keinesfalls soll er das Begehrte bedenkenlos realisieren. Dabei käme er ja in die schwersten Konflikte mit der ihn umgebenden Welt. Statt dem Lustprinzip widerstandslos nachzugeben, wird als Hilfe der Ausweg gezeigt, die sinnlichen Triebwünsche zu sublimieren. Man kann diese Kräfte auf andere Lebensgebiete überleiten und umschalten, man kann sie verfeinern und veredeln und das Leben dadurch bereichern, statt es zu zerstören.

Für Menschen von einfach gearteter Natur kann der Sport eine Fülle von Libido aufnehmen und verarbeiten. Wer mit seinen Trieben nicht fertig wird, soll wandern, schwimmen, klettern. Es wird dadurch nicht nur eine gesunde Müdigkeit erzeugt, es können dabei auch eroshafte Wünsche abfließen in das Glückserlebnis der Natur, in die Spielfreude, in den Ehrgeiz der Wettkämpfe. Der Mensch, der einen Dreitausender ohne Bergbahn bezwungen hat, erscheint weniger gefährdet von seiten sinnlicher Gereiztheit als ein anderer, der unerfüllt und gelangweilt daheim herumsitzt. Solche Leere drängt wie ein horror vacui nur allzu leicht nach Libidobefriedigung in der Richtung sexueller Genüsse, und wäre es nur das armselige Glück der Selbstbefriedigung.

Neben Sport und Naturerlebnis ist es nach der Überzeugung der Psychoanalyse vor allem die Kunst und Kultur, die ungeheure Libido-Mengen aufzunehmen und zu sublimieren vermag. Da kommt Richard Wagner nach Zürich in das Haus des angesehenen, feingebildeten Kaufmanns Otto Wesendonk. Er wird gastlich aufgenommen. Zwischen dem Künstler und der Herrin des Hauses bahnt sich eine innige Zuneigung an, die zur stürmischen Liebe zu werden droht. Und doch können beide nicht zueinander kommen, weil Mathilde Wesendonk ihren Mann nicht betrügen und ihre Kinder nicht im Stich lassen will. Wagner verläßt das Haus zerrissenen Herzens, und er schreibt in einer verzehrenden Liebessehnsucht — den Tristan. Die Glut der Libido wird zu einem der größten Meisterwerke der Kunst, das wir kennen.

Den gleichen Vorgang erleben wir bei der Begegnung von Goethe mit Marianne von Willemer. Die anmutige Österreicherin war an einen reichen, ältlichen Bankier in Frankfurt verheiratet. Goethe erlebt in Heidelberg und auf der Pulvermühle Tage unendlichen Glücks mit der geliebten Frau, die er nicht haben kann, weil die angetraute Bindung auf beiden Seiten der letzten Wunscherfüllung entgegensteht. Er bringt den Verzicht, er kehrt nach Weimar zurück und schafft den West-Östlichen Divan als edelste Frucht dieser sublimierten Liebe.

Aber nun gilt es, noch eine dritte Sublimierungsquelle in der Sicht der Psychoanalyse ins Auge zu fassen, es ist die Religion. Freud war seiner innersten Überzeugung nach Agnostiker. Er war ein begeisterter Anhänger des Philosophen Ludwig Feuerbach, der alle religiösen und christlichen Inhalte für an den Himmel geschriebene subjektive Wunschprodukte des Menschen erklärt hat. Gleichwohl weiß Freud die pragmatische Bedeutung der Religion hoch zu schätzen. Wenn auch für ihn, der dem säkularen Judentum seiner Zeit zugehörte, im Blick auf religiöse und christliche Bekenntnisaussagen im Grund nichts dahinter ist, so stellte er doch als Psychologe und Seelenarzt fest: Heiße, unerfüllte Liebeswünsche können nicht nur abfließen in die Bereiche von Sport, Kunst und Kulturschaffen, sie setzen sich vor allem um in religiöses Verhalten, und man kann es nur begrüßen, wenn diese Umschaltung gelingt.

Freud hat es in dem Werk „Die Zukunft einer Illusion“ ebenso rücksichtslos wie positiv bewertend ausgesprochen: Alle Mythologie und alle religiöse Aussage ist transzendierte Liebessehnsucht. Der Psychologe durchschaut diese Zusammenhänge, er verwandelt die religiösen Bildvorstellungen gewissermaßen zurück in den Ursprung von unbewußten Seelenwünschen. Es ist klar, daß diese Schau Freud um das letzte Renommee in Kirche und Theologie bringen mußte. Hatte man schon Anstoß genommen an seinem Ausgangspunkt, an der Überbewertung der sinnlichen Libido, hatte man sich gestoßen an der Theorie von der Sexualität des Kleinkindes mit seinen ödipushaften Wünschen, so mußte die Deutung der religiösen Erfahrung als sublimierte Triebverdrängung die Empörung vollends groß machen. Und doch dürfte es ratsam sein, sich über diese Schau nicht nur zu erregen, sondern das mögliche Wahrheitskorn in ihr ruhig zu bedenken.

Zunächst ist ja nicht zu leugnen, daß es viele Religionen der Menschheit gibt, wo die Gültigkeit der Freudschen These von der Eros-Sublimation in der Frömmigkeit geradezu mit Händen zu greifen ist. Denken wir an die Baals-Religion, wie sie in der Schau der alttestamentlichen Propheten erscheint! Vergegenwärtigen wir uns die frühgriechische Dionysosreligion, den Artemiskult in Korinth zur Zeit, als der Apostel Paulus in dieser Stadt weilte, erinnern wir uns an die Tempelprostitution, wie sie Indien zu allen Zeiten gekannt hat, und es ist an all diesen Beispielen deutlich zu erkennen, wie der Mensch seine heißen, starken Triebwünsche in die Religion durchaus mit hineinnimmt, ja sie religiös verklärt.

Freilich, so viel hätte auch Freud vom Alten und Neuen Testament wissen können, daß dort überall ein leidenschaftlicher Kampf gegen den religiös-erotischen Rausch geführt wird. Die scharfe Polemik der Propheten und Apostel gegen die antike Eros-Religion zeigt klar, daß sich der biblische Gottesglaube qualitativ geschieden weiß von aller Umwandlung von Rauscherlebnissen in Religion. Man kann ruhig sagen: Wäre das Evangelium Eros-Sublimation, es würde ganz anders lauten. Das Wort vom Kreuz, das im Mittelpunkt der urchristlichen Verkündigung steht, schmeckt nicht nach den Festen des Dionysos. Dafür hat Friedrich Nietzsche auf seine Weise ein unmittelbares Verständnis gehabt. Die Passion Christi ist aus Eros und Libido niemals zu erklären. Dafür wird in der Aufopferung Jesu eine Liebe offenbar, die man nur mit dem Wort Agape bezeichnen kann, als Feindesliebe, als Sünderliebe, als Versöhnung stiftende und Vergebung gewährende Liebe.

Für dieses Agape-Motiv in der christlichen Offenbarung hat Freud keinerlei Blick und Verständnis besessen. Es ist ihm nicht aufgegangen, daß man zwischen den eroshaften Religionen der Spätantike und der christlichen Botschaft von der Liebe Gottes zu der verlorenen Menschheit wesenhaft unterscheiden muß. Freud trägt als Anhänger von Feuerbach alles auf ein und dieselbe Ebene auf. Er hat darin recht, daß es Religionen gibt, deren sinnlicher Wunschprojektionscharakter unverkennbar ist. Aber es ist ihm nicht zum Bewußtsein gekommen, daß die biblische Botschaft einer völlig anderen Dimension angehört und daß sie darum von Fleisch und Blut als Ärgernis und Torheit nur allzu gern abgelehnt wird.

So gewiß Eros und Libido in der christlichen Agape-Botschaft keinen Platz haben, so sollten wir doch dafür offen sein, daß bei der Art und Weise, wie diese Botschaft vom einzelnen im Glauben angeeignet wird, Eros und Libido sehr wohl hervortreten können. Die Freudsche Schule hat ihre Aufmerksamkeit von jeher der Mystik und besonders der mittelalterlichen Brautmystik zugewandt. Hier schwelgen die Nonnen (es mögen vielfach Frauen gewesen sein, die auf die in den Kreuzzügen gefallenen Männer verzichten mußten) in farbenprächtigen, sinnlichen Bildern von der Liebesvereinigung mit Christus, dem Herzensbräutigam. Es kann da heißen: Komm in meine Arme, Du liebster Heiland, daß ich von Deiner Umarmung erwarme! Siehe, ich habe Dir das Lager bereitet, laß mich satt werden an Deiner Liebe! In Männerklöstern hat umgekehrt die Mariologie eine große Rolle gespielt. Gerade da, wo das Zölibat ehrlich gehalten wird, geschieht es zumeist in der Kraft eines inbrünstigen Madonnenkultus. Auch der Protestantismus kennt solche Formen religiöser Eros-Sublimation. Bei Jakob Böhme, bei Gottfried Arnold, bei Zinzendorf, überhaupt überall, wo wir der Auslegung des Hohen Liedes begegnen in der allegorischen Ausdeutung auf Christus und die Seele, finden wir eine erosgesättigte Sprache, die nicht selten bis an die Grenze des Peinlichen geht.

Gewiß kann man sagen: Braut und Bräutigam sind uralte Symbole für das Verhältnis von Christus und Kirche. Warum sollen dann nicht Lieder und Gebete der Christenheit voll sein von Gottes-Minne und einem heilig ausströmenden Eros. Gleichwohl dürfte es gut sein, sich als Seelsorger klarzumachen: Es ist nicht alles Heiliger Geist, was sich in solchen Äußerungen meldet, es ist vielfach auch nur sublimierte Sexualität und fromme Triebverdrängung, die hier ans Licht kommt. Es kann heilsam und nötig sein, darum zu wissen und sich darüber nicht täuschen zu lassen.

Die christliche Theologie und Kirche sollte aus dem Freudschen Ansatz noch eine weitere Einsicht gewinnen. Wenn schon das Lustverlangen im menschlichen Wesensgrund in einer so elementaren Weise angelegt ist, dann muß man sich Gedanken darüber machen, wie man dem Glücksstreben des Menschen zu einer frohen, schönen und reinen Erfüllung verhelfen kann. Es hat wenig Sinn und Verheißung, von der Kanzel herunter gegen tolle Faschingsfeste zu wettern, selbst aber bietet man kaum Erfüllungshilfen für den Hunger nach Freude an. Wenn wir nur untersagen, dann müssen wir uns nicht darüber wundern, wenn die Menschen sich die Sättigung ihres Verlangens nach Heiterkeit, Spiel und Scherz anderswo holen. Wohl aber könnten festliche Gottesdienste, fröhlich-heitere Gemeindeveranstaltungen und eine edle Geselligkeit echte Hilfen sein, um fragwürdige Verdrängungen im seelischen Geschehen zu verhüten. In der Beziehung warten noch große Aufgaben auf uns im Blick auf den Gemeindeaufbau aus dem Evangelium.

Religion als Vollkommenheitsersatz

Alfred Adler (1870—1937) teilt mit Sigmund Freud die Grundüberzeugung von der ungeheuren Tragweite, die den unbewußten Seelenvorgängen für unser Tun und Lassen im Bereich des Tagesbewußtseins zukommt. Während für Freud im Vordergrund der Bewertung das Wunschleben der sinnlichen Libido steht, hat Adler mit Recht darauf aufmerksam gemacht, daß es neben der Sättigung der Lust einen zweiten Urtrieb gibt, der mindestens ebenso bedeutsam ist, es ist der Trieb nach Geltung und der Wille zur Macht. Der Mensch will oben und nicht unten sein, der Mensch will nicht im Schatten stehen, er will eine Rolle spielen und herrschen. Der Kampf gegen das Unterlegensein, das Streben nach Überlegensein beginnt bereits in der Kinderstube, er setzt sich in tausend Variationen fort, im Leben der Ehe, im Ringen um die Berufsbehauptung, in der Rivalität, wie die Völker einander in Mißtrauen und Neid begegnen.

Wenn ein Mensch von der frühen Jugend an in seinem Wertgefühl, in seinem Geltungsbedürfnis ständig mißachtet und niedergedrückt wird, dann kann nach der Überzeugung der Individualpsychologie die Reaktion in einer doppelten Richtung verlaufen. Die zarter und feiner geprägten Typen werden verschüchtert und verängstigt, sie trauen sich keine bedeutsame Leistung zu, sie ziehen sich am liebsten in ihr Schneckenhaus zurück. Sie wagen nichts, um keine Niederlage einstecken zu müssen.

Der vitale Typus dagegen reagiert auf ständige Zurücksetzung und Erniedrigung mit gewagten Kompensationsleistungen. Er ist entschlossen, seiner Umgebung schon noch einmal zu zeigen, daß er auch wer ist und etwas kann. So verübt ein „Halbstarker" womöglich einen Bankeinbruch, nur um aufzufallen und in der Zeitung genannt zu werden.

Das Leiden unter Minderwertigkeitsgefühlen tritt nach der Schau von Alfred Adler besonders häufig auf bei Kindern, die an einem Organschaden zu tragen haben. Das Kind steht deswegen in der Schule hinter anderen zurück und wird womöglich noch verspottet. Jüngere Geschwister fühlen sich häufig dem älteren Bruder, der älteren Schwester gegenüber zurückgesetzt. Bei törichter Erziehungseinstellung von seiten der Erwachsenen kann sich bei einem Mädchen der Komplex vom weiblichen Benachteiligtsein einnisten, verbunden mit dem brennenden Ehrgeiz, durch gute Noten im Zeugnis den von der Familie verwöhnten Bruder und Stammhalter zu übertrumpfen.

Auch die Individualpsychologie hat sich intensiv mit den Fragen von Liebe und Ehe beschäftigt. Aber man erklärt sich hier die Krisen, die sich aus der Polarität der Geschlechter ergeben können, nicht so sehr aus unersättlichen, variablen Liebeswünschen. Die Spannungen und Entfremdungen sollen vor allem aus dem Machtkampf der Geschlechter resultieren. So sucht ein Mann, der als Kind mißhandelt oder unterdrückt worden ist, in der Ehe zu beweisen, daß er doch der Stärkere ist. Die arme Frau aber wird das Opfer seiner Minderwertigkeitserfahrung. Wenn ein Kind anfängt, geschlechtlich neugierig zu werden, muß es nicht unbedingt sexuelle Frühreife sein. Der Grund dafür kann auch in einer anderen Richtung gesucht werden. Das Kind fühlt sich zurückgesetzt gegenüber den Erwachsenen, die so viel mehr wissen, und man will ihnen darin endlich ebenbürtig werden. Ehelosigkeit kann freiwillig gewählt sein auf Grund einer besonderen charismatischen Ausrüstung. Ehelosigkeit kann eine bitterschwere Zumutung für die Frauenwelt sein, weil die großen Kriege allzu viele Männer hinweggerafft haben. Ehelosigkeit kann aber nach der Schau von Alfred Adler auch heimliche Angst vor der Partnerschaft sein. Man fürchtet zu unterliegen und läßt sich darum auf ein so gefährliches Risiko lieber gleich gar nicht ein.

Die Gewalt der ichhaften Bindung wird auch zum Ansatzpunkt für Adlers Einstellung zur Religion[1]. War für Freud die Religion Sublimierung des Libido-Verlangens, so ist für Adler Gott „die Manifestation des Ziels der Vollkommenheit". Die Seele leidet unter ihren Grenzen, unter Erniedrigung, Einschränkung, Gedemütigtwerden und Abhängigsein, so streckt sie sich aus nach der Gottesidee als dem Inbegriff aller überlegenen Größe. Adler bezeugt der Religion Ehrfurcht und Bewunderung, sofern es ihr gelingt, den Menschen von der Belastung seiner Minderwertigkeit zu befreien. Dagegen hat sich Adler immer geweigert, die Ichgebundenheit des Menschen als Schuld zu bezeichnen. Er wollte nur Fehlhaltungen gelten lassen, die, in der Kindheit entstanden, weiter fortwirken und die durch planmäßige Gemeinschaftserziehung wieder abgebaut werden können. Als Gnade hat er es bezeichnet, „wenn der Mensch die Fehler seiner Lebensentwicklung einsieht".

Während Freud bisher kaum eine christliche Auswertung seiner Gedanken gefunden hat, obwohl solches durchaus möglich wäre, ist es Adler zuteil geworden, in Fritz Künkel, Johannes Neumann und Ernst Jahn Schüler zu finden, die den Ansatz der Individualpsychologie mit dem christlichen Menschenverständnis in unmittelbaren Zusammenhang gebracht haben[2]. Mochte Adler für seine Person zurückscheuen vor einer schuldhaften Bewertung der Ichsucht, sein Verdienst bleibt es jedenfalls, die Allgewalt der Selbstliebe in ihren ungezählten Ausdrucksformen und Abwandlungen in neuer Interpretation deutlich gemacht zu haben.

Die Selbstliebe äußert sich als Neid, Eifersucht, Ehrgeiz. Sie drückt sich aus in Gekränktheit, Unversöhnlichkeit und Unfähigkeit zum sachlichen Denken und Urteilen. Was Luther sagt vom amor sui, von der superbia als der regina peccatorum, von dem cor in se ipsum incurvatum, von dem Hochmut als der Königin unter allen Sünden, von dem in sich selbst verkrampften, verkrümmten und verkümmerten Herzen, das alles wird von

[1] Ernst Jahn: Alfred Adler, Religion und Individualpsychologie, 1933.
[2] Fritz Künkel: Ringen um Reife, 1955.

dem Erfahrungsmaterial der Individualpsychologie in einer wahrhaft erschütternden Weise bestätigt.

Das christliche Menschenverständnis kann es darum nur begrüßen, wenn eine psychotherapeutische Schulrichtung auftritt und von ihren Einsichten her dem Menschen unserer Tage zeigt: Die Urnot der Welt ist der bei sich selbst bleibende Wille, der nicht fähig ist, sich zu verschenken, der den anderen nicht gelten lassen kann, der die lebendige Kommunikation mit dem Du nicht zu vollziehen vermag. Gewiß finden wir solche Wahrheitsaussage bereits in der Bibel Alten und Neuen Testaments und in den Schriften der Reformatoren mit schonungsloser Klarheit ausgesprochen. Aber nicht jedermann läßt es sich von dorther sagen, nachdem unsere Zeit in erschreckendem Ausmaß religionslos geworden ist und dem christlichen Zeugnis gleichgültig oder gar feindselig gegenübersteht. Wenn die Tiefenpsychologie denselben Tatbestand auf ihre Weise bezeugt, dann erfahren die biblischen Worte von daher neue Beleuchtung und Bestätigung. Dafür können wir nur dankbar sein. Wenn der Prophet Jeremia sagt: „Es ist das Menschenherz ein trotzig und verzagt Ding", dann macht er damit nicht eine Aussage über zwei verschiedene Gruppen von Menschen, über die Stolzen und über die Verschüchterten, nein, dann meint er damit das unruhige Auf und Ab von Überbewertung und Unterbewertung, dessen ein und dasselbe Menschenherz in seiner Ruhelosigkeit und zu seiner Qual fähig ist.

Fritz Künkel hat in seinem Buch „Charakter, Liebe und Ehe" gezeigt, wie wahr das Wort Jesu ist: „Wer sein Leben lieb hat, der wird es verlieren." Der Mensch ist nicht bereit, sich ganz an das Du zu verschenken. Er tut es wohl zu einem Teil, das übrige will er für sich zurückbehalten, und gerade dadurch bringt er sich um die Möglichkeit eines vollen Glücks. In den Haustafeln des Kolosserbriefs mahnt Paulus die Väter, die Kinder nicht zum Zorn zu reizen, „auf daß sie in ihrem Lebensmut nicht zerbrochen werden". Auch zu diesem Wort hat die Psychotherapie ein überwältigendes Material als Kontext herbeigebracht. Die in ihrem Lebensmut gelähmten Kinder können auf Grund von Vaterhaß und Vaterkomplex lebensuntüchtig werden bei der Bewältigung späterer Lebensaufgaben. Es ist jedenfalls erstaunlich, wie viele Belege sich finden, wenn man das Alte und Neue Testament einmal unter dem individualpsychologischen Aspekt liest. Mit Recht sagt darum Ernst Jahn: „Die Erkenntnis der fast dämonischen Ich-Liebe ist die psychologische Großtat der Individualpsychologie".

Religion als Ganzheitserfahrung

C. G. Jung (1875—1961) hat in der Frühzeit seiner Entwicklung über die Religion nicht viel anders gedacht als sein Lehrmeister Sigmund Freud. Dagegen hat er von der Lebensmitte an eine ganz anders ehrfürchtige und positive Haltung allen religiösen Erscheinungsformen gegenüber eingenommen. Es ist Jung aufgefallen, und es hat ihn tief beeindruckt, wie stark die Trauminhalte aus der unbewußten Seelentiefe auch bei völlig säkular eingestellten Menschen unserer Tage mit religiösen Symbolen und christlichen Bildvorstellungen gefüllt sein können. So kommt es vor, daß ein viel beschäftigter Generaldirektor sich im Traum in einer Kapelle knien sieht vor einem Bild des Cruzifixus oder der Madonna. Von daher kam Jung zu einer doppelten Einsicht: Die eigentliche Heimat des Religiösen wurzelt im Unbewußten, und es kommt alles darauf an, daß ein Mensch diese zumeist verdrängten Inhalte annimmt, weil er seelisch nicht gesunden kann, wenn er diesen Reichtum aus seinem Leben ausschließt.

Nach der Überzeugung von Jung dienen alle religiösen Symbole der Menschheit der Vereinigung von spannungsvollen Gegensätzen, sie wollen dem Menschen helfen, Verkümmerung zu überwinden und neue Fülle und Ganzheit zu gewinnen. Auch das christliche Dogma wird unter diesem Vorzeichen gesehen und bejaht[3]. Karfreitag und Ostern erinnern den Menschen an das Gesetz von „Stirb und werde". Die jungfräuliche Gottesmutter vereinigt in sich die Elemente des keuschen und des fruchtbaren Lebens. Das Dogma von der unbefleckten Empfängnis umfaßt das Asketische und das Blutvolle.

Weil das christliche Dogma die Vereinigung polarer Spannungen in sich birgt, darum kommt ihm heilende und rettende Kraft zu. „Nur Toren können am christlichen Dogma rütteln, aber nicht Liebhaber der Seele". Jung war beglückt, wenn es ihm gelang, einen Menschen, der mit schweren Lebensnöten in die Analyse kam, mit der Kirche zu versöhnen. Er hat freilich feststellen müssen, daß es in unseren Tagen ungezählte Menschen gibt, die sich diesen Weg nicht mehr weisen lassen.

So kann man sich als Theologe und Christ zunächst nur darüber freuen, wenn ein so bedeutender Geist wie Jung sich schützend und rühmend vor das christliche Dogma und seinen Symbolgehalt stellt. Und doch bleiben auch hier bedeutsame Fragen offen und ungelöst. Daß sich in der unbewußten Seelenwelt des abendländischen Menschen machtvolle Archetypen christlicher Prägung finden, der Drache und die Schlange, das Lamm und das Kreuz, der Lebensbaum und die Gottesstadt, das zu bezeugen, ist

[3] Carl G. Jung: Aion. Untersuchungen zur Symbolgeschichte, 1951.

Jung unermüdlich am Werk gewesen. Man hat aber verständlicherweise von seiten der christlichen Theologie die Frage an ihn gerichtet: Handelt es sich dabei nur um psychische Realitäten, oder liegt diesen Seelenbildern ein göttlicher Offenbarungsgehalt von absolutem Wertursprung zugrunde? Jung hat darauf freimütig geantwortet: Es steht dem gläubigen Menschen durchaus frei, für den Ursprung dieser gewaltigen, herrlichen, heilenden Imago-Welt eine metaphysische, transzendente Wirklichkeit von objektiver Gültigkeit anzunehmen. Niemand kann den Glauben daran hindern, die göttliche Realität als Ursprung solcher Einprägung zu statuieren. Aber, fährt Jung fort, darauf hinzuweisen und diese Gültigkeit gegenüber moderner Skepsis zu begründen, kann niemals Sache des Psychologen und Seelenarztes sein. Mögen die Theologen diese Aufgabe meistern, die sich offenbarende Wirklichkeit Gottes so überzeugend zu entfalten, daß niemand mehr daran zweifeln kann — der Seelenforscher Jung begnügt sich mit der Aufgabe, festzustellen, was in den Gründen der Seele am Werk ist und welche Bedeutsamkeit der Assimilierung dieser religiösen Bildkräfte für die Reintegration der Seele zukommt.

Jung zieht sich also auf sein ureigenstes Gebiet der Psychologie zurück. Es gibt Äußerungen von ihm, die so ehrfurchtsvoll klingen, als wäre er selbst ein Glaubender. Er kann den abendländischen Menschen warnen, der sein Heil in ostasiatischer Erlösungsmystik zu finden meint. Denn „Christus ist der verborgene Schatz im Acker der abendländischen Seele, er ist in uns, und wir sind in ihm". Daneben gibt es dann wieder Sätze, die so schnodderig und salopp klingen, daß man den Eindruck gewinnen könnte, es handelt sich für ihn, ebenso wie bei Freud, lediglich um ein psychologisches Drama, das um seiner seelengeschichtlichen Bedeutsamkeit willen wohl mit höchstem Interesse verfolgt wird, dem aber keinerlei objektive Verbindlichkeit zukommt.

Noch nach einer zweiten Richtung hin bleiben Fragen offen. Jung behandelt das christliche Dogma und den Kultus der Kirche darum mit höchstem Respekt, weil sie für ihn Ausdruck des Mysterium conjunctionis sind. Aber so hoch Jung die katholische Messe, die christliche Mystik und den Heilsweg der lutherischen Glaubensfrömmigkeit einschätzt, weil hier überall der Mensch aus der Entzweiung und Zerrissenheit seines Wesens zu heilsamer Ganzheit zurückgeführt wird, so macht der Züricher Forscher doch kein Hehl daraus, daß er den gleichen Erlösungsvorgang auch in allen anderen Hochreligionen der Menschheit wiederzuerkennen vermag.

Jung ist ein hervorragender Kenner der allgemeinen Religionsgeschichte gewesen. Die Texte der Gnosis, die hellenistischen Mysterienreligionen, der buddhistische Pfad, das tibetanische Totenbuch, der taoistische Traktat vom „Geheimnis der goldenen Blüte", das alles war ihm vertraut und nah.

So findet er überall in diesen religiösen Dokumenten der Menschheit den gleichen Niederschlag der Seele. Überall geht es im Grund, wenn auch unter sehr verschiedener Symbolik, sei es der Lotosblume oder des Kreuzes, um dieselben Verwandlungsprozesse, aus der Einseitigkeit zur Allseitigkeit, aus der Dürftigkeit zur Seinsfülle. Im Grund sind für Jung alle Religionen nur Variationen über ein und dasselbe Thema der Selbstfindung oder, wie er gern zu sagen pflegt, der Individuation.

Gewiß soll sich der abendländische Mensch an die christlichen Symbole halten, die ihn und seine Väter genährt haben. Aber ebenso soll der abendländische Mensch den Völkern Ostasiens ihre heiligen Symbole lassen, sie werden auf ihre Weise die Ganzheit finden, und es wäre verkehrt, ihnen Krippe und Kreuz oder das Sakrament von Brot und Wein anzubieten.

Man wird diesen religionsgeschichtlichen Relativismus, der hier deutlich zutage tritt, allerdings nicht allzusehr verübeln dürfen. Denn es ist festzustellen: So, wie Jung denkt, haben moderne Philosophen und Theologen seit langem gelehrt, kein Wunder, wenn Jung mit ihnen in eine Reihe zu stehen kommt. Jedenfalls stellt diese Situation die evangelische Theologie der Gegenwart erneut vor die Aufgabe, wie die Absolutheit des Christentums auf dem Hintergrund der allgemeinen Religionsgeschichte zu begründen ist.

Die theologischen Unzulänglichkeiten und Schönheitsfehler, die der Psychologie Jungs anhaften, sollten gleichwohl nicht dahin führen, daß die christliche Kirche sich seinem Lebenswerk verschließt. Denn es lassen sich aus der Psychologie Jungs Einsichten gewinnen, die für die Erneuerung der christlichen Kirche von höchster Bedeutsamkeit sind.

Der frühchristlichen und mittelalterlichen Kirche war es selbstverständlich, die Welt des Heiligen in Bildern und Symbolen darzustellen. Die Wände der Kirchen waren gefüllt mit Zeichnungen der göttlichen Offenbarungsgeschichte, angefangen von Abraham über Moses und die Propheten bis hin zu dem Leben Jesu und seiner Wiederkunft. Diese Pictura sacra hat die Menschen genährt und gesättigt bis tief hinein in die Schichten des unbewußten Seelenlebens. Von daher gesehen hält Jung den Bildersturm des 16. Jahrhunderts, obwohl er von seinem Schweizer Heimatland her den Ausgang nahm, für eines der verhängnisvollsten Ereignisse in der Seelengeschichte der Menschheit. Durch diesen gewaltsamen Abbau der christlichen Symbolik wurde die Seele unterernährt. Das Unbewußte mußte infolgedessen entweder verkümmern oder in die Richtung des Primitiven und Archaischen drängen. Beides aber sollte sich für das Schicksal des Abendlandes gleich verhängnisvoll auswirken. Im einen Fall ergab sich daraus Verarmung des Gemüts, Hypertrophie des Bewußtseins, Übersteigerung von Intellekt, Abstraktion und reine Begrifflichkeit, im anderen

Fall mußte Verrohung und Verwilderung der Seele die unausweichliche Folge sein.

Wenn den Inhalten des Unbewußten eine so gewaltige Bedeutung für die seelische Gesundheit des Menschen zukommt, dann müssen Theologie und Kirche ganz anders, als es zur Zeit der Fall ist, darauf bedacht sein, der Sprachgestaltung, der Bildmeditation, der Liturgie und dem Kultus Raum zu geben im gottesdienstlichen Handeln und in der christlichen Lebensgestaltung. Wie verhängnisvoll ist es, wenn ein Theologe zwar gescheit und rechtgläubig ist, seine Seele aber ist verwildert oder verkümmert, weil ihm eine korrekte Gehirnlichkeit vollauf zu genügen scheint. Die Gemeinde merkt einen solchen Mangelausfall früher oder später und wird darunter leiden.

So mag sich bei einer ersten Überprüfung der bedeutsamen psychotherapeutischen Schulrichtungen von Freud, Adler und Jung wohl der Gegensatz zum christlichen Glauben und Leben aufdrängen. Dieses Gegensatzbewußtsein hat schon ungezählte Theologen dazu veranlaßt, die Tiefenpsychologie abzulehnen und kurzerhand den Stab über sie zu brechen. Bei gründlicherem Nachdenken aber zeigt sich, daß wir von dorther Wesentliches lernen und empfangen können. Wir dürfen es uns nicht entgehen lassen, wenn wir gewisse Verarmungserscheinungen in der religiösen und kirchlichen Lage der Gegenwart überwinden wollen.

DAS SCHULDPROBLEM IN PSYCHOTHERAPIE UND SEELSORGE

Der gemeinsame Ansatzpunkt

Mit dem Schuldproblem stehen wir an der Stelle, wo sich Psychotherapie und christliche Seelsorge besonders nah begegnen, wo aber zugleich auch der Zwiespalt zwischen den beiden Fakultäten besonders deutlich aufzubrechen droht.

Gegenüber einer rein naturwissenschaftlich eingestellten Medizin haben Psychotherapie und Theologie das eine unmittelbar miteinander gemeinsam: man weiß in beiden Bereichen darum, daß Schuldkonflikte ein Leben lähmen, hemmen und quälen können, ja, daß dieser Zustand bis hin zu dem Ausbruch organischer Erkrankung führen kann.

Der bekannte Sozialarzt Hans Kellner erzählt in dem Buch „Ein Arzt erlebt die Industrie", wie ihm eine junge Arbeiterin vorgeführt wird mit einem völlig erstorbenen, bewegungsunfähigen Arm. Es ist bereits alles mögliche versucht worden, den Schaden zu heilen. Man hat elektrische Ströme durch den Arm gejagt, hat ihn gebadet, massiert, mit Heißluft behandelt, und doch hat sich keinerlei Besserung gezeigt. Da wagt es Dr. Kellner mit der Psychotherapie, nachdem die Orthopädie versagt hat. Nach langen Widerständen bricht die tiefe Wunde im Leben der Frau auf. Sie hat den früher gesunden und jetzt kranken Arm einmal dazu benützt, die wachsende Frucht in ihrem Leib mit eigener Hand zu töten. Der daraus entstandene Schuldkonflikt wurde so heftig, daß sie sich vom Unbewußten her selbst bestrafte mit einer Abtötung, mit einem Absterben des Armes, der das Schreckliche begangen hatte.

Wie mächtig und real erscheint hier der Schuldkonflikt in der Arbeit des Psychotherapeuten! Wie weit sind wir hier weg von einer mechanischen Erklärung, die nur an Muskelzerrungen oder Nervenschädigungen denkt! Wie nah berühren sich in so einem Fall die tiefenpsychologische Erfahrung und das biblische Zeugnis, wenn es im zweiunddreißigsten Psalm heißt: „Denn da ich es wollte verschweigen, verschmachteten meine Gebeine!"

Und doch dürfen wir nicht übersehen: gerade im Blick auf das Verständnis der Schuldfrage und ihre Beseitigung gehen Theologie und Psychotherapie verschiedene Wege. Wir wollen uns diese Unterschiede deutlich machen und dann fragen, ob es nicht gleichwohl Möglichkeiten des Zusammenkommens im Voneinanderlernen gibt.

Christliche Schulderfahrung

Das christliche Schuldverständnis hat zur Voraussetzung, daß zwischen Gott und Mensch eine geistige Ich-Du-Beziehung besteht. Er ist unser Vater, unser Herr und Schöpfer, und wir sind seine Kinder. Gott bietet uns seine Liebe an, und er möchte, daß wir ihn wiederum von Herzen lieben. Gott beschenkt uns mit Gütern und Gaben Leibes und der Seele, all dieses Empfangene aber sollten wir ihm zurückgeben in Dankbarkeit und fruchtbarer Auswertung.

Die großen pantheistischen Religionssysteme, wie zum Beispiel der Brahmanismus oder die Bhakti-Mystik, wollen von einem solchen Gegenüber-Verhältnis zwischen Gott und Mensch nichts wissen. Nach der Schau der Identitätsmystik ist der menschliche Geist ein Teil der Gottheit selbst. Es kann hier darum eigentlich gar keine Trennung, keinen Gegensatz zwischen Gott und Mensch geben. Der Mensch ist vielleicht manchmal töricht und vermag diese Wesenseinheit zwischen Menschengeist und Gottesgeist nicht unmittelbar zu erfassen. Dann muß man ihn zu dieser Erkenntnisschau hinanführen, aber die Realität der Schuld als trennender Abstand, als bittere Last, als Verkehrung unseres ursprünglichen Seins taucht hier nicht auf.

Demgegenüber ist die christliche Wahrheit auf Grund des personalen Gegenüber-Verhältnisses in der Ich-Du-Beziehung zutiefst von der Tatsache bewegt, daß wir Menschen, zum Sein in der Liebe Gottes bestimmt, aus diesem Sein in der Liebe, aus dem Bund der Gemeinschaft herausgefallen sind und daß uns dieser Verlust an Unmittelbarkeit vor Gott mit Schuld belädt. Nach christlicher Schau und Überzeugung gibt es letztlich nur eine Urschuld. Sie besteht in dem Fahrenlassen des Vertrauens, in der Preisgabe der Kindeshaltung gegenüber Gott, dem Herrn unseres Lebens. Alles andere ist nur die Folge aus dieser Urentzweiung. Wer Gott nicht mehr liebt, kann auch seinen Nächsten nicht mehr recht lieben. Wir tun ihm dann weh statt wohl. Wer nicht mehr in der Verbindung mit Gott steht, wird selbstherrlich und selbstgefällig. Der Mensch neigt zur Hybris, zum hochmütigen und maßlosen Wesen, weil er nicht mehr gliedhaft dienend in den göttlichen Universalismus eingeordnet ist.

Man muß allerdings ein waches Gewissen und ein feines religiöses Empfinden haben, um sich für das Verständnis solcher Zusammenhänge innerlich öffnen zu können. Man kann die Schuld des Menschen vor Gott ja nicht messen, nicht wiegen, nicht photographieren. Es ist nichts leichter, als darüber zu spötteln und sie für eine Erfindung der Pfaffen zu halten, die den Schuldkomplex angeblich brauchen, um die Menschheit in der Abhängigkeit von Priestertum und Kirche festzuhalten. Gleichwohl bestätigen Seelsorge und Psychotherapie gemeinsam, daß es sich bei der Schulderfahrung um eine Urtatsache des menschlichen Daseins handelt. Auch da, wo keinerlei konfessionelle Erziehung und Bindung vorliegt, kann die Verzweiflung über eine elementare Lebensschuld und Lebensverfehlung so gewaltig aufbrechen, daß sie sich nicht mehr unterdrücken oder beiseite schieben läßt.

Im Mittelpunkt aller christlichen Verkündigung steht das Wort von der Vergebung der Sünden. Diese Botschaft hat ihren Realgrund in der Überzeugung: der ewige Gott hat sich in Jesus Christus, in einer geschichtlichen Heilandsgestalt, rückhaltlos zu uns gestellt. Er hat sich selbst hineingeopfert in unsere Welt der Sünde und des Todes. Das Zeichen des Kreuzes ist das große Unterpfand: Gott ist für uns, er ist nicht gegen uns, wieviel uns auch von ihm trennen mag durch Liebesverlust, Gottesflucht und Empörung. Aus dieser Gewißheit heraus übt die christliche Kirche die Absolution, den Zuspruch der Vergebung in der Beichte. Sie versteht das seelsorgerliche Handeln als die individuelle Zueignung von Freispruch und Trost.

Wir wagen es, einem verzweifelten Menschen zu sagen: Was dich auch immer bekümmern und belasten mag, wie groß und schrecklich deine Lebensschuld sein mag, du darfst das alles hinter dir lassen, du darfst es versenken in das unendliche, grundlose Meer der göttlichen Barmherzigkeit. Es gehört zu den schönsten Erfahrungen im Beruf des Seelsorgers, wenn er es dann und je erleben darf, wie durch diese persönliche Friedenszusicherung ein Mensch sich löst von Verzweiflung und Selbstzerfleischung, wie er an den alten Wunden nicht mehr herumkratzt und herumleckt, weil es ihm innerlich zur Gewißheit geworden ist: Gott hat mir vergeben, ich darf wieder Kind sein im großen Vaterhaus Gottes und darf dort frei ein und aus gehen.

Vergebung durch Übertragung

Es gibt Psychotherapeuten innerhalb und außerhalb des christlichen Bereichs die mit großer Ehrfurcht erklären: gerade an dieser Stelle, was die Vollmacht der Absolution betrifft, hat der christliche Seelsorger einen Auftrag zu verwalten, der weit über das hinausreicht, was der Psychotherapie zusteht und möglich ist. Wie dann auch immer Bedeutung und

Wert der psychotherapeutischen Praxis einzuordnen und zu beschreiben wäre, an dieser Stelle würde sie zurücktreten vor einem Handeln, das um göttliche auctoritas und dignitas (Vollmacht und Würde) weiß.

Aber freilich, die Psychotherapie ist nicht immer geneigt, die Auflösung des Schuldkonflikts den Theologen und ihrer Schlüsselgewalt zu überlassen. Sie hat sich selbst darum gemüht, das Schuldproblem zu bewältigen. Die Art, wie es geschehen ist, hat viel dazu beigetragen, das Mißtrauen in der Theologie gegen die Psychotherapie zu wecken und wachzuhalten. Es soll über diese Spannungen und Gegensätze freimütig gesprochen werden. Wir wollen gleichzeitig aber auch ganz offenbleiben für alle Wahrheitselemente in der Psychotherapie, selbst wenn sie uns in säkularem Gewand entgegentreten.

Die Psychoanalyse im engeren Sinn des Wortes, so wie sie Sigmund Freud ausgebildet hat, ist der Überzeugung, daß sich all unsere Schuldkonflikte aus sexuellen Störungen und Unordnungen herleiten lassen. Da ist vielleicht ein Mensch mit seinem starken Triebleben nicht fertig geworden. Er hat über lange Zeiten hin onaniert, eines Tages fängt er an, sich zu quälen, er könnte die Sünde wider den Heiligen Geist begangen haben. Oder ein Kind hat starke Liebeswünsche empfunden, in Form einer übermächtigen Vater- oder Mutterbindung, und kommt davon auch als erwachsener Mensch in der Ehe nicht los.

In einem solchen Fall wäre es die Aufgabe des Arztes, all die verdrängte Not nicht nur ins Bewußtsein zu heben, nein, es muß die frühere Situation, die den Schuldkonflikt hervorgerufen hat, gewissermaßen noch einmal rekonstruiert werden, wobei der Arzt die Rolle des Liebespartners, des Liebesobjekts zu übernehmen hat. Der Arzt muß bei diesem Vorgang der „Übertragung" darauf gefaßt sein, daß er ebenso geliebt wird, wie die Patientin ihren Vater geliebt hat. Der Arzt muß damit rechnen, daß er ebenso gehaßt wird, wie der Patient seinen Vater gehaßt hat. Damit aber, daß all diese leidvollen Vorgänge noch einmal nacherlebt und durchgemacht werden, nun jedoch in bewußter Verarbeitung im Unterschied zu dem früheren unbewußten kindhaften Erleiden, kann sich eine befreiende Ablösung der Schuld vollziehen.

Es bedarf keiner Worte, wie andersartig hier die Aufhebung des Konflikts erfolgt als bei dem Vorgang der Absolution. Nach christlicher Anschauung können wir Menschen einander wohl seelsorgerlich-brüderlich beistehen, wenn einer unter dem Übermaß einer Schuld zusammenzubrechen droht. Aber Schuld beseitigen, so, daß sie nicht mehr gilt, das steht Gott allein zu. Wir können immer nur Werkzeuge und beauftragte Boten des göttlichen Vergebungswillens sein. Trotzdem sollten wir das eine von der Psychoanalyse lernen, auch wenn sie uns sich in einer religiös indifferenten Gestalt darstellt und einen Ersatzvorgang für die Absolution anbietet, der unzureichend erscheint.

Wer einem schuldverzweifelten Menschen wirklich helfen will, muß in eine ganz tiefe Solidarität mit dem beladenen und beschwerten Du an seiner Seite eintreten. Es muß zu einer Verbundenheit kommen, in der tatsächlich einer des andern Last trägt, einer des andern Schmutz und Elend zu seiner eigenen Sache macht. An dieser Stelle dürfte es bei den christlichen Seelsorgern oftmals beträchtlich fehlen. Wir erheben uns wohl mit gewichtigen theologischen Argumenten über die Psychoanalyse und finden, daß sie schwere dogmatische Schönheitsfehler an sich trage. Dabei ist uns diese „weltliche“ Therapie zweifellos überlegen in der Fähigkeit zum Hinabsteigen, in der Bereitschaft zum völligen Sichgleichstellen mit dem leidenden Menschenbruder. Wie oft sitzen wir viel zu sehr auf dem Thron eines Sittenrichters! Wir entsetzen uns über den moralischen Tiefstand, der sich in einer Beichte vor uns auftut. Auch wenn wir unserer frommen Entrüstung keinen lauten Ausdruck geben, der seelisch leidende Mensch in seiner Empfindsamkeit spürt es doch, es verschließt ihm den Mund, er fühlt sich von uns nicht genügend aufgenommen und verstanden.

Also, es wird dabei bleiben, daß die Valutadeckung der Schuldaufhebung in der christlichen Seelsorge und in der Psychoanalyse wesenhaft verschieden verstanden und vollzogen wird. Das soll uns aber nicht davon abhalten, von der Psychoanalyse zu lernen, in der Stellvertretung wechselseitiger Schuldaufnahme aufeinander einzugehen. Wir erfüllen damit nur den Sinn von Luthers Mahnwort: Einer sollte des andern Christus werden.

Gibt es glückhafte Schuld?

In einer anderen Beleuchtung erscheint das Schuldproblem in dem Lebenswerk von Carl Gustav Jung und seinen Schülern. Jung verbindet das, was wir Schuld nennen, wesentlich mit dem Phänomen des „Schattens“ in unserer Tiefenseele. Wir werden hier darauf aufmerksam gemacht, daß es in unserem Leben nicht nur Geordnetes, Klares und Durchsichtiges gibt, sondern auch Dunkles, Chaotisches, minderwertiges, erbärmliches und gefährliches Wesen. Aber es gilt, auch diesen Schatten, diesen Bettler anzunehmen, statt ihn zu fliehen oder zu verdrängen. Es ist nicht gut, sagt man uns, allzu brav, allzu pflichttreu zu erscheinen. Der Mensch wird bei einer solchen Einstellung entweder langweilig oder unaufrichtig gegen sich selbst. Es müssen auch die unheimlichen, niedrigen und bedrohlichen Seiten unseres Wesens mit hineingenommen werden in den Prozeß der menschlichen Vollausreifung. Man muß den Mut aufbringen und muß auch harte, spannungsvolle Gegensätze im eigenen Inneren aushalten und verarbeiten. Nur wer durch die Abgründe des Lebens hindurchgegangen ist, kann zu wirklicher Leuchtkraft gelangen. Hoch muß auf tief stehen. Gern wird in dem Zusammenhang das japanische Sprichwort zitiert: „Am Fuß des Leuchtturms ist es dunkel" und darf es wohl auch dunkel sein. Der Satz: „Intra faeces et urinas nova vita genitur" gilt dann nicht nur für den Durchbruch des biologischen Lebens, er gilt auch in Verheißung bei den Geburtsnöten, die zu dem Prozeß der Individuation führen.

Jung neigt von dieser Gesamtschau her dazu, die kirchliche Lehre von der Trinität durch den psychologischen Aspekt einer Quaternitätsbetrachtung zu ergänzen[1]. Die vierte Macht, die neben Gott, Christus und dem Heiligen Geist von uns ernst genommen und angenommen sein will, ist der Teufel, ist das Geheimnis des Bösen, das zuletzt nicht zerstörerisch wirkt, sondern fruchtbar, lebensschaffend und bewußtseinssteigernd.

Man möge es auf seiten der Psychotherapie freundlich verstehen, daß diese Überzeugung von der Produktivität des dunklen Elements die Theologen nicht wenig beunruhigt, ja mit schwersten Bedenken erfüllt. Denn es sieht hier wirklich so aus, als komme das Ganze hinaus auf eine Rechtfertigung des Bösen, auf eine Theodizee des Teufels, auf eine Verklärung und Verherrlichung, und damit auch auf eine Verharmlosung unserer Irrwege und Abwege. Wir nähern uns hier der Hegelschen Philosophie, für die alle Gegensätze in Natur und Geschichte nur Durchgangsstufen zu einem höheren Sein sind. Auch das Widersprüchlichste bekommt dann noch ein positives Vorzeichen, als Entwicklungsstufe auf dem Weg zu einer letzten großen Allversöhnung.

Die christliche Theologie kann das Böse nicht so zukunftsträchtig und verheißungsvoll ansehen, wie es hier geschieht. Wir stehen als Christen zu stark unter dem Eindruck, wie das Böse die Tendenz in sich hat, uns Menschen zu verderben, uns in Unheil und Ohnmacht zu verstricken. Vor allem können wir nicht vergessen, wie die Zugeständnisse an unseren eigenen Vollkommenheitsreichtum von den anderen fast immer mit hohen Schmerzensgeldern bezahlt werden müssen.

Die psychotherapeutische Praxis dürfte davon selbst am allermeisten wissen, wenn sie in der Analyse die Biographie des Persönlich-Unbewußten aufarbeitet und dabei auf die schweren infantilen Verletzungen stößt, die durch das ungeordnete Leben der Erwachsenen in der Kindesseele

[1] Carl Gustav Jung: Symbolik des Geistes S. 395—427. Das Problem des Vierten, 1948.

einstmals angerichtet worden sind. Wir können uns darum nicht so rasch für eine „Neue Ethik“ begeistern, die zugunsten starker vitaler und instinkthafter Wünsche die sittliche Verantwortung, die wir aneinander haben, zurückstellt.

Es kann sein, daß auch unsere Umwege und Irrwege zuletzt noch zu unserem Besten dienen müssen. Aber wo sich das herausstellt, da sprechen wir nicht von einem schöpferischen Prinzip des Bösen. Da rühmen wir die Geduld und Gnadenmacht Gottes, der es trotz unserer Schuld und Verkehrung dank einer langmütigen, planvollen Führung herrlich hinausgeführt hat. Man kann es eigentlich nur paradox so ausdrücken: In der *Rückschau,* wenn das Ziel erreicht ist, mag man, mit Jung übereinstimmend, die Schatten und die Tiefen segnen, durch die wir hindurch mußten, um ins volle Licht zu gelangen. Aber daraus im *vorausschauenden* Handeln eine seelsorgerliche Methode, einen empfehlenden Rat zu machen und das Leben so gefährlich wie nur möglich anzulegen und zu führen, ist eine andere Sache. Vergessen wir doch nicht, wie viele Menschen an den dunklen Mächten ihrer Seele schon gescheitert sind, wie sie von ihrem Schatten überwältigt wurden, ohne sich seiner erwehren zu können. Wie oft versagt die „Enantiodromie“, das Einsetzen des Gegenlaufes, wonach bitter zu süß werden soll und aus der Begegnung mit der Nacht, mit Drachen und Schlange Helligkeit aufstrahlen darf.

Trotzdem wollen wir auch hier, ebenso wie bei der Beurteilung der Freudschen Psychoanalyse, den Wahrheitswert in dieser Quaternitätsschau nicht übersehen. Es sei an einige biblische und kirchliche Äußerungen erinnert, die uns nachdenklich machen mögen. Im Buch Hiob erscheint der Teufel als beratendes Mitglied im Hofstaat Gottes. In der Erzählung vom verlorenen Sohn (Luk. 15) läßt Jesus keinen Zweifel darüber, daß der davongelaufene, verirrte Sohn, der all sein Gut in leidenschaftlichem Genußhunger durchgebracht hat, die Liebe des Vaters tiefer erfaßt und versteht als der daheimgebliebene Bruder, der keine Begegnung mit seinem Schatten, mit dem Wilden und Ungebärdigen, hatte.

Augustin spricht von der beata culpa, von der glückhaften Schuld, und die Kirche hat dieses Wort von der felix culpa wenigstens an einer Stelle im Missale Romanum in die Karsamstagsliturgie mit aufgenommen. Von Luther stammt das kühne, gefährliche Wort, das unsere katholischen Brüder mit so großer Sorge erfüllt im Blick auf das protestantische Ethos: Pecca fortiter, crede fortius, sündige du immerhin kräftig, aber glaube noch viel kräftiger! Man darf freilich nicht vergessen, daß dieses ungewöhnliche Wort einem Philipp Melanchthon gesagt worden ist, der als gewissensängstlicher, sittenstrenger christlicher Humanist nicht so leicht in der Gefahr stand, eine solche Aussage im libertinistischen Sinn zu mißbrauchen. Immerhin, Luther hat es gewagt, Schatten und Licht so nahe zueinander zu stellen.

Von dem Königsberger Hamann, dem Magus des Nordens, stammt das freimütige Bekenntnis: Periissem, nisi periissem, ich wäre zugrunde gegangen, wenn ich den Abgrund nicht kennengelernt hätte. Auch in den Romanen von Dostojewskij, von Bernanos und Graham Greene wird an Hand von eindrucksvollen Gestalten der Überzeugung Ausdruck gegeben: aus den großen Sündern werden die großen Heiligen. Es ist etwas daran, und hier liegt das Wahrheitsmoment der Jungschen Schau und Schule: wer keine schweren Erschütterungen erlebt und durchlitten hat, bei dem bleibt alles bescheiden, kleinbürgerlich und durchschnittlich, auch in seiner Frömmigkeit. Wer sich um jede Auseinandersetzung mit den Abgründen der eigenen Seele herumdrückt, nur um nicht in seiner frommen Bravheit und Behaglichkeit gestört zu werden, der hat keine Vollmacht, weder als Künstler noch als Seelsorger.

Es ist angreifend und aufwühlend, an dieser Stelle das rechte Wort zu treffen. Man darf die uns anvertrauten Menschen nicht in Abenteuer locken, bei denen wir nie wissen können, ob ihr Lebensschiff nicht dabei strandet und scheitert. Man sollte aber auch die harmlos und ahnungslos verschlafene Mittelmäßigkeit des seelischen Erlebens nicht idealisieren, denn diese kann auch für die christliche Kirche geradezu tödlich werden. Wären wir mehr erschüttert, angefochten und bedroht, wir könnten ganz anders beten und beichten, lieben und loben. Für ein Christentum, das fad und abgestanden geworden ist, kann darum die Praxis der komplexen Psychotherapie wesentliche Anregung und Hilfe bedeuten.

Die Auflösung der Komplexe

Wir müssen die Begegnung zwischen den beiden Partnern angesichts des Schuldproblems zuletzt noch von einer neuen Seite her beleuchten. Jeder, der in der christlichen Seelsorge steht, kennt genug Beispiele dafür, wie wir angefochtenen, schuldbeladenen Menschen im persönlichen Zuspruch oder im sakramentalen Handeln von Beichte und Abendmahl das Wort von der Vergebung in Christi Namen und Auftrag dargeboten haben. Wir haben es nicht nur einmal getan, wir haben es zu wiederholten Malen getan, und dennoch kann es geschehen, daß das Beichtkind, ob Mann oder Frau, unverändert mit derselben Not und Verzweiflung zu uns kommt. Man hat sich müde geredet, man hat getröstet und versichert, daß das Alte vergangen ist, daß alle Schuld göttlich vergeben und vergessen ist, aber all unser Beistand hatte keine Wirkung. Am Ende des

Gesprächs tauchen die alten Fragen und Zweifel von neuem auf: Für mich gibt es keine Vergebung.

Wir stehen in solchen Fällen reichlich hilflos da und wissen nicht mehr weiter. Hier kann uns die Psychotherapie zu Hilfe kommen. Sie sagt uns, und das können wir gar nicht ernst genug beachten: es gibt auch krankhafte Formen der Schulderfahrung, es gibt das Schuldgefühl als Zwangsneurose und Selbstbestrafungswahn. Ein Mensch ist vielleicht in seiner Kindheit unter einem moralischen Überdruck gestanden. Die Vaterautorität hat wie die Gestalt eines Riesen auf das junge Leben gedrückt. Durch dieses Übermaß von belastender Normierung ist die Seele überanstrengt worden. Ein solcher Mensch kann sich nur noch fürchten, er kann nur noch zittern und bangen vor jeder Größe, die Macht und Gewicht an sich trägt. In einem solchen Fall wird es nicht nur aller Voraussicht nach zu der typischen Examensangst kommen, auch Gottesbild und Gottesvorstellung werden dann in die Neurose mit hineingerissen. Es dürfte klar sein: wo solche hintergründige Zusammenhänge am Werk sind, da bleibt alle seelsorgerliche Tröstung zunächst rein vergeblich. Der Mensch in seiner krankhaften Gebanntheit ist überhaupt nicht fähig, sich entlasten zu lassen. Es bedarf bei solchen Verklemmungen und Verkrampfungen zuerst der auflösenden, abbauenden, seelisch gesundmachenden therapeutischen Hilfe, ehe das biblische Wort von der Vergebung gehört und geglaubt werden kann. Die krankhaften Formen der Schulderfahrung müssen beseitigt sein, ehe echte Schulderfahrung erkannt und abgenommen werden kann.

So läßt sich am Schuldproblem besonders eindrücklich zeigen, wie fruchtbar es ist, wenn sich Psychotherapie und christliche Seelsorge begegnen. Gerade an dieser Stelle brechen wesenhafte Unterschiede auf im Blick auf Verstehen und Helfen, und wir sollten gar nicht versuchen, diese Gegensätze um jeden Preis auszugleichen. Es bleibt auch dann noch genug des Gemeinsamen in wechselseitiger Anregung und Förderung.

DIE RELIGIÖSE UNLUST IM LEBEN DES CHRISTEN

Der Zustand der Ermattung

Die elementare Äußerung eines Menschen, der aus der Verbundenheit mit Gott heraus lebt, sollte die Freude sein. Sowohl die Bibel wie die Erbauungsliteratur aller christlichen Konfessionen ist voll von spontanen Bezeugungen dieser strömenden Freude. „Mein Leib und meine Seele freuen sich in dem lebendigen Gott", jubelt der vierundachtzigste Psalm. Von den ersten Christen in der Urgemeinde zu Jerusalem heißt es: „Sie lobten Gott mit Freuden" (Apgsch. 2, 47). Ein Franz von Assisi sah in der Freude den reinsten Ausdruck der Gotteskindschaft. Sie soll von seinem Angesicht noch in der härtesten Krankheit und Armut geleuchtet haben. Von Paul Gerhardt, dem lutherischen Christenzeugen stammt der Vers: „Mein Herz geht in Sprüngen und kann nicht traurig sein, ist voller Freud und Singen, sieht lauter Sonnenschein."

Aber die konfessorischen Stimmen und seelsorgerlichen Erfahrungen im christlichen Leben wissen auch von schweren Anfechtungen der Seele zu berichten. Auch über einen Menschen, der im Grund seines Herzens ehrlich nach Gott verlangt, können Zeiten der Dürre und Öde, der völligen Erschlaffung und Erschöpfung im religiösen Leben hereinbrechen. Keiner scheint gegen diese Gefahr gesichert zu sein, ja, oft sind es gerade die wertvollsten Naturen, die davon befallen werden. Es braucht sich darum keiner zu schämen, Gleiches von sich zu bekennen.

Der Marburger Theologe Friedrich Heiler hat in seiner religionsgeschichtlichen Untersuchung über das Gebet darauf hingewiesen, wie häufig selbst bei den „Klassikern der christlichen Religion" die Klage wiederkehrt über die Mattigkeit des Herzens, über die Erstorbenheit aller gläubigen Regungen, über die Langeweile gegenüber der Welt des Heiligen. Bernhard von Clairvaux, Heinrich Seuse, die spanische Mystikerin Theresa haben von diesen innersten Nöten freimütig gesprochen. Auch Luther, Pascal und Kierkegaard wissen um den Kummer solcher Verarmung.

Die katholisch asketische Literatur, die für alle religionspsychologischen Vorgänge eine besonders reich ausgebaute Sprache besitzt, kennt zwei Worte zur Beschreibung dieser notvollen Zustände: siccitas und akedeia. Siccitas heißt Trockenheit und meint den schmerzlichen Vorgang der Indifferenz, bei dem das Leben aus Gott weder blühen noch wachsen kann. Die Ableitung des zweiten Wortes ist schwieriger und vielfach umstritten. Nahe liegt die Erklärung von dem Wort acidus: sauer, säuerlich, scharf wie Essig. Es gibt auch in der Welt der Frömmigkeit säuerliche Menschen, sie wirken seufzend und unfroh, es geht nichts Wohltuendes, Beglückendes oder gar Strahlendes von ihnen aus. Es ist aber auch möglich, daß in dem Wort akedeia ein alpha privativum steckt und dazu das griechische Adjektiv ἡδυς, süß. Dann wäre zu übersetzen: ein Zustand ohne alle Süßigkeit. Die großen herrlichen Gotteswahrheiten schmecken uns nicht mehr. Es ist, als wenn wir jedes Empfindungsvermögen dafür verloren hätten.

Es kann sein, daß es eines Tages bei uns soweit ist, daß uns das Christliche rein nichts mehr sagt, weder in der Gestalt der Theologie noch in der Form der Liturgie. Die biblischen Worte, allzuoft gehört, sind wie tot. Das Brevier wird zwar noch gelesen, die Hausandacht wird um der Kindererziehung willen noch gehalten, aber es ist ein regelrechter Leerlauf. Das Herz wird von dem allem nicht mehr bewegt. Hand in Hand pflegt damit zu gehen die Unlust zum persönlichen Gebet, die Gleichgültigkeit gegenüber dem Sakramentsempfang und nicht selten auch eine spürbare Abneigung gegen alle christlichen Tugenden, die als fad, langweilig und allzu brav empfunden werden.

Der Zustand der religiösen Unlust bedeutet für jeden, der davon betroffen wird, ein schweres Leiden, eine tiefe Seelennot. Der Mensch fragt sich in seiner Stumpfheit und Verdrossenheit: Warum kann ich Gott nicht mehr lieben wie ehedem? Besonders schwer ist es, in einer solchen Verfassung so tun zu müssen, als liebte man Gott, während innerlich doch alles erstorben ist. Wenn man dann wenigstens schweigen dürfte! Aber der Religionsunterricht muß ja weiter gegeben werden. Die Sterbenden und Kranken wollen getröstet sein, und die Gemeinde erwartet eine hilfreiche Stärkung von der Predigt an dem rasch herankommenden Sonntag.

Religiöse Überfütterung

Wie kann es zu einem solchen Zustand der religiösen Unlust im Leben des Christen überhaupt kommen? Es ist möglich, daß der Grund für die Austrocknung des Herzens gesucht werden muß in dem Abfall eines Menschen von Gott und seinem Gebot. Eduard Mörike hat diesen Zusammenhang einmal in erschütternder Beichte zum Ausdruck gebracht:

Dein Liebesfeuer,
ach Herr, wie teuer,

wollt ich es hegen,
wollt ich es pflegen.
Hab's nicht geheget,
und nicht gepfleget,
bin tot im Herzen,
o Höllenschmerzen!

Wenn ein Mensch über lange Jahre hin die göttliche Begnadigung und Erziehung empfangen hat, und er wirft dann alles weg in einem jähen, wilden Rausch der Auflehnung und Empörung gegenüber jeder göttlichen Ordnung, dann muß man sich nicht darüber wundern, wenn dieser Konflikt den Herzensfrieden bis auf den Grund zerstört. Denken wir an eine Situation, wie sie Gerhart Hauptmann in seinem „Ketzer von Soana" hinreißend geschildert hat. Dort ist es ein Priester, es könnte sehr wohl auch ein evangelischer Pfarrer sein, von dem berichtet wird, wie eine glutheiße, aber in jeder Weise unordentliche Liebe Glaubensfreudigkeit und Berufsethos dieses Mannes innerlich und äußerlich völlig zerstört.

Und doch läßt sich der Vorgang der religiösen Unlust niemals nur auf die eine Formel des säkularen oder nihilistischen Abfalls von Gott bringen. Wir hörten ja schon: die Austrocknung und Verödung der Seele kann auch über Menschen kommen, denen es ganz fern liegt, die christliche Wahrheit zu verleugnen und mit Füßen zu treten. Solche Menschen sollte man nicht quälen mit inquisitorischen Fragen nach ihrer heimlichen kriminellen Schuld. Wir dürfen die Akedeia auch nicht gleichsetzen mit dem Haß gegen das Christentum, wie er im Zeichen eines Friedrich Nietzsche oder eines Karl Marx in unserer Generation erneut aufgebrochen ist. Das ist ja gerade das tiefste Leiden an dem Zustand der Dürre und der Dürftigkeit: der Mensch will gar nicht von Gott lassen, er versteht nur nicht, warum in ihm alles so tot und erstorben ist und nichts mehr zu ihm spricht.

Suchen wir darum weiter nach den Gründen dieses notvollen Geschehens. Es ist schon oft aufgefallen, wie häufig die religiöse Ermattung eintritt als Gegenschlag zu besonderen Höhenerlebnissen der Gottesbegegnung. Nach den großen Feiertagen der Kirche mit dem Reichtum ihrer Lieder, mit der Fülle der festlichen Gottesdienste, oder auch nach der Rückkehr von einer Freizeit, die uns weit über den Alltag hinausgeschoben hat, ist die Gefahr besonders groß, daß ein Absturz in die Verdrossenheit und Verarmung erfolgt. Es ist, als hätten wir im Höhenflug der Gotteserfahrung eine Grenze überschritten innerhalb unserer endlichen, geschöpflichen Struktur, was mit einem Rückschlag in Traurigkeit und Kälte bezahlt werden muß. Wir mögen daraus ersehen, daß es nicht nur eine physiologische Überfütterung des Magens gibt, die unserer Gesundheit schlecht bekommt. Es gibt auch eine erlebnismäßige, geistige und geistliche „Magenüberfütterung“, die zur Erkrankung des inwendigen Menschen führen kann.

Wohl trifft man immer wieder einmal auf Glaubensgenossen, die in der Beziehung grenzenlos viel zu vertragen scheinen. Aber es gibt im religiösen Leben auch Menschen mit zarter seelischer Konstitution, die sich einfach übernehmen an der Überforderung der ihnen allzu reichlich zugemuteten Produktion. Diese Menschen sind deswegen nicht schlechter. Man sollte sie wegen ihrer geringeren Aufnahmefähigkeit im Blick auf die religiösen Ernährungsmengen und Vorgänge nicht moralisch aburteilen.

Ist es schon eine beträchtliche Leistung, achtundzwanzig Mathematikstunden in einer Woche zu geben, so dürfte die gleiche Zahl an Religionsstunden einfach über die Kraft gehen, und zwar nicht so sehr über die biologische und stimmliche Kraft, sondern vor allem über die seelische Kraft. Mancher Pfarrer ist am Heiligen Abend „wie tot im Herzen“, nachdem er zwanzig und mehr Weihnachtsfeiern in Altersheimen, Kindergärten, Herbergen zur Heimat, in Kliniken und vor Jugendgruppen, jedesmal natürlich mit einer pflichtschuldigen Ansprache, hat halten müssen. Auch eine Theologieprofessor kann am Ende eines Semesters so ausgelaugt und müde geredet sein, daß er geradezu so etwas wie Widerwillen gegen jede Fachlektüre empfindet.

Die religiöse Unlust hängt nicht nur mit unmittelbaren Berufsüberforderungen zusammen. Sie kann auch begründet sein durch Überanstrengungen, die sich über lange Fristen hinziehen und deren Ursprung bis in die Kindheit zurückreicht. Gewiß ist die Gefahr in der Jugenderziehung heute die religiöse Verweltlichung und Oberflächlichkeit, daß den Kindern keine liebevolle und lebendige Einübung ins Christentum mehr vermittelt wird. Aber wir dürfen doch die Augen nicht davor verschließen, daß es daneben auch heute noch merkwürdig viel gesetzliche und freudlose Darstellungen des christlichen Lebens gibt.

Wie oft gleicht das christliche Haus, gerade wenn es diesen seinen Charakter entschieden wahren möchte, mehr der Synagoge und der Gesetzesrolle als dem Evangelium und dem Reiche Gottes! Es wird vor allem verboten und versagt, der junge Mensch wird mit geistlicher Kost übersättigt und überfordert, es bleibt wenig Raum für das kindliche Froh- und Natürlichseindürfen. Die biographisch getriebene Seelsorge an Menschen, die unter religiöser Unlust leiden, ergibt jedenfalls häufig, daß die Kindheit und Jugend in einer gewiß gutgemeinten, aber wenig glücklichen Weise allzusehr unterdrückt und eingesperrt verlaufen ist. Die Ermattung und Verdrossenheit im Glaubensleben erklärt sich dann als Gegenschlag zu den Überlastungen aus der religiösen Vergangenheit.

Selbst dafür müssen wir offen sein, daß sich in einem Menschenleben gelegentlich sogar ein Glied einer ganzen Familienkette für eine Zeitlang ausruhen möchte, ehe es in der nächsten Generation in neuer Frische wieder weitergehen kann. Wir wissen aus der Tiefenpsychologie, daß unsere Seele keineswegs eine ausschließlich auf sich selbst gestellte Größe ist. Unsere Seele hat Anteil an dem Ahnenerbe, an dem Erleben und Erleiden der Geschlechter, die vor uns gewesen sind. Haben diese sich anhaltend überfordert und überfordern lassen, sei es durch eine kantisch oder pietistisch geprägte Pflichtenstrenge, dann soll man sich nicht wundern, wenn sich bei uns selbst oder bei unseren Kindern auch einmal ein spürbares Verlangen nach Loslassen, nach Schonung und Muße lebhaft meldet.

Auch das Körperliche ist oftmals schuld an der religiösen Ermattung. Der Geist des Menschen verhält sich zum Leib wie ein Spieler zu seinem Instrument, man könnte auch sagen wie der Lenker eines Wagens zu seiner Karosserie. Ein Meisterpianist wie Edwin Fischer wird auch noch aus einem alten, abgespielten Wirtshausklavier erstaunlich viel herausholen. Ein vorzüglicher Fahrer steuert auch eine alte Kiste über die unmöglichsten Klippen hinweg. So darf es immer wieder der Geist sein, der sich den Körper baut.

Aber es gilt doch auch das andere: Wie oft ist ein Spieler in seinem Ausdrucksvermögen gehemmt und gebunden, weil man ihm ein allzu unzureichendes Instrument in die Hand gedrückt hat, dem beim besten Willen keine reinen, edlen Töne zu entlocken sind. Gerade christliche Menschen sind häufig in der Gefahr, die ungeheure Gewalt der biologischen Vorgänge im Blick auf das geistig-seelische Leben zu unterschätzen. Nun hat aber der ewige Schöpfergott selbst unser geistiges Leben auf das allerengste mit dem leiblichen Leben verbunden. Auch in der Beziehung gilt: „Was Gott zusammengefügt hat, das soll der Mensch nicht scheiden!" Darum sollten gerade wir Theologen uns viel stärker für die leiblichen Dinge interessieren, so wie umgekehrt die Ärzte sich heute erfreulicherweise ganz neu aufschließen für die Machtwirkung seelischer Faktoren, die sich bis ins Körperliche hinein auswirken. Ein Mensch, der anhaltend verstopft ist, der infolge falscher Ernährung schlechtes Blut und eine unzureichende Drüsenfunktion bekommen hat, soll sich nicht wundern, wenn eines Tages die religiöse Erschlaffung und Ermattung mit Gewalt über ihn hereinbricht. Sauna, Luftbad und Kneippkur, Beeren und Weintrauben dürften in einem solchen Fall mehr am Platz sein als Seelenmassage und Bekehrungspredigt.

Ratschläge, die nicht weiterführen

Wenn der Zustand der Abstumpfung und Trockenheit da ist, pflegen wir den also gelähmten Menschen mit sittlichen Imperativen wieder hochzureißen. Wir fragen mehr oder weniger plump nach den Verirrungen seines Doppellebens, aus denen die religiöse Verdrossenheit und Dürre herrühren soll. Wir fordern auf zu vermehrtem Gottesdienstbesuch, zu eifrigerem Bibellesen, zu treuer anhaltendem Gebet, zu intensiver Teilnahme am Leben der Gemeinde. Aber wir sollten endlich einmal einsehen, daß wir mit solchen seelsorgerlichen Ratschlägen die religiöse Gleichgültigkeit nicht nur nicht heilen, sondern sie im Gegenteil steigern und verschlimmern. Der religiöse Überdruß ist ja entstanden durch ein Übermaß an frommer Bemühung. Wird in derselben Richtung immer noch mehr verlangt und getan, dann muß die Krankheit ja zwangsläufig zunehmen, gleich wie wenn man einen Zuckerkranken, der sich schwach fühlt, mit Marzipan und Mehlspeisen füttern wollte.

Aber was soll dann geschehen, wenn die überlieferten Formen der Wiederzurechtbringung versagen und dahinfallen? Für einen rechten Seelsorger und Seelenarzt sind Diagnose und Therapie eng aufeinander bezogen. Was wir als tiefste Ursachen der religiösen Unlust erkannt haben, das muß uns auch den Weg weisen zur Überwindung des leidvollen Zustandes. Noch einmal sei zugegeben: es kann sein, daß der Verlust der Freude in Gott zusammenhängt mit einer tiefen inneren Unordnung der gesamten Lebensführung. In diesem Fall tut einem Menschen nichts so not als ein gründlicher Inventarsturz in Form einer Beichte, in Gestalt einer sorgsamen seelsorgerlichen oder psychotherapeutischen Beratung. Wenn alles Unterdrückte, Verdrängte, Verheimlichte einmal ausgesprochen ist, wenn es bekannt, bereut und durch Absolution vergeben ist, dann pflegt eine wunderbare Befreiung davon auszugehen. Der Mensch kann sich Gottes wieder freuen, er hat Lust, Gott zu loben, in seiner Gegenwart zu leben, und alle Gleichgültigkeit und Verdrossenheit ist wie weggeblasen. Und doch müssen wir uns davor hüten, nur diesen einzigen Weg zur Deutung und Heilung der religiösen Unlust gelten zu lassen.

Da, wo sich Akedeia aus religiöser Überkorrektheit und Überfütterung herleitet — ein Zustand, der sich über Generationen hin angesammelt haben kann —, muß unbedingt ein Fasten in der religiösen Nahrungsaufnahme eingelegt werden. Es kann sehr wohl auch einmal zur seelsorgerlichen Aufgabe gehören, einem Menschen zu sagen: Leg deine Bibel für eine Zeitlang weg, lauf nicht in jedes Stündle, verkürze dein Gebet, verzichte auf die theologische Pflichtlektüre, bis der Hunger danach aufs neue erwacht und dir die Speise der göttlichen Wahrheit wieder kräftig schmeckt. Es gehört ein gewisser Mut dazu, solche Ratschläge zu geben. Denn immer muß man in einem solchen Fall darauf gefaßt sein, daß sich ein Chor von entrüsteten Stimmen erhebt, die nur das Negative, das Glaubenslose an dieser Seelenführung empfinden, weil man von der eigenen krisenlosen Lebenslage her keinerlei Verständnis dafür aufzubringen vermag, was dem geschwächten und erschöpften Bruder zur Zeit guttut und vonnöten ist.

Die Deutung der Neurosen

Aber freilich, es genügt nicht, dem seelisch ermatteten Menschen die Äußerungsformen religiöser Überlastung zu untersagen. Viel wichtiger ist, daß positive Hilfen dargeboten werden, und das alles durchaus mit der Zielrichtung, den verbrauchten Menschen dadurch wieder empfangsbereit zu machen für einen lebendigen Austausch mit Gott.

Man spricht gegenwärtig wohl viel von den Einzelfällen neurotischer Erkrankung und bemüht sich um Heilung für den jeweilig betroffenen Träger. Aber wir sehen nicht genug den neurotischen Gesamtcharakter unserer Zeit. Nicht nur die oder jene Person leidet heute unter einer Neurose inmitten eines Heeres von herrlich gesunden Zeitgenossen. Nein, unsere ganze Zeit ist durch und durch neurotisch geworden. Wir alle tragen an dieser Last und Verkehrung mehr oder weniger mit. Auch die christlichen Kreise, auch unser Pfarrerstand, machen davon keine Ausnahme.

Worin besteht die Kollektiverkrankung unserer Zeit, in deren Gefolge auch die religiöse Unlust und Erschöpfung miterscheint? Angeregt durch die Lebensleistung von C. G. Jung und geführt von der Wahrheitsschau der Bibel, möchte ich die tiefste Ursache zu allem Lebensleid und zu aller Lebensunfähigkeit in unseren Tagen sehen in dem Ausfall an Seinsfülle, in dem Verlust an Gleichgewicht, in dem Mangel an Ausgleich.

Die großen entscheidenden Polaritäten des Lebens finden sich alle schon auf den ersten Blättern der Bibel in wundervoller Klarheit ausgesprochen. Wenn es heißt: Im Anfang schuf Gott Himmel und Erde, er schuf die Visibilia und die Invisibilia (das Sichtbare und Unsichtbare), dann wird hier bereits das Sinnliche und das Geistige, das Anschauliche und das Begriffliche, das Farbig-Gestaltete und das Werthaft-Gültige lebensvoll zusammengestellt. Vom Menschen wird in einer sehr schlichten mythischen Ausdrucksweise gesagt, er sei entstanden durch die Verbindung von Erde und göttlichem Geisteinhauch. Damit werden wir zu Bürgern zweier Welten gemacht, und darum können wir den Sinn des Lebens nur dann recht erfüllen, wenn wir das leibliche Leben und den Gesprächsaustausch mit Gott gleich ernst nehmen.

Das menschliche Dasein in seiner leibgeistigen Fülle aber stellt sich uns dar in der geheimnisvollen Zweisamkeit der Geschlechter. „Gott schuf den Menschen, er schuf ihn männlich und weiblich, und sprach zu ihm: seid fruchtbar und mehret euch." Ferner gilt: durch das Schaffen Gottes geht der Rhythmus von Wirken und Feiern, und auch der Mensch soll an diesem heilsamen Wechsel Anteil haben. „Also ward vollendet Himmel und Erde mit ihrem ganzen Heer, und Gott segnete den siebenten Tag und heiligte ihn, darum daß er an demselben geruht hatte von allen seinen Werken, die Gutt schuf und machte."

So treten uns allenthalben die herrlichsten Zusammenhänge entgegen. Natur und Geist, Leib und Seele, Sinnlichkeit und Vernunft, männlich und weiblich, actio und passio, Anspannung und Entspannung finden sich im Schöpfungswirken Gottes zu lebensvoller Einheit zusammen.

Was aber haben wir daraus gemacht! Wir haben die Fülle und die Ganzheit verloren und sind in schrecklichen Einseitigkeiten verkümmert und erstarrt. Da ist der naturalistische Mensch, der nur noch ein rein vegetatives Dasein führen will, das über Essen, Trinken, Schlafen, Verdauen und Genießen hinaus keine höheren Zielsetzungen kennt. Das geistige Sein wird völlig vernachlässigt. Kein Wunder, wenn ein solcher Mensch schließlich zerbricht an der Inhaltsleere seiner Tage, wenn er früh verfällt, weil keine geistige Kraft und Betätigung der naturgesetzlichen, bioshaften Ablauf begleiten und durchdringen darf!

Aber sehen wir doch nicht immer nur die materialistische und marxistische Verirrung im menschlichen Leben. Behalten wir die Augen auch offen für die Entstellungen und Entartungen nach der anderen Seite hin! Sind wir nicht alle, besonders wir Akademiker, heute bedroht von einer immer weiter fortschreitenden Naturentfremdung? Wir haben den Geist überzüchtet, wir können nur noch begrifflich abstrakt denken, aber nicht mehr anschaulich und seelenvoll. Wer von uns ist noch gesund, wer kann noch schlafen und verdauen, ohne künstliche Mittel zu Hilfe nehmen zu müssen? Wer spielt, wandert und musiziert noch mit seinen Kindern? Die Unrast und Ruhelosigkeit hat uns alle gefressen. Wir finden keine Zeit mehr zur Stille und zur Muße. Unsere Kultur ist viel zu einseitig nur vom männlichen Geist geprägt. Das weibliche, mütterliche Element kommt zuwenig zu seinem Recht. Es müßte sich auch im Leben des Mannes auswirken können und dürfen in Gestalt von Empfänglichkeit, Liebeswärme und intuitiver Kraft.

Auch Kirche und Theologie sind diesen Fehlentwicklungen heute durchaus mitverfallen. Unsere Sprache ist weithin ungenießbar geworden. Von des Gedankens Blässe angekränkelt vermögen diese Produktionen nicht mehr zu erquicken und zu beschenken. Die rationalistischen Überlegungen zersetzen die Wunder und Geheimnisse, von denen die Kirche allein lebt. Eine nervöse Betriebsamkeit hat uns alle erfaßt und läßt uns zu keiner gesammelten schöpferischen Arbeit mehr kommen.

Braucht man sich da noch zu wundern, wenn Müdigkeit und Verödung der Seele, wenn Erlebnisarmut und Kälte des Herzens über uns hereinbricht und uns nicht mehr loslassen will! Diese Schäden gehen heute so tief, daß man nicht mehr davon schweigen darf. Die meisten Neurosen sind seelische Mangelkrankheiten. Sie können nur überwunden werden durch Auffüllen der Lebenselemente, die allzu vernachlässigt im Schatten geblieben sind. Auch die religiöse Unlust hat ihren Grund in dem Abfall aus der Seinsfülle des Lebens, in die Gott uns hineingestellt hat und zu der wir heimkehren müssen, wenn uns geholfen werden soll.

Die sogenannte „dialektische Theologie" wäre vielleicht geneigt zu sagen: das Problem der religiösen Unlust ist völlig uninteressant; denn es kommt bei der Begegnung mit Gott überhaupt nicht darauf an, daß wir dabei etwas fühlen oder empfinden. Es genügt, wenn wir uns an Gottes Zusage in seinem Wort halten, auch wenn wir „gar nichts fühlen von seiner Macht". Ja, niemals erweise sich der Glaube größer als in der Gestalt des fühllosen Glaubens. Daran ist sicher etwas Richtiges. Es kann sein, daß in mir alles tot und erstorben ist, dennoch klammere ich mich in all meiner Erlebnisschwäche und Seelenarmut an den Vollzug meiner Taufe, die mir zusagt, daß ich Gottes liebes Kind bin und bleiben darf. Und trotzdem ist es falsch, aus der Tatsache, daß der Glaube auch fühllos sein kann, den Schluß zu ziehen, also möge er ruhig fühllos bleiben. Wer als Pfarrer auf der Kanzel oder als Predigthörer unter der Kanzel den ganzen Jammer der fühllosen, farblosen, glanzlosen Predigten, der vertrockneten „Gottesaufsätzchen" kennt, der kann niemals wünschen, daß dieser Zustand zur Normalsituation des christlichen Lebens erhoben wird. Im Gegenteil, nichts ist mehr zu wünschen, als daß wir als Theologen und Christen aus dieser Dürre herauskommen.

Die Bereitschaft zum heilen Leben

Darum seien noch einige Hinweise zur Überwindung der Akedeia gegeben. Man möge sich nicht daran stoßen, wenn diese Ratschläge überwiegend nichtgeistlichen Charakter tragen. Wenn die religiöse Unlust der moralischen Überbelastung entstammt, dann kann sie nicht gut geheilt werden durch Vermehrung der Wege, die diese Not ausgelöst haben. Das erste, was wir brauchen, wäre ein neues, besseres Verhältnis zu den natürlichen Grundlagen des Lebens. Die Gesetze des Leibes, die Kräfte der Erde dürfen nicht übersehen und vernachlässigt werden. Reine Nahrung, reine Haut, reichlicher Schlaf, Atemerziehung, Arbeit im Garten, Wanderweg und gelegentliches Fasten müssen dem am Herzen liegen, der unter der quälenden Krankheit der religiösen Unlust leidet.

Entweder gehen wir mit der Natur, die Gottes Gabe an uns Menschen ist, und dann werden wir leben. Oder wir gehen gegen die Natur, und dann werden wir zuletzt immer die Besiegten, die Unterlegenen sein. Gottes heilige, herrliche Größe dispensiert auch die Bekehrten, die Frommen nicht von der Gültigkeit seiner Ordnungen. Es ist erschütternd zu sehen, wieviel leibliche und seelische Krankheit sich gerade unter erweckten, gläubigen Menschen findet. Der Grund dafür ist der einseitige Spiritualismus, ist ein platonisch und hellenistisch verseuchtes Christentum, das so tut, als käme es bei Gott allein auf die Seele an, und nicht auch auf die Größen: Leib, Natur und Erde, in die wir mit unserer ganzen Existenz eingebettet sind.

Zu der biologischen Ehrfurcht muß als zweite Lebensordnung hinzukommen ein größeres Maß von Freiheit und spielerischer Heiterkeit dem Leben gegenüber. Wir sind alle immer noch zu feierlich, zu streng und ernst gegenüber uns selbst, gegenüber Frau und Kindern. Was nehmen wir alles tragisch, wie belasten wir uns und den Lebensstil in unserem Haus oft so unnötig durch Zumutungen und Überforderungen, die niemand froh machen können! Warum gönnen wir uns so selten eine Erholung, eine Ausspannung, warum haben wir die Steckenpferde unserer Jugendzeit so vernachlässigt oder ganz vergessen? Wir deutschen Menschen schaffen zuviel, darum wirken wir so leicht abgeschafft, verdrossen, schwerfällig und humorlos.

Die christliche Kirche und Seelsorge sollte sich dieser Schaffenswut entgegenwerfen, indem sie hinweist auf die Lebenskräfte, die aus der Stille, aus dem Schweigen, aus Spiel und Feier geboren werden. Statt dessen stellt sich die Kirche womöglich noch an die Spitze dieses tierischen Ernstes und verspricht den Pflichtathleten zeitliche und ewige Prämien! Kein Wunder, wenn sich dann in ihren eigenen Reihen die religiöse Unlust und Ermattung zuallererst breitmacht. Bei Menschen, die seelisch einigermaßen gesund sind, braucht es im Grund gar keiner großen Dinge, um die Akedeia zu überwinden. Es genügt vielleicht schon eine grauer Sommeranzug an Stelle der ständigen Schwärze im Kleid, es genügt eine kleine Reise, eine kurze schöpferische Pause, ein Streichquartettabend mit musikalischen Freunden, und die Freude aus Gott, ja, die Freude aus Gott, fängt wieder an zu strömen. Aber niemals kann diese ewige Freude, einmal verlorengegangen, sich wieder einstellen, wenn Naturabdrosselung, finsterer Geist der Gesetzlichkeit und Pflichtleistungsdenken als rettende Heilmittel angeboten werden.

Seelische Not als Verheißung

Gewiß, man kann der Glaubensunlust auch durch geistliche Lebensregeln zu Hilfe eilen. Aber diese müssen dann von besonderer Art und Beschaffenheit sein. Alles, was beschwert und durch Zumutungen belastet, muß unbedingt vermieden werden. Alles, was wohltut und erquickt aus dem Reich der göttlichen Welt und Wahrheit, ist erlaubt und mag voll zur Auswirkung kommen. Es wird sich dabei herausstellen, daß einen religiös erschöpften Menschen die Musica sacra mehr erfrischt und tröstet als jedes noch so vorzügliche theologische Gedankenprodukt.

Bilder aus der Welt des Heiligen pflegen der ermatteten Seele besonders wohlzutun. Moderne Bibelübersetzungen, etwa die von Pfäfflin oder Jörg Zink, die das Wahrheitsgut der Heiligen Schrift in ganz neuer Weise weitersagen, sprechen den vertrockneten Menschen unmittelbarer an als der überkommene Text, besonders wenn sich an ihn negative Erinnerungen aus dem Religions- und Konfirmandenunterricht der Jugendzeit knüpfen. Die Lektüre von Lebensbildern großer christlicher Glaubensgestalten hat schon manches erstorbene Gemüt wieder zu neuem Leben erweckt. Auch hier ist es wieder die Bildgewalt eines wirklichen Lebens, die stärker auf die ermüdete Seele einwirkt als jeder abstrakte Wahrheitsgehalt, mag dieser noch so sehr von gültigem Wert sein. Erziehung zur Meditation ist hilfreicher als Verschärfung der Reflexion, wenn es gilt, das ausgetrocknete Seelenland wieder zum Blühen zu bringen. Kurze Seufzer des Gebets, aus der Tiefe des Herzens aufbrechend, sind auch dem möglich, der noch keine Kraft besitzt, dem großen Agendengebet im Hauptgottesdienst der Kirche zu folgen.

Wer die notvollen Zustände der religiösen Unlust aus eigenem Erleben nicht kennt, mag sich schwer tun, diese Ausführungen zu verstehen und zu billigen. Wer aber selbst schon einmal durch die Täler der Kälte und der Öde hindurchgegangen ist, der wird das hier Vorgebrachte nicht so ganz abwegig finden. Die religiöse Unlust ist eine Anfechtung besonderer Art. Man kann ihr nicht in der gleichen Weise beikommen, wie man etwa in der Volksmission gegen Ausschweifung, Unzucht und betrügerisches Wesen ankämpft. Die religiöse Unlust entstammt nicht der Vernachlässigung, sondern der Übersteigerung der religiösen Pflicht. Wo die Akedeia ausbricht, hat der fromme Mensch wohl immer um Gott geeifert, aber in Unverstand. Man muß den freudlos gewordenen Menschen hineinstellen in eine geheiligte Natürlichkeit, dann fängt der Baum des Lebens wieder an, frische Blätter zu treiben und süße Früchte zu bringen.

Ein Letztes ist noch zu sagen. Es gehört zu den Grundüberzeugungen der modernen Seelenheilkunde, daß die Neurose nicht nur ein Unglück ist, sie ist zugleich immer auch ein heilsames Fieber. Der Neurotiker ist nicht nur ein armer Schlucker, den man bemitleiden muß. Er ist zugleich auch ein Mensch, der gemerkt hat, daß etwas in unserem Leben und Zusammenleben, in unserer Kirche und Kultur nicht in Ordnung ist. Darunter leidet dieser Mensch, und er trägt sein Leiden stellvertretend für viele andere, die einstweilen noch nichts gemerkt haben. Der Neurotiker ist der Schon-Kranke unter vielen Noch-nicht-Kranken, die ihre Krise noch vor sich haben, während der andere bereits weiter ist in seinem Aufbruch von Not und Reife.

Diese Erkenntnis, die zum Allgemeingut moderner Heilanschauung gehört, dürfen und müssen wir auch auf das Problem der religiösen Unlust anwenden. Die religiöse Unlust entstammt einem Enttäuschungserlebnis darüber, daß unser kirchlich-theologisches Schreiben, Reden und Handeln so matt geworden ist. Würde das Leben in der Kirche einem blühenden Garten gleichen mit fröhlichem Dienen, Singen und Loben, es könnte gar nicht geschehen, daß uns so oft Müdigkeit, Trockenheit und Langeweile überfällt. So aber weist die Akedeia darauf hin, daß etwas krank geworden ist in dem Corpus Christianum.

Damit aber sind wir alle aufgerufen, das „Beste der Stadt Gottes zu bedenken". Denn die Kirche ist ja nicht eine gegenständliche Größe, die wir mit unserem Lob oder Tadel zu versehen hätten. Die Kirche Christi, das sind wir alle zusammen, soweit wir uns zu dieser Gliedschaft rechnen und halten. Darum trägt jeder von uns mit an der Verantwortung, ob die Menschen durch das Vorhandensein der Kirche in der Welt beschenkt oder belastet werden.

Es ist nicht ausgeschlossen, daß die religiöse Unlust in kommenden Zeiten noch wächst. Das wird dann der Fall sein, wenn wir nichts lernen wollen aus den vorhandenen Anzeichen, wenn wir fortfahren, den Intellektualismus in der Theologie zu pflegen und das gesetzlich bevorschriftende Wesen auszubauen. Es wäre aber auch denkbar, daß wir uns warnen lassen von dem Unbehagen in der Frömmigkeit, daß wir zu neuen Möglichkeiten aufbrechen, zu neuer Freiheit und zu neuer Fülle.

DER RHYTHMUS VON SPIEL UND ARBEIT ALS HILFE ZUR SEELISCHEN GESUNDHEIT

1

Ein beunruhigendes Zeichen unserer Zeit besteht darin, daß immer mehr Menschen in die Gefahr geraten, neurotisch zu werden. Jedes Leben aber, das von einer Neurose geplagt ist, wird sich selbst und der Umgebung zur schweren Last. Der neurotische Zustand kann sich äußern als ein allgemeines Unbehagen dem Dasein gegenüber, als ein sich nicht Wohlfühlen in der eigenen Haut. Es häufen sich die Gereiztheiten und Aggressionen, selbst bei geringfügigen Anlässen, Euphorische Zustände wechseln mit Niedergeschlagenheit und Mutlosigkeit.

Weil es in unserem Jahrhundert so viele neurotisch gefährdete Menschen gibt, darum haben sich Seelenärzte in großer Zahl ans Werk gemacht, um die Hintergründe dieser geheimnisvollen Erkrankung aufzudecken. Wir nennen nur die wichtigsten Deutungen, die uns von seiten der modernen Seelenheilkunde dazu angeboten werden.

Die Psychoanalyse von Sigmund Freud vertritt die Überzeugung: weil das Lustprinzip, das natürliche sinnliche Verlangen, in unserer hochgezüchteten Kultur allzusehr unterdrückt werden muß, darum kann es, besonders bei triebstarken Naturen, zu Verdrängungen kommen, die sich in mancherlei seltsamen Symtombildungen auswirken.

Die Individualpsychologie, vertreten durch Alfred Adler und Fritz Künkel, sieht neben dem Lustverlangen vor allem den Geltungstrieb des Menschen als eine gewaltige seelische Kraft am Werk. Wird dieser Wille zur Macht ständig gedemütigt und niedergehalten, etwa durch das Verharrenmüssen in subalternen Berufsstellungen bei überdurchschnittlicher Begabung, dann reagiert der Mensch darauf nur allzuleicht mit gereizten Empörungen, mit aufgeblähter Kritiksucht und erregten Kompensationshandlungen, um auf diese Weise auf sich aufmerksam zu machen.

Die Existenz-Aanalyse von Viktor Frankl und die damit verwandte Daseinsanalyse von Binswanger, die auf den jungen Martin Heidegger zurückgreift, sieht den Menschen seelisch am meisten gefährdet, der seinem Leben keinen Sinn abzugewinnen vermag. In dem Augenblick, da es gelingt, unser Dasein mit Sinn zu erfüllen, wird auch die Neurose abklingen.

Wieder in einer völlig anderen Richtung läuft die Deutung, die uns in der Schule von Carl Gustav Jung angeboten wird. Der Züricher Seelenforscher weist darauf hin, daß in unserem Leben fast immer eine Funktion bevorzugt erscheint, während die andere, die dazu im Komplementärverhältnis steht, vernachlässigt wird und im Schatten liegt. Diese Gleichgewichtsstörung ist uns zumeist gar nicht bewußt. Trotzdem leiden wir unter ihren Folgen und fühlen uns seelisch unbehaglich und unbefriedigt. Der Mensch muß darum lernen, die großen Polaritäten des Lebens, *Schlafen und Wachen,* Ruhen und Wirken, Festefeiern und Fasten, in einem umfassenden Zusammenklang zu verwirklichen. Eine Funktion allein auszuleben, ist immer zu wenig und muß sich unfehlbar rächen.

In diesen Zusammenhang hinein gehört auch das verlorene Gleichgewicht zwischen Spiel und Arbeit. Wie selten gelingt dem Menschen von heute die Vereinigung der beiden Pole! Und doch, wie lebensnotwendig ist gerade diese Synthese für unser Lebensglück, für unsere leib-seelische Gesundheit!

Ein Mensch, der nicht mehr spielen kann, der nur noch aus Schaffenswut besteht, ist bereits krank, auch wenn er es kraft seiner Vitalität und Jugendlichkeit noch nicht spüren sollte. Er wird es eines Tages merken, und hoffentlich ist es dann nicht zu spät für ihn.

Aber auch die entgegengesetzte Entartung gilt es zu überwinden. Der Mensch, der, im Infantilismus verharrend, aus dem Spielalter nie herausfindet, der aufgrund seiner Verspieltheit an jedem Berufsplatz mehr oder weniger versagt, ist gewiß eine ebenso unerfreuliche Erscheinung. Es muß eben beides in schöner Harmonie zusammenkommen, die Anspannung und das Loslassenkönnen, das Werktägliche und das Feiertägliche. Sprechen wir darum zuerst vom Sinn der Arbeit, dann vom Sinn des Spiels, und besinnen wir uns zuletzt darüber, wie beides im Leben zu seinem vollen Recht gelangen kann!

2

Durch die Millionen von Schundromanen, die es an jedem Kiosk in rauhen Mengen zu kaufen gibt, wird vor allem in der Vorstellungswelt jugendlicher Menschen auf alle nur erdenkliche Weise die Anschauung erzeugt und gefestigt: der eigentlich beglückende Sinn des Lebens ist das elegante Nichtstun, ist der nachlässig-vornehme Bummel durch die Welt. Ständig erscheinen in diesen Broschüren mit der lockenden, anreizenden Bildseite jene vornehmen Damen und Herren, die den lieben langen Tag nichts anderes zu tun haben als Tennis zu spielen, Zigaretten zu rauchen, Toiletten zu wechseln, in Seebäder zu fahren, in Luxushotels zu tanzen und zu flirten. Dadurch muß in unreifen Köpfen fast zwangsläufig der Eindruck entstehen; Arbeit ist eine faule und fatale Sache. Das eigentlich begehrenswerte Ziel sieht ganz anders aus. Es geht in der Richtung von Dolce Vita, wie es der italienische Regisseur Fellini in seinem gleichnamigen Film auf der Leinwand vorgezaubert hat. Im Gegensatz zu solchen fragwürdigen Wunschbildern sagt schon die alttestamentliche Weisheit im Prediger Salomonis: „Es gibt nichts Besseres unter der Sonne, als daß ein Mensch fröhlich sei in seiner Arbeit; denn das ist sein Teil." Arbeiten können, arbeiten dürfen ist ein Segen für den Menschen. Schon im Uranfang alles Werdens ergeht an das Menschengeschlecht der göttliche Auftrag: „Füllet die Erde und macht sie Euch untertan!" Der Mensch soll pflanzen und bauen, ordnen und gestalten, er soll gerade durch solches Tätigsein und Wirken die ihm verliehene Herrscherwürde über die ganze Schöpfung zum Ausdruck bringen.

Auch wenn der Beruf nicht alle Wünsche erfüllt — und in keinem Beruf dürfte das im Vollsinn der Fall sein — man muß lernen, gleichwohl ein williges Ja dazu zu finden. Gemessen an der Qual der Kranken, der Gelähmten und Gebrechlichen, gemessen an der Verzweiflung der Arbeitslosigkeit, die unser Jahrhundert auch schon kennengelernt hat, bleibt selbst schweres Schaffen immer noch ein Gut, das wir mit der Empfindung eines dankbaren Herzens annehmen sollten.

Es gibt in unseren Tagen eine weit verbreitete Stimmung. Demnach betrachtet man die Arbeit als unvermeidliches Übel, als eine leidige Sache, die um des täglichen Broterwerbs willen bedauerlicherweise geschehen muß. Das eigentliche Leben, um dessentwillen sich das Dasein überhaupt erst lohnt, wird nach der Arbeit, wird außerhalb der Arbeit gesucht. Man ersehnt ihr Ende an jedem Feierabend, bei jedem Wochenschluß, dann erst meint man mit einem erfüllten Dasein beginnen zu können.

Es sollte einleuchten, daß jeder Mensch, der einer solchen Einstellung huldigt, daran früher oder später zerbrechen muß. Die Berufsarbeit ist nun einmal weitaus der größte Teil, der unsere Zeit ausfüllt. Wenn es nicht gelingt, dieses breiteste und wichtigste Stück im Zeitenablauf zu bejahen, dann muß die beharrliche Verneinung der Berufszeit unser Gemüt zuletzt verdüstern. Der Wert des Lebens darf sich nicht reduzieren auf kärgliche freie Abendstunden, auf Urlaubstage und auf die am Lebensabend erhofften Ruhestandsjahre. Wir müssen darum ringen, mag es uns im Einzelfall noch so schwer werden, daß wir in der Aktivität des Schaffens Ja sagen lernen zu der Aufgabe, an die wir gestellt sind.

Freilich, bei jeder Arbeit, die rechtschaffen geschieht, erfahren wir nicht nur das Befriedigtsein in Frucht und Erfolg. Es bestätigt sich dabei zugleich immer auch die Wahrheit des biblischen Wortes: „Im Schweiße Deines Angesichts sollst Du Dein Brot essen, bis daß Du wieder zu Erde wirst, davon Du genommen bist." Dieses harte Gesetz erfährt nicht nur der Bauer und der Industriearbeiter in saurem Frühaufstehen und schwerer Müdigkeit am Abend. Das alles weiß auch die Sekretärin an der Schreibmaschine, die Kindergärtnerin, die Lehrer in der Schule, die Mutter in der Küche, die Schwester am Krankenbett. Was ahnt der Handarbeiter von den verzweiflungsvollen Nöten des Geistig-Schaffenden, der um die gelungene Niederschrift eines Vortrags ringt und nichts als ein leeres weißes Blatt Papier vor sich hat! Das sind die Geburtsstunden des Mannes, die, wenn auch auf völlig andere Weise, nicht weniger schmerzhaft sein können als die der Frau.

Dazu schließt jeder Beruf schwere Verzichtzumutungen in sich. In jedem von uns schlummern mehr Möglichkeiten, als wir entfalten und ausleben können. Wie Vieles müssen wir zurücktreten, ja sterben lassen, damit uns wenigstens Eines rechtschaffen gelingt! Die durch die Arbeit auferlegte Einseitigkeit, die sich bis in das sogenannte Berufsgesicht hinein ausprägt, bedeutet Einförmigkeit und Eintönigkeit, schließt den Zwang zur Wiederholung in sich. Wie leicht wird der Mensch darüber verstimmt und verdrossen, und dann blüht nichts mehr in seinem Tun.

Arbeit ist jedenfalls nicht Spiel. Und doch, wenn wir es fertig bringen, sie willig auf uns zu nehmen, wird sie uns ganz anders von der Hand gehen, als wenn wir uns im Grund unseres Wesens dagegen sträuben. Müde wird man nämlich weniger durch das, was man tut, als vielmehr durch die Art und Weise, wie man etwas tut. Ein und dieselbe Arbeit gelingt uns leicht, wenn wir dazu Ja sagen, während sie uns ein Vielfaches an Kraft kostet, wenn wir sie innerlich ablehnen.

Ethos der Arbeit kann freilich nur da erwartet und verlangt werden, wo man um die bestmöglichen Voraussetzungen für ein gesundes Arbeitsklima bemüht ist. Es gehören dazu helle, freundliche Räume, die im Blick auf Ausdehnung, Licht, Luft und Farbe nicht bedrückend wirken dürfen. Es gehört dazu vor allem eine wechselseitige Bereitschaft im Blick auf die zwischenmenschlichen Begegnungen. Es darf der Chef nicht seine schlechte Laune an den Angestellten auslassen. Es sollen aber auch die Arbeitnehmer ihrem Vorgesetzten das Leben nicht unnötig sauer machen.

Bei aller Einseitigkeit und Belastung, die jedem Berufsvollzug anhängt, bleibt bestehen: Arbeit ist göttlicher Auftrag. Sie ist nicht nur Last und Fluch, sie ist Geschenk und Segen. Sie bewahrt uns vor der Auflösung des Charakters in unordentliches Wesen. Sie drängt uns, die Zuflucht bei Gott zu suchen, wenn wir merken, daß wir aus eigener Kunst und Kraft nicht mehr weiterkommen. Und sie erfüllt uns mit Dank und Freude gegen den, der uns rechtschaffenes Werk gelingen läßt.

3

Was soll neben der Arbeit die Welt des Spiels, das Wort im weitesten Sinn verstanden, als Lachen, Singen und Scherzen, als Kammermusik und sportlicher Wettkampf, als Liebhaberbühne, Rätselraten und Pfänderauslösen, als Halma und Würfelspiel, nicht zu vergessen die königliche Kunst, da wir Stunden höchster geistiger Konzentration vor dem Schachbrett verbringen. Ist das alles nicht ein Luxus, den wir uns als erwachsene Menschen im gegenwärtigen Zeitalter kaum mehr leisten können? Gewiß, so hört man allenthalben sagen, es wäre schön, wenn es zu solchen Mußestunden und musischen Künsten in unserem Leben auch noch reichen würde. Aber wir werden ja wider Willen von dem Dämon der Hetze und der Unrast durch die Tage und Jahre gejagt, daß an solche schöne Dinge über dem Gebot der Pflichterfüllung nicht mehr zu denken ist. Höchstens dem Kind will man noch eine kurze Schonzeit zum Spielen zuerkennen, obwohl auch das Kind bei uns hierzulande häufig schon mit dem Vorwurf angefahren wird: Was stehst Du denn herum und schaust, hast Du nichts zu tun?, da ist ein Strickzeug, da nimm die verknoteten Schnüre und knoble sie auseinander!

Von dem holländischen Kulturphilosophen Huizinga gibt es ein berühmt gewordenes Buch „Homo ludens" (Versuch einer Bestimmung des Spielelementes der Kultur, Amsterdam 1939). Der Titel „Der Mensch als Spielwesen" ist bewußt gewählt im Gegensatz zu dem Wort vom Homo faber, vom Menschen als Arbeitstier.

Huizinga erbringt den überzeugenden Nachweis, daß alle große Kultur ein spielerisches Element in sich trägt und aus solchen Spielkräften ursprünglich erwachsen ist. Selbst bei der Herausforderung eines Gegners in der Arena, bei einem Sängerstreit, bei einem Wettkampf in Rede und Rechtshandel war die Freude am Spiel der Begegnung einmal mitbestimmend. Darum liegt über den Frühanfängen aller künstlerischen und kulturellen Schöpferzeiten etwas so Frisches, Frohes und Frommes, weil hier das Spielelement, das „Umkehren und Werden wie die Kinder" allem Schaffen noch ursprünglich beigemischt ist. Den Verfall unserer Kultur sieht Huizinga vor allem darin begründet, daß das Spielerische, das Heitere und Gelöste aus unserem Wesen und Werk sogar verschwunden ist. Übrig geblieben ist das Zweckhafte, das Berechnende, das Gesollte, das Angespannte, ja es hat sich dieser Verfallsprozeß, wie noch zu zeigen sein wird, bis hinein in die Sphäre des Spiels selbst ausgewirkt.

Aber bleiben wir nicht bei allgemeinen kulturphilosophischen Erwägungen stehen! Fragen wir konkret im Blick auf unser persönliches Leben: warum wohnt dem Spiel eine so besondere Kraft der Erquickung und der

Erfrischung inne? Sofern das Gesetz der Arbeit unser Tun und Leben beherrscht, stehen wir ständig unter einem Müssen. Das andauernde Müssen aber macht müde und verdrossen. Es ist unmenschlich, immer zu müssen. Es ist menschlich, auch zu ruhen, sich zu entspannen, sich freuen zu dürfen. Die Unmenschlichkeit gewisser staatlicher Systeme offenbart sich gerade darin, daß hier der Mensch nie loslassen darf, daß er von einem Müssen zum andern geschleppt und genötigt wird, ja daß ihm selbst die Art der Unterhaltung noch vorgeschrieben wird.

Gleichzeitig ist das Spiel in seiner Entspannung und Zwecklosigkeit von einer eminent erzieherischen Bedeutung. Es gibt Spielregeln, und von diesen gibt es keine Ausnahme, auch nicht für das verwöhnte Einkind, das bei einer Freundin zur Geburtstagsfeier eingeladen ist. Man heißt Spielverderber, wenn man sich nicht in die Ordnung des Spiels fügt. Der Vorwurf eines Spielverderbers gilt von jeher als schwerer Tadel. Ein Spiel gehört zu Ende gespielt. Man wischt nicht einfach in der Verärgerung mitten im Spiel die Figuren vom Schachbrett. Wer es gelernt hat, beim Spielen ein guter Verlierer zu sein, wird es selbst in der Politik beweisen können. So war der Berliner Oberbürgermeister Willy Brandt nach der letzten Bundestagswahl ein ausgesprochen vornehmer Verlierer, was man von dem Schriftsteller Günter Grass nicht in gleicher Weise sagen kann.

Längst nicht genug haben wir die gemeinschaftsbildende Kraft des Spiels erkannt und ausgewertet. Man sollte streitende Parteivertreter, verfeindete Künstler, zankende Theologen, erbitterte Rivalinnen unter einem überlegenen Spielleiter zu gemeinsamer Unterhaltung zusammenbringen können. Man würde Wunder dabei erleben und käme in kurzer Zeit weiter als mit endlosen Redeschlachten und ermüdenden Auseinandersetzungen.

Es ist die Not unserer Zeit, daß wir das Spielenkönnen verloren haben über der Rastlosigkeit eines einseitigen Arbeitseifers. Wo aber das Spiel noch lebt, da haben wir es vielfach verdorben. Auf diese Not des entarteten Spiels weist Huizinga in den Abschlußkapiteln seines Buches zutreffend hin. Besonders deutlich ist die Verderbnis im Spielen nach der Überzeugung des holländischen Kulturphilosophen zu erkennen an der Entwicklung im modernen Sport.

Der Sport hat das spielerische Element weithin verloren, und damit auch das erholsame, gelöste und beschwingte Wesen. An die Stelle getreten ist ein technisierter und merkantilisierter Rekordkampf. Wir Menschen von heute müssen alle so entsetzlich viel. Wir müssen Termine einhalten, wir müssen fleißig sein und Überstunden machen. Daneben sollte es etwas geben, was nicht vom Erzwungenen her bestimmt ist, was ganz frei und locker geschieht, das allein könnte unseren überforderten Geist beleben und zu neuen Leistungen beflügeln. Spiel und Sport in rechter Weise geübt, könnten diesen Auftrag des Ausgleichens wunderbar erfüllen. Stattdessen machen wir aus dem Sport ehrgeizige Höchstleistungen in krampfhafter Überanstrengung. Friedrich Markus Huebner sagt dazu in seinem besinnlichen Buch „Schaffen und Ruhen" sehr richtig: man muß seine Punktzahl steigern, man muß für Zuschauer arbeiten, man muß Mannschaften drillen, man muß die Körper-Maschine auf höhere Tourengeschwindigkeit hinaufschrauben (was für häßliche Ausdrücke allein schon!). Der moderne Sportbetrieb verliert dadurch nicht nur das Gefällige und Anmutige, was die griechische Gymnastik so bezaubernd gemacht hat. Der Sport verliert dadurch auch an leiblichem und seelischem Gesundheitswert. So wie er heute überwiegend betrieben wird, ist der Mensch beim Sport oft noch mehr verkrampft und gestaut, gedrosselt und gepreßt als in der Zeit der Arbeistbesessenheit. Darum sind auch die männlichen und weiblichen Matadoren unter den Sportgrößen vielfach gar nicht so herrlich gesund. Sie erliegen nicht selten merkwürdig früh zerstörerischen Krankheiten. Erst recht sind sie seelisch vielfach keineswegs in einer erfreulichen Verfassung. Das alles hängt damit zusammen, daß der Sport nicht mehr erfaßt und verwirklicht wird als Ausdruck dankbarer Spielfreude.

Unser Leben baut sich in einer Vielzahl von Polaritäten auf und es rächt sich immer, wenn wir nicht die Kraft und die Weisheit aufbringen, den großen Spannungsbogen durchzuhalten. Wir müssen Begegnung und Ausgleich finden zwischen Natur und Geist, zwischen männlich und weiblich, zwischen bewußten und unbewußten Seelenkräften, zwischen Innerlichkeit und Weltoffenheit. Reflexion und Phantasie, Ordnung und Überschwang, Sorgfalt und Großzügigkeit, Normierung und Freiheit müssen in ein schönes Gleichgewicht zueinander treten. Unser Leben ist nur dann gesund, wenn es in der Rhythmik dieser Kontraste verläuft, jede Einlinigkeit führt unfehlbar zur Verödung und Gefährdung der Seele. Auch alle Frömmigkeitsanstrengungen vermögen nichts dagegen, wenn wir diese Urordnungen im menschlichen Haushalt mißachten.

Zu den wichtigsten Ausgleichsmomenten, die in unserem Leben gefunden werden müssen, gehört der Wechsel von Arbeit und Spiel, von Schaffen und Muße. Wir haben diesen Zusammenhang in bedenklicher Weise verloren und es wird höchste Zeit, daß wir uns darauf besinnen, wie wir ihn wiedergewinnen können. Die Arbeit wird bei uns im allgemeinen überbewertet. Wir bringen uns durch unseren Arbeitsfanastismus selbst um das Glück unseres Lebens. Jeder Seelsorger, jeder Psychotherapeut kennt genug Beispiele dafür, wie der arbeitsbesessene Mensch in dem Augenblick, da ihm, etwa aus Altersgründen, die Arbeit aus der Hand genommen wird, jäh zusammensackt und an Leib und Seele zerfällt. Er weiß mit einem Leben, mit einer Zeit ohne Arbeit nichts anzufangen.

Besonders muß sich jede Überbewertung der Arbeit an den Kindern rächen. Man muß nicht immer gleich mit dem Finger drohen, daß Müßiggang aller Laster Anfang ist, wenn ein junger Mensch in übermächtiger Weise das Verlangen zeigt, zu wandern und zu träumen, zu phantasieren und zum Fenster hinauszuschauen. Aus solchen zwecklosen, angeblich völlig nutzlos vertanen Stunden und Tagen kann oft mehr produktive Kraft erwachsen als aus der pausenlos angestrengten Pflichterfüllung. Kinder, die zu früh aus dem Paradies der Spiele vertrieben wurden, wobei Ehrgeiz und Ungeduld der Väter bei der Austreibung vor allem beteiligt sind, grämen sich oft noch als Erwachsene über das versäumte Jugendglück. Die Versuche aber, das Entbehrte gewaltsam nachzuholen, werden immer etwas Krampfhaftes an sich tragen.

Im Leben des Erwachsenen übernimmt oftmals der Traum den Dienst einer korrektiven Funktion. Da spielt im Traum ein vielbeschäftigter Generaldirektor auf einer Waldwiese mit einem Kind Ball. Durch ein solches Nachtgesicht bettelt die Seele den Hausherrn: Tu doch auch einmal etwas Nicht-Zweckhaftes! Wird aber ein solches unaufdringliches, zartes Bitten der Seele beharrlich überhört, dann kann die neurotische Erkrankung eines Tages mit Macht über den Homo faber hereinbrecheen.

Wichtig ist, daß das spielerische Element beizeiten eingeübt wird. Viele erklären beschwichtigend: wenn es einmal soweit ist, daß ich mich zur Ruhe setzen kann, will auch ich mir gern ein Hobby zulegen und es liebevoll pflegen. Meist aber ist es dann zu spät. Der Mensch, der sich nie etwas gönnen wollte, wird vom Pensionstod übereilt.

Die Tragweite solcher Einsichten reicht bis in das weltpolitische Geschehen hinein. Es gibt Völker, die leben, um zu arbeiten. Und es gibt Völker, die arbeiten, um zu leben. In Italien singt der Friseur vor seinem Geschäft, wenn er gerade keinen Kunden zu bedienen hat. Wer Österreich kennt und liebt, spürt dort wohltuend die größere Gelassenheit, die über allem Tun ausgebreitet liegt. Das Urteil der Welt über uns Deutsche geht in der Richtung, wir seien von einem freudlosen Schaffensdrang erfüllt.

Wohl bestaunt der ganze Erdkreis das deutsche Wirtschaftswunder, wie wir uns nach einem Zusammenbruch ohnegleichen in wenigen Jahren aus Armut und Elend zu Wohlstand und Reichtum wieder emporgearbeitet haben. Aber gleichzeitig ist das alles, besonders den Nachbarvölkern, ein wenig unheimlich. Vielleicht eilt es darum Frankreich, England und Rußland in keiner Weise mit der Wiedervereinigung der getrennten Hälften des Vaterlandes. Man sagt sich: wenn schon das geteilte Deutschland eine solch unerhörte Arbeitsexplosion hervorbringt, was will dann erst werden, wenn ein geeintes Großdeutschland des gleiche Tempo vorlegt. Man könnte dagegen einwenden, daß es mit der Arbeitsenergie des deutschen Menschen heute in Wahrheit nicht mehr so weit her ist. Wohl wird am Wochenende viel Schwarzarbeit getrieben, von deren Ertrag kein Finanzamt jemals etwas erfährt. Aber es mehren sich gleichzeitig die Klagen über das Nachlassen von gediegener Arbeitsleistung. So hört man, daß Krankheitsmeldungen und Drückebergerei von der Arbeit an keinem Tag so häufig vorkommen wie zu Beginn der Woche.

Wir wollen uns freilich auch die Gegenseite klarmachen. Es gibt nicht nur Arbeitswut, es gibt auch Spielwut, wodurch das Leben gefährdet werden kann. So haben hervorragende Schachspieler bei der Aussprache auf einer Tutzinger Akademietagung freimütig bekannt, sie seien von den hinreißenden Möglichkeiten dieses Spiels zeitweillig derartig fasziniert worden, daß darüber Berufsausbildung und Zusammenleben in Ehe und Familie ernstlich gefährdet erschien. Es gilt eben vom Spiel der gleiche Grundsatz wie von allen anderen Gütern und Herrlichkeiten der Welt. Wir dürfen sie haben, aber sie dürfen uns nicht haben. Immer sollte die Freude der Maßstab sein, an dem Sinn und Wert des Spiels gemessen wird. Spielen, das anstatt zu erheitern, zu lösen und zu befreien, verkrampft macht und fanatisiert, ist vom Übel und muß drangegeben werden, wenn wir nicht Schaden nehmen wollen an der seelischen Gesundheit.

Darum tut jeder Einzelne gut daran, sich zu prüfen, nach welcher Seite hin er die Korrektur anzubringen hat. Es kann sein, daß ich der Spielleidenschaft die Zügel anlegen muß, um nicht untüchtig zu werden in dem, was mir als Lebensaufgabe vor die Füße gelegt ist. Wir werden uns aber ebenso die Frage vorlegen müssen, hat nicht der Schaffensdrang in meinem Leben ein solches Übergewicht erlangt, daß es höchste Zeit ist, dem Homo ludens mehr Daseinsrecht einzuräumen?

4

Der katholische Theologe Hugo Rahner hat auf einer Eranos-Tagung in Ascona das Thema „Der spielende Mensch" behandelt (jetzt erschienen in der Herder-Bücherei Nr. 222 unter dem Titel „Aspekte des Lebendigen"). Der Innsbrucker Professor hat seinen Vortrag in vier Abschnitte geteilt, die die Überschrift tragen: Der spielende Gott, der spielende Mensch, die spielende Kirche, das himmlische Tanzspiel.

Anhand eines überwältigenden Materials aus der Religionsgeschichte und Kirchengeschichte wird gezeigt, wie die Frömmigkeit vergangener Jahrhunderte Gottes Wirken und Gestalten in Natur und Geschichte verstanden hat als einen Ausdruck der göttlichen Spielfreudigkeit. In der apokryphen

Literatur zum Alten Testament wird die Sapientia zu einer selbständigen Hypostase, die vor Gott spielt und ihn durch ihr Spiel erfreut.

Ist aber der Mensnch im Sinn des biblischen Zeugnisses geschaffen nach dem Ebenbild Gottes, dann gehört aufgrund dieses metaphysischen Zusammenhangs auch die Spielfreudigkeit zu seinem Wesen. Dem Deus ludens entspricht der Homo ludens. Spielen ist dann nicht nur eine Frage von Geschmack, Laune und Neigung, was individuell verschieden beantwortet werden kann. Der Mensch, der sich des Spielens entwöhnt hat und es für eine Narretei hält, hat damit ein Stück seiner Gottebenbildlichkeit verkümmern lassen.

Von solchen religiösen Einsichten bewegt und gedrängt, hat die christliche Kirche vergangener Jahrhunderte dem Spiel in ihren Mauern weiten Raum gewährt. Sie hat Liturgie und Kultus verstanden als heiliges schönes Fest. Sie hat an den Stufen des Altars dargestellt das Spiel von dem Dulder Hiob, vom verlorenen Sohn, von den klugen und törichten Jungfrauen, von Christi Geburt, Passion und Auferstehung. Man sah in den feierlichen Prozessionen einen Abglanz des himmlischen Sternenreigens und des Tanzspiels der Engel. Der bei der Einholung der Bundeslade vor ihr her im Tanzschritt sich bewegende König lieferte den Schriftbeweis für solches sakrales Tun. Mochte David deswegen von seinem Weibe verspottet worden sein, die Tatsache, daß Michal ob ihres Gespöttes unfruchtbar blieb, sprach nur um so mehr für ein göttliches Ja im Blick auf den kultischen Tanz.

Hugo Rahner weiß zu berichten, daß an Ostern das Ballspiel üblich war zwischen dem Bischof und seinen Klerikern, zwischen dem Abt und seinen Mönchen. Der Ball symbolisierte die siegreiche Sonne, die mit der Auferstehung Christi die Nacht der Sünde und des Todes besiegt hatte. Zugleich legte ein solches gemeinsames Spiel etwas von den Schranken nieder, die zu anderen Zeiten durch die hierarchische Staffelung innerhalb der Geistlichkeit gesetzt waren.

C. G. Jung hat hingewiesen auf das Osterlachen, das in den mittelalterlichen Kirchen nach der langen, streng durchgehaltenen Fastenzeit willkommene Befreiung brachte. Der Prediger am Auferstehungssonntag hatte sich immer etwas Neues auszudenken, um seine Hörer zu dem risus paschalis zu erwecken. So soll ein Kapuzinerpater einmal von der Kanzel her ausgerufen haben: Nun mögen alle die das Lied „Christ ist erstanden von der Marter alle“ anstimmen, die daheim das Regiment im Hause führen!“ Der Bericht geht weiter: „Da fingen die Frauen alsbald in einem Chor aus voller Kehle an, das Osterlied zu singen, während die Männer verlegen schmunzelten und schwiegen.“

Wie weit haben wir uns in den Kirchen der Gegenwart von dem Deus ludens, von dem Homo ludens und von der Ecclesia ludens entfernt! Wir haben zuviel Gesetz, zuviel Vorschrift und Verbot in unseren Reihen und zu wenig Freude und Freiheit der Entfaltung. Wie töricht erscheint es im Licht solcher Erkenntnisse, den Kultus zu befehden oder das Kirchenjahr für gleichgültig zu erklären, das uns die göttliche Heilsgeschichte im heiligen Spiel vergegenwärtigen möchte. Entmythologisierung, Rationalisierung und Intellektualisierung im theologischen Denken wird die Menschen nicht bei der Kirche festhalten, wird sie nicht in die Kirche zurückholen. Wohl aber dürfte die Kirche das Kind und die Frau, den einfachen, unverbildeten Mann und die Künstler aufs Neue gewinnen, die dem heiligen Spiel Raum gibt und uns lehrt und dazu hilft, vor Gott wie Kinder fromm und fröhlich zu sein.

VATERGOTT, VÄTERLICHKEIT UND VATERKOMPLEX IM CHRISTLICHEN GLAUBEN

Von Carl Gustav Jung gibt es eine kleine, gehaltvolle Studie über „Die Bedeutung des Vaters für das Schicksal des Einzelnen". Die Schrift wurde bereits im Jahre 1909 veröffentlicht und ist 40 Jahre später in dritter, umgearbeiteter Auflage erneut erschienen, wie fast alle Werke Jungs bei Rascher in Zürich. Wir wissen seit Freud und Adler, welche ungeheure Rolle das persönliche und insofern einmalige Vaterbild für die Prägung der Kindesseele spielt, ein Einfluß, der sicher nicht weniger nachhaltig ist als die Beziehung zur leiblichen Mutter. Der große Schritt, den Jung über diesen Standort der Erkenntnis hinaus tut, besteht darin: es ist ihm gelungen zu zeigen, daß die Wurzeln unseres Seelenschicksals sehr viel tiefer reichen, als der individuelle Familien-Roman es auszudeuten vermag. Gewiß ist das Bescheidwissen um die konkret erfahrene oder auch erlittene Vater-Imago unentbehrlich, wenn wir einen Menschen in seiner seelischen Bedrängtheit verstehen wollen. Aber C. G. Jung hat in der genannten Schrift und auch sonst an mehreren Orten den überzeugenden Nachweis erbracht: hinter dem individuellen Vater-Bild der Kindheit und Jugend steht das Urbild des Vaters überhaupt, und erst in diesem prä-existenten Archetypus-Potential liegt das eigentliche Geheimnis der Vatergestalt und Vatergewalt beschlossen. Die einzelnen Väter würden niemals so viel Macht ausstrahlen. Erst der Archetypus Vater gibt dem Vaterbild die geheimnisvoll verstärkende Wirkung.

Dazu müssen wir uns eine zweite Wahrheitserkenntnis klarmachen, die man bei C. G. Jung weniger deutlich ausgesprochen findet, für die er aber vermutlich durchaus zu haben wäre nach alledem, was er in seinem Werk „Aion" über den Archetypus Christus geschrieben hat. Jung sagt dort: wir Menschen des christlichen Abendlandes sollten nicht so sehr den fernöstlichen Symbolen nachsinnen und nachjagen. Wir sollten uns vielmehr von den Seelenbildern beschenken lassen, die aus unserer eigenen Vergangenheit stammen und uns von daher zuströmen. Kreuz und Krone, Krippe und Kelch gehören zweifellos ganz anders unmittelbar zu unserer seelischen Heimat als die Lotosblume und der Halbmond.

Wir wollen jetzt nicht in den heißen Streit darüber eintreten, ob es sich bei diesen christlich gestalteten Kraftzentren der Seele nur um psychische Wahrheit handelt, oder ob ihnen die Machtwirkung echter Gottesoffenbarung zugrunde liegt. In dieser Frage werden sich die Geister immer scheiden, je nachdem, ob sie nur eine religionswissenschaftlich interessierte Zuschauerhaltung einnehmen oder den Standort gläubiger christlicher Existenz für sich gewählt haben. Bei aller vorhandenen Unterscheidung in dieser Beurteilung können wir uns doch zusammenfinden in der Grundeinsicht: das biblisch-christliche Vaterbild hat jedenfalls über mehr als ein Jahrtausend hin in unserem abendländischen Lebensraum das individuelle Vaterbild gefärbt, geprägt und verstärkt. Wer dieses christliche Vaterbild nicht kennt, so behaupten wir, ist nicht in der Lage, die Vaterproblematik im Einzelleben ausreichend zu verstehen. Man greift zu kurz und greift darum fehl, wenn man meint — um nochmals Jung zu zitieren —, das Vaterproblem im Leben eines Menschen ließe sich allein mit Hilfe des „Zauberkreises der familiären Konstellation“ interpretieren. Es gehört zur therapeutischen Bildung und zur seelsorgerlichen Ausbildung, über die Struktur der christlichen Vater-Imago Bescheid zu wissen. Darum fragen wir jetzt, welche Inhalte umfaßt die christliche Botschaft vom Vatergott, und wie hat sich diese Schau und Verkündigung ausgewirkt auf die Rolle des Vaters im Bereich der Familie.

Die christliche Aussage von Gott als dem Vater im Himmel will zum Ausdruck bringen, daß Gott ein lebendiges, personales „Du“ ist, mit dem man in Partnerschaft treten kann. Die Anrede Gottes als Vater trennt den christlichen Gottesglauben sehr klar und entschieden von jeder pantheistischen Frömmigkeit, wo man das Göttliche nur zu verehren wagt als Weltengrund, als Urseele, als unendliches, reines Seiendes. Das Wort Vatergott weist darauf hin, daß zwischen Mensch und Gott Begegnung möglich ist, Gespräch und Austausch, welcher Art diese personal-geistige Korrespondenz und Kommunikation auch immer sein mag.

Wenn wir aber noch konkreter nach den Inhalten dieses väterlichen Namens fragen, so begegnet uns in der christlichen Verkündigung immer der Doppel-Aspekt von Macht und Güte, von Strenge und Liebe und das sowohl in der alt- wie in der neutestamentlichen Gottesoffenbarung. Zum biblischen Vaterbild gehört ganz eindeutig das Moment der Macht, der Herrschaft, der Majestät, der Autorität, der gebietenden und strafenden Gewalt. Dem modernen Menschen sind diese Züge am christlichen Gottesbild fern und fremd, ja geradezu unsympathisch. Aber wir sollten uns klarmachen: das Gegenteil davon, die Verharmlosung, die Verniedlichung, die Verkitschung Gottes in das Kleinbürgerlich-Sentimentale, Gemütliche wird dem göttlichen Geheimnis erst recht nicht gerecht.

Die Vatermacht Gottes reagiert auf den Ungehorsam des Menschen im biblischen Zeugnis mit einem eindeutigen heiligen Nein, und dieses strafende Nein Gottes wird in Ehrfurcht angenommen. So heißt es im Psalm

94: „Wohl dem, den Du, Herr, züchtigst". In den „Sprüchen Salomonis" wird der Fromme aufgefordert: „Verwirf die Zucht des Herrn nicht". (3, 11) Und im Buch Hiob (5, 17) lesen wir: „Weigere Dich der Züchtigung des Allmächtigen nicht". Freilich, es fehlt auch nicht die Bitte bei dem Propheten Jeremia: „Züchtige mich, Herr, mit Maßen". (10, 24).

Diese harten, strengen Züge im biblischen Vaterbild haben auf die Stellung des Vaters im Bereich des Judentums und des Christentums begreiflicherweise auf das stärkste eingewirkt. War der irdische Stand der Vaterschaft ein Abbild und Abglanz der ewigen Vater-Autorität, dann hatten die leibhaftigen Väter damit das Recht und die Pflicht, ihre Kinder ebenso zu züchtigen, wie sie als Väter selbst in der ständigen Zucht Gottes standen. Die Entsprechung ergab sich um so mehr, als das biblische Wort selbst in reichlichen Aussagen diese Analogie bejaht. So heißt es im Hebräer-Brief (12, 7): „Wo ist ein Sohn, den der Vater nicht züchtiget?" Oder noch einmal die Proverbien-Salomonis: „Mein Kind, gehorche der Zucht deines Vaters, ein weiser Sohn läßt sich vom Vater züchtigen."

Aber nun wäre es völlig verkehrt, wenn wir mit dem biblischen Zeugnis vom Vater-Gott nur das Moment des mysterium tremendum verbinden würden, das sich in Furcht, Scheu und Abstand äußert. Ebenso kräftig, ja, im Neuen Testament sogar eindeutig überwiegend, steht unmittelbar daneben im biblischen Gottesbild das mysterium fascinosum, finden sich die Züge zartester, innigster väterlicher Güte. Neben der Gottesverheißung: „Ich will euch trösten, wie einen seine Mutter tröstet", steht im 103. Psalm die Zusage: „Wie sich ein Vater über Kinder erbarmt, so erbarmt sich der Herr".

Wunderbar ist das Bild der väterlichen Hingabe, die alle Schranken durchbricht, in der Erzählung Jesu vom verlorenen Sohn, Lukas 15. Schon darin äußert sich die Liebe des Vaters, daß er den Sohn, der nach der Freiheit begehrt, nicht mit Gewalt zurückhält. Er fesselt ihn nicht an das Vaterhaus, er läßt ihn nicht auspeitschen ob seiner ungestümen Wünsche, er läßt ihn ziehen. Er gibt ihm das Teil der Güter, das ihm zusteht, mit, obwohl er weiß, es wird vergeudet werden und verloren gehen. Darum erscheint dem Sohn in der Fremde und im Elend das Vaterhaus auch nicht als Zuchthaus, sondern als der Inbegriff der Geborgenheit und der Sättigung. „Wieviele Tagelöhner hat mein Vater, die Brot die Fülle haben, und ich verderbe im Hunger. Ich will mich aufmachen und zu meinem Vater gehen". Aber die wahrhaft rührenden Züge im Bild der göttlichen Väterlichkeit kommen jetzt erst in unserem Gleichnis. Es heißt von der Rückkehr des verlorenen Sohnes: „Da er aber noch ferne von dannen war, sah ihn sein Vater, und es jammerte ihn und er, der Vater, lief hinzu, fiel ihm um seinen Hals und küßte ihn." Für den in Sehnsucht Erwarteten wird das beste Kleid hervorgeholt, er bekommt einen Fingerring an die Hand gesteckt, neue Schuhe an die wunden Füße, und es wird dem Heimkehrer zu Ehren ein Festmahl mit einem frischgeschlachteten Kalb zubereitet. Die väterliche Güte strömt in Wiedersehensfreude und Vergebungsbereitschaft so überschwenglich aus, daß der daheimgebliebene Bruder zu maulen und zu murren anfängt, weil seine moralische Bravheit und Tüchtigkeit einen solchen Liebesstrom in einem solchen Fall für völlig unangebracht und ungerechtfertigt hält.

Das Neue Testament kennt darum für die vertrauensvolle Anrufung Gottes nicht nur den Vaternamen, es gebraucht mit Vorliebe den Kosenamen abba, lieber Vater. Abba könnte man im Sinne der älteren russischen Literatur übersetzen mit „Väterchen", oder auf alt-bayerisch würde das lauten „O, Du mei guets Herrgottsvaterle". Selbst das todbetrübte Gebet Jesu im Garten Gethsemane beginnt mit der Anrede: „Abba, mein Vater, es ist Dir alles möglich, überhebe mich dieses Kelchs." Der Apostel Paulus sieht das charismatische Geschenk des Geistes von oben vor allem darin, daß die Knechtsfurcht Gottes gegenüber von uns weicht, und an die Stelle der Angst ein Kindschaftsgeist tritt, durch welchen wir rufen: „Abba, lieber Vater" (Römer 8, V. 15).

Das Moment der Väterlichkeit im Gottesbild hat sich im Bereich der biblischen Religion ebenso nachhaltig ausgewirkt wie der züchtigende Gott auf die Zucht ausübenden Väter. Wie liebreich und herzensgut ist der Vater-Archetypus bereits in den Josephs-Geschichten zu spüren. Der Patriarch Jakob zerreißt seine Kleider, als ihm der blutbefleckte Rock seines Sohnes Joseph vorgewiesen wird, den nur ein böses Tier zerrissen haben kann. Dem alten Mann ist ja der Betrug der Brüder verschwiegen worden, die den Jüngsten nach Ägypten verkauft haben. In dem Zusammenhang heißt es: „Und all seine Söhne und Töchter traten auf, daß sie ihn trösteten. Er aber wollte sich nicht trösten lassen und sprach: ich werde mit Leid hinunterfahren in die Grube zu meinem Sohn. Und sein Vater beweinte ihn." (1. Moses, 37, V. 35). Ebenso rührend sind die Fragen, die der unter dem Pharao zu Reichtum und Ehren gekommene Statthalter Joseph an die Fremdlinge stellt, in denen er seine Brüder erkannt hat. „Geht es eurem Vater, dem alten, wohl?" und „Lebt er noch?" (1. Mos. 43, V. 27). Dazu der Bericht über das Wiedersehen: „Da spannte Joseph seinen Wagen an und zog hinauf seinem Vater entgegen. Und da er ihn sah, fiel er ihm um den Hals und weinte lange an seinem Hals." Der Vater aber spricht zu Joseph: „Ich will nun gerne sterben, nachdem ich dein Angesicht gesehen habe, daß du noch lebst." (1. Mos. 46, 29 f.). Vergessen wir nicht, daß für Generationen jahrhundertlang diese Erzählungen fast der einzige Seelenvorrat in Bild und Beispiel waren, von dem die Seelen gespeist wurden. Daß sich das auf die Vater-Imago in potentiell geladener Gewalt auswirken mußte, sollte einleuchten. Wie wundervoll ist das Vaterbild in den Worten Jesu: „Wo bittet unter euch ein Sohn den Vater ums Brot, der ihm einen Stein dafür biete, und so er um einen Fisch bittet, der ihm eine Schlange für den Fisch biete, oder so er um ein Ei bittet, der ihm einen Skorpion dafür biete." Es fehlt darum auch in der neutestamentlichen Brief-Literatur nicht an ausdrücklichen Mahnungen, an die Adresse der Väter gerichtet, das Zuchtprinzip nicht zu überspannen. So lesen wir in den sogenannten Haustafeln im Epheser- und Kolosserbrief: „Ihr Väter, reizt eure Kinder nicht zum Zorn." „Ihr Väter, erbittert eure Kinder nicht, auf daß sie nicht scheu werden." (Vgl. Eph. 6, 4. Kol. 3, 21.)

Wir können jetzt zusammenfassend feststellen: das biblische Vaterbild ist ambivalent. Es enthält die Züge der Strenge und der Güte, der Zucht und der Zärtlichkeit. In diesem Doppel-Aspekt ist es über Jahrhunderte und Jahrtausende hin bezeugt und verwirklicht worden, in der Sprache der Bibel, in der Kunst, in der Erziehung, in Haus und Schule. Dieses Vaterbild hat sich tief in die Seele der Menschheit eingeprägt, soweit sie durch die religiösen Kräfte im Judentum und Christentum geformt wurde. Es ist dadurch zu einer Potenz von archetypischer Mächtigkeit geworden, die auch in denen kräftig weiterwirkt, die als moderne, säkulare Menschen nicht mehr in unmittelbarem Zusammenhang mit der Welt der biblischen Religion stehen. Die Ambivalenz des Vatergott-Bildes bringt es mit sich, daß bald die dunklen, bald die hellen Seiten dieser Seelenbildkraft im individuellen Vateramt sich ausgewirkt haben. Es wäre eine lohnende Aufgabe, einzelne Zeitalter, einzelne Konfessionen, einzelne Familien abzuhorchen, wie sich das jeweils da und dort verteilt hat, ob stärker das drohende, strafende, patriarchalische Element überwiegt oder die Herzenswärme der Väterlichkeit. Wir greifen für beide Möglichkeiten einige Beispiele heraus.

Ein erschütterndes Paradigma harter Vaterregierung ist der Preußische König Friedrich Wilhelm gewesen, der Vater von Friedrich dem Goßen. In diesem Fall sollte die Auswirkung der dunklen Seite des Vater-Archetypus geradezu weltgeschichtliche Folgen bekommen. Ganz Preußen, ja schließlich ganz Deutschland wurde durch dieses unselige Vater-Sohn-Verhältnis beschattet und in Mitleidenschaft gezogen. Es ist gar nicht auszudenken, wie anders das deutsche Schicksal, vor allem seine künstlerische Kultur, sich hätte gestalten können, wenn nicht das Friederizianische Prinzip das alleinbeherrschende Element geworden wäre, wenn auch der mütterliche Archetypus, wie er sich in Maria Theresia, der Mutter von 16 Kindern, verkörpert findet, hätte zur Auswirkung kommen dürfen. Wir besitzen zwei interessante dichterische Darstellungen über dieses Vater-Sohn-Verhältnis im königlichen Preußen. Das eine ist der umfängliche Roman von Jochen Klepper „Der Vater. Der Roman des Soldatenkönigs", (103.—111.Tausend. Deutsche Verlags Anstalt, Stuttgart, 1954), das andere ist das Drama des Stuttgarter Generalintendanten Dr. Walter Erich Schäfer „Zwischen Abend und Morgen".

Der Preußen-König Friedrich Wilhelm trägt alle unerbittlich strengen Züge des Vaterprinzips, die man sich nur vorstellen kann. Dieser Vater zerbricht dem Kind seine Flöte. Er schlägt den Sohn vor den Höflingen; er nimmt ihn verfrüht von der Mutter weg und steckt ihn in eine ausschließlich männliche Erziehung, die in unvernünftiger Überanstrengung nur aus Frühaufstehen, Strammstehen, Exerzieren, Drill, Sparen und Lernen besteht. Die Folge davon ist eine ständig wachsende Erbitterung des Sohnes gegen den Vater. „Mutter" heißt hier „dürfen" und „Vater" heißt hier „müssen". So atmen alle auf, alle sind selig, wenn dieser Vater in seinem weiten, armen Land auf Dienstreisen unterwegs ist. Dann werden daheim kleine Festchen gefeiert mit der Mutter, mit der heißgeliebten Schwester. Um große Feste kann es sich sowieso nicht handeln, weil das der peinlich genauen Sparkontrolle des Vaters niemals entgehen würde. Kaum aber ist der Vater zurück, so legt sich der Zwang, die Knechtung, die Quälerei, die Angst wieder mit voller Wucht auf das heranwachsende junge Menschenleben. Gleichwohl zeigt uns die genannte Dichtung, und sie wird damit auch sachlich recht haben, daß der königliche Vater mit dem Stock, den er nicht nur aus Krankheitsgründen, um sich zu stützen, bei sich führte, im Verborgenen ein Herz besaß, das lieben wollte und nach Liebe verlangte. Aber gerade der reformierte, alttestamentlich betonte Zuschnitt seiner Frömmigkeit ließ es nicht zu, die spartanischen Grundsätze zu durchbrechen. Das Zuchtamt schien ihm besonders von Gott auferlegt zu sein, in seiner Stellung als Landesvater wie als Hausvater.

Auch die lutherische Kirche und Frömmigkeit kennt ein klassisches Beispiel, wie der Vater in erdrückender Weise beschattend auf einen großen Sohn gewirkt hat. Wir meinen das Verhältnis von Michael und Sören Kierkegaard. Es ist das Verdienst des Schweizer Psychologen Arnold Künzli, diese Zusammenhänge zum erstenmal in voller Klarheit und Offenheit durchleuchtet zu haben, in seinem Werk „Die Angst als abendländische Krankheit, dargestellt am Leben und Denken Sören Kierkegaards" (290 Seiten, Zürich 1948). Arnold Künzli geht so weit, daß er die Angst des modernen Menschen in der Katastrophe vorbereitet und kristallisiert sieht, die sich damals zwischen Kierkegaard Vater und Sohn abgespielt hat. Bei dem ungeheuren Einfluß Kierkegaards auf den modernen philosophischen und theologischen Existenzialismus sind diese Zusammenhänge nicht von der Hand zu weisen.

Kierkegaard war ein altes Kind, der Vater stand bei seiner Geburt bereits im 56. Lebensjahr. Vor allem aber lag auf diesem Vater im Zusammenhang mit einem unglückseligen Jugenderlebnis eine abgrundtiefe Schwermut, die sich als Weltangst und Weltflucht äußerte. Das Kind wurde dem Einfluß der Mutter frühzeitig entzogen, es durfte nie mit kindlichen Altersgenossen spielen, es hatte immer nur mit dem alten Mann spazieren zu gehen. Der übermächtige, erdrückende Einfluß des Vaters, der im Lauf seines Lebens ein Pietist strengster Observanz geworden war, wirkte sich vor allem in der Richtung aus, daß dem jungen Kierkegaard alles Weltlich-Frohe, alles Sinnlich-Farbig-Schöne auf das strengste untersagt wird. Er sollte sich frühzeitig üben in der Entsagung, in der Selbstverleugnung, in der Fähigkeit zum Leiden, in der Abtötung jeder Daseinsfreude und Lebenslust. So sind die Tagebücher Sören Kierkegaards voller Verzweiflungsschreie über die düstere Erziehung. Der große Denker hat zeitlebens bitter darunter gelitten, daß ihm eine seelisch gesunde, unbeschwerte Kindheit und Jugend versagt geblieben ist.

Der von Kierkegaard mit maßloser Heftigkeit geführte Kampf gegen die ehrwürdigen dänischen Bischöfe Martensen und Mynster war nichts anderes als eine Aggression gegen den Vater. Es gehört zum bestgesicherten Wissen der Tiefenpsychologie, daß sich der Haß gegen den Vater und die Angst vor dem Vater auf alle vater-ähnlichen Autoritäten überträgt und auswirkt, sei das nun der Landes-Vater, der Vater Staat, der Landes-Bischof oder im Examen prüfende Professoren. Arnold Künzli zeigt in seiner Untersuchung, ganz im Sinne der zu Eingang erwähnten Arbeit von Jung, daß die Schuld für diese Fehlentwicklung nicht allein bei dem konkret-leiblichen Vater Michael Kierkegaard gesucht werden darf. Nein, was an diesem genialen Kind verdorben wurde, war mehr als nur eine individuell-persönliche Fehlbeeinflussung. Es war eine Manifestation des Ahnenerbes, es war ein Kollektiv-Einfluß aus der dunklen Seite des Archetypus-Vatergott.

Vor allem läßt sich an Kierkegaard eindrucksvoll zeigen, wie Vaterbild und Vatergott einander wechselseitig korrespondieren. Der vorwiegend alttestamentliche Zug in der Frömmigkeit von Michael Kierkegaard führte zu der grausamen Strenge in der Sohnes-Erziehung und umgekehrt nahm bei Kierkegaard das Bild Gottes die düsteren Züge des eigenen Vaters an. Nur die lutherisch-reformatorische Zuflucht zu Christus, dem Weltversöhner, rettete ihn aus der völligen Angstverzweiflung vor diesem drohenden, überragenden Gottvater-Bild, zu dem der leibliche Vater im sogenannten Vorgang der Identifikation Porträt gestanden hatte[1].

[1] Trotz des Leidens unter dem schwermütig-strengen Vater hat *Kierkegaard* diesem Vater eine ganze Reihe seiner „Erbaulichen Reden" gewidmet, in denen

Nun lassen sich aber neben diese historisch gewordenen Vaterkomplex-Situationen ebenso großartige Beispiele stellen, wie in der Machtwirkung des biblischen Väterlichkeits- und Zärtlichkeits-Bildes Ströme von Güte auf das Leben der Kinder ausgegangen sind. Nichts wäre verkehrter als zu meinen, das christliche Vaterhaus sei allgemein eine Stätte der Angst und der Abneigung gegen die Erscheinung des Vaters gewesen. So oft sich auch dieser Eindruck der Verschüchterung, durch das christliche Milieu bedingt, dem Psychotherapeuten von seiner Berufserfahrung her aufdrängt, wir müssen uns gleichwohl hier vor jeder Einseitigkeit der Betrachtung hüten. Wir erinnern an Matthias Claudius und seine entzückende Art, mit seinen Kindern umzugehen und seinen Kindern zu schreiben. Wohl ist der Brief „An meinen Sohn Johannes" vom Jahre 1799 voller Ermahnungen. Aber das sind nicht wehtuende Peitschenschläge eines gebietenden Riesen, sondern väterliche Hilfen voller Weisheit und Güte. „Sitze nicht, wo die Spötter sitzen; denn sie sind die elendsten unter allen Kreaturen. Nicht die frömmelnden, aber die frommen Menschen achte und gehe ihnen nach! Wenn ich gestorben bin, so drücke mir die Augen zu, stehe Deiner Mutter bei und ehre sie, solange sie lebt. Dein treuer Vater."

Ein einzigartiges Dokument von Vateranhänglichkeit findet sich in den „Gedenkblättern" von Hermann Hesse (S. 23—39, Berlin 1950). Der Dichter schildert uns hier seine inneren Erlebnisse auf der Fahrt zur Beerdigung seines Vaters. „Der Takt der Räder schlug mir tausendmal dumpf ins Ohr: ‚Dein Vater ist tot, jetzt hast du keinen Vater mehr'. Ich erinnerte mich an meinen letzten Besuch bei ihm, wie da gleich nach der Begrüßung unser Gespräch voll Verständnis, voll Licht und Vertrauen war, obwohl er, der mich vermutlich viel besser kannte als ich ihn, Grund genug gehabt hätte, mir zu mißtrauen oder mich zu tadeln oder anders zu wünschen, und obwohl ich im Vergleich zu seiner zarten Frömmigkeit ein roher Weltmensch war, stand doch über uns wie ein warmer Himmel ein Gefühl von Gemeinsamkeit und Einander-nicht-verlieren-können." Nach der Ankunft im Vaterhaus überwältigt den Dichter die Erinnerung: „Wie gut, das Fenster wieder zu sehen, aus dem er bei jeder Abreise seinen Kindern

gerade die Vaterliebe Gottes verherrlicht wird. Auch gibt es einige Tagebuch-Einträge, die erkennen lassen, daß *Kierkegaard* am Bild des leiblichen Vaters Gott nicht nur als Richter, sondern auch als Tröster und Erlöser ermessen gelernt hat. Das Vaterbild *Kierkegaards* ist also spannungsvoller, gerade in seiner religiösen Auswirkung, als es bei Arnold *Künzli* erscheint. Trotzdem bleibt es das Verdienst dieses Buches, herausgestellt zu haben, wie verhängnisvoll die Hypertrophie des Väterlichen und die Verdrängung des Weiblichen sich in *Kierkegaards* Leben ausgewirkt hat.

nachwinkte.“ Bei dem Betrachten der lieben Züge des Toten aber kann der Sohn nur noch stammeln: „O Vater, Vater.“ Man hat dem Pietismus nachgesagt, daß sein strenger Biblizismus besonders häufig dazu geführt habe, das erdrückende Zuchtelement im väterlichen Wesen herauszukehren. Hier haben wir ein Beispiel vor uns, wie ein großer Dichter, vergessen wir nicht, der Sohn eines Basler Missionars, trauert, mit dem Tod des Vaters die Heimat verloren zu haben.

In seinem Buch „Das Christentum und die Angst“ hat der Züricher Pfarrer Oskar Pfister gemeint, besonders dem Katholizismus den Vorwurf machen zu müssen, daß er allzu viele angsterzeugende Elemente in seine Frömmigkeitspflege eingebaut habe. Aber auch hier muß man sich vor Verallgemeinerungen in acht nehmen. Wir wählen als Gegenbeispiel aus österreichisch-katholischer Luft das innige Verhältnis, das den großen Liederkomponisten Hugo Wolf mit seinem Vater Philipp verband. Dieser kinderreiche Mann, ein bescheidener Lederwaren-Händler aus Windisch-Graz in der Steiermark, hat sich verzehrt in der inneren und äußeren Fürsorge für seinen ebenso begabten wie schwierigen Genius-Sohn. Man lese das nach in: Frank Walter „Hugo Wolf, eine Biographie“ (Graz 1953). Die Briefe, die an den Sohn nach Wien gingen, offenbaren ein Vaterherz, ein katholisches Vaterherz, das den Zügen von Lukas 15 unmittelbar nachgebildet erscheint. Den Tod dieses Vaters hat der große Künstler darum immer als die Katastrophe seines Lebens empfunden.

Neben die großen Namen sei ein namenloses Zeugnis gestellt. Die im Bärenreiter-Verlag erscheinende Monatsschrift „Die neue Schau“ hat im Jahrgang 1953 ihren Leserkreis um Einsendungen gebeten, in denen entscheidende Erlebnisse in der Kindheit berichtet werden sollten. Unter den eingegangenen Antworten befindet sich auch folgende Schilderung: „Von meiner Kindheit her bis in mein Alter bewahre ich die Erinnerung an die Hand meines Vaters, die warme, feste Hand, in die ich jeden Morgen vertrauensvoll meine Kinderhand legte beim Weg in die Schule. Sicher ging ich an dieser Hand durch den Straßenverkehr über den großen Bahnhofsplatz, nichts Schlimmes konnte mir zustoßen. So stark war dieses Gefühl der Sicherheit, so lebendig geblieben in meinem Innern, daß ich nach Jahrzehnten in bösen Zeiten im Traum noch immer das Glück dieser Geborgenheit wieder erleben konnte, die gute, schützende Hand. Und wieder war ich sicher vor jedem Ungemach. So hat ein Erlebnis in der Kindheit fortgewirkt bis in die Zeit des Alters. Und wo liegt das Entscheidende, wovon die Schriftleitung spricht? Vielleicht darin, daß ich von diesem Kindheitserlebnis aus vermocht habe, mich vertrauensvoll der Führung einer Vaterhand im übertragenen Sinn zu überlassen“ (S. 272).

Hier haben wir das Gegenbeispiel zu Kierkegaard. So wie dort der

Zusammenhang von Vaterangst und Gottesangst deutlich wurde, so wird uns hier gezeigt, daß das in der Kindheit sich täglich wiederholende Glücksereignis von Vaterschutz und Vatergüte die Zuversicht zu einer ewigen Geborgenheit erweckt und bestärkt hat. Weitere Beispiele lassen sich zusammentragen aus der Sammlung von Vaterbriefen „Geliebter Sohn" (herausgegeben von Ellbogen), und aus den Ausgaben „Kriegsbriefe gefallener Studenten", im 1. und 2. Weltkrieg an Väter und Mütter geschrieben in Dankbarkeit, Anhänglichkeit und großer Sehnsucht nach dem Vaterhaus.

Das christliche Vaterbild in seinen strengen und in seinen liebreichen Äußerungen als Inbegriff der Autorität und der Güte hat über Jahrhunderte hin in bewußten und unbewußten Auswirkungen das Vater-Sohn-Verhältnis bestimmt und beherrscht. Es gehört zweifellos zu den bedeutungsvollsten Seelenvorkommnissen unserer Zeit, daß dieses überlieferte Vaterbild seine imponierende Wirkungsmächtigkeit zusehends verloren hat. Mögen es die einen begrüßen, die andern lebhaft bedauern, um die Feststellung dieser ungeheuren Wesensumwandlung kommen wir nicht herum. Die Gründe für die Krise im Wert der Väterlichkekit sind mannigfaltiger Art.

In dem Maß, als das säkulare Denken und Empfinden der Neuzeit die christliche Lebenshaltung verdrängte und auflöste, mußte natürlich auch die Einflußgewalt der christlichen Vater-Imago schwächer werden, wenn wir auch mit diesbezüglichen Nachwirkungen aus dem archetypischen Seelengrund bis auf diese Stunde noch immer rechnen dürfen und müssen.

Der Mißbrauch der väterlichen potestas, in einseitiger Verfolgung des biblischen Zuchtprinzips in bedenklicher Weise verabsolutiert, mußte den Haß der Söhne gegen die Väter ins Unermeßliche steigern. In der freiheitshungrigen Deutschen Jugendbewegung kam es in unserem Jahrhundert zum erstenmal zu einer solchen spürbaren Revolte der Jungen gegen die Alten. In dem Drama „Der Sohn" von Hasenclever hat sich diese Empörung einen furchtbaren Ausbruch verschafft.

Der Siegeszug der Psychoanalyse in der Ausprägung von Freud und Adler lieferte völlig neue Materialien zum Verständnis der seelischen Hintergründe in dem Spannungsverhältnis von Vater und Sohn und mußte den Gegensatz innerhalb dieser Ich-Du-Beziehung verschärfen. Der Oedipus-Komplex sprach von dem Sohn, der den Vater weghaben wollte, um nach Beseitigung des Vaters die Mutter allein und ungeteilt besitzen zu können. Das Schema der Individual-Psychologie setzte Vaterstand mit Oben-sein, Kindesstellung mit Unten-sein gleich und machte so den Vaterkomplex zu dem Schulbeispiel aller infantilen Seelenverwundungen.

Durch das faszinierende Lebenswerk von Ludwig Klages und Bachofen, das von dem jungen Hermann Hesse, von Dichtern wie Gerhart Hauptmann und Waldemar Bonsels begeistert aufgegriffen und unterstützt wurde, kam es zu einer überschwenglichen Rühmung des mütterlichen Lebensgrundes, aus dem allein großes, schöpferisches Werk sollte entspringen können. Der väterliche Geist gilt hinfort als dürr, unfruchtbar, abstrakt, intellektualistisch verkümmert; das strömende Leben aber quillt aus dem fruchtbaren Schoß, aus den nährenden Brüsten, entstammt dem ewig Weiblichen, der magna mater, steigt empor aus den Seelengründen der mütterlichen Welt. Wie armselig mußte daneben die Welt des Vaters erscheinen!

Die moderne individualistische Persönlichkeitskultur, die alle staatlichen Vermassungsbestrebungen zu überstehen scheint, wenigstens im Bereich unserer Akademikerkreise, ist so einseitig monadologisch, solipsistisch der Ich-Einsamkeit verhaftet, daß sie überhaupt kein Verständnis aufzubringen vermag für Sinn, Reichtum und Auftrag gliedhafter Lebensgefüge. Der Mensch, selbst wenn er nichts gegen seinen Vater hat, will ein einzelner für sich selbst bleiben. Er will aus sich allein heraus existieren, er braucht dazu kein Du. So verläßt man den Vater, sobald es äußerlich angeht, um seiner autonomen Selbstherrlichkeit leben zu können. Das Denken im Zusammenhang der Generationen hört auf. Der Vater wird zum „Alten Herrn", der einem einmal das Schulgeld bezahlt hat, um den man sich aber als erwachsener Mensch nicht mehr kümmert.

All die bisher genannten Gründe haben zusammen noch nicht das Gewicht, das in die Waagschale gelegt werden muß, um die akut gewordene Krise der Väterlichkeit in unseren Tagen voll verstehen zu können. Die Rolle des Vaters ist in unseren Tagen vor allem geschwächt und erschüttert worden durch den ungeheuren Umbruch der Kriegs- und Nachkriegsverhältnisse. Der eine Vater ist fortgegangen, als „der Führer ihn rief", und ist nicht mehr heimgekommen aus Stalingrad. So wuchsen Millionen von Kindern auf ohne jede Erfahrung von Väterlichkeit. Der andere Vater ist fortgegangen und hat eine fremde Frau mit heimgebracht. Die Kinder aber stehen fassungslos, wie der Vater so etwas hat tun können, und das Vaterbild zerbricht ihnen. Vor allem aber: die Väter sind ausgezogen im Vollbesitz ihrer Vitalkraft, geschmückt und bewundert in der kleidsamen Montur. Aus Rußland heimgekehrt ist ein müder, verbrauchter, erschöpfter, frühgealterter, vielfach kranker Mann. Dieser Vater hat gar keine Kraft mehr zum Strafen und zum Strengesein. Dieser Vater hat keine Lust zum Befehlen und Herumkommandieren. Er gibt dieses lästige Amt gern an die Mutter ab, die es übernehmen muß, auch wenn es ihrem fraulichen Wesen im Grund gar nicht liegt. Jedenfalls, mit der Gottähnlichkeit des pater familias, des Familienoberhauptes, so wie es die holländische Schriftstellerin Frau Joe von Ammers-Küller in den „Frauen der Coornvelts" beschrieben hat, ist es aus und vorbei. Der Vater, der am Abend, am Wochenende von seiner weit entfernt gelegenen Arbeitsstätte endlich nach Hause kommt, will seine Ruhe haben. Es verlangt ihn nicht nach Beweisungen seiner väterlichen Herrschaftsstellung. Er will mit seinen Kindern im besten Fall noch spielen, falls er ihnen nicht am Sonntag nachmittag eine Mark in die Hand drückt und sagt: „Schau, daß d' weiterkimmst, stör mir mei Ruh' net". Die Machtsphäre des Vaters ist bedenklich eingeschrumpft. Der gefürchtete Vater, vor dem das ganze Haus zittert, ist zur Seltenheit geworden.

Die Rangstellung, der Machteinfluß der Frau ist durch das alles, ungesucht und ungewollt, im Steigen begriffen. Der Vater aber hat die überlebensgroße, monumentale Gestalt von ehedem verloren. Wenn er sie weithin bis in die leibliche Erscheinung hinein verloren hat, so ist das nur der somatische Ausdruck einer psychisch völlig verlagerten Situation. Wie wollen wir mit dem allen fertig werden? Sollen wir uns einfach mit der Feststellung begnügen, daß das patriarchalische Zeitalter zu Ende geht und ein neues Matriarchat heraufzieht? Hat Rudolf Hartung recht, wenn er in seinem geistvollen Aufsatz „Die Gestalt des Vaters in der modernen Literatur", erklärt, der Satz von Friedrich Nietzsche „Gott ist tot" müsse heute erweitert werden zu dem Satz „der Vater ist tot"? So wie Nietzsche damit sagen wollte: Für mich existiert Gott nicht mehr, so existiert für ungezählte Menschen der Vater nicht mehr, auch wenn es immer noch einen Gott gibt, auch wenn es immer noch Väter gibt.

Und doch bleibt bestehen, wie wir als Psychotherapeuten und Seelsorger am besten wissen: jedes Kind braucht einen Vater, sollte einen Vater haben. Das Versagen des Vaters, der Ausfall des Vaters zieht nicht weniger verhängnisvolle seelische Verwundungen nach sich, als der Verlust der Mutterbeziehung. Darum müssen wir das Bild des Vaters retten. Wir müssen uns bemühen um die Wiedergeburt der Väterlichkeit. Es gibt heute Väter, die in verheerender Weise ihren Kindern gegenüber versagt haben. Es gibt aber auch Kinder, Söhne und Töchter, die nicht weniger fragwürdig ihren Eltern, ihren Vätern und Müttern, gegenüber versagen. Gewiß gibt es in unseren Tagen auch viel Sehnsucht der Väter nach den Söhnen und auch Sehnsucht der Söhne nach den Vätern, wie es erschütternd durch den „Brief an den Vater" bei Franz Kafka klingt, der nur darum eine fast 100 Seiten lange Epistel an diese patriarche Natur brieflich richtet, weil er sich, wie er sagt, „nie an der Brust des Vaters ausweinen durfte".

DAS VATERBILD BEI FRANZ KAFKA

Der Vater des Dichters, Hermann Kafka, war der Sohn eines jüdischen Fleischhauers[1]. Im Besitz einer ungewöhnlichen Körperkraft und Leistungstüchtigkeit arbeitete er sich nach harter, entbehrungsreicher Jugend empor zum Besitzer eines gutgehenden Versandgeschäftes von Galanteriewaren in Prag. Er war verheiratet mit Julie Löwy, einer zarten, stillen, gütigen und klugen Frau. Als erstes Kind aus dieser Ehe wurde am 3. Juli 1883 Franz Kafka in Prag geboren. Zwei Brüder starben schon im zarten Alter. Später folgten drei Schwestern, die alle im zweiten Weltkrieg ermordet wurden. Der Vater, eine ausgesprochene Herrschernatur, war der Familie gegenüber zur größten Aufopferung bereit, duldete aber in seiner patriarchalischen Würde keinerlei Widerspruch, weder von seiner Frau noch von den Kindern.

Kafka hat zeitlebens unter dem Vater und an dem Vater gelitten. Er hat auch in grenzenloser, staunender Verehrung zu ihm emporgeblickt, ja er suchte ihn zu lieben und wurde dabei doch durch immer neue Schockerlebnisse in der furchtbarsten Weise verletzt und zurückgestoßen. Die Schreckwirkungen der väterlichen Beschattung sind in dem gesamten Lebenswerk des Dichters wahrnehmbar. Sie finden ihren Niederschlag in den Briefen und Tagebuchaufzeichnungen. Aber auch die großen Romane „Der Prozeß" und „Das Schloß", die Angst vor dem Richter und der unüberwindbare Abstand, der den Landvermesser K. von der Schloßherrschaft trennt, spiegeln die Vaterängste wider, die weit über das frühkindliche Erleben hinaus nachwirkten und sich immer neu fortsetzten.

Das eigentlich maßgebliche Dokument dieser Lebensnot ist der „Brief an den Vater", den Franz Kafka 36jährig im November 1919 abgefaßt hat.[2] Der Brief ist freilich nie in die Hände des Vaters gelangt. Die Mutter fing ihn ab und gab ihn an den Sohn zurück, wohl in der rechten Erkenntnis, daß diese Herzensbeichte das Verhältnis zwischen Vater und Sohn nicht gebessert, vielmehr nur noch verschlechtert haben würde. Dieser

[1] Zur Biographie vgl. Max Brod, Franz Kafka[3], 1954; Klaus Waggenbach: Franz Kafka, Eine Biographie seiner Jugend, 1961 und Wilhelm Emrich, Franz Kafka, 1958.

[2] Erschienen in: Hochzeitsvorbereitungen auf dem Lande, S. 162—223. Gesammelte Werke, 1953.

„Brief an den Vater", der dem Umfang nach mehr ein kleines Buch genannt zu werden verdient, ist ein Seelendokument ohnegleichen. Niemand sollte den Beruf eines Arztes, eines Seelsorgers oder Psychotherapeuten ergreifen, ohne diese Confessio auf das gründlichste studiert zu haben. Was frühes Leid für ein Kinderherz bedeutet, wie Angst und Schuldbewußtsein sich ausbilden und ins Unermeßliche anwachsen können, das kann hier als Schulbeispiel wahrgenommen werden. Daß darüber hinaus dieser Brief eine unerhörte Meisterschaft der Sprache bekundet, Unaussprechliches sagbar zu machen, dazu mögen die nachfolgenden Zitate für sich selbst sprechen.

Wenn der Brief mit der Anrede beginnt „Liebster Vater", so muß dieser Anruf ganz ernst genommen werden. Franz Kafka war in der Wahl seiner Worte so gewissenhaft, so streng sich selbst gegenüber, daß es ganz abwegig wäre, diesen Eingang als bloße captatio benevolentiae zu verstehen. Der erwachsene Sohn ringt in diesem Brief um das Herz des Vaters. Wenn er ihn auch in vielen Stücken nicht schonen kann, wenn er ihm manche bittere Wahrheit sagen muß, es liegt ihm fern, den Vater anzuklagen, zu beschuldigen, er will nur Verständnis dafür erwecken, daß sich bei der Schicksalsbegegnung dieser beiden Menschen zwei so völlig verschiedene Wesensnaturen gegenüberstanden, daß keiner das Anderssein des anderen zu ertragen vermochte, daß vielmehr jeder am andern bitter leiden mußte.

Der Auftakt des Schreibens weist hin auf ein kurz zuvor stattgefundenes Gespräch. „Du hast mich letzthin einmal gefragt, warum ich behaupte, ich hätte Furcht vor Dir. Ich wußte Dir, wie gewöhnlich, nichts zu antworten, zum Teil eben aus der Furcht, die ich vor Dir habe, zum Teil deshalb, weil zur Begründung dieser Furcht zu viele Einzelheiten gehören, als daß ich sie im Reden halbwegs zusammenhalten könnte. Und wenn ich hier versuche, Dir schriftlich zu antworten, so wird es doch nur sehr unvollständig sein, weil auch im Schreiben die Furcht und ihre Folgen mich Dir gegenüber behindern" (162).

Franz Kafka weiß sich tief in die Seele seines Vaters hineinzuversetzen: „Dir hat sich die Sache immer sehr einfach dargestellt. Es schien Dir etwa so zu sein: Du hast Dein ganzes Leben lang schwer gearbeitet, alles für Deine Kinder, vor allem für mich geopfert, ich habe infolgedessen in Saus und Braus gelebt, vollständige Freiheit gehabt zu lernen, was ich wollte, habe keinen Anlaß zu Nahrungssorgen, also zu Sorgen überhaupt gehabt; Du hast dafür keine Dankbarkeit verlangt, aber doch wenigstens irgendein Entgegenkommen, Zeichen eines Mitgefühls; statt dessen habe ich mich seit jeher vor Dir verkrochen, in mein Zimmer, zu Büchern, zu verrückten Freunden, zu überspannten Ideen, offen gesprochen habe ich mit Dir niemals, auch sonst nie Familiensinn gehabt, um das Geschäft und Deine sonstigen Angelegenheiten habe ich mich nicht gekümmert" (163).

Der Sohn sucht dem Vater verständlich zu machen, wie es zu diesem Enttäuschungserlebnis hat kommen können, warum dieses Kind kein Sohn nach seinem Herzen geworden ist. „Ich habe im ganzen niemals an Deiner Güte mir gegenüber gezweifelt. Nur eben als Vater warst Du zu stark für mich, besonders da meine Brüder klein starben, die Schwestern erst lange nachher kamen, ich also den ersten Stoß ganz allein aushalten mußte, dazu war ich viel zu schwach" (164). Während der junge Kafka sich selbst als einen Löwy von der Mutter her bezeichnet, dem jeder Geschäftssinn und Eroberungswille mangelt, schildert er den Vater als das ausgesprochene Gegenteil. „Du warst ein wirklicher Kafka an Stärke, Gesundheit, Appetit, Stimmkraft, Redebegabung, Selbstzufriedenheit, Weltüberlegenheit, Ausdauer, Geistesgegenwart, Menschenkenntnis, einer gewissen Großzügigkeit, natürlich auch mit allen zu diesen Vorzügen gehörigen Fehlern und Schwächen, in welche Dich Dein Temperament und manchmal Dein Jähzorn hineinhetzten. Jedenfalls waren wir so verschieden und in dieser Verschiedenheit einander so gefährlich, daß, wenn man es hätte im voraus berechnen wollen, wie ich, das langsam sich entwickelnde Kind, und Du, der fertige Mann, sich zueinander verhalten werden, man hätte annehmen können, daß Du mich einfach niederstampfen wirst, daß nichts von mir übrig bleibt" (165). Dabei bittet Franz in dem Brief den Vater wiederholt, „nicht im Entferntesten an eine Schuld seinerseits zu denken." „Du wirktest als Erscheinung so auf mich, wie Du wirken mußtest. Du kannst ein Kind nur so behandeln, wie Du eben selbst geschaffen bist, mit Kraft, Lärm und Jähzorn, und in diesem Fall schien Dir das auch noch überdies deshalb sehr gut geeignet, weil Du einen kräftigen, mutigen Jungen in mir aufziehen wolltest. Ich hätte ein wenig Aufmunterung, ein wenig Freundlichkeit, ein wenig Offenhalten meines Weges gebraucht, statt dessen verstelltest Du ihn mir, in der guten Absicht freilich, daß ich einen anderen Weg gehen sollte, aber dazu taugte ich nicht" (166 f.).

Die Psychotherapie weiß aus der Traumanalyse erwachsener Menschen, wie oft noch in der Rückerinnerung an die Zeit der Kindheit der Vater als Riese in nächtlichen Bildern erscheint. So fühlte sich der kleine Kafka schon niedergedrückt durch die bloße Körperlichkeit, wie der Vater ihm entgegentrat. „Ich erinnere mich zum Beispiel daran, wie wir uns öfters zusammen in einer Kabine auszogen. Ich mager, schwach, schmal, Du stark, groß, breit. Schon in der Kabine kam ich mir jämmerlich vor, und zwar nicht nur vor Dir, sondern vor der ganzen Welt, denn Du warst für mich das Maß aller Dinge. Traten wir dann aber aus der Kabine vor die Leute hinaus, ich an Deiner Hand, ein kleines Gerippe, unsicher, bloßfüßig auf den Planken, in Angst vor dem Wasser, unfähig Deine Schwimmbewegungen nachzumachen, die Du mir in guter Absicht, aber tatsächlich zu meiner tiefen Beschämung immerfort vormachtest, dann war ich sehr verzweifelt" (168).

Der robusten Erscheinung entsprach bei Vater Kafka das Bewußtsein der Überlegenheit in allen Stücken des Lebens. „Du hattest Dich allein durch eigene Kraft so hoch hinaufgearbeitet, infolgedessen hattest Du unbeschränktes Vertrauen zu Deiner Meinung. In Deinem Lehnstuhl regiertest Du die Welt. Deine Meinung war richtig, jede andere war verrückt, überspannt, meschugge, nicht normal. Dabei war Dein Selbstvertrauen so groß, daß Du gar nicht konsequent sein mußtest und doch nicht aufhörtest, recht zu haben. Du konntest zum Beispiel auf die Tschechen schimpfen, dann auf die Deutschen, dann auf die Juden, und zwar nicht nur in Auswahl, sondern in jeder Hinsicht, und schließlich blieb niemand mehr übrig außer Dir" (169).

Meist ahnen die Erwachsenen gar nicht, wie sehr sie ein Kind für das ganze weitere Leben entmutigen, wenn sie seine Einfälle und Entschlüsse mit überlegener Kritik zudecken. Wie gut hätte es dem Vater Kafka getan, wenn er zur rechten Zeit auf einen Alfred Adler und die warnenden Einsichten der Individualpsychologie gestoßen wäre! „Man mußte nur über irgendeine Sache glücklich sein, von ihr erfüllt sein, nach Hause kommen und es aussprechen, und die Antwort war ein ironisches Seufzen, ein Kopfschütteln oder: Kauf Dir was dafür! Natürlich konnte man nicht für jede Kinderkleinigkeit Begeisterung von Dir verlangen, wenn Du in Sorge und Plage lebtest. Darum handelte es sich auch nicht. Es handelte sich vielmehr darum, daß Du solche Enttäuschungen dem Kinde immer und grundsätzlich bereiten mußtest, kraft Deines gegensätzlichen Wesens. Unverständlich war immer Deine vollständige Empfindungslosigkeit dafür, was für Leid Du mit Deinen Worten und Urteilen mir zufügen konntest, es war, als hättest Du keine Ahnung von Deiner Macht. Auch ich habe Dich sicher oft mit Worten gekränkt, aber dann wußte ich es immer, es schmerzte mich, ich bereute es schon, während ich es sagte. Du aber schlugst mit Deinen Worten ohne weiteres los. Ich war gegen Dich vollständig wehrlos" (170 f.).

Daß die Diskrepanz zwischen hochgesteigertem Autoritätsanspruch und einem eklatanten Versagen in der persönlichen Vorbildlichkeit sich in der Erziehung als Gift auswirkt, blieb dem Prager Kind nicht erspart. „Da ich als Kind hauptsächlich beim Essen mit Dir beisammen war, war Dein Unterricht zum großen Teil Unterricht im richtigen Benehmen bei Tisch. Was auf den Tisch kam, mußte aufgegessen, über die Güte des Essens durfte nicht gesprochen werden. Du aber fandest das Essen oft ungenießbar;

nanntest es das Fressen; das „Vieh“, die Köchin, hat es verdorben. Weil Du entsprechend Deinem kräftigen Hunger und Deiner besonderen Vorliebe, alles schnell, heiß und in großen Bissen gegessen hast, mußte sich das Kind beeilen, düstere Stille war bei Tisch, unterbrochen von Ermahnungen: Zuerst iß, dann sprich! oder: Schneller, schneller, schneller! oder: Siehst Du, ich habe schon längst aufgegessen. Knochen durfte man nicht zerbeißen, Du ja. Essig durfte man nicht schlürfen, Du ja. Man mußte acht geben, daß keine Speisereste auf den Boden fielen, unter Dir lag schließlich am meisten. Bei Tisch durfte man sich nur mit Essen beschäftigen. Du aber putztest und schnittest Dir die Nägel, spitztest Bleistifte, reinigtest mit dem Zahnstocher die Ohren. Bitte, Vater, verstehe mich recht, das wären an sich vollständig unbedeutende Einzelheiten gewesen, niederdrückend wurden sie für mich erst dadurch, daß Du, der für mich so ungeheuer maßgebende Mensch, Dich selbst nicht an die Gebote hieltest, die Du mir auferlegtest“ (173).

Die Kinderpsychologie weiß, daß bei sensiblen Kindern Asthma, Bettnässen und Stottern so lange ausbleiben, als der übermächtige Vater fern ist, daß all diese Erscheinungen prompt wieder auftreten, wenn der von der Reise zurückgekehrte Vater erneut durch das Haus tobt. Auch davon weiß Kafka in dem Brief an den Vater zu berichten. „Ich verlernte das Reden, ich wäre ja wohl auch sonst kein großer Redner geworden, aber die gewöhnlich fließende menschliche Sprache hätte ich doch beherrscht. Du hast mir aber schon früh das Wort verboten, Deine Drohung: Kein Wort der Widerrede! und die dazu erhobene Hand begleiten mich schon seit jeher. Ich bekam vor Dir eine stockende, stotternde Art des Sprechens. Auch das war Dir noch zu viel, schließlich schwieg ich, zuerst vielleicht aus Trotz, dann, weil ich vor Dir weder denken noch reden konnte. Und weil Du mein eigentlicher Erzieher warst, wirkte das überall in meinem Leben nach. Ich verlor das Zutrauen zu dem eigenen Tun“ (175).

Kafka bekennt, kaum je von seinem Vater geschlagen worden zu sein. Und doch genügten bei seiner Feinfühligkeit schon die bangen Minuten der Angst vor einer Bestrafungsmöglichkeit, um ihn für das ganze weitere Leben verängstigt und verschüchtert werden zu lassen. „Das Schreien, das Rotwerden Deines Gesichtes, das eilige Losmachen der Hosenträger, ihr Bereitliegen auf der Stuhllehne, war für mich fast ärger. Es ist, wie wenn einer gehenkt werden soll. Wird er wirklich gehenkt, dann ist er tot und es ist alles vorbei. Wenn er aber alle Vorbereitungen zum Gehenktwerden miterleben muß und erst, wenn ihm die Schlinge vor dem Gesicht hängt, von seiner Begnadigung erfährt, so kann er sein Leben lang daran zu leiden haben“ (183).

Kafka ist gerecht genug, auch von beglückenden Ausnahmen zu sprechen, wo durch des Vaters Liebe und Güte alles Entgegenstehende wie überwunden schien. „Selten war das allerdings, aber es war wunderbar. Etwa wenn ich Dich früher in heißen Sommern mittags nach dem Essen im Geschäft müde ein wenig schlafen sah, den Ellenbogen auf dem Pult, oder wenn Du sonntags abgehetzt zu uns in die Sommerfrische kamst; oder wenn Du bei einer schweren Krankheit der Mutter weinend Dich am Bücherkasten festhieltest; oder wenn Du während meiner letzten Krankheit leise zu mir ins Zimmer kamst, auf der Schwelle bliebst, nur den Hals strecktest, um mich im Bett zu sehen, und aus Rücksicht nur mit der Hand grüßtest. Zu solchen Zeiten legte man sich hin und weinte vor Glück und weint jetzt wieder, während man es schreibt" (180).

Rührend wird in dem Brief an den Vater dazwischen hinein auch das Bild der Mutter gezeichnet. Was mag sie in ihrer Stellung zwischen diesem Mann und den Kindern jahraus jahrein ausgehalten haben! „Rücksichtslos haben wir auf sie eingehämmert, Du von Deiner Seite, wir von unserer. Auf der Mutter tobten wir uns aus. Was hat sie von uns Deinetwegen und von Dir unseretwegen gelitten. Natürlich hätte die Mutter das alles nicht ertragen können, wenn sie nicht aus der Liebe zu uns allen die Kraft zum Ertragen genommen hätte" (190).

Eine besondere Enttäuschung war es für den Vater Kafka, daß sich der begabte Sohn nicht stärker für seine Arbeit im Geschäft interessiert zeigte. Franz gibt zu, daß der Aufenthalt dort besonders in der Frühzeit des Lebens zu einer wertvollen Schule der Anschauung hätte werden können. „Wie Du einpacktest, oder eine Kiste aufmachtest, war ein sehenswertes Schauspiel." Aber auch hier erschreckte ihn die zornige, maßlose Behandlung, die dem Personal von seiten des Vaters zuteil wurde. „Ich weiß nicht, vielleicht ist sie in den meisten Geschäften so gewesen, aber die anderen Geschäfte kümmerten mich in der Kinderzeit nicht. Dich aber hörte und sah ich im Geschäft schreien, schimpfen und wüten, wie es meiner damaligen Meinung nach nicht wieder vorkam" (86). Die den Vater so sehr schmerzende Abneigung des Sohnes gegen das eigene Geschäft wird von daher wohl erklärbar.

Franz Kafka kommt in dem Brief auch auf die Frage zu sprechen, ob nicht die gemeinsame Eingründung in der Religion des Judentums eine Rettung aus der Entzweiung hätte bringen können. Aber auch an dieser Stelle fehlten alle Voraussetzungen auf seiten des Vaters, daß es hätte gut werden können. Der Vater war aus einer gettogeprägten Dorfgemeinde in die große Stadt gekommen. Das Wenige an Judentum, was er mitgebracht hatte, verlor sich dort und beim Militär immer mehr. Es „vertropfte" über dem wirtschaftlichen Aufstieg und konnte das Kind in der verkümmerten Ausübung weder bilden noch beeindrucken. Das Ganze war „keine vereinzelte Erscheinung, ähnlich verhielt es sich bei einem großen Teil dieser jüdischen Übergangsgeneration, welche vom verhältnismäßig noch frommen Land in die Stadt auswanderte". Mit Recht schreibt Kafka dazu: „Es hätte sich gar nicht um irgendeinen Unterricht gehandelt, den Du Deinen Kindern hättest geben sollen, sondern um ein beispielhaftes Leben." Dem Vater wäre es zweifellos am liebsten gewesen, wenn der Sohn sich ebenfalls in der Bahn eines maßvoll praktizierenden Judentums bewegt hätte. Daß der Sohn in der Kindheit und Jugend aus Mangel an Vorbildlichkeit religiös gleichgültig wurde, in seinen letzten Lebensjahren aber sich mit höchster Intensität dem religiösen Erbe seines Volkes zuwandte, hat den Vater gleichermaßen verdrossen.

Besonders hart mußte es den erwachsenen Sohn treffen, daß der Vater kein Verständnis aufzubringen vermochte für die dichterische Leistung von Franz. „Leg's auf den Nachttisch", war die einzige Bemerkung, die der Sohn zu hören bekam, wenn er dem Vater ein im Druck erschienenes Buch von eigener Hand übergeben konnte. In dem Zusammenhang fällt die erschütternde Bemerkung: Dabei „handelte mein Schreiben von Dir; ich klage dort ja nur, was ich an Deiner Brust nicht klagen konnte" (203).

Wir dürfen freilich an dieser Stelle gegen den Vater des Dichters auch nicht ungerecht werden. Kafkas Schreibweise bedeutet in der Geschichte der Literatur eine ähnliche Revolution wie seinerzeit Richard Wagners „Tristan" in der Musikgeschichte. Nur wenige Zeitgenossen wie Max Brod und Franz Werfel waren sogleich imstande, die Größe und Tragweite dieses Umbruchs zu erkennen. Ein Gerhart Hauptmann z. B. verhielt sich völlig unwissend und ablehnend. Kafkas großer Ruhm hat erst lange nach seinem Tod eingesetzt. Wie hätte da der Vater, der auf seinen Erwerb bedachte Geschäftsmann, ermessen können, was sich unter seinen Augen als literarisches Ereignis vollzog! Dabei gesteht der Dichter: „Meine Selbstbewertung war von Dir viel abhängiger als von irgend etwas sonst, etwa von einem äußeren Erfolg. Der Erfolg war die Stärkung eines Augenblicks, sonst nichts" (206). Ein Wort der Anerkennung von seiten des Vaters hätte für das berufliche und künstlerische Schaffen namenloses Glück, hätte unvorstellbare Beflügelung und Hilfe bedeutet. Aber es erfolgte nichts dergleichen.

Eine erneute Verbitterung sollte dadurch entstehen, daß der Vater keinerlei Verständnis für die Heiratsversuche seines Sohnes aufzubringen vermochte. Kafka hat über Ehe und Familie ungeheuer hoch gedacht, darin durchaus dem biblischen und jüdischen Erbe folgend. In dem Brief an den Vater finden sich die berühmt gewordenen Worte, die schon vielen Vätern und Müttern zum Trost geworden sind: „Heiraten, eine Familie gründen, alle Kinder, welche kommen, hinnehmen, in dieser unsicheren Welt erhalten und gar noch ein wenig führen, ist meiner Überzeugung nach das Äußerste, das einem Menschen gelingen kann“ (210).

Franz Kafka ist aus Mangel an Selbstvertrauen in der Frage seiner Verlobungen und Entlobungen ähnlich unsicher gewesen wie Sören Kierkegaard in seinem Verhalten zu Regine Olsen. Um so mehr mußte es ihn schmerzen, wie lieblos und oberflächlich der Vater auf die Mitteilung einer ernsten Heiratsabsicht reagierte. „Du sagtest zu mir etwa: Sie hat wahrscheinlich irgendeine ausgesuchte Bluse angezogen, wie das die Prager Jüdinnen verstehen, und daraufhin hast Du Dich natürlich entschlossen, sie zu heiraten, und zwar möglichst rasch, in einer Woche, morgen, heute. Ich begreife Dich nicht, Du bist doch ein erwachsener Mensch, bist in der Stadt, weißt Dir keinen anderen Rat als gleich eine beliebige zu heiraten. Gibt es da keine anderen Möglichkeiten? Wenn Du Dich davor fürchtest (die Verbindung wieder zu lösen), werde ich selbst mit Dir hingehen“ (213). Dazu der Sohn: „Tiefer gedemütigt hast Du mich wohl kaum und deutlicher mir Deine Verachtung nie gezeigt. Meine Entscheidung für ein Mädchen bedeutet Dir gar nichts. Wie kannst Du glauben, ich, der Geängstete, Zögernde, Verdächtigende entschließe mich mit einem Ruck für eine Heirat, etwa aus Entzücken über eine Bluse“ (215). Kafka träumt im Blick auf eine Eheschließung im Irrealis: „Ich wäre Dir darin ebenbürtig geworden, ich wäre dann ein freier, aufrechter Sohn, Du ein mitfühlender, zufriedener Vater geworden“, aber alsbald fällt er zurück in seine Schwermut, in seine Minderwertigkeitszustände und erklärt, das eigentliche Ehehindernis sei für ihn gewesen „die schon unausrottbare Überzeugung, daß zur Familienhaltung und gar zu ihrer Führung alles das notwendig gehört“, was er am Vater gesehen und wovon er vergleichsweise „fast nichts oder nur sehr wenig“ ins Leben mitbekommen hat.

Der modernen Seelenheilkunde ist der Tatbestand wohlvertraut, daß das irdische Vaterverhältnis nicht nur abfärbt auf den Umgang mit allen vaterähnlichen Autoritäten auf Erden, es wird dadurch auch das Gottesverhältnis nachhaltig bestimmt. Kafkas Leiden unter dem, wie ihm schien, turmhoch überlegenen, inkommensurablen Vater hat in der Tat auf seine Gottesschau nachhaltig eingewirkt. Man hat mit Recht in der Schloßherrschaft, die sich nicht sprechen läßt, einen Hinweis gesehen auf die Unzugänglichkeit und Unerreichbarkeit Gottes, der in einem Lichte wohnt, da niemand zukommen kann.

Es gibt eine christliche Deutung der Hauptwerke Kafkas. Demnach hat der Dichter durch seine harte Verurteilung der „Zwischeninstanzen“ der paulinischen Auffassung vom Gesetz Ausdruck verleihen wollen, daß jede Art von religiöser Selbstanstrengung und Bemühung den Menschen eher böse und elend macht, statt ihn Gott näher zu bringen. So tiefsinnig diese Interpretation sein mag, sie dürfte doch außerhalb des Gesichtskreises von Kafka gelegen haben.

Wohl aber standen ihm die Worte alttestamentlicher Ehrfurcht machtvoll vor der Seele, daß Gottes Wege nicht unsere Wege und seine Gedanken nicht unsere Gedanken sind. Die Einsicht in das irrationale Handeln Gottes, das alles menschliche Denken und Wünschen weit übersteigt, ja sich durchaus als Gegenteil von dem ausdrücken kann, was wir begehren, mag für den Dichter dadurch verstärkt worden sein, daß sich ihm am erlebten eigenen Vaterbild das Rätsel der Willkür vielfach auftat. Auch das, was man bei Kafka in wenig einsichtiger Weise seinen Defaitismus und Nihilismus genannt hat, muß vom Vatererlebnis her aufgeschlüsselt werden. Ein Kind, von dem man annehmen kann, daß es viele Male „in kummervollen Nächten auf seinem Bette weinend saß“, schreibt, erwachsen geworden, keine heiter dahinplätschernde Prosa. Es behält das Düstere, das Verzweiflungsvolle, das Ausweglose die Oberhand.

Man kann mit guten Gründen die Überzeugung vertreten: was einem Franz Kafka von seiten des Vaters widerfuhr, sei ein allgemein menschliches Geschick gewesen. Wann waren die Väter jemals zufrieden mit ihren Söhnen, und wann haben die Söhne nicht Kritik geübt an der Verhaltensweise ihrer Väter! Und doch wird man sagen müssen: es prallten hier nicht nur ein robuster Vater und ein äußerst sensitives Kind mit genialischen Anlagen hoffnungslos zusammen, es hat über dieser notvollen Begegnung in besonderer Weise die Größe und die Last des jüdischen Familienpatriarchats gelegen. Mag der Vater Kafka sich bei der Ausübung seiner religiösen Pflichten „im Tempel“ auf ein Mindestmaß beschränkt haben, der Vater-Archetypus, den er von seinem Glaubensstandort her überkommen hatte, wirkte sich in seinem Haus gleichwohl mit ungebrochener Kraft aus. Was die Stärke des Judentums ist, der ausgeprägte Familiensinn, wurde in diesem Fall zum Verhängnis für ein ungewöhnlich zart fühlendes Kind.

Das Alte Testament wird man dafür nicht verantwortlich machen können, zeigt es uns doch z. B. in den Geschichten von Joseph und Absolom Züge rührender Vaterliebe, ganz zu schweigen von dem Lobpreis des 103. Psalms: „Wie sich ein Vater über Kinder erbarmt, so erbarmt sich der Herr über die, so ihn fürchten.“ Wohl aber wird man fragen dürfen, ob nicht in der Geschichte des Judentums eine gewisse Verhärtung eingetreten ist, die das gesetzliche Verhalten sowohl in der Gottesbeziehung wie im erzieherischen Handeln immer stärker hervortreten ließ. Dieser herrisch fordernden Tendenz ist Franz Kafka zum Opfer gefallen, Grund genug, an alle Väter in der weiten Welt die Mahnung des Apostels Paulus aus den

Haustafeln im Kolosserbrief zu richten: „Ihr Väter, reizet eure Kinder nicht zum Zorn, auf daß sie in ihrem Lebensmut nicht gebrochen werden." Oder wie eine andere Übersetzung lautet: „Ihr Väter erbittert eure Kinder nicht, auf daß sie nicht scheu werden" (3, 21).

PSYCHOPATHOLOGISCHES IM RELIGIÖSEN GESCHEHEN

1

Die Weltanschauung des Materialismus in östlicher wie in westlicher Ausprägung vertritt die Überzeugung: jede religiöse Äußerung, ganz gleich, ob sie christlichen oder außerchristlichen Ursprungs ist, muß als Ausdruck von krankhaften Wahnideen angesehen werden. Wenn man in der Theologie der Gegenwart, etwa in der Schule von Karl Barth, versucht hat, religiöses Erleben und christlichen Glaubensvollzug ganz voneinander zu trennen, so, daß die Kritik am religiösen Leben den christlichen Glauben überhaupt nicht betrifft, so muß man sich klar darüber sein, daß solche klugen Unterscheidungen auf überzeugte Anhänger eines säkularen Nihilismus oder „dialektischen Materialismus" nicht den geringsten Eindruck machen.

Nicht nur Ludwig Feuerbach und Karl Marx, auch Sigmund Freud hat sich in dem Werk „Die Zukunft einer Illusion" zu der agnostischen Auffassung vom Wesen der Religion bekannt. Während die Individualpsychologie geneigt war, die Entstehung der Religion aus der Sehnsucht des Menschen nach dem Erhabenen zu erklären, deutet die Psychoanalyse die Religion als eine kollektive Menschheitsneurose, entsprungen aus Vaterangst und infantiler Hilflosigkeit.

Ein bedeutsamer Umschwung kam durch die Lebensarbeit von Carl Gustav Jung. Er erbrachte den überzeugenden Nachweis: Ein Mensch kann gerade *dadurch* neurotisch werden, daß er sich allem Religiösen gegenüber absperrt und verschließt. Zur seelischen Gesundheit gehört für die „komplexe Psychologie" der Züricher Schule, daß bei dem Heilungsprozeß der Individuation die religiösen Urbilder der Seele mitintegriert werden.

Weil sich religiöses Erleben und seelische Gesundheit nicht ausschließen, sondern vielmehr sich gegenseitig bedingen, darum sollte man endgültig mit dem Unfug aufhören, jeden Mystiker, jeden Visionär und Propheten für paranoid oder schizophren zu erklären, wie das in dem berühmten Werk von Wilhelm Lange-Eichbaum über „Genie, Irrsinn und Ruhm" generalisierend allzu unbedenklich geschieht.

Trotzdem dürfen wir nicht übersehen, daß sich das religiöse Erleben in allen Weltreligionen und Konfessionen nur allzu oft mit dem Psychopathologischen in bedenklicher, ja in erschreckender Weise verbunden hat. Wie ist es zu erklären, daß gerade der Bereich der Frömmigkeit so häufig zur Einbruchstelle für geistige Verirrungen und seelische Erkrankungen werden

Wenn Menschen am Leben gescheitert sind, sei es durch eigene oder fremde Schuld, wenn sie nicht mehr aus noch ein wissen mit ihren Konflikten und Ängsten, dann wenden sie sich, Schutz und Hilfe suchend, im allgemeinen nicht der Jurisprudenz und auch nicht der Altphilologie zu, sondern eben der Religion. Die Kirchen müssen dann diese am Leben gescheiterten Existenzen auffangen und sich ihrer annehmen, auch wenn sie dadurch in den Augen der Öffentlichkeit nicht wenig belastet werden. Dieses Odium muß um des Evangeliums willen, das zur Barmherzigkeit aufruft, getragen werden.

Es kommt aber noch ein weiterer Umstand hinzu, der die Übergänge vom Psychopathologischen zum religiösen Geschehen fließend werden läßt. Die religiöse Erfahrung im allgemeinen und gewiß auch die christliche Glaubenserfahrung ergreift nicht nur den Intellekt und Willen, sondern immer auch Herz und Gemüt des Menschen. Schleiermacher ging so weit, daß er in seinen „Reden über die Religion an die Gebildeten unter ihren Verächtern" vom Jahre 1799 die Gottesbegegnung als „schlechthiniges Abhängigkeitsgefühl" beschrieb. Auch Jung hat unablässig darauf hingewiesen, daß sich die religiöse Erfahrung und Überwältigung zuerst und zuletzt in der *Seele* des Menschen niederschlägt, und keineswegs nur im begrifflichen Bewußtsein. Wenn aber die Erregbarkeit der Seele im Glaubensvorgang so stark mitbeteiligt ist, dann brauchen wir uns nicht darüber zu wundern, wenn sich krankhafte Erscheinungen des Seelenlebens auch im religiösen Bereich manifestieren. Wenn dann gar der Repräsentant einer solchen entarteten Frömmigkeit über starke suggestive und magische Fähigkeiten verfügt, dann ist der Weg nicht mehr weit, daß das hysterisch gefärbte individuelle Erleben sich auswächst zum religiösen Massenwahn, zur Kollektivneurose einer psychischen Epidemie. Wie das im einzelnen geschehen kann, sei an verschiedenen Beispielen dargelegt.

2

Die Schule von Alfred Adler hat gezeigt, welche ungeheure Rolle der Wille zur Macht in den triebhaften Tiefen der Seele spielt. Der Mensch will nicht unten sein, er will oben sein, er will sich nicht in sachlicher Dienstbereitschaft in ein größeres Ganzes einfügen, er will vorne stehen und eine Führerrolle spielen. Zur Verwirklichung solcher Herrschaftsgelüste eignet sich nächst der Politik kaum ein anderer Lebensbereich so vorzüglich wie die Welt der Religion.

Es beginnt in feiner, sublimierter Form damit, daß ein Seelsorger es genießt, wenn sich Menschen, besonders Frauen, in der Beichte vor ihm demütigen und sich seiner Seelenführer-Vollmacht restlos ausliefern. Eine solche Menschenunterwerfung läßt sich zahlenmäßig ins Große steigern. Man muß einmal eine der Erweckungsversammlungen aus der Nähe miterlebt haben, wie sie die amerikanischen Evangelisten Branham, Tommy, Hicks oder Osborn in unseren Tagen in Karlsruhe, Zürich und anderen europäischen Großstädten veranstalteten. Aufgrund von höchst fragwürdigen Vorschußverheißungen, daß in dem Großzelt zahllose Glaubensheilungen geschehen würden, sind gutwillige Menschenmassen, Gesunde und Kranke, herbeigeströmt. Von mächtigen elektrischen Lampen angestrahlt, erscheint der Redner auf dem Podium. Immer lauter, immer aufgeregter, immer schneller wird seine Predigtweise. Begeistert antworten ihm die Halleluja-Rufe der Menge. Von einer vibrierenden Kino-Orgel begleitet werden sentimental-süßliche Lieder in schlagerähnlichen Rhythmen angestimmt und durch vielfache Wiederholung in der Wirkung gesteigert. Schluchzend fällt schließlich der Redner auf die Knie, die Arme flehend zum Himmel erhoben. Er berauscht sich an seinen eigenen Worten und überträgt die geglückte Autosuggestion mühelos auf die Masse der Frommen, die in ihrer seelischen Erregung wie ein Kessel über dem Feuer ins Kochen geraten ist. Der Name Christi wird dabei wohl vielfach genannt. Er muß dafür herhalten, dieses Seelentheater zu rechtfertigen, und doch, wie furchtbar ist die bewußte oder unbewußte Selbsttäuschung, der diese Verführer und die geführte Herde unterliegen [1].

Wie stark der Geltungstrieb im frommen Menschen, der von seinen eigenen unbewußten Affekten regiert wird, sein kann, zeigt sich besonders deutlich bei der Entstehung immer neuer Sekten. Statt sich in schlichter Dienstbereitschaft einer bestehenden Konfession einzuordnen, zieht man es vor, einen eigenen Laden aufzumachen. Lieber in einem armseligen Verein der Erste sein dürfen, als in einer Landeskirche der Zweite oder Dritte. Machthungrig und ehrgeizig reißt man eine Führerrolle an sich, auch wenn man in keiner Weise das Zeug dazu hat. Das Selbstgefühl ist so maßlos übersteigert, daß man unfähig ist, sich seiner Grenzen bewußt zu werden. In kritikloser Selbstherrlichkeit verspricht man naiven Seelen die Mitgliedschaft unter den 144 000 Auserwählten, wenn sie nur bedingungslos ihrem Häuptling folgen und das „Babylon“ der Landeskirche verlassen.

Der Züricher Therapeut Alphonse Maeder hat noch eine tiefer gehende Deutung angeboten, wie es geschehen kann, daß fromme Seelen sich so

[1] Vgl. K. Thomas, Schwärmer- und Sektierertum als religions-psychopathologische Erlebnisstufen. Archiv f. Religionspsychologie, Bd. 7, Göttingen 1962.

leicht an autoritäre, herrschaftslüsterne geistliche Seelenführer verlieren[2]. Maeder hat darauf hingewiesen, daß in dem Urgrund der Seele nicht nur machtvolle Bilder des Geschlechts ruhen, sondern auch das Bild des Heilbringers. So wie es Anima- und Animus-Träger und dementsprechende Anima- und Animus-Projektionen gibt, so können in Zeiten äußerer und innerer Not bestimmte Menschen auch zu Trägern des Heilbringer-Archetypus werden, falls sie die Kühnheit haben, aufzustehen und alles Wahrheitsergreifen an ihre Person zu binden. Auf solche Gestalten wird das in uns angelegte machtvolle Bild vom Heilbringer projiziert und dann fluten alle Kräfte der Seele einem solchen Propheten zu, auch wenn er keine lautere Gestalt ist, sondern eine Gestalt, die wohl Reich Gottes sagt und im Grund doch sich selbst meint.

3

Für die christliche Gotteserkenntnis sind Gottesfurcht und Liebe zu Gott die wesentliche Grundhaltung eines frommen Gemüts. Aber wie leicht kann es geschehen, daß gerade diese beiden elementaren Verhaltensweisen ins Psychopathologische abgleiten. Die Psalmen und die Sprüche Salomonis sind voll von Verheißungen: „Wie sich ein Vater über Kinder erbarmt, so erbarmt sich der Herr über die, so ihn fürchten." Die Furcht des Herrn wird der Weisheit Anfang genannt. Daß unserer Zeit das Mysterium tremendum, das Erschauern vor der göttlichen Majestät in ihrem Glanz, in ihrer Übermacht so verloren gegangen ist, ist sicher ein Hauptgrund für die religiöse Verflachung und Entsittlichung, die wir allenthalben vor Augen haben.

Und doch, so sehr man das Schwinden der Gottesfurcht in unserem Geschlecht bedauern mag, wir wollen nicht blind dafür sein, zu welchen pathologischen Entartungen die Predigt von Gericht, Strafe und Hölle in allen Jahrhunderten der Christenheit schon geführt hat. Der Wiener Kulturphilosoph Friedrich Heer hat in dem Buch „Sieben Kapitel aus der Geschichte des Schreckens" im einzelnen nachgewiesen, wie eine falsch verstandene Gottesfurcht sich im Leben der Kirche ausgetobt hat in Verängstigung, in Prügelpädagogik und Zuchthausmanieren, wobei vom Geist Jesu nichts mehr übrig blieb. Was man „Eifer um das Haus Gottes" nannte, war in Wahrheit oftmals krankhafter Verfolgungswahn, dem ungezählte redliche, unschuldige Seelen zum Opfer fallen mußten. In Gestalt der *rabies theologorum* geht der fragwürdige Geist der Inquisition heute noch durch

[2] A. Maeder, Der Psychotherapeut als Partner, Zürich 1957.

die Lande. Man meint, in der Niederwerfung eines Gegners Gott einen Dienst zu erweisen und merkt nicht, wie viel ungereinigter, unerlöster Affekt in solch fleischlichem Tun am Werk ist.

Nicht nur das Element der Gottesfurcht ist von der Gefahr bedroht, ins Pathologische zu entarten. Auch das Erlebnis der Gottesliebe kann dem Mißbrauch ausgesetzt sein. Allein die Tatsache, daß wir in der deutschen Sprache für Sexus, Eros und Agape nur das eine Wort Liebe haben, erleichtert die Übergänge von der einen Erlebnisform zu der anderen nicht unwesentlich. Religion und Eros können, wie die geistvolle Untersuchung von Walter Schubart gezeigt hat, in einer zweifachen Form zueinander in Beziehung zu treten. Sie können sich in heftiger Reaktion abstoßen und sie können einander anziehen und bedenkenlos durchdringen, und jedesmal kann es dabei zu pathologischen Erscheinungsformen kommen.

Es kann sein, daß die Religion vor dem Eros erschrickt. Sie verkrampft sich in der Geschlechtsangst. Die heilig werden wollen, Männer wie Frauen, die nach der reinen Gottesminne trachten, meiden das andere Geschlecht als die größte Gefahr für das Frömmigkeitsleben. Schüchternheit und Unbeholfenheit der Frau gegenüber gelten dann als Zeichen besonderer religiöser Vervollkommnung. Da es sich bei der sexuellen Komponente nächst dem Selbsterhaltungs- und Nahrungsverlangen um den stärksten Trieb im menschlichen Dasein handelt, ist es nicht verwunderlich, wenn die verdrängten, unterdrückten Kräfte an anderer Stelle in fragwürdigen Symptomen wieder zum Vorschein kommen. Man haßt die Frau, weil man sie nicht lieben darf. Die Träume quellen über von libidinösen Inhalten, und weil schließlich alles, was innen im Menschen ist, nach außen drängt, brauchen wir uns nicht zu verwundern, wenn die Sprache solcher weltflüchtiger Asketen durchtränkt erscheint von erotischen Bildern und Phantasien, mit denen die Welt des Heiligen verherrlicht wird.

Noch häufiger dürfte der umgekehrte Fall sein, daß die Erotik nicht versteckt, sondern ungehemmt in das religiöse Geschehen und seelsorgerische Handeln einstörmt. Da hat etwa ein Pfarrer oder Priester stundenlang Zeit für ein religiöses Gespräch mit einer schönen und interessanten Frau, während der junge Mann und das alte Weible als langweilig empfunden und in Minuten abgefertigt werden. Da bringen verheiratete und unverheiratete Frauen echte und unechte Lebensnöte immer aufs neue zum Seelsorger, und genießen es gleichzeitig, sich mit einem *Mann* unterhalten zu können.

Die Sittengeschichte der Völker und die Kirchengeschichte zeigen uns auch krasse Beispiele, wie sich Religion und Eros in psychopathologischer Weise durchdringen können. Dem Psychiater ist aus der Praxis wohl vertraut, daß Sadismus und Masochismus eigentlich immer in der Verbindung mit sexueller Gier auftreten. Wenn Peter Abaelard sich für die unterrichtliche Unterweisung der schönen und begabten Héloise das Züchtigungsrecht von deren Onkel erbittet, und wenn sich die Schülerin die Rute nur allzu gern gefallen läßt, so war dabei gewiß nicht nur die Sorge um das Seelenheil der anvertrauten Jugend maßgebend. Wenn Konrad von Marburg die fromme Elisabeth von Thüringen mit Vorliebe auf den entblößten Rücken schlug, so kann man füglich fragen, ob das noch heiliger Dienst war oder nicht viel mehr die aggressive Lust des Mannes, die Frau zu quälen, und vielleicht auch die Lust der Frau, sich vom männlichen Willen quälen zu lassen. Die Mischung von Heiliger Mann und Lüstling ist auch in unseren Tagen und in unseren Gegenden häufiger, als man denkt.

Man braucht dazu nicht unbedingt bis nach Rußland zu gehen, wo Rasputin im Palast der Zarenfamilie unter dem Vorzeichen eines Wundertäters als triebstarker und hemmungsloser Wüstling geherrscht hat. Die amerikanische Literatur hat uns zwei Pathographien der Vermischung von Religion und wilder Sinnlichkeit geschenkt in Gestalt der Romane: „Elmer Gantry" von Sinclair Lewis und „Der Wanderprediger" von Erskine Cadwell. Während „Der Wanderprediger" mit Vorliebe die Dörfer heimsucht und wundergläubige, einfache weibliche Seelen im Flachland der Südstaaten durch gesalbte Redensarten und handgreifliche Zudringlichkeiten in seinen Bann schlägt, begegnet uns in dem Reverend Dr. Elmer Gantry der gleiche Typ in gehobener, vornehmer Ausgabe. Dieser Prediger Christi ist auf das Geld genau so aus wie auf die Frauen. Unermüdlich in seinem Eifer, eitel und gierig, auf sein Rednertalent nicht wenig eingebildet, fallen ihm die Hörerinnen ebenso willig zu wie seinem schmuddeligen Kollegen, dem Wanderprediger auf einsamen Farmen. Ich kannte einen Schweizer Pfarrer, den Dekan Lukas Christ in Pratteln, der pflegte jedem jungen Theologen am Tag der Ordination das Romanwerk von Sinclair Lewis als Geschenk in die Hand zu legen. Gewiß eine eigenartige Buchgabe aus solchem Anlaß! Und doch eine heilsame Warnung für jeden, der sich an das hohe Amt der Menschenführung wagt.

4

Der Mißbrauch, der mit dem religiösen Erleben von Seiten des Machtwillens und der sexuellen Libido zu allen Zeiten getrieben worden ist und heute noch getrieben wird, könnte zu dem Schluß verleiten: Fort mit dem religiösen Erleben in jeder Äußerung und Gestalt! Wenn schon Herrschaftsgier und Sinnengier auf Erden nie aufhören werden, wie die Geschichte der Alten und Neuen Welt zur Genüge zeigt, dann sollen diese Urgewalten der menschlichen Seele wenigstens unvermengt mit dem religiösen Geschehen bleiben! Aus diesem Grund wird den Völkern in den totalitär regierten Staaten des Ostens heute von der staatlich geförderten Gottlosenpropaganda eine „chronique scandaleuse" nach der anderen serviert, in der die entsprechenden Verfehlungen der Kirche in Geschichte und Gegenwart sensationell ausgebreitet und ausgeschlachtet werden; man kann es nicht leugnen: es ist möglich, mit solchem psychopathologischen Klatsch aus dem religiösen und christlichen Bereich ganze Bücher zu füllen.

Wieder in anderer Weise sucht die protestantische Theologie der Gegenwart dieser Not zu begegnen. Man hat unter der Führung von Dietrich Bonhoeffer erklärt: All solche Entartungserscheinungen waren möglich, als das Christentum im Gewand des Religiösen einherging. Das religiöse Erleben liegt, wie wir sahen, nahe bei der sinnlichen und machthungrigen Erregbarkeit der Seele. Kein Wunder, wenn es da zu fließenden Übergängen kommt. Aber, Gott sei Dank, meint Bonhoeffer, hat sich das Religiöse heute überlebt. Wir stehen am Ende des religiösen Zeitalters. Der moderne Mensch kann und will nicht mehr religiös sein. Es bedeutet das nach der Schau von Bonhoeffer keineswegs, daß der neuzeitliche Mensch deswegen auch das Evangelium ablehnt, aber er lehnt es auf alle Fälle ab in der religiösen Verpackung, und damit, so hofft man, wird der christliche Glaube endlich frei werden von psychopathologischen Einstellungen.

Die angebotene Lösung erscheint verblüffend einfach, und doch ist ernstlich zu fragen, ob wir damit wirklich schon alle Schwierigkeiten überwunden haben. Wenn wir aus Theologie und Kirche alles seelische Erleben, alle Frömmigkeit und Innerlichkeit, alle Erfahrung von Herz und Gemüt verbannen, um nur noch der Rechtgläubigkeit des Lehrens und dem praktischen Gehorsam in der Nachfolge Christi Raum zu gewähren, dann ist die Gefahr groß, daß wir uns als Kirche an der seelischen Verarmung unserer Zeit mitschuldig machen. Eine frigide Kirche aber wird immer auch eine impotente Kirche sein. Eine Kirche, eine Theologie, eine Predigt, die nichts ausstrahlt an Wärme, Güte und Seelenfülle, tut niemand wohl. Gleichzeitig wächst damit die Gefahr, daß immer mehr Menschen zu den Sekten strömen und fragwürdigen Aposteln in die Hände fallen werden, die bewußt und unbewußt dem seelischen Verlangen der Massen entgegen kommen, mögen sie diese gleichzeitig auch vergiften.

Darum kann unsere Aufgabe nicht darin bestehen, dem religiösen Erleben den Kampf bis aufs Messer anzusagen. Wohl aber müssen wir als Seelsorger für uns selbst und für die uns anvertrauten Menschen darauf bedacht sein, gesundes und krankes religiöses Erleben unterscheiden und trennen zu lernen. Bei dieser Aufgabe kann uns die Psychotherapie einen wichtigen Hilfsdienst erweisen. Sie sagt uns: In jedem Menschen steckt ein

Tyrann und ein Lüstling. Wir brauchen uns als Christen über eine solche Feststellung nicht zu empören, sagt doch die Heilige Schrift selbst: „Das Dichten und Trachten des Menschen ist böse von Jugend auf", und Paulus bekennt Römer 7: „Ich weiß, daß in mir nichts Gutes wohnt; denn das Gute, das ich will, das tue ich nicht, sondern das Böse, das ich nicht will, das tue ich." Die Psychotherapie gebraucht für das Unordentliche, für das Negative im Menschen das Wort vom „Schatten". Wenn sie die Forderung erhebt, der Mensch müsse seinen Schatten annehmen, so ist das beileibe nicht gemeint im Sinn einer hemmungslosen Bejahung, eines Auslebens der dunklen Tendenzen. Wohl aber ist darunter zu verstehen, daß es gilt, dieser Seite unseres Wesens ins Auge zu sehen, in dem Sinn: So bin ich!

Gerade fromme Leute wollen diesem Schatten in seiner Schmutzigkeit und Niederträchtigkeit häufig nicht gegenübertreten. Die Folge davon ist, daß sie von dem nicht erkannten, nicht verarbeiteten unbewußten Material entsprechend überwältigt und beherrscht werden im Sinn der geschilderten psychopathologischen Fehlhaltungen. Es ist eben nicht so leicht, seinen eigenen Wahn zu merken, und noch schwerer vermag der Mensch in der Masse seinen Wahn zu durchschauen. Wir haben es in der Geschichte dieses Jahrhunderts an unserem eigenen Volk zur Genüge erlebt und dafür bitter bezahlen müssen. Darum kann gar nicht genug Arbeit an der Seele geleistet werden, um den Schatten zu entdecken und aufzulösen, indem Triebhaft-Unbewußtes in verantwortungsbewußte Existenz verwandelt wird.

Der Mensch, der den Schatten bei sich selbst erkannt und bewältigt hat, wird ihn auch bei anderen leichter wahrnehmen. Wer sich über sich selbst täuscht, täuscht sich auch über seine Umgebung. Wie leicht fallen ahnungslose, ungeschulte Seelsorger auf hysterische Frauen herein, die uns zuerst anhimmeln und bei der ersten Enttäuschung, die wir ihnen bereiten, in der ganzen Stadt verleumden und verlästern! Wie viel Lehrgeld könnte uns erspart werden, wenn wir erwachen und frei werden von eigenen unbewußten Schwächen und Bindungen!

Nun ist der korrekte Theologe ja stets geneigt zu erklären: Die Reinigung, die ich für mich selbst nötig habe, widerfährt mir durch die Begegnung mit dem Worte Gottes, und nicht durch den Dienst der Psychotherapie. Sagt doch der Hebräerbrief im 4. Kapitel: „Das Wort Gottes ist lebendig und kräftig und schärfer denn ein zweischneidiges Schwert und dringt hindurch, bis daß es scheidet Seele und Geist, und ist ein Richter der Gedanken und Sinne des Herzens." Damit wird dem prophetischen und apostolischen Wort und den Worten Christi die Vollmacht zugesprochen, fragwürdige Verwechslungen und Vermengungen von psychisch und pneumatisch aufzudecken und zu trennen. Wer wollte bestreiten, daß ein ehrlicher, aufgeschlossener Umgang mit dem biblischen Wort des Alten und Neuen Testaments uns diesen heilsamen Dienst zu tun vermag!

Aber wir sollten daneben das andere nicht übersehen, daß es ungezählte Beispiele dafür gibt, wie Menschen trotz des Umgangs mit der Schrift in Exegese und Verkündigung gleichwohl herrschsüchtige, geltungshungrige und sinnengierige Leute geblieben sind, und das in einem Umfang, daß man in vielen Fällen tief darüber erschrickt, wie sehr sich Menschen mit Bibel und Brevier in der Hand über sich selbst täuschen können. Dieser Umstand läßt es darum wohlbegründet erscheinen, daß Seelenarzt und Seelsorger ständig im Gespräch miteinander bleiben um der eigenen Bewahrung und um fremder Not willen.

Es gibt Heilige — wir können das Wort enger oder weiter fassen —, die ausgesprochene Neurotiker waren; es wird das von der katholischen Hagiographie im Unterschied zu älteren Darstellungsformen heute unumwunden zugegeben. Man muß dabei freilich festhalten: nicht wegen ihrer Neurose, sondern trotz ihrer Neurose sind Ströme lebendigen Wassers von solchen Gestalten ausgegangen. Die Übermacht der Christusgnade hat den psychopathologischen Schaden zuzudecken vermocht. Als Ziel aber sollte uns allen eine möglichst von Neurosen befreite christliche Existenz vorschweben. Gewiß, keiner von uns wird diesen Vollkommenheitszustand jemals ganz erlangen, so wenig wie es, gleich gar in unseren Tagen, vollkommene leibliche Gesundheit gibt. Aber darauf sollten wir doch bedacht sein, daß das Psychopathologische soweit als nur möglich aus dem Glaubensleben verschwinde. In dem Maße, als dies geschieht, wird auch die Vollmacht in unserem Leben wachsen, die Geister recht zu prüfen und unsere Gemeinden zu bewahren vor der Anfälligkeit gegenüber krankhaften Gestalten und Massenerscheinungen unserer Tage.

SCHWERMUT UND EINSAMKEIT

Die Schwermut hat im Leben von Mann und Frau viele Gründe. Ihre Verbreitung reicht weit. Sie geht durch alle Altersstufen und durch alle Berufsschichten der menschlichen Gesellschaft. Es gibt depressive Zustände, die sich deutlich erkennbar von körperlichen Vorgängen herleiten lassen. Sonnenmangel in einer Nordwohnung, Wetterumschlag und Föhneinbruch vermögen bei empfindsamen Naturen einen jähen Stimmungswechsel hervorzurufen. Menschen, die unter ungenügender Verdauung leiden, neigen fast immer zu einer schwermütigen Lebensauffassung. Die Psyche der Frau kann besonders gefährdet sein in den Tagen vor dem Unwohlsein, in den Monaten der Schwangerschaft und des Wochenbettes.

Häufiger noch nimmt die Schwermut ihren Ausgangspunkt von leidvollen seelischen Erlebnissen her. Oft ist schon die Kindheit beschattet und belastet gewesen durch ein Übermaß an Verbotsstrenge, so daß das junge Leben sich nie froh und frei entfalten konnte. Wenn Vater und Mutter eine disharmonische Ehe führen, kann sich bei dem Kind die Überzeugung festsetzen: das Leben ist spannungsgeladen und schmerzensreich.

Ein enger Zusammenhang besteht zwischen Schwermut und Schuldbewußtsein. Da kommt ein Mensch nicht darüber hinweg, daß er an einer bestimmten Stelle seines Lebens die Weichen falsch gestellt hat, daß er geredet hat, wo er hätte schweigen sollen, daß er geschwiegen hat, wo er hätte reden müssen. Seelsorge und Seelenheilkunde wissen darum, wie Frauen, die abgetrieben haben, hinterdrein von Schuldvorwürfen geplagt werden, wenn sie ein schönes, frohes, gesundes Kind spielen sehen und sich sagen müssen: So etwas könntest du jetzt auch haben, wenn du damals nicht den verhängnisvollen Eingriff vorgenommen hättest.

Mit unheimlicher Gewalt kann die Schwermut über jeden hereinbrechen, wenn uns eine ernstliche Krankheit die Frische und Leistungsfähigkeit des Lebens raubt, wenn es Abschied zu nehmen gilt von einer erfolgreichen, öffentlichen Wirksamkeit und der Weg in das stille Alter angetreten werden muß. Lange Zeit hat man noch immer gehofft auf Glück und Ruhm, auf Gewinn und Ansehen. Eines Tages müssen wir uns sagen, daß es mit dem allen endgültig vorbei ist, und es bemächtigt sich unser eine tiefe Niedergeschlagenheit und Müdigkeit.

Besonders häufig begegnet uns heutzutage der Zusammenhang zwischen Schwermut und Einsamkeit. Als Jesus an den Teich Bethesda kam, fand er dort einen Menschen, der schon 38 Jahre krank lag. Immer, wenn das heilende Wasser in Bewegung geriet, war er mit dem Einstieg in das Bad zu spät gekommen. Er begründete seine Notlage Jesus gegenüber mit den Worten: „Ich habe keinen Menschen." Seitdem haben Ungezählte diesen Satz dem Kranken vom Teiche Bethesda nachgesprochen.

Man kann in dem Gewühle der Großstadt sterneneinsam sein. Wer fragt schon nach mir, wenn ich unter die Räder gerate. Für einen Augenblick wird der Verkehr stillstehen, aber schon nach kurzer Unterbrechung wird er wie zuvor weiterfluten. In den modernen Hochhäusern mit 36 und 48 Familienwohnungen kennt man kaum mehr eine Nachbarschaftsverbundenheit. Es gibt Beispiele aus Berlin, Hamburg und Frankfurt, wo die Mitbewohner erst nach Wochen gemerkt haben, daß Wand an Wand ein Mensch gestorben war.

Das Gefühl der Einsamkeit und Verlassenheit kann selbst da aufkommen, wo wir mitten in einem großen diakonischen Liebeswerk stehen. Jeder hat seinen fest umrissenen Pflichtenkreis. Von jeder Schwester wird erwartet, daß sie ihren Stationsauftrag bis zum äußersten erfüllt. Wer hat da schon Zeit, danach zu fragen, wenn ich müd und erschöpft bin, wenn ich mit einem leidvollen Erlebnis nicht fertig werde oder traurige Nachrichten von daheim bekommen habe. In dem Bühnenweihfestspiel „Palästrina", das wir Hans Pfitzner verdanken, findet sich die Klage: „Wie fremd und unbekannt sind sich die Menschen, das Innerste der Welt ist Einsamkeit." Es kann sein, daß man jahrelang mit anderen diesselbe Berufsarbeit teilt, und doch ist man im Grund allein geblieben und weiß kaum etwas davon, was in der Seele des andern vorgeht. Solche Erfahrung der Einsamkeit, vor der auch der Stand in der Ehe längst nicht immer schützt, kann zu tiefer Schwermut führen. Die Gefahr ist dann groß, daß wir in ausweglosen Kummer versinken.

Weil die Schwermut aus vielerlei Quellen fließt, darum kann und muß sie auch von verschiedenen Seiten her angegangen werden. Sofern sie körperliche Ursachen hat, ist dringend davor zu warnen, sie nur durch seelische Überredungskünste heilen zu wollen. Wo gesundheitliche Schädigungen im leiblichen Bereich vorliegen, ist energisch der Kampf gegen die Neigung zur Obstipation aufzunehmen durch Umstellung in der Ernährung, durch Ausweitung und Vertiefung des Atmens und vor allem durch ausreichende Bewegung in frischer Luft. Die altchinesische Weisheit sagt dazu: „Der nächste Weg zur (leiblichen und seelischen) Gesundung ist der Fußweg."

Hat die Schwermut uns übermannt, weil wir mit der Last von Schuld, Versäumnis und Verirrung nicht fertig geworden sind, dann allerdings hilft kein Brunnenwasser und kein Fußmarsch, dann kommt alles darauf an, daß wir Gott in Jesus Christus als den begreifen, der barmherzig, geduldig und von großer Güte ist, der mit uns nicht nach unsern Missetaten handelt, der uns vielmehr liebt, wie wir sind in all unserer Gebrechlichkeit und Unzulänglichkeit. Wo die Schwermut aus der Not der Schulderfahrung aufbricht, ist es heilsam, sich leis oder laut zu wiederholten Malen am Tag den Satz vorzusagen: „Wo uns unser Herz verdammt, ist Gott größer als unser Herz und vergibt uns all unsere Sünden." Zu einer großen und wesentlichen Hilfe kann dabei der Gang zum Heiligen Abendmahl werden; denn hier empfangen wir ja persönlich und leibhaftig unter den Zeichen von Brot und Wein die volle Liebeszuwendung Christi, der auch für unsere Schuld das Opfer am Kreuz auf sich genommen hat.

Die Psychiatrie unterscheidet bei der Schwermut bekanntlich das phasische und das reaktive Erscheinungsbild. Die phasische Depression ist das eigentlich Rätselhafte. Sie kommt und sie geht, und beide Male weiß kein Mensch warum. Sie dauert mit Mittel zwei Monate und ohne Mittel acht Wochen. Sie stürzt uns in die Tiefen der Verzweiflung, wo wir alles nur noch grau und trüb sehen. Eines Tages dann sind die Wolken wie weggeblasen und wir können wieder aufatmen und fröhlich sein. Wer unter solchen zykloiden Anwandlungen zu leiden hat, die zumeist endogen erbbedingt sind, der halte sich an die Liedstrophe von Paul Gerhardt: „Wann der Winter ausgeschneiet, tritt der schöne Sommer ein, also wird auch nach der Pein, wer's erwarten kann, erfreuet; alles Ding währt seine Zeit, Gottes Lieb' in Ewigkeit." Man darf sich auch in dem Glutofen der Anfechtung sagen: es währt nicht ewig, es geht vorüber, ich will mich darum in diesem Zustand nicht allzu wichtig nehmen und will mich selbst nicht zu sehr bemitleiden. Die Sonne der Liebe Gottes steht gleichwohl am Himmel, auch wenn sich noch so viele Wolkenmassen dazwischen geschoben haben.

Die reaktiven Depressionen werden durch ganz bestimmte Ereignisse ausgelöst, die jäh über unser Leben hereinbrechen. Ich war am Morgen eines Tages froh und heiter gestimmt, ich ging voller Lust an mein Arbeitswerk, da hat mir die Post die Nachricht gebracht von dem jähen Tod meines Bruders, meiner besten Freundin, oder es kam die Botschaft von einem schwerwiegenden Verlust im Geschäft. Mit einem Schlag werde ich dadurch in das Tal der Schwermut hinabgestürzt. Gegen solche reaktiven Einbrüche in unser Leben schützen wir uns am besten, wenn wir uns dabei unter die Worte der Schrift stellen: „Gott, dein Weg ist heilig. Der Herr hat's gegeben, der Herr hat's genommen, der Name des Herrn sei gelobt." Haben wir die guten Tage von Gott dankbar freudig empfangen, wollen wir uns auch in Leid und Trübsal nicht von seiner Liebe scheiden lassen. Der Blick auf Jesus und die Gemeinschaft mit Jesus, der dem Willen des Vaters gehorsam war bis zum Tode am Kreuz, wird uns die Kraft geben, auch auf der tiefsten Stufe nicht zu verzagen. So heißt es im Lied zur Passionszeit: „... und schöpfen draus die Zuversicht, daß du uns wirst verlassen nicht, sondern ganz treulich bei uns stehn, bis wir durchs Kreuz zum Leben gehn."

Der so häufig wahrzunehmende Zusammenhang von Schwermut und Einsamkeit aber verpflichtet uns alle, wachsam zu bleiben im Blick auf die Menschen, die Gott an unsre Seite gestellt hat. Wie demütigend und beschämend ist es für uns, wenn wir hören, daß ein Mensch seinem Leben in der Verdüsterung des Gemüts gewaltsam ein Ende gesetzt hat! Noch vor kurzem haben wir mit ihm gesprochen, und wir haben nichts gemerkt! Darum wollen wir Gott bitten um einen hellen Blick und um ein feines Gehör, daß wir merken, wenn ein Mensch in unserer Nähe sich einsam, verlassen und bedrückt fühlt. So gewiß wir ein Recht haben auf persönliche Stille, Erholung und Ausspannung, wir wollen doch jederzeit gern ein Opfer an Zeit bringen für die, die ein Gespräch mit uns suchen und nötig haben. Gewiß, keiner von uns kann all die Schwermut auffangen, die in einem modernen Hochhaus, in einer Klinik, in einem Industriewerk unter der Decke verborgen vorhanden ist. Es genügt, wenn jeder von uns sich um die eine oder andere beladene Seele kümmert. Solche Hilfestellungen, von vielen einzelnen willig geleistet, zählen sich zusammen und der Klageruf in der Welt „Ich habe keinen Menschen" wird abnehmen.

SEELSORGE AN LEBENSMÜDEN

Wenn man über die seelsorgerlichen Hilfen nachdenkt, die eingesetzt werden müssen, um Suicidgefährdete von dem letzten Schritt wenn möglich abzuhalten, dann empfiehlt es sich, verschiedene Beobachtungen der Statistik in der Richtung auf die praktische Verantwortung hin auszuwerten.

Wir gehen von der Tatsache aus, daß die Zahl der Selbstmorde bei Männern beträchtlich höher liegt als bei Frauen. Mag der Mann die Frau übertreffen in der aktiven Lebensgestaltung, in der passiven Fähigkeit zu leiden, zu dulden, zermürbende Schwierigkeiten zu ertragen, unter einem Kreuzesbalken auszuharren, statt ihn unwillig wegzuwerfen, in dem allen übertrifft die Frau zweifellos den Mann. Die Frau ist auch elementarer mit der Familie verbunden. Der Mann läuft davon, wenn es ihm zu bunt wird; er erschießt sich, wenn er nicht weiter weiß, mag der gezeugte Nachwuchs selber sehen, wie er mit dem Leben fertig wird. Die Mutterliebe als die stärkste Macht der Welt schuftet sich lieber bis zum äußersten ab. „Kann auch ein Weib ihres Kindleins vergessen", sagt dazu die Heilige Schrift (Jes. 49, 15). Man darf wohl auch sagen, daß die Frau der göttlichen Wirklichkeit im allgemeinen näher steht und sich dort in schweren Tagen die Kraft zum Durchhalten holt. Die Frau läßt sich durch zersetzende Kritik im Blick auf die ewigen Realitäten und Werte nicht so leicht einfangen, während der Mann in seinem hypertrophen Intellekt eher dazu neigt, der Skepsis anheimzufallen. Die Frau ahnt instinktiv, daß das wirkliche Leben geheimnistiefer und abgründiger ist. Darum mißtraut sie stärker der antireligiösen Propaganda. Sie steht dann aber auch in Notzeiten nicht so gottverlassen und glaubenlos da wie der Mann von heute.

Daraus ist als erste Forderung abzuleiten, daß sich die Kirche ganz anders intensiv als bisher um die Männer kümmern muß. Die Kirche hat sich in allen Konfessionen allzusehr damit begnügt, die Frauen unter der Kanzel zu haben und in der Gemeinde zu sammeln. Man war schon dankbar und zufrieden, wenn sich von daher das erwünschte Kontingent füllte. Alles, was dazu dient, die Männer anzusprechen, dem Mann zu helfen in seinen intellektuellen Denkschwierigkeiten und beruflichen Lebensnöten, dient der Eindämmung der Selbstzerstörung.

Weiter ist die Frage zu erwägen, ob die statistisch einwandfrei erwiesenen, wesentlich niedriger liegenden Selbstmordziffern in Bevölkerungsschichten katholischer Prägung damit zusammenhängen könnten, daß dem katholischen Christen die Möglichkeit zur Beichte jederzeit offensteht. Das römische Bußsakrament umfaßt mehrere Stücke. Wir nennen in diesem Zusammenhang nur die Exploration und die Absolution. Man sollte schon das Sich-Ausschütten in seiner heilsamen Bedeutsamkeit für die Seele nicht unterschätzen. Martin Luther war die Einzelbeichte von seiner mönchischen Erziehung her wohl vertraut. Der Reformator hat diese Übung für seine Person nie aufgegeben. Er hat zu wiederholten Malen erklärt, er wäre nicht durchgekommen, wenn ihm die Beichte nicht geholfen hätte. Die evangelische Kirche hat allerdings wesentliche Korrekturen an der überlieferten Praxis vorgenommen. Es wurde verzichtet auf die Forderung der Zwangsläufigkeit und auf die Forderung der Vollzähligkeit bei dem Benennen von Sünden und begangenen Verirrungen. Luther meint, man solle zur Beichte locken, aber niemand dazu nötigen und zwingen. Und wichtig sei allein, das dabei vorzubringen, was uns „im Gewissen zwackt und druckt". Darauf allein kommt es an, daß die den Menschen im Grund seines Lebens hart belastenden Dinge zur Aussprache kommen und nicht irgendwelche „Puppensünden" eines hypochondrischen Gewissens. Vom 18. Jahrhundert an ist das alles in Verfall geraten. Der Lebensoptimismus, der Fortschrittsglaube dieser Ära war solchen Ratschlägen nicht wohlgesinnt. Wir müssen uns klarmachen: was über Generationen hin nicht mehr angeboten, nicht mehr geübt wurde, kann nicht über Nacht aus dem Boden gestampft werden. Doch sind verheißungsvolle Ansätze zur Wiederbelebung der Einzelbeichte in der evangelischen Kirche heute deutlich wahrnehmbar. Sie zeigen sich auf den großen Kirchentagen, in den Neubildungen evangelischer Bruder- und Schwesternschaften und da und dort auch in den Ortsgemeinden.

Man hat freilich auch schon starke Bedenken geäußert, ob die Wiederbelebung der Beichte ein wirksames Mittel sein kann gegenüber der Selbstmordtendenz unserer Zeit. Als kritischer Einwand wird dagegen vor allem geltend gemacht, daß Suicidneigungen häufig bei endogenen Depressionen auftreten, die ihrerseits mit Verdrängungen in das Unbewußte zusammenhängen können. Diese aber lösen sich nur im therapeutisch-analytischen Gespräch, das sich über viele Stunden hin erstreckt. Von der Beichte kann eine solche Hilfe nicht erwartet werden. Soweit psychopathische Belastungen den Schritt in die Zerstörung begünstigen, besteht der Einwand zu Recht. Doch sollten wir nicht übersehen: der Selbstmord ist oftmals auch die letzte Station auf dem Weg schwerer sittlichen Unordnung. Abwegigkeiten dieser Art können einen Menschen in eine solche Ausweglosigkeit hineintreiben, daß er meint, keinen anderen Weg mehr zu sehen, als gewaltsam Schluß zu machen. Im Licht so begründeter Zusammenhänge könnte die Beichte als Mut zur Aussprache zweifellos wesentliche Hilfe bedeuten.

Eine weitere statistische Beobachtung hat ergeben, daß es bestimmte Selbstmord-Monate gibt, die nach dem Gesetz der großen Zahl in überraschender Konstanz wiederkehren. Im Winter, wenn Kälte und Dunkelheit hart auf das Gemüt drücken, kommen gleichwohl weniger derartige Unfälle vor als im Frühling. Nur kurz vor Weihnachten steigen die Zahlen jäh an, wenn Menschen von Verlassenheit, Heimweh und Kindheitserinnerungen überwältigt mit ihrem trostlosen Jetzt und Hier nicht fertig werden. Daß der Frühling, der von allen Dichtern als wonnesame Zeit besungen wird, ungleich mehr Suicide mit sich bringt als der harte Winter, mag auf den ersten Blick überraschend sein. Mit Astrologie hat das nichts zu tun, wohl aber mit Astrophysik. Die aufsteigende Sonnenbahn bewirkt eine gesteigerte Erregung in unserem Blut. Wer an Leib und Seele gesund ist, empfängt davon eine spürbare Kräftigung in seinem gesamten Lebensgefühl. Wer aber leib-seelisch krank und innerlich zerrissen ist, bei dem bewirkt die stärkere kosmische Strahlung Überreizung, Verwirrung und Erregung. In dem Zusammenhang ist ein Wort über den heilsamen Sinn und Segen des Kirchenjahrs zu sagen. Im Dezember, wenn uns infolge des Mangels an Licht und Helligkeit eine schwermütige Stimmung überkommen möchte, hilft uns die Advents- und Weihnachtszeit mit ihrem froh machenden Glanz wider die trübsinnigen Anwandlungen. In der Passionszeit tut uns das Kirchenjahr den umgekehrten Dienst. Es ruft uns in den Wochen der aufsteigenden Sonnenbahn zu: nur durch Ersterben kann das Weizenkorn Frucht bringen. Auf alle Fälle sollte uns die Beobachtung aus dem Material der Jahreszeiten warnen vor einer allzu naiven naturseligen Schwärmerei. Denn der Kosmos kennt nicht nur segnende, sondern auch aufwühlende Influenzen in der Auswirkung auf die menschliche Gesamtkonstitution. Wer nicht von Gottes Schutzmacht gehalten ist, kann von diesen übermächtigen Gewalten leicht überwältigt werden.

Unter den Wochentagen ist bei den Männern der Montag am stärksten mit Suicidzahlen besetzt. Diese Feststellung ist ein schmerzlicher Beitrag zu der Tatsache des krank gewordenen Sonntags. Am Sonntagnachmittag und Abend werden in den großstädtischen Vergnügungsetablissements Hekatomben von fragwürdigen Opfern an Bacchus und Venus dargebracht. Dann grinst einen am Beginn der Woche Ekel, Elend, Erschöpfung und Lebensüberdruß an.

Bei den Frauen steht bezeichnenderweise der Sonntag unter allen Wochentagen an der Spitze. Es hängt das mit der vorangegangenen Schilderung unmittelbar zusammen. Da weiß man die Mannsbilder in den Schankstätten und bei fremden Weibern. Die Frau wird damit nicht fertig.

Im Gefühl ihrer Verlassenheit tut sie sich, emotional überwältigt, das Letzte an. Darum ist der Kampf um den Sonntag und der Kampf für den Sonntag eine der dringlichsten Aufgaben, vor die sich die christliche Gemeinde gestellt sieht. Dieses Bemühen aber darf nicht dergestalt geschehen, daß man nur moralische Verbotstafeln aufrichtet. Gedient wird der Genesung des Sonntags, wenn man dem Menschen zeigt und hilft, wie er froh sein kann, wie er mit Spielen, Wandern und Musizieren seiner Freizeit einen beglückenden Inhalt geben kann. Von Friedrich Nietzsche stammt die Feststellung: Die Ausschweifung kommt nie aus der Freude, sondern immer aus der Trauer. Ein Mann, der sich daheim wohl fühlt, der nicht einen Imperativ geheiratet hat, von dem er ständig gemaßregelt wird, ein Mann, der nette, gesunde und begabte Kinder hat, braucht sich nicht Abend für Abend auf einen Barschemel zu setzen und einen Gin nach dem anderen hinunterzugießen, bis der Morgen graut. Nur der verdrossene und enttäuschte Mensch wird zu solchem Tun getrieben.

Damit hängt eine weitere Beobachtung zusammen. Die Selbstmordziffer liegt bei den Ledigen höher als bei den Verheirateten. Zunächst möchte man darüber erstaunt sein. Denn die Verheirateten müssen, besonders bei einer größeren Kinderzahl, ein Maß von Opfer und Verzicht bringen, wovon sich die Ledigen kaum eine Vorstellung machen können. Trotzdem hat sich gezeigt, worauf Helmut Schelsky in seinen soziologischen Untersuchungen zur Struktur der Familie hingewiesen hat, daß die Familie auch im 20. Jahrhundert, trotz aller Erschütterungen unserer geschichtlichen Existenz, eine erstaunliche Elastizität und Stabilität in Anpassungsfähigkeit und Kraft des Zusammenhaltens bewiesen hat. Um der Familie willen, um der Kinder willen hat mancher nicht Schluß gemacht, der schon drauf und dran war, auf das Äußerste zu gehen.

Etwas höchst geheimnisvolles ist, daß der Selbstmord sich an gewisse Stätten und Gegenden ansaugen kann. So spricht man in Wien von Selbstmordhäusern und Selbstmordbezirken. Vor den Toren von München liegt die Großhesseloher Brücke, von der sich schon ungezählte Menschen das Leben genommen haben, so daß besondere Schutzvorrichtungen angebracht werden mußten, um den Fortgang zu verhüten. Wenn nervenschwache Menschen berichten, sie könnten nicht über eine solche Brücke gehen, ohne die furchtbarsten Zwangsanfechtungen niederkämpfen zu müssen, so werden wir damit an einen Tatbestand erinnert, für den die moderne protestantische Theologie von ihrem einseitigen Personalismus her keinen Zugang mehr hat, während man im katholischen Bereich eher noch weiß, daß es gnadenhafte Orte gibt und auch Stätten des Fluchs, die mit Angst und Zwangsnötigung beladen sein können.

Mit Recht ist gesagt worden, daß man beim Suicid unterscheiden müsse zwischen den auslösenden Ursachen und den tieferliegenden Hintergründen. Das Abendland hat in den letzten 150 Jahren einen Prozeß durchgemacht, den der Hamburger Johann Hinrich Wichern in prophetischer Vorausschau mit den vier Stufen Entkirchlichung, Entchristlichung, Entgöttlichung, Entsittlichung bezeichnet hat. Es hat zunächst reichlich harmlos angefangen, indem erklärt wurde: der Gottesglaube, das Evangelium, das christliche Ethos muß einem Volk selbstverständlich erhalten bleiben. Aber dazu braucht man doch nicht unbedingt den Standort in der Kirche und ein Leben in und mit der Gemeinde. Das alles läßt sich privatim genauso gut realisieren. Auf die Entkirchlichung folgte als nächster Schritt die Parole: von Gott soll der Mensch sicherlich nicht lassen, aber Gott läßt sich doch auch finden in der Herrlichkeit der Natur, im hohen Menschengeist, im tiefen Seelengrund, wozu die Mittlerschaft von Krippe und Kreuz! So wurde nach der Kirche auch die Gemeinschaft mit Christus gestrichen. Ein weiterer Schritt ging in der Richtung: Das Sittliche muß selbstverständlich bewahrt bleiben, wohin kämen wir sonst! Aber das Moralische versteht sich doch von selbst, es bedarf nicht erst der Eingründung in den Gottesgedanken. Und doch haben wir erleben müssen, wie sich das Moralische eines Tages nicht mehr von selbst verstand, wie vielmehr nach der Zerstörung des christlichen Gottesglaubens Auflösungprozesse in Gang kamen, die die Menschheit haben erschauern lassen.

Wenn man Briefe, Tagebuchblätter, Biographien früherer Generationen liest, gewinnt man den Eindruck: andere Zeiten hatten es auch schwer, was Sparen, Verzichtleisten, Leid-auf-Sich-Nehmen betraf. Aber, wenn nicht alles täuscht, waren die Väter und Mütter vor uns aufs Ganze gesehen williger bereit, solche Lasten auf sich zu nehmen. Der heutige Mensch ist durch die Technik in einem eminenten Ausmaß beschenkt worden mit Annehmlichkeit, Bequemlichkeit und Lebenserleichterungen aller Art. Wie mußten sich die Menschen früher abschuften! Da ist eine Bäuerin Tag für Tag früh um vier Uhr aufgestanden. Sie hat am Hofbrunnen das Wasser gepumpt und dann in schweren Butten auf dem Rücken, der sich bald krümmte, in die Küche getragen. Sie hat dort Feuer gemacht, das Wasser angewärmt und von der Küche in den Stall gebracht, um das Vieh zu tränken, auf daß es sich nicht verkühle. Die Enkeltochter braucht nur auf einen Knopf zu drücken und es setzt sich ein elektrisch betriebenes Pump- und Heizwerk automatisch in Bewegung. Trotzdem ist der Mensch von heute weniger fähig und willig, die Daseinsexistenz hinzunehmen und zu bewältigen, verglichen mit den Generationen vor uns, die in der Anfechtung und Nacht des Leides vertrauensvoll zu Gott aufgeblickt haben als dem Grund ihrer Hoffnung.

Nicht nur Lebensmüdigkeit und Lebensüberforderung, auch Lebensgier und Übersättigung kann in den Selbstmord treiben. Da haben unverständige Eltern dem Einkind vielleicht ein Übermaß an Verwöhnung und Verpäppelung zu Teil werden lassen. Das junge Leben meint, so müsse es ständig weitergehen, und es zerbricht nur allzu leicht an den harten Widerständen der wirklichen Welt.

Zu dem Verlust an Eingründung in die göttlichen Bindungen und Ordnungen gehört auch, daß uns der Sinn für den Rhythmus des Lebens abhandengekommen ist. Man sollte jedes Kind zunächst ausgiebig Kind sein lassen. Nur das Kind nicht zu früh aus dem Garten jugendlicher Unbeschwertheit vertreiben! Nur nicht aus väterlicher Ungeduld, aus mütterlichem Ehrgeiz zu bald unreife Früchte vom Baum des Lebens pflücken! Je langsamer und behutsamer ein Leben reift, umso besser ist es für die leibliche, seelische und geistige Entwicklung. Die Schwabenväter, ein Bengel, Oetinger, Blumhardt Vater und Sohn haben gerne gesagt: im Reiche Gottes — und sie haben dabei sowohl an das Reich der Schöpfung wie an das Reich der Erlösung gedacht — geht alles wachstümlich zu. Gott läßt sich Zeit, wie ein Kind im Mutterleib gebildet wird, wie es stehen, gehen, laufen und sprechen lernt. Da geschieht nichts hastig, nichts übereilt oder ungeduldig. Diese Ehrfurcht vor den göttlichen Wachstumsrhythmen ist dem modernen Geschlecht in einem erschreckenden Maß abhanden gekommen. Es kann alles nicht rasch genug gehen. Man kann alles nicht früh genug haben und an den jungen Menschen heranbringen. So fangen heute schon die Zehn- und Elfjährigen an, miteinander zu poussieren, wo es doch besser wäre, die Buben würden in diesem Alter Indianerles spielen und die Mädchen einen Puppenwagen herumschieben. Der 27jährige erstrebt bereits die Führerrangstellung, die ihm mit 42 durchaus zukommen mag. So jagt der Mensch in nervöser Hast durch die Jahreszeiten des Lebens und braucht sich dann nicht zu wundern, wenn er allzu früh erschöpft, am Ende ankommt und die Freude am Dasein verliert.

Seit Nietzsche in seinem „Zarathustra“ das Wort vom Freitod geprägt hat, hat sich die Beurteilung dieses Geschehens im Allgemeinbewußtsein spürbar gewandelt, bis hin zur Möglichkeit der Glorifizierung. Dem gegenüber hält der christliche Glaube daran fest: Gott allein hat das Verfügungsrecht über unser Leben. Ich habe mir mein Leben nicht selbst gegeben, ich darf es mir auch nicht selbst nehmen. Es wäre ja für den Herrn über unsere Lebenszeit jederzeit ein Kleines, die Lebenskerze auszulöschen. Die Bibel sagt dazu: „Du nimmst deinen Odem weg, so vergehen wir und werden zu Staub.“ Man muß dem Lebensmüden, dem der Lebensabend zu lang und zu hart werden will, sagen: Solang dir der Lebensodem dargereicht wird, verfolgt Gott eine Absicht damit. Vielleicht sollst du noch etwas lernen, das zu lernen du bislang versäumt hast. Oder vielleicht braucht dich

Gott noch aufgrund deiner besonderen Berufserfahrung für einen bestimmten Menschen. Wir müßten nur die Augen aufmachen und wir würden dieses Du schon entdecken.

Der Selbstmord hat in der Neuzeit zweifellos dadurch an Ausweitung gewonnen, daß sich unter dem Einfluß von Ludwig Feuerbach und Karl Marx in Millionen von Köpfen die Überzeugung eingenistet hat: mit dem Tod ist alles aus und vorbei. Wenn ich mein Leben aufgrund eines freiwilligen Entschlusses ausgelöscht habe, kann mich niemand mehr fragen: wie hast Du gelebt? Kommt doch dann ein Schlaf über mich, dem kein Erwachen folgt. Schon Schopenhauer hat gegenüber dieser materialistischen Beruhigungsphilosophie erklärt, man könne wohl das Gehäuse zertrümmern, aber nicht den Bewohner des Hauses. Wir können zwar das Instrument zerschmettern, auf dem unser Geist spielt, aber den Spieler selbst sind wir deswegen noch lange nicht los. Der Frankfurter Philosoph bringt dazu in der ihm eigenen Plastik der Sprache den Vergleich: Du kannst von dem Stillstehen des Spinnrades nicht auf den Tod der Spinnerin schließen. Was das philosophische Erkennen also feststellt, wird von der christlichen Glaubensüberzeugung vollauf bestätigt. Kein Mensch kann durch eigengewollte Selbstzerstörung der Gottesbeziehung entrinnen. Davon redet der 139. Psalm in großer Klarheit. Selbst wenn ich mich ins Totenreich flüchte, auch dort umgibt mich Gott von allen Seiten.

Darum muß dem Suicidgefährdeten im seelsorgerlichen Gespräch mit aller Deutlichkeit gesagt werden: durch Selbstauslöschung lassen sich die Lebensprobleme nicht lösen, wir werden sie dadurch nicht los, sie gehen mit uns bis hinein in die nachtodliche Existenz. Durch Fluchtversuch aber ist noch nie etwas leichter geworden. Ist es dann nicht besser, wir helfen zusammen und packen die bestehenden Lebensschwierigkeiten gemeinsam tapfer an!

Freilich, es wird eben alles darauf ankommen, ob sich Menschen finden, die zu solcher brüderlichen Hilfestellung bereit sind. Unsere Gemeinden sind für diese Aufgabe im allgemeinen nicht erzogen. Von Martin Luther stammt das Wort: „Einer sollte des andern täglich Brot sein, einer sollte des andern Christus werden." Im Licht dieser Weisung dürfte es eigentlich gar nicht geschehen, daß ein Mensch einsam und verloren in die Nacht hinaus geht und seinem Leben gewaltsam ein Ende setzt aus der Verzweiflung heraus: es ist ja doch niemand da, an den ich mich wenden kann und der sich meiner annimmt.

Das grundsätzliche Nein, das die christliche Kirche aller Konfessionen zum Selbstmord spricht, ist nur dann zu verantworten, wenn gleichzeitig von seiten der Kirche aktiv gekämpft wird gegen alle Verderbensmächte im öffentlichen Leben, unter deren Einfluß Menschen in der Richtung auf den letzten Schritt hin getrieben werden. In dem Zusammenhang ist auf die Alkoholnot besonders hinzuweisen. In Skandinavien, besonders in Norwegen, sind die Selbstmordziffern ganz beträchtlich zurückgegangen im Zusammenhang mit einem erfolgreich aufgenommenen Kampf gegen den Alkoholismus in den nordischen Ländern. Gewiß steht im Neuen Testament im Vordergrund die herrliche Freiheit der Kinder Gottes, verstanden als Freiheit von gesetzlichen Lasten und Vorschriften. Aber die urchristliche Botschaft weist uns auch hin auf die Freiheit, verzichten zu können, wenn ich dem anderen dadurch die Hand reichen kann, daß er lernt, fest zu stehen und zu entsagen. Es ist eine große Not, daß wir keine angriffige Kirche mehr sind. Es fehlt uns der ausgeprägte Rettersinn, von dem Männer wie Wichern, Bodelschwingh und Gustav Werner erfüllt waren, von dem die Parole stammt: Tut um Gottes willen etwas Rechtschaffenes!

Wie soll sich die Kirche verhalten am Grab von Menschen, die ihr Leben selbst ausgelöscht haben? Es stehen sich hier zwei Verhaltensweisen gegenüber: die Kirchenzucht und der Gesichtspunkt des Erbarmens. Die Kirchenzucht fordert die stille Beerdigung ohne Glockengeläute, ohne Gesang, der Geistliche darf nicht im Talar erscheinen. Durch das alles soll das göttliche Nein zum Ausdruck kommen. Man hofft dadurch vor allem auf einfache Gemüter eine abschreckende Wirkung auszuüben, weil niemand sich eine so armselige Leichenfeier wünscht.

Aber ist es wirklich der Geist des Evangeliums, wenn so gehandelt wird? Da sind die Angehörigen. Sie sind schwer genug getroffen durch all das Entsetzliche, was unmittelbar vorangegangen ist. Haben sie nicht das bestmögliche Wort, die denkbar gütigste Beistandshilfe nötig, um über all das Schwere hinwegzukommen. Vor allem gilt es zu bedenken: wer will denn Richter sein und durchschauen, was für eine Verknotung von Erbgang, Milieuschädigung und personaler Schuld in jedem einzelnen Fall vorliegt? Ist hier nicht das Wort von Dostojewskij angebracht: „Alles ist ein Ozean, alle sind an allem schuldig." Wären wir dem Verzweifelten treuer nachgegangen, wäre er mehr geliebt worden, hätten wir eine stärkere Schutzmauer der Fürbitte um ihn gebaut, wer weiß, ob er in die äußerste Dunkelheit abgestürzt wäre.

Lange Zeit hat man gemeint, durch das Pathologische Institut die Verlegenheit lösen zu können. Wenn die Sektion schwere Verwachsungen oder eine Tumorbildung in der Gehirnsubstanz ergab, atmete alles auf. Nun war der Täter für seine Tat nicht mehr verantwortlich zu machen. Aber auch die Sektionsbefunde helfen uns nicht immer weiter. Es kann anatomisch und physiologisch geprüft alles in Ordnung sein, trotzdem kann ein schwerer Fall von Schizophrenie vorliegen. Ein solches Krankheitsbild aber kann nach der Überzeugung moderner Psychiatrie auch dadurch ausgelöst worden sein, daß es in der Frühzeit des Lebens im Mutter-Kindverhältnis schwere Versäumnisse und Verletzungen gegeben hat.

So ist es eine Fülle von Faktoren, aus der statistischen Beobachtung gewonnen, die seelsorgerlich ausgewertet sein wollen zur Eindämmung der Suicidgefahr in der Gegenwart. Wir fassen zusammen: die Kirche muß sich ganz anders als bisher um die Welt des Mannes kümmern, es gilt, die Übung der Einzelbeichte zu erneuern, es muß der Kampf um die Sonntagsheiligung aufgenommen werden. Wir brauchen eine Theologie der Natur, die weiß um die Gefährdung und um die Heilkraft, die in den Abläufen der Schöpfung beschlossen liegt. Wir dürfen gegenüber den Verderbensmächten im öffentlichen Leben nicht in untätiger Zuschauerhaltung verharren. Wir müssen wieder Kirche im Angriff werden. Nur wenn das alles berücksichtigt wird, besteht Hoffnung und Aussicht, daß die Zahl der Menschen abnehmen wird, die am Leben scheitern.

Einer letzten Frage muß noch standgehalten werden. Gibt es auch eine Selbsttötung, die gerechtfertigt erscheint, weil Menschen lieber in Gottes Hand fallen wollen als in die Hände von Unmenschen? Als die siegreiche russische Armee im Winter 1945 über Königsberg und Berlin herfiel, haben ungezählte deutsche Frauen sich das Leben genommen, weil sie nicht einer zügellosen Soldateska zum Lustopfer anheimfallen wollten. Im „Dritten Reich" wählten zahllose jüdische Familien den freiwilligen Tod, um dem schaurigen Vernichtungsprozeß in Buchenwald und Theresienstadt zu entgehen. Ein Jochen Klepper, der mit einer nicht-arischen Frau verheiratet war, empfand die Solidarität mit der Lebensgefährtin und deren Tochter, die sie aus erster Ehe mitgebracht hatte, so stark, daß das gemeinsame Ende beschlossen und vollzogen wurde. Als man die drei Entseelten fand, war die Bibel aufgeschlagen und Anweisung gegeben, welche Psalmen an den Gräbern gelesen werden sollten. Glaubensvoll hatten sich diese Menschen im Vertrauen auf die göttliche Barmherzigkeit in den Tod gestürzt.

Wir werden uns hüten, solche Entscheidungen, die im Angesicht einer ausweglosen, persönlich nicht verschuldeten Stiuation getroffen wurden, zu verurteilen. Wer weiß, ob wir in gleicher Lage nicht ebenso gehandelt hätten. Und doch, bei allem ehrfürchtigen Verstehen denen gegenüber, die meinten, den letzten bitteren Ausweg wählen zu müssen, wenn nach der gültigen Norm gefragt wird, so muß es selbst im Blick auf so schreckliche Begebenheiten bei einem deutlichen Nein bleiben. Gewiß, der Gedanke, einem gierigen Haufen angetrunkener Soldaten ausgeliefert zu sein, wird jede Frau mit Entsetzen erfüllen. Aber selbst eine solche schaurige Bedrohung gibt kein Recht, das eigene oder fremdes Leben aus Mitleid zu töten. Es sind viele doch auch in der Stunde der Gefahr durchgekommen. Und die mißbrauchten und gedemütigten Frauen konnten sich ärztlich helfen lassen, sie durften wieder aufstehen und ihr Leben aufs neue beginnen und aufbauen.

Das Leben muß uns heilig sein und bleiben, selbst wenn es Grenzfälle furchtbarer Art gibt, wo das göttliche Gebot in Frage gestellt zu sein scheint. In dem Augenblick, wo angefangen wird, um dieser Grenzfälle willen die göttliche Bestimmung umzustoßen, werden andere nur allzu leicht davon angesteckt. So kam es in Berlin am Ausgang des „Dritten Reichs" zu einer wahren Selbstmord-Epidemie bei Juden und Christen, die nicht mehr aufzuhalten war. Ist die Ehrfurcht vor dem Leben aber einmal angetastet, so sind die daraus sich ergebenden Folgen unabsehbar.

VOM DREIFACHEN SINN DER LIEBE

(Sexus, Eros, Agape)

1

Man kann es als einen Vorzug oder als einen Nachteil ansehen, daß die deutsche Sprache nur das eine Wort Liebe kennt, um das Ungeheure auszudrücken, was Mann und Frau zueinander zieht und miteinander verbindet. Wenn Zarah Leander mit ihrer dunkel-sonoren Stimme den Schlager singt: „Kann denn Liebe Sünde sein?“, dann weiß jedermann, daß damit nichts anderes gemeint ist als der sinnliche Rausch, der gerade für eine Ballnacht ausreicht.

Wie anders klingt das Wort Liebe, wenn die Romantiker davon singen und sagen. Sie denken dabei an die seelische Harmonie, wenn zwei gleichgestimmte Herzen sich miteinander verbinden im gegenseitigen Sich-Beschenken. Und wieder anders gefärbt erscheint das Wort, wenn der Apostel Paulus in dem Hohen Lied der Liebe, wie man das 13. Kapitel im 1. Korintherbrief schon genannt hat, bekennt: „Die Liebe ist langmütig und freundlich, sie sucht nicht das Ihre, sie läßt sich nicht erbittern, sie rechnet das Böse nicht zu, sie verträgt alles, sie glaubt alles, sie hofft alles, sie duldet alles.“

Weil das Wort Liebe für unser Sprachempfinden so vielfältige Inhalte umfaßt, die vom Edelsten bis zum Fragwürdigen reichen, darum tun junge Menschen, besonders die jungen Frauen, gut daran, geistig wach zu bleiben und zu prüfen, wer das Wort Liebe zu ihnen sagt und was einer darunter versteht.

Andere Sprachen tun sich da leichter. Sowohl das Lateinische wie das Griechische verfügt über mehrere Worte, um das Wesen der Liebe zu differenzieren. Man spricht hier von Sexus, Eros und Agape, von Amor und Caritas und hilft dadurch mit, die Mannigfaltigkeit der Liebeserfahrung ins Blickfeld zu bekommen.

Auf der anderen Seite hat es auch etwas Gutes an sich, daß unsere Sprache mit einem einzigen Wort auskommt. Dadurch werden wir darauf aufmerksam gemacht, daß bei der Liebesgewährung alles in schöner Einheit beisammen sein sollte, was im Leben nur allzu oft voneinander getrennt erscheint.

2

Mit dem Wort Sexus bezeichnen wir das elementare geschlechtliche Verlangen, das Mann und Frau zueinander zieht und das in der Liebesvereinigung der Leibesgemeinschaft seine Erfüllung findet. Auch dieses triebstarke sinnliche Verlangen stammt von Gott. Es ist dem Menschen wie aller Kreatur schöpfungsmäßig ins Dasein mitgegeben. Keiner braucht sich darum zu schämen, wenn diese Kräfte sich in ihm mit stürmischer Gewalt zu regen beginnen. Verhängnisvoll aber wird es, wenn dieser Kraftstrom nicht durch eine geistüberlegene, verantwortungsbewußte Zucht und Ordnung in Schranken gehalten und gelenkt wird.

Besonders die Frau muß es wohl immer leidvoll bezahlen, wenn sie den sinnlichen Wünschen eines Partners nachgibt, der dabei nur einen verpflichtungslosen Augenblicksgenuß sucht. Der Sexus ist seinem Wesen nach unruhig und unbeständig. Er gleicht dem Schmetterling, der von einer schönen Blume zur andern flattert, um aus allen Blüten Honig zu saugen. Wer sich einmal an dieses Variieren in flüchtigen Liebesstunden gewöhnt hat, wird sich schwer tun, den Weg zu einer bleibenden, wertvollen Verbundenheit zu finden.

Weil aber zu jeder rechten Ehegemeinschaft das sinnliche Liebesglück durchaus hinzugehört, darum sollte man die polare Zuneigung bei der Wahl des Lebenspartners durchaus mitsprechen lassen. Man muß sich mögen, man muß Gefallen haben an der Gestalt des anderen, an seinem Lachen, an seinem Wuchs, an seinem Gang, an seinen Augen. Und weil andere für mich nicht wissen können, was mir gefällt, was mich erfreut, was ich schön finde, darum sollte man sich bei der Entscheidung für den Lebenskameraden von anderen nicht allzuviel dreinreden lassen.

Wir erleben in unseren Tagen eine Explosion der Sexualität in der Mode, in Film und Literatur von einem geradezu hemmungslosen Ausmaß. Die „kurvenreiche Sexbombe“, um diesen häßlichen Ausdruck zu gebrauchen, gilt als die eigentlich attraktive Frau. Unter der Einwirkung dieser von geschäftstüchtigen Leuten planmäßig gelenkten Propaganda muß besonders in unreifen jugendlichen Köpfen der Eindruck entstehen, als käme es auch in der Ehe für ein glückliches Zusammensein allein auf die sexuelle Komponente an. Das aber ist eine verhängnisvolle Täuschung, die sich schon bald nach der Verheiratung als solche erweisen kann. Ehe ist ja nicht nur Liebe, Tanz und Jubel. Ehe heißt auch: miteinander arbeiten, miteinander wandern durch gute und böse Tage, heißt, miteinander altwerden können und schließt nicht zuletzt die ungeheuere Verantwortung in sich, die Erziehung des nachkommenden Geschlechts auf sich zu nehmen. Für all diese wesentlichen Aufgaben genügt die Harmonie im Sinnlichen allein in keiner Weise. Es müssen da noch ganz andere Qualitäten mit ins Spiel kommen, wie Lebenstüchtigkeit, Verläßlichkeit, charaktervolle Gediegenheit, wenn eine Gemeinschaft Bestand haben soll.

Die Zweisamkeit von Mann und Frau kann nicht nur in eine Krise geraten infolge der Überbewertung des Sinnlichen, sie kann auch Schaden nehmen durch die Unterschätzung des Sinnlichen. Gerade in frommen Häusern findet man nicht selten die Auffassung vertreten, alles, was mit dem geschlechtlichen Erleben zusammenhängt, sei unschön, fragwürdig und unrein, es sollte darum nach Möglichkeit unterbleiben und nur im Blick auf die Erzeugung neuen Lebens Berechtigung eingeräumt bekommen. Unter der Einwirkung solcher Dressate, die sich auf den christlichen Schöpfungsglauben gewiß nicht berufen können, wagen unter Umständen Mann und Frau gar nicht, sich in voller Hingabe einander zu schenken. Eine solche Ehe muß notwendig dürftig und freudlos bleiben. Denn es fehlen ihr die Stunden beglückender Vereinigung, und die Gefahr ist groß, daß dann Mann oder Frau anderwärts die Erfüllung suchen, die zu gewähren der Lebenspartner weder willens noch imstande ist.

3

Unter dem Eros verstehen wir das Fluidum der Beglückung, der Sympathie, der Zärtlichkeit, die Mann und Frau aufgrund der seelischen Zuneigung sich gegenseitig schenken. Das Erlebnis des Eros ist nicht beschränkt auf die Begegnung zwischen den Geschlechtern. Wir verstehen unter dem Eros zunächst ganz allgemein ein froh-erfülltes liebendes Sich-Zuwenden zu der ganzen Erscheinungsfülle des Lebens und des Daseins. Es gibt, wie Ludwig Klages sich ausgedrückt hat, einen kosmogonischen Eros, einen künstlerischen und einen wissenschaftlichen Eros. Er entzündet sich an der Schönheit der Natur, an der Herrlichkeit musikalischer Klangwelten, an der Farbenpracht von Bildern und dichterischen Kunstwerken.

Aber gewiß schwingt der Eros auch im Spiel der Begegnung zwischen den Geschlechtern. Der Eros bringt das Leuchten in die Zweisamkeit von Mann und Frau. Er erzeugt ein wohltuendes, erwärmendes Klima, auf das die Frau besonders angewiesen ist und das sie braucht, um blühen zu können. Die Frau will nicht nur gelegentlich in stürmischer Umarmung genommen sein, sie will eingebettet sein in eine Atmosphäre der Rücksicht, der Freundlichkeit, der persönlichen Anteilnahme. Nur in einem solchen Klima kann sie sich heiter und gelöst entfalten.

Unsere Zeit ist der Pflege des Eros innerhalb der Ehe im allgemeinen nicht günstig. Die meisten Männer vernachlässigen ihre Frau nach einem kurzen Liebesfrühling, um sich erneut dem Gelderwerb, dem Sport und der Politik mit allen Kräften zuzuwenden. Man darf es keiner Frau übelnehmen, wenn sie sich unter dem Verheiratetsein etwas mehr vorgestellt hat als nur Möbel abstauben, Hemden bügeln und die Suppe mittags pünktlich auf den Tisch bringen. Auch der Eros ist eine gute Schöpfungsgabe. Darum gehört er in das Leben zu zweit mit eingebaut. Man achte darauf, daß es immer wieder Freudenstunden gemeinsamen Unternehmens gibt, die den Alltag der Ehe überglänzen. Der Mann fordere nicht einfach sein Recht. Er soll seine Frau umwerben und das Liebkosen dabei nicht vergessen. Und die Frau sehe ihren Mann nicht an wie ein Möbelstück, das ihr wie selbstverständlich zu eigen gehört aufgrund der doppelt verbrieften standesamtlichen und kirchlichen Trauung. Sie muß besonders darauf bedacht sein, Glanz und Wärme auszustrahlen, um den Lebensgefährten damit zu beschenken.

4

Und doch, so bedeutsam die sinnliche und die seelische Liebe für die Pflege und Erhaltung der Liebesgemeinschaft in der Ehe ist, es reichen diese beiden Größen allein nicht aus, um das Fundament einer Lebensgemeinschaft fest zu gründen. Es muß noch eine dritte Kraft hinzukommen, die wir mit dem Wort der griechischen Sprache Agape nennen.

Man hat schon gut formuliert: Der Eros spricht, Ich liebe dich, weil du so bist und solange du so bist, nämlich jung, hübsch, anziehend, reich oder einflußreich. Wenn du aber das alles nicht mehr für mich bist, komme ich bei dir nicht mehr auf meine Rechnung und muß mich anderwärts umschauen. Die Agape dagegen spricht: Ich liebe dich, weil du da bist, weil du mir an die Seite gestellt bist und weil wir eine Aufgabe aneinander haben. Der Eros will begehren und genießen. Die Agape ist bereit, sich zu opfern, sie kann vergeben, sie ist willig, auch die Belastung, die das Du zeitweise bedeuten mag, zu tragen. Zu dieser überlegenen Haltung wird allerdings nur der Mensch bereit und fähig sein, der seine Existenz auf ewigen Grund gebaut hat.

Eine in unseren Tagen häufig auftretende Krise und Not besteht darin, daß das, was die göttliche Ordnung zusammengefügt und zur Einheit bestimmt hat, nämlich die sinnliche, seelische und vertrauende Liebe, auseinander fällt, um sich in abgespaltenen Einzelteilen aufzulösen.

Die Abtrennung des Sexuellen von einer ganzheitlich gelebten Liebe kann in der gröbsten Form geschehen, daß man sich den geschlechtlichen Genuß gewährt, ohne auch nur den Namen des Partners zu kennen. So gibt ein Mädchen, das schwanger geworden ist, auf die Frage, mit wem es denn verkehrt habe, der Sozialfürsorgerin die Antwort: „Ich weiß es nicht, er hat nur geschmust: Sag Franzl zu mir!“ Dieses wilde, anonyme Sich-Paaren wird heute, im Unterschied zu früher, Jung und Alt ungeheuer erleichtert durch eine allgemeine Lockerung der Sitten. Wer will, kann solche zufälligen Liebesbegegnungen in jedem Sommerurlaub haben, an der Adria wie an der Nordsee. Die meisten denken sich kaum etwas dabei. Sie nehmen es sich als ihr gutes Recht. Sie beurteilen den sexuellen Genuß auch nicht anders als die Anregung durch eine Zigarette oder eine Flasche Coca-Cola.

Und doch täuscht sich der Mensch, wenn er meint, ein solches Verhalten hinterließe keine Spuren. Auch wenn es nicht zu krankhafter Ansteckung oder zu einer Konzeption kommt mit all den unerwünschten nachhaltigen Folgen, der Mensnch wird dadurch in dem Kern seines Wesens verändert und verletzt. Er verliert dadurch an Wertqualität vor sich selbst und vor anderen, die ein Gespür haben für das Hemmungslose und Brüchige einer solchen Lebensweise.

Verglichen mit diesem bindungslosen Umherirren liegt eine Freundschaft, die das sinnliche Erleben mit seelischer Harmonie und geistiger Austauschgemeinschaft verbindet, zweifellos auf höherer Ebene. Und doch ist auch hier zu fragen: Wie wirkt sich ein solcher periodischer Liebesfrühling aus auf die Seele der Frau, wenn sie von vornherein weiß: von Dauer wird das alles nicht sein, sei es, daß der geliebte Mann durch eine Verheiratung bereits gebunden ist, sei es, daß er in seinem Freiheitsdrang sich in jedem Fall alle Ausgänge offenhalten will. Die Vereinsamung und das Gefühl des Verlassenseins wird nach dem Auseinandergehen um so schmerzlicher sein, je schöner die Begegnungszeit empfunden wurde. Neue Freundschaften von Rang aber stellen sich nicht so leicht wieder ein. Dr. Joachim Bodamer hat in einem vielbeachteten Buch mit Recht darauf hingewiesen, „der Mann von heute“ wird in seinem Beruf so überfordert und ausgehöhlt, daß er kaum mehr die Kraft aufbringt, daheim in Ehe und Familie etwas darzustellen, sei es als Mann, sei es als Vater. Er zieht es stattdessen vor, sich lieber außerhalb der Ehe gelegentlich ein kurzfristiges, bindungsloses Abenteuer zu gönnen, oder er sucht sich eine anregende Gesprächspartnerin, die er jederzeit wieder fortschicken kann, wenn es ihm zu viel oder zu anstrengend mit ihr wird. Das alles ist sicher zutreffend beobachtet, und man wird auch mit dem Mann von heute weitgehend Erbarmen und Mitleid haben müssen, der in seiner Erschöpfung oft keinen anderen Ausweg mehr sieht.

Und doch möchte man ihm zurufen: Mag es dir auch schwer fallen, versuche gleichwohl einheitlich und ganzheitlich zu lieben! Nimm dir Zeit für deinen Lebenskameraden, nimm dir Zeit für deine Kinder, so gewiß du erwarten darfst, daß deine Lieben daheim Schonung und Rücksicht üben, wenn dich die Berufswoche aufgerieben hat.

Es liegt uns fern, zu moralisieren und Steine zu werfen, wenn die Menschen die Liebe aufspalten, wenn sie voneinander trennen, was recht eigentlich zu Einheit bestimmt ist. Es geht nicht darum, daß Verbotstafeln gesetzt werden aus Freude am Verbieten. Es geht allein darum, daß Wege gewiesen werden, die die Verheißung des Lebens und des Friedens bei sich haben. Wie gerne möchte man besonders der jungen Generation Enttäuschungen und Irrwege ersparen, die ja doch nur mit dem Verlust von leiblicher Gesundheit, seelischer Frische und geistiger Freiheit bezahlt werden müssen. Wie groß aber ist gerade an dieser Stelle die Verantwortung von uns Erwachsenen, daß wir Leitbilder setzen und vorleben, die dem nachkommenden Geschlecht etwas zeigen von dem dreifachen Sinn der Liebe, die nicht zerteilt werden sollte.

WANDLUNGEN IM ERSCHEINUNGSBILD DER EHE

Wenn wir uns die Situation von Ehe und Familie in der Gegenwart vor Augen halten und dabei nicht ganz wirklichkeitsblind sind, dann empfinden wir wohl alle, wie sehr gerade in diesen Lebensbereichen die Welt anders geworden ist, verglichen mit der Zeit, als der Großvater die Großmutter nahm.

Die Überlieferung, von der wir herkommen, kann als die patriarchalische Auffassung vom Wesen der Ehe bezeichnet werden. Ein vorzügliches Beispiel aus der Literatur bietet dafür das Buch von Jochen Klepper „Der Vater". In der patriarchalisch geprägten Familie gibt es kein Verlöbnis ohne die ausdrückliche Billigung der Eltern. Es ist undenkbar, daß bei dieser soziologischen Struktur die Tochter vor den Vater hintritt, ihm ein Küßchen gibt und beiläufig erwähnt: Daddy, ich will Dir nur mitteilen, daß ich mich heute nachmittag mit Felix verlobt habe! Die Kinder haben nicht nur um die Erlaubnis zu fragen, sie haben sich auch zu fügen, wenn der väterliche Wille auf ihre Liebeswünsche mit einem Nein reagiert, weil sich der pater familias im stillen längst seine eigenen Gedanken über die Verheiratung von Sohn oder Tochter gemacht hat. Gewiß ist dabei ungezählte Male das Liebesglück junger Menschen geopfert worden, weil man sich dem Starrsinn der älteren Generation beugen mußte und nicht dagegen aufzubegehren wagte.

Ein weiterer Gesichtspunkt zur Charakterisierung der patriarchalischen Ehe geht in der Richtung, daß man, sehr im Gegensatz zu heute, das Sinnliche und das Erotische nicht allzu hoch einschätzt in seiner Bedeutsamkeit für den Zusammenhalt in der Ehe. So meint Martin Luther, der für diese Auffassung als Kind seiner Zeit durchaus repräsentativ gelten kann: „Rote Backen und weiße Beine machen es noch nicht, sie muß auch kochen und braten können." Katharina von Bora soll nach der Flucht aus dem Kloster erklärt haben: „Wenn der Luther oder der Amsdorf sie heiraten wolle, sei sie in beiden Fällen dazu bereit." Calvin ließ sich die für ihn geeignete Frau von seinen Freunden aussuchen, wobei diese übrigens erstaunlich klug und gut wählten. Immerhin, nach Tristan und Isolde schmeckt das alles nicht.

Wohl weiß man auch in dieser Väter-Zeit, daß junge Menschen durch sinnliches Verlangen und Liebesglück zueinander gezogen werden. Aber als das eigentlich tragende Fundament der Ehe werden ganz andere Qualitäten angesehen und verlangt, als da sind Lebenstüchtigkeit, charakterliche Verläßlichkeit und nicht zuletzt die Gebärfähigkeit der Frau. Man heiratet durchaus unter Rücksichtnahme auf Stand, Herkunft, Besitz und völkische Zugehörigkeit. Es bleiben die Bauern, die Bürger, die Zünfte, die Adeligen unter sich. Aus diesen Grenzen auszubrechen, gilt als nicht verzeihbarer Verstoß gegen die gefestigte Ordnung. Gleichwohl ist festzustellen, daß die meisten der auf diesen nüchternen Voraussetzungen gegründeten Ehen erstaunlich gut verlaufen sind, auch wenn Charme und Eros keine oder nur eine geringe Rolle spielen durften. Man hat sich gegenseitig geachtet, man ist guten Willens zusammengestanden, und nicht selten ist solcher Hochschätzung die Liebe hinterdrein gefolgt. Freilich, für einen Romantiker ist in dem allen zuwenig Glück und Glanz enthalten. Er läßt sich nicht verheiraten, er folgt bei der Liebeswahl seiner individuellen Neigung, ganz gleich, wo auch immer das geliebte Du im Blick auf Sprache, Erziehung und Herkommen beheimatet sein mag.

„Die Ehe im Pietismus", über die in dem gleichnamig betitelten Buch der Schweizer Theologe Fritz Tanner eine ausgezeichnete Studie vorgelegt hat (Zwingli Verlag, Zürich, 1952), teilt mit dem patriarchalischen Ideal die selbstverständlich geforderte und erwartete Gehorsamsunterwerfung von Frau und Kindern unter den väterlichen Willen. Trotzdem empfiehlt sich eine eigene Darstellung, weil sich hier Merkmale besonderer Art finden. Alles, was den Pietismus liebenswert und vorbildlich erscheinen läßt, die Ehrfurcht gegenüber dem biblischen Wort, das praktische Ernstmachen mit der Christusnachfolge, der Opfersinn, der Eifer des Gebets, das alles ist gewiß auch der Ehe in den also geprägten Häusern zugute gekommen. Eines aber ist anders geworden. Es ist die entschiedene Beargwöhnung des Sinnlichen, und das nicht nur außerhalb, sondern ebenso auch innerhalb der Ehe.

Theosophische Spekulationen über den Androgynmythos, neuplatonische Einflüsse aus der spiritualistischen Mystik, das hohe Ansehen von Jakob Böhme und Gottfried Arnold bewirken, daß man allem, was mit dem geschlechtlichen Erleben zusammenhängt, mit Angst, Mißtrauen und Befangenheit begegnet. Bezeichnend dafür sind zwei Einzelvorschriften, die in der pietistischen Ehe-Seelsorge ständig wiederkehren. Die eheliche Vereinigung darf nur um der Kindererzeugung willen geschehen. Außerhalb dieser Zielsetzung gilt sie als unreines Begehren. Man ist nicht fähig, einzusehen und zuzugeben, daß die Liebesgemeinschaft in der Ehe das leibhafte Zeichen sein darf für die innige Verbundenheit, wie zwei Menschen zusammengehören, ohne daß dabei an den generativen Auftrag zu denken ist. Weil das geschlechtliche Erleben als fragwürdig erscheint, darum findet sich des weiteren die seltsame Bestimmung, man solle darum bemüht sein, die Vereinigung ohne jede Lust zu erleben. In welche Nöte und Anfechtungen mögen Jungverheiratete durch derartige Anweisungen gekommen sein und noch kommen, wenn sich Sinnenglück und Liebe zum Heiland gegenseitig ausschließen sollten. Was für Verkrampfungen und Verdrängungen mögen daraus entstehen, so daß die These von ekklesiogenen Neurosen von daher gesehen nicht so ganz abwegig erscheint.

Wegen der Bedeutungslosigkeit der Liebesgemeinschaft kann man in der Blütezeit des Pietismus Brautleute unbedenklich durch das Los oder durch Schiedsspruch füreinander bestimmen, ohne daß sich die davon Betroffenen je einmal zuvor hätten sehen können. So schrieb Bischof Spangenberg aus Pennsylvanien an die Leitung nach Herrnhut: Schickt Schwestern für folgende Brüder, und dann werden die Namen der Männer aufgezählt, die ihre Ehebereitschaft erklärt haben. Wir wollen darüber nicht spötteln. Diese Menschen waren so erfüllt von ihrem missionarischen Reichgottesauftrag, daß demgegenüber alles andere für sie weit dahinter zurücktrat. Freilich, die Geschichte wird nie geschrieben werden, wie manches Herz geblutet haben mag, als die Schar der entsandten Bräute an Land ging und die Autorität des Grafen oder das gewürfelte Los längst entschieden hatte, wer zu wem gehören sollte.

In eine völlig veränderte Welt treten wir ein, wenn wir das romantische Eheideal ins Blickfeld bekommen. Inzwischen ist viel geschehen in der Seelengeschichte des Abendlandes. Der Mensch ist erwacht zum Bewußtsein der eigenen Werthaftigkeit. Er sieht nun auch das Du an seiner Seite mit neuen Augen. Im patriarchalischen Zeitalter waren die jungen Frauen (vor Ignaz Semmelweiss) im Wochenbett an dem bösartigen Brustfieber nur so dahingestorben. Der Mann aber litt deswegen nicht an gebrochenem Herzen. Denn immer war da eine Freundin oder eine jüngere Schwester der Heimgegangenen bereit, die Verlorene zu ersetzen. Die Frau war gebärender Schoß, mochte sie sich dabei zu Tode tragen, das Leben ging deswegen trotzdem weiter.

Im Zeitalter der Romantik tritt die Hochschätzung der Persönlichkeit in ihrer einmaligen Wesensart durchaus in den Vordergrund. Jetzt heißt es: Du, und keine andere, und kein anderer! Besonders die Frau erwacht zu neuen Möglichkeiten. Sie will nicht mehr aufgehen in der Sorge für Küche, Kind und Haushalt. Sie verlangt nach reicherer Betätigung in Musik, Dichtung und Wissenschaft. Sie läßt sich von Schleiermacher in dem „Katechismus edler Frauen“ zurufen „Laß Dich gelüsten nach der Männer Bildung, Kunst und Weisheit!“. Die Frau gewinnt den Mut zum eigenen Urteil, und sie wagt, ihre Meinung dem Mann gegenüber zu vertreten.

Die Ehe wird auch im Zeitalter der Romantik bejaht. Aber nur die Ehe gilt als lebenswert und würdig, die aufgrund von heißer Liebesleidenschaft und inniger Seelenverwandtschaft geschlossen worden ist. Läßt die gegenseitige Beglückung und Beschenkung nach, ist man schnell bei der Hand, von dem Käfig und Kerker der Ehe zu reden und dem unwürdigen Zustand ein Ende zu machen.

Weil die Ehe als Kunstwerk gilt, die von zwei idealen Partnern zu verwirklichen ist, darum wird in der Romantik durchaus der Rat gegeben, sich zunächst auf vorläufige Versuche in der Liebe einzulassen; ist doch kaum anzunehmen, daß die hochgespannte Zielsetzung gleich bei dem ersten Male gelingen wird. So wandert Caroline von dem Arzt Dr. Böhmer, der früh stirbt, weiter zu dem Dichter Wilhelm Schlegel, um zuletzt in der Ehe mit dem elf Jahre jüngeren Philosophen Schelling die große beglükkende Gemeinschaft zu finden, die ihr sechs Jahre lang noch zuteil werden sollte, ehe sie von der Cholera dahingerafft wird.

Die romantische Ehe ist in ihren Gefühlen und Empfindungen so sublimiert, so differenziert, daß alles als peinlich empfunden wird, was mit den nüchternen Realitäten des Lebens zu tun hat. Wer mag da schon bei der Liebesvereinigung an Kinder denken, geht es doch allein darum, daß zwei Seelen und zwei Leiber sich glückhaft ineinander verströmen. Oder gar zu denken, daß Ehe auch etwas zu tun haben könnte mit der menschlichen Gesellschaft, mit Volk, Staat und Kirche, und daß auch diese Instanzen daran interessiert sein könnten, wie Ehe gelebt wird und gelingt, wird völlig als ein Absurdum angesehen. Es ist darum kein Zufall, daß die Ehe im Zeitalter der Romantik besonders reich ist an Krisen und an Trennungen. Man hat übersteigerte Vorstellungen von dem, was das geliebte Du an Glanz und Vollkommenheit zu bieten hat. Er sagt zu ihr: Du Himmlische, Du Göttliche! Sie sagt zu ihm: Du Unendlicher! Damit aber legen sich Menschen wechselseitig Prädikate zu, die letztlich Gott allein gebühren. Weder Mann noch Frau vermögen eine solche Überbewertung durchzuhalten. Es ist unvermeidlich, daß die allzu hoch gespannten Erwartungen oftmals zu einem Enttäuschungserlebnis führen müssen.

Die moderne Zweisamkeit hat sich von der patriarchalischen und pietistischen Eheauffassung weit entfernt. Von der romantischen Überlieferung ist wirksam geblieben, daß bei der Wahl des Lebenspartners Sinnenglück und Erosverlangen eine entscheidende Rolle spielen. Freilich, nur in seltenen Fällen findet dann die Liebesheirat eine dem Anfang entsprechende Fortsetzung. Bertrand Russel stellt in dem Buch „Ehe und Moral" im Blick auf die heutige Lage wohl sehr richtig fest: Der gefährlichste Widersacher der Liebe ist gegenwärtig „das Evangelium von der Arbeit und vom wirtschaftlichen Erfolg". Auf keinen Fall läßt der Mann von heute die Liebe in Konflikt kommen mit seiner Karriere. Er kehrt abends spät, müd und abgekämpft nach Hause zurück. Für Zärtlichkeit und echtes Anteilnehmen am Leben seiner Frau bleibt kaum noch Zeit und Kraft. Wohl hat der Eros einmal zwei Menschen zueinander geführt, aber er kühlt zum Leidwesen der Frau erschreckend rasch ab und wird ersetzt durch nervöse Unruhe, die den Mann bei Tag und Nacht nicht verläßt. Demgegenüber hat Theodor Bovet in seinen zahlreichen Ehebüchern mit Recht darauf hingewiesen, daß auch der Eros eine Gottesgabe ist, die jeder Ehe wohl ansteht und von ihr und in ihr gepflegt sein will in Gestalt von Einfühlung, schonsamer Rücksichtnahme, Festlichkeit und gemeinsamen Glückserlebnissen.

Für die Ehe im 20. Jahrhundert ist vor allem der Tatbestand bedeutsam geworden, daß die Selbständigkeit der Frau im Vergleich zu früheren Zeiten ständig zugenommen hat. Die Frau, die heute heiratet, hat fast immer eine gediegene Berufsausbildung hinter sich. Sie hat bis zu diesem Zeitpunkt verfügt über eigenen Verdienst, eigene Wohnung und eigene Ferien- und Freizeitgestaltung. Sie ist jedenfalls nicht mehr die Efeuranke, die sich an einem männlichen Stamm hilfesuchend anklammert. Sie ist nicht mehr das daheim bei den Eltern sitzende, Strümpfe strickende, lammfrommgottergebene Wesen, das daruf wartet, ob einer käme und sie mitnähme. Die starke, eigengewachsene Wesensausprägung der Frau von heute ermöglicht ein geistiges Partnerschaftsverhältnis in der Ehe wie nie zuvor. Es kann das einen großen Reichtum in sich schließen. Auf der anderen Seite sind viele Männer dieser qualitativen Veränderung nicht gewachsen. Sie empfinden die also arrivierte Frau als zu anstrengend. Sie ziehen es vor, lieber ein harmloses Mauerblümchen an den Traualtar zu führen, das sich leichter beherrschen läßt als die geistig ebenbürtige Gefährtin.

Die fortschreitende Differenzierung im modernen Lebensempfinden hat die gegenseitige Verletzbarkeit im Zusammenleben von Mann und Frau beträchtlich erhöht. Darum hängt die Harmonie in der Ehe heute vor allem davon ab, daß kein Teil den anderen bevormunden will. Diese Rücksichtnahme muß vor allem dem Mann nahegelegt werden, der von der patriarchalischen Überlieferung her, die er vielleicht im Elternhaus noch zur Genüge kennengelernt hat, leicht dazu neigt, seine Gefährtin zu unterjochen und zu bevorschriften. Der Mann, der davon nicht lassen kann, sollte lieber keine Ehe eingehen, es wird doch nur für beide Teile eine leidvolle Sache werden.

Nicht weniger verhängnisvoll dürfte es sein, wenn die Frau die Herrschaft in der Ehe an sich reißt und den Mann nebst zusätzlich vorhandenen Söhnen und Töchtern ihrem Oberkommando unterwirft. Die dazu neigende Frau, die, in der Sprache von Carl Gustav Jung zu reden, von ihrem Animus überwältigt wird, sollte sich klarmachen, daß in der Seele des Mannes von Urzeiten her etwas Schweifendes angelegt ist, was es ihm schwermacht, sich in die Bindung an einen Ort, an eine Gefährtin zu binden. Der Mann kann und soll diese Treue, diesen Willen zur Wiederholung, würde Kierkegaard sagen, lernen. Die Frau aber kann durch ihre Verhaltensweise wesentlich dazu beitragen, ob diese Einübung in der Beständigkeit gelingt oder mißlingt. Wird der Bogen der Kontrolle und der Befehlsgewalt überspannt, so pflegt der leichtfertige Mann durchzugehen. Der durchschnittliche Bürger flüchtet sich an einen Stammtisch zu ähnlichen Leidensgenossen, während der vornehme Mann darüber schwermütig wird. Es muß jedenfalls herüber und hinüber darauf geachtet werden, daß bei allem gegenseitigen Vertrauen bei keinem Teil der Eindruck entsteht, durch die Ehe gefangen oder gar gefesselt zu sein. Ist man einmal darauf aufmerksam gemacht worden, wie wichtig der Respekt vor der inneren Freiheit des anderen ist, dann ist es keine unlösbare Aufgabe, sich diesen Bewegungsraum gegenseitig zu gewähren.

Einen nachhaltigen Stilwandel hat die Ehe im 20. Jahrhundert erfahren durch die völlig veränderte Berufssituation. In den Zeiträumen, ehe das industrietechnische Milieu beherrschend wurde, war es eigentlich selbstverständlich, daß Wohnraum, Schlafraum, Arbeitsraum und der Platz am Tisch an einer Stätte beisammenlagen. Auf diese Weise war ein ständiger Austausch zwischen Mann und Frau, zwischen Eltern und Kindern wie von selbst gewährleistet. Heute liegen Wohnstatt und Arbeitsplatz meist weit auseinander. Wenn die Frau ebenfalls mitverdient, ergibt es sich, daß die Eheleute tagsüber in völlig verschiedenen Welten untertauchen. Es fällt dann beiden Teilen nicht leicht, aus diesen getrennten Erlebnisbereichen am Abend des Tages, am Ausgang der Woche zueinander zu finden. Und doch muß dieser Begegnungsaustausch unbedingt angestrebt und verwirklicht werden, wenn der Konflikt zwischen Ehe und Beruf nicht zu einer ernstlichen Krise führen soll.

Oft ist es der Mann, der zu müde oder zu träge ist, seine Frau an dem teilnehmen zu lassen, was ihn im geschäftlichen Alltag geplagt hat. Er zieht es vor, als großer Schweiger seine Zeitung zu lesen, vor dem Fernsehschirm zu sitzen; und er wünscht nicht, bei diesen seinen Lieblingsbeschäftigungen durch unwillkommene Fragen gestört zu werden.

Aber auch die Frau kann angesichts der Aufgabe der Kommunikation versagen. Der Mann hätte wohl oftmals das Verlangen, sich daheim auszusprechen über das, was ihn umtreibt, was ihm zur Freude im Beruf gelungen ist. Die Frau aber zeigt dafür unter Umständen ein merkwürdig geringes Interesse und schneidet den Faden des begehrten Gesprächs allzu rasch ab. Wenn einem Mann solches zu wiederholten Malen widerfährt, verstummt er mißmutig und enttäuscht und ist dann nicht so rasch wieder zum Reden zu bringen. Es brauchen dann nur noch die weiblichen Arbeitskräfte, mit denen der Mann außerhalb des Hauses beruflich zu tun hat, anziehend, einfühlsam und verständnisvoll für das dem Mann aufgetragene Werk zu sein, und es ist kaum zu vermeiden, daß eine also beschaffene Ehe in Gefahr gerät.

Bei der Sensibilität des heutigen Menschen sind Spannungen und Gereiztheiten innerhalb der Ehe kaum zu vermeiden. Und doch braucht keine Ehe daran zu zerbrechen, wenn nur die zwei zueinandergehörigen Menschen sich bereit finden, sich gegenseitig zu vergeben. Wo man nicht vergeben kann, gibt es Risse und Sprünge im Haus der Ehe, bis hin zur Einsturzgefahr.

Die reformatorische Rechtfertigungslehre wird heute bis weit hinein in die Reihen der Theologie befehdet und abgelehnt. Man erklärt, der moderne Mensch verlange nicht mehr nach Vergebung, wohl aber möge man ihm eine neue, bessere Sinngebung seines Daseins zeigen! So gewiß dies eine echte Aufgabe ist, die uns in Theologie und Seelsorge zu bekümmern hat, wir sollten darüber nicht vergessen: ohne wechselseitige Vergebung ist keine friedvolle Gemeinschaft im menschlichen Zusammenleben möglich. Das vielgeschmähte, kaum mehr verstandene Wort Rechtfertigung besagt doch: Gott läßt uns vorbehaltlos als seine Kinder gelten, er trägt uns unser Versagen nicht nach, er bejaht uns in all unseren Grenzen und Unzulänglichkeiten aufgrund des Erbarmens, das sich uns in Jesus Christus zugewendet hat. Wer sich von diesem Wundergeschenk der göttlichen Güte und Geduld ergreifen und tragen läßt, der kann seinem Ehekameraden, seinem Nächsten erlittene Enttäuschung nicht nachtragen, nicht aufrechnen, er wird bereit zur Versöhnung, gleich, wie Gott uns von seiner Versöhnung umschlossen sein läßt.

Von einschneidender Rückwirkung auf den Gestaltwandel der Ehe ist die Tatsache geworden, daß die moderne Ehe im Blick auf die Kinderzahl überwiegend klein geworden ist. Manchmal fragt man sich: kommen die engen Wohnungen, wie sie fast nur noch gebaut werden, daher, daß es an den Kindern fehlt, oder fehlen die Kinder, weil der schmale Wohnraum ihre Zahl ganz von selbst einschränkt? Die Großfamilie, die drei Generationen umfaßte nebst zugehörigen Tanten und Onkeln, wie das Werner Bergengruen in seinen Büchern so kostbar geschildert hat, ist ausgestorben. Aber selbst für die wenigen vorhandenen Kinder will der Vater von heute kaum mehr als erzieherische Autorität dasein. Er spielt nicht mehr mit ihnen, er wandert nicht mehr mit ihnen, man kümmert sich nicht um die Schularbeiten, man drückt dem Kind am Sonntagnachmittag Geld in die Hand und schickt es weg, zur Eisdiele, ins Kino oder sonstwohin, nur um selber nicht in seiner Ruhe gestört zu werden. Was an pädagogischer Arbeit zu leisten ist, wird der Frau und Mutter überlassen, die dadurch in einer

Weise überfordert und belastet wird, wie es für sie selbst und für das Kind gewiß nicht gut ist.

Im patriarchalischen Zeitalter hat die Härte und Strenge der Väter bei den Söhnen nicht selten zur Ausbildung eines massiven Vaterkomplexes geführt, eine Abneigung, die sich bekanntlich nicht auf den leibhaftigen Vater allein beschränkt, sondern sich auf alle vaterähnlichen Autoritäten ausdehnt, heißen sie nun Polizei, Vorgesetzter oder prüfender Professor. Je mehr in unseren Tagen die Verbots- und Strafgewalt der Frau im Hause zufällt, um so häufiger wird dadurch ein Mutterkomplex ausgebildet, der sich nicht weniger heftig und nicht weniger verhängnisvoll auswirken kann.

Das Versagen der Männer als Väter bedeutet für Frau und Kinder eine gleich große Not und Enttäuschung. Das Kind braucht das männliche Prinzip, um seelisch und sittlich zu reifen, und ebenso schätzt es jede rechte Frau, wenn der Mann die ihm zukommende Führung und Verantwortung im Hause übernimmt. Der Hamburger Theologe Hans-Rudolf Müller-Schwefe hat in seinem Buch „Welt ohne Väter" mit Recht darauf hingewiesen: es besteht ein wesentlicher, wenn auch sehr verborgener Zusammenhang zwischen der Unfähigkeit, rechter Vater zu sein, und dem Verlust an Gottesglauben. Wer mit dem Epheserbrief sprechen kann: „Ich beuge meine Knie vor dem Vater unseres Herrn Jesus Christus, der der rechte Vater ist über alles, was da Kinder heißt im Himmel und auf Erden" (3, 14 ff.), der empfängt aufgrund dieses Gehaltenseins von seiten der ewigen Autorität die Vollmacht, väterliche Autorität darzustellen, ohne sie zu mißbrauchen.

Aber nicht nur die Welt der Väter hat sich gewandelt, auch die Welt der Mütter hat sich umgeformt. In der patriarchalischen Zeit war die verheiratete Frau im häuslichen Bereich mehr als ausgefüllt durch den als selbstverständlich bejahten Kinderreichtum und zusätzlich durch eine Unzahl von Verrichtungen, die ihr heute von der durchtechnisierten Küche abgenommen werden. Wo das Kind ganz vermieden wird, wo an dem Einkind bewußt festgehalten wird, wo man sich Brüderchen und Schwesterchen als Höchstzahl gestattet, da kann es leicht in der klein gebliebenen Wohnung und Familie zu einem Unbefriedigtsein kommen, das bald nach der Verheiratung wieder nach außen strebt.

Wer um die letzte Jahrhundertwende geboren ist, hat wohl noch eine Mutter gehabt, der es selbstverständlich war, für ihre Kinder ungeteilt dazusein. So gewiß wie am Morgen die Sonne aufgeht, so gewiß war auch die Mutter beim Erwachen aus dem Schlaf zugegen. Heute können die Kinder mit dieser Zuverlässigkeit der mütterlichen Gegenwart nicht mehr rechnen, weil die Frau zusätzliche Aufgaben und Zielsetzungen kennt und schätzt, auf die sie nicht verzichten möchte. Wer wollte der modernen Frau solche Freiheit nicht gönnen! Man muß sich nur klar darüber sein, daß die Kinder die Leidtragenden dabei sind. Die dadurch möglicherweise entstehenden infantilen Traumata aber werden ihnen ein Leben lang zu schaffen machen.

Wir haben die Wandlungen im Erscheinungsbild der Ehe im historischen Nacheinander dargestellt, Schichten vergleichbar, die aufeinander zu liegen kommen. Diese Betrachtung in der geschichtlichen Reihenfolge hat gewiß etwas für sich. Und doch muß man sich klarmachen: all diese Strukturformen bestehen heutzutage auch gleichzeitig nebeneinander. Wir finden die patriarchalische Auffassung besonders in bäuerlichen Kreisen noch unverändert vertreten. Wo der Pietismus vorherrscht, gibt es bis herein in die Gegenwart seltsame Verängstigungen und Verdrängungen im Blick auf das geschlechtliche Leben, und das bis herein in die eheliche Gemeinsamkeit. Die musischen und künstlerischen Kreise huldigen nach wie vor der romantischen Eheauffassung, auch wenn die damit verbundenen Krisen nicht immer ausbleiben. Im Vordergrund steht zweifellos die moderne Eheeinstellung, die man als nüchternes und tüchtiges Partnerschaftsverhältnis bezeichnen könnte. Die Jungverheirateten in der Mitte des 20. Jahrhunderts schmachten und himmeln sich gegenseitig nicht mehr an, weder mit den Augen noch mit Worten. Sie wählen eher derbe oder seltsam komische Kosenamen, um sich ihrer Zuneigung zu versichern. Er sagt zu ihr „Alte Hexe“ und meint es gerade damit gut. Sie sagt zu ihm nicht mehr „Du Göttlicher“, sondern vielleicht „Bist halt mein großer Bub“ und schenkt ihm damit die verlorene Mutter, von der der Mann sein Leben lang sowieso nie ganz loskommt.

Wie man in jedem Gotteshaus anbeten und feiern, Gott lieben und loben kann, ganz gleich, ob es sich um eine romanische Basilika, um einen gotischen Dom, um eine Barockkuppel oder um eine moderne Stahlkirche handelt, so kann auch in jedem Haus der Ehe eine gute und wertvolle Gemeinschaft verwirklich werden, wie verschieden die Ausprägung im Baustil der Ehe auch immer beschaffen sein mag.

Sofern in Verkündigung und Seelsorge die Aufgabe der Eheberatung auftaucht, ist auf zwei Dinge vor allem zu achten. Wir müssen uns hüten vor jeder gesetzlichen Verallgemeinerung. Vor allem dürfen wir den Stil der eigenen Ehe nicht zum Maßstab für jedermann erheben. Eltern sind in der Beziehung oft besonders unverständig. Sie meinen, ihre Kinder könnten nur dann glücklich werden, wenn im Blick auf Zeiteinteilung, Wohnungseinrichtung, Küchenzettel und Feriengestaltung alles möglichst wieder genauso gemacht wird, wie man es für sich selber als bewährt erfunden hat. Laßt doch die jungen Leute ruhig Stahlmöbel haben, wenn es ihnen so besser gefällt! Laßt sie an der Adria im Zelt ihre Erholung suchen, wenn ihnen das mehr zusagt als das Hotel, das die Eltern auf ihrer Hochzeitsreise besucht haben.

Noch wichtiger ist der andere Hinweis. Bei jeder Eheberatung muß im taktvoll geführten Gespräch erhorcht und erfühlt werden, welche der vier möglichen Strukturformen jeweils wohl die beherrschende ist. Wie abwegig wäre es, in einer pietistisch geprägten Ehe vor den Gefahren des romantischen Ideals zu warnen, wo dem Paar, das aus dem Geist der Gemeinschaftsbewegung lebt, gerade not täte, etwas zu erfahren von der wohltuenden Wärme, die eine vom Eros durchglühte Sinnenfreude in der Ehe verbreiten kann. Umgekehrt wäre es nicht weniger töricht, ein Künstlerehepaar vor einer Unterbewertung der sinnlichen Liebe zu warnen, wo hier vermutlich eher mit einer Überschätzung von Sinnenglück und Liebeslust im Blick auf die Tragkraft der Ehe gerechnet werden muß.

Wir haben als Seelsorger mit allen Möglichkeiten vertraut zu sein, wie Ehe sich darstellen kann. Wir sollten einem guten Organisten gleichen, der alle Register auf der Orgel kennt und sie in der rechten Weise zu verwenden weiß. Im allgemeinen sind wir immer noch in der Gefahr, in diesem Fragenbereich zu simplifizieren. Darum mag es förderlich sein, über die Wandlungen im Erscheinungsbild der Ehe nachzusinnen, um Menschen, die unseren Rat begehren, dort abzuholen, wo sie sich wirklich befinden.

DIE STELLUNGNAHME DER EVANGELISCHEN KIRCHE ZUR FRAGE DER GEBURTENREGELUNG

Die Evangelische Kirche besitzt kein unfehlbares Lehramt. Daher vermag ein evangelischer Theologe im Namen seiner Kirche nicht mit der gleichen allgemein-verbindlichen Gültigkeit zu sprechen, wie es dem katholischen Theologen möglich ist, der sich auf die päpstlichen Enzykliken berufen kann. Immerhin hat sich auch die Evangelische Kirche in den letzten fünfundzwanzig Jahren auf Kirchenführerkonferenzen und Akademietagungen intensiv mit dem Problem der Geburtenregelung beschäftigt, und es ergab sich daraus ein gewisser Consensus, von dem im folgenden berichtet werden soll.

Ehe und Wille zum Kind

Zunächst ist festzustellen, daß die beiden großen christlichen Konfessionen hinsichtlich der Verklammerung von „Ehe und Wille zum Kind" in schöner Einheit zusammenstehen. Wohl weiß das christliche Ethos, daß es auch Ehen gibt, denen der göttliche Schöpferwille das Kind versagt hat, heißt es doch im Psalm 127: „Kinder sind eine Gabe des Herrn und Leibesfrucht ist ein Geschenk." Unter solchen Umständen von „unfruchtbarer Ehe" zu reden, ist nicht gerade geschmackvoll. Auch eine Ehe, der die Kinder versagt geblieben sind, kann durchaus reich, wertvoll und gesegnet sein. Nur werden Mann und Frau in diesem Fall besonders darauf achten müssen, daß sie offenbleiben für Sozialaufgaben aller Art und für die heranwachsende Jugend ihrer Verwandtschaft, weil sie sonst der Selbstgenügsamkeit verfallen und in einem feinen oder groben Behagen ersticken könnten.

Niemals aber sollte nach gemeinsam christlicher Auffassung eine Ehe kinderlos bleiben, nur weil Mann und Frau aus Genußsucht, aus Bequemlichkeit die Verantwortung und Belastung, die Kinder bedeuten, nicht auf sich nehmen mögen. Die gewollte Kinderlosigkeit begünstigt den Egoismus in der Ehe und kann zum Überdruß aneinander führen. Eine Frau, die sich weigert, Kinder zu haben, sollte sich klarmachen, daß sie damit auf das beste Halteband ihrer Ehe verzichtet.

Wie groß ist ferner die Gefahr, daß das geplante Ein-Kind das Opfer einer Krankheit, eines Verkehrsunfalls, eines verlustreichen Krieges wird!

Oft ballen dann die Beraubten die Faust gegen den Himmel und überschütten Gott mit Vorwürfen, wie er so grausam sein konnte, ihnen das Einzige zu nehmen. Dabei hätte die ewige Schöpfermacht gerne reichlicher gegeben, wenn man sich nur von ihr hätte wollen beschenken lassen.

Das Ein-Kind ist auch in seiner charakterlichen Entwicklung eher gefährdet. Es wird verpäppelt und verwöhnt und meint dann, ein Leben lang müsse das so weitergehen. Die Kinderstube mit den mehreren Geschwistern dagegen ist und bleibt die ideale Schule der Erziehung für das Leben. Spielend wird dort gelernt, wie man sich ineinander fügt, miteinander teilt, Rücksicht aufeinander nimmt und wie man Verantwortung füreinander trägt. Wer es daheim gelernt hat, nimmt solch wünschenswerte Eigenschaften für das Leben mit. Wer es dort nicht lernen konnte, wird sich aller Voraussicht nach schwer tun im Nachholen. Damit soll nicht behauptet werden, daß das gewollte oder ungewollte Ein-Kind charakterlich verunglücken müsse. Doch bedarf es auf jeden Fall besonderer Erzieherweisheit der Eltern, die von daher drohenden Gefahren abzuwehren.

Die christliche Ethik beider Konfessionen fühlt sich verpflichtet, noch auf einen anderen Gesichtspunkt aufmerksam zu machen. Wir können beobachten, daß die Qualität der Kinder mit der Quantität häufig zunimmt. Die am Ende einer Geschwisterreihe Geborenen sind in geistiger und biologischer Hinsicht vielfach besonders lebenstüchtig. Natürlich braucht sich durch diese Feststellung kein Erstgeborener zurückgesetzt zu fühlen. Anton Bruckner, der größte Symphoniker des neunzehnten Jahrhunderts nächst Beethoven, war der Erstgeborene unter elf Geschwistern. Dem stehen in der Kulturgeschichte Deutschlands gegenüber: Mozart als das siebte Kind, Johann Sebastian Bach als das letzte von acht Kindern, Franz Schubert als das elfte, Rudolf Otto als das zwölfte, Kant und Lessing als das dreizehnte Kind. An solchen biographischen Daten mag uns eine Ahnung davon aufgehen, was für einen Begabungsverlust die moderne Kinderscheu in sich schließt, was für ein Unrecht an den Ungeborenen geschieht, die ins Dasein treten möchten und denen der Eintritt ins Leben verweigert wird durch das neuzeitliche Sparsamkeitsdenken, wenn es um die Kinderzahl geht. Deshalb sagt das evangelische Ethos in Übereinstimmung mit der katholischen Moraltheologie: Liebeslust und Wille zum Kind, Glück der Vereinigung und Bereitschaft zur Verantwortung für das nachkommende Geschlecht gehören im Leben der Ehe zusammen, und es ist pervers, beides in bewußter Absicht voneinander zu trennen.

Sinnvolle Geburtenregelung

Nun kann ja aber auch die christliche Verkündigung und Seelsorge nicht blind sein für die zahllosen Nöte, die heute den Kindersegen fragwürdig erscheinen lassen. Diese heißen: mangelnder Wohnraum, überhöhte Mietpreise, Kinderfeindschaft der Hausbesitzer, verheerender Mangel an Hausgehilfinnen, beschränktes Berufseinkommen des Mannes, Überforderung und bedrohliche Gesundheitsschädigung der kinderreichen Mütter. Es hat eine Zeit gegeben — wir nennen sie das patriarchalische Zeitalter —, da galt es in beiden christlichen Konfessionen als heilige göttliche Pflicht, Kinder in unbegrenzter Zahl hinzunehmen. Darüber starben nicht nur die Frauen im besten Alter, auch mehr als die Hälfte der Kinder starb, so daß sich die Zahl dann doch wieder auf ein erträgliches Maß reduzierte.

Wir denken heute anders über den Wert der Frau, die mehr sein möchte als nur gebärender Schoß. Außerdem hat der bewundernswerte Fortschritt in der Medizin erreicht, daß die Säuglingssterblichkeit gewaltig zurückgegangen ist. Beide Umstände bewirkten, daß sich heute alle großen christlichen Konfessionen, die katholische, die anglikanische, die evangelische Kirche (am wenigsten vielleicht die griechisch-orthodoxe Kirche), für eine sinnvolle Geburtenregelung einsetzen. Gewiß, es gilt nach wie vor: Ehe und Wille zum Kind haben beisammenzubleiben. Aber es sollte so sein, daß jedes Kind mit Freuden und nicht mit Angst, Abneigung und Widerwillen erwartet wird. Sicher spürt ein Kind bis hinein in die vorgeburtliche Entwicklung, ob es willkommen oder unwillkommen ist, und erst recht spürt es die bejahende oder abwehrende Einstellung seiner Eltern, wenn es da ist.

Vergangene Zeiten haben dazu geneigt, die Glaubensstärke an der Höhe der Kinderzahl zu messen: Wer viele Kinder hat, zeigt, daß er im Vertrauen und Gehorsam vor Gott steht; wer wenig Kinder hat, macht damit kund, daß er ängstlich rechnet und Opfer scheut. Die heutige Theologie lehnt solche Gleichsetzungen ab. Sie können wohl einmal zutreffen, aber es kann ebenso umgekehrt sein, daß die große Kinderzahl ein Zeichen ist für den rücksichtslosen Egoismus des Mannes, der seiner Frau in rascher Folge eine Geburt nach der anderen zumutet, während hinter einer kleinen Kinderzahl mit größeren Abständen viel liebevolle Rücksichtnahme des Gatten und beherrschte Disziplin stehen kann. Karl Barth sagt darum in seiner „Kirchlichen Dogmatik" (III, 4), die ein bedeutsames Kapitel zum Thema Ehe enthält: Mann und Frau sollen sich vor Gott gemeinsam einig werden, wann und wie oft neues Leben in ihrer Ehe Einzug halten darf und soll. Mann und Frau sollen diese Frage vor Gott wirklich ernst nehmen; sie sollen bei ihrer Entscheidung nicht gewinnsüchtigen oder genußsüchtigen Motiven den Ausschlag geben lassen, denn das wäre wider die Haltung des Glaubens gehandelt. Zuletzt aber gehört die Klärung dieser Frage in die Intimsphäre jeder einzelnen Ehe, deren Verhältnisse ja immer wieder anders gelagert sind; die daneben und draußen stehenden lieben Verwandten und Nachbarn aber sollten sich hier zurückhalten mit Dreinreden, Richten und Urteilen.

Abtreibung und Sterilisation

Doch nun beginnen erst die eigentlichen Schwierigkeiten, nachdem das Recht der Geburtenregelung grundsätzlich zugegeben ist. Wie sollen denn die kürzeren oder längeren Pausen, die sich zwischen zwei Geburten als nötig erweisen, zustande kommen und bewältigt werden? Wieder sagen die beiden Konfessionen in geschlossener Einmütigkeit: Auf keinen Fall können und dürfen wir diese Frage mit Hilfe der Abtreibung lösen. Abtreibung ist Mord im Mutterleib und damit eindeutig Versündigung gegen das fünfte Gebot: Du sollst nicht töten! Die Abtreibung ist zudem ein so lebensschwächender und, wenn sie durch Kurpfuscherhände geschieht, ein so lebensbedrohender Eingriff, daß man mit gutem Grund gesagt hat: Eher übersteht eine Frau sieben Geburten, als daß sie siebenmal einen so widernatürlichen Zerstörungsvorgang an ihrem Leib vornehmen läßt.

Frauen, die einmal oder zu wiederholten Malen den Abbruch der Schwangerschaft willentlich herbeigeführt haben, werden erfahrungsgemäß im späteren Verlauf des Lebens von ihren Taten eingeholt, verfolgt und gequält. Häufig kommt es dabei vom Unbewußten her zu Selbstbestrafungstendenzen, die bis zu schweren Lähmungen von Arm und Hand führen können. Mag die Ratio noch so viele Gründe zur Rechtfertigung des Vorgehens aufzählen, die Frauenseele kann sich von dem Widernatürlichen, was da geschehen ist, innerlich dennoch nicht befreien. Dr. Bovet macht in dem Buch „Wunder und Alltag in der Familie“ darum den beachtenswerten Vorschlag, die Mutter, die sich mit Abtreibungsabsichten plagt, in der Sprechstunde von Arzt oder Seelsorger zu fragen, wie sie denn das Kind heißen würde, wenn es zum Austragen käme, ob etwa Hans oder Lotte? Dann aber mag man weiter fragen: Wollen wir wirklich den Hans töten und die Lotte umbringen? In dem Augenblick, wo so persönlich gefragt und das zu erwartende Leben bei seinem Namen gerufen wird, ist eine Frau kaum mehr bereit, das Abwegige zu tun. Sie kann wohl beschließen, „das Ding“ wegmachen zu lassen, doch das bei seinem Namen genannte Kind will sie nicht verderben, auch wenn sein Kommen sie schwer bedrücken sollte.

Nicht ganz so einheitlich ist die Stellungnahme der beiden Kirchen in der Beurteilung der Sterilisation. Die katholische Kirche lehnt sie eindeutig ab als einen unerlaubten Eingriff in die personale Würde des Menschen. Hingegen gibt es evangelische Ärzte, Juristen und Seelsorger, die der Meinung sind, in kinderreichen Familien (nicht schon nach dem zweiten oder dritten Kind!) könne es gerechtfertigt sein, in einer Kombination von medizinischer und sozialer Rücksichtnahme die Unfruchtbarmachung der Frau durchzuführen, damit die eheliche Gemeinschaft erhalten bleibt und die Gatten zugleich der Konzeptionsangst enthoben sind.

Sexuelle Abstinenz

Wiederum in Übereinstimmung mit der katholischen Moraltheologie empfiehlt auch das evangelische Ethos den Verheirateten die Bereitschaft zur sexuellen Abstinenz, um das Problem der Geburtenregelung zu bewältigen. Man muß besonders den Mann nicht gar so sehr bemitleiden, wenn ihm in der Ehe über eine gewisse Zeit hin der Verzicht auf den Geschlechtsverkehr zugemutet wird. Wir wissen aus der modernen Hormonforschung, daß sich die gesparte Keimdrüsen-Kraft umsetzt in vitale und geistige Energien, die dem beruflichen Schaffen des Mannes nur zugute kommen.

Der englische Historiker Unwin hat ein Buch „Sex and Culture" geschrieben. Darin weist der Verfasser nach, daß in der Menschheit überall da die höchsten kulturellen Leistungen erreicht worden sind, wo es wie im Persien Zarathustras, im Indien eines Mahatma Gandhi und in den vom christlichen Geist geprägten germanischen Völkern sexual-ethische Disziplin gab, während hemmungsloses Überwuchern der Sexualität immer Kulturarmut und Kulturabstieg nach sich gezogen hat. Von daher gesehen muß es einem angst und bange werden um die Zukunft unseres Volkes, das nach dem Verlust zweier Kriege sexuelle Ausschweifungen jeder Art verherrlicht.

Bekanntlich hat sich der Apostel Paulus zu Ehefragen im siebten Kapitel des Ersten Korintherbriefs geäußert. Man kann die seelsorgerliche Weisheit, die uns dort begegnet, nicht genug bewundern. Paulus gibt den Rat: „Entziehe sich nicht eines dem andern, es sei denn aus beider Bewilligung eine Zeitlang, daß ihr zum Fasten und Beten Muße habt; danach kommt wieder zusammen!" Also auch im Blick auf das Leben mit Gott kann es sinnvoll und förderlich sein, Zeiten der Abstinenz in der Ehe einzuschieben. Doch weiß der Apostel in einer gesunden Natürlichkeit, daß Menschen auch überfordert werden können, wenn der wechselseitige Entzug zu lange währt. Die Enthaltsamkeit in der Ehe ist nicht so problemlos, wie es in fromm-erbaulichen Traktatschriften gerne hingestellt wird.

Die einzelnen Naturen sind schon in diesem Bereich sehr unterschiedlich veranlagt. Manchen Menschen fällt es verhältnismäßig leicht, Wartezeiten durchzuhalten. Meist verfügen sie über eine glückliche Veranlagung; sie können sublimieren, indem sie ihr sinnliches Verlangen umsetzen in Glückserlebnisse, die ihnen die Natur, die Kunst und besonders die Musik schenkt. Daneben aber gibt es — Gott sei Dank, möchte man sagen — Männer und Frauen von strotzender Vitalfülle, die lange Karenzen schlecht ertragen. Sie werden unleidlich, nervös und gereizt und übertragen ihren Groll womöglich auf den Partner, der sich doch nur wegen der Empfängnisverhütung dem geliebten Du versagt. Die Gefahr ist groß, daß es unter solchen Umständen zu abwegigen Ersatzbefriedigungen kommt, sei es in Gestalt der Masturbation oder im Gang zur Dirne.

Personale Liebesgemeinschaft

Gegen langanhaltende Abstinenz spricht vor allem eine Erwägung, die der evangelischen Eheauffassung von entscheidender Wichtigkeit ist und die neuerdings auch von der katholischen Theologie immer mehr geteilt wird. So gewiß Ehe und Wille zum Kind untrennbar zusammengehören, so darf man doch den Sinn der ehelichen Vereinigung niemals ausschließlich und allein in der Erzeugung neuen Lebens sehen. Die Liebesgemeinschaft in der Ehe hat ihren Sinn in sich selbst. Sie soll leibhaftiger Ausdruck für eine innige Verbundenheit sein, wie zwei Menschen einander angehören. Jesus hat darauf in seinem Gespräch über die Ehe im neunzehnten Kapitel des Matthäus-Evangeliums ausdrücklich hingewiesen, wenn er dabei auf das Wort aus dem Alten Testament anspielt: „Darum wird ein Mensch Vater und Mutter verlassen und an seinem Weibe hangen und werden die zwei ein Fleisch sein." Jesus hätte ja auch auf das göttliche Stiftungswort: „Seid fruchtbar und mehret euch!" abheben können. Aber er stellt die Aufforderung zum „Mehren" zurück hinter jenem anderen Wort, welches das Mysterium conjunctionis zum Inhalt hat. Unabhängig von der Frage, ob Kinder kommen dürfen, bleibt deshalb zu wünschen, daß Mann und Frau sich in der Ehe immer aufs neue finden, damit sie einander die volle leib-seelische und leib-geistige Gemeinschaft in der Liebesvereinigung gewähren.

Zugegeben, man kann diese Seite der Ehe auch überbewerten. Der im Beruf hart arbeitende Mann wie die vom häuslichen Pflichtenmaß abgeschaffte Frau wird damit leicht überfordert. Dann ist dringend zu raten, die Abstände von einer Kommunikation zur andern zu vergrößern. Aber man kann diese eheliche Zweisamkeit in ihrer Bedeutung für den Zusammenhalt auch unterschätzen. Niemals sollte jedoch die Angst vor verfrühter Empfängnis dahin führen, daß die Liebesgemeinschaft in der Ehe vertrocknet und aufhört. Nur vom gemeinsamen Geldverdienen, nur vom gemeinsamen Bücherlesen blüht und gedeiht eine Ehe nicht. Vor allem noch so gut gemeinten Abstinenzrigorismus ist daher dringend zu warnen.

Aber was soll dann geschehen, wenn aus wohlbegründeten Erwägungen keine Kinder mehr kommen dürften oder wenigstens zunächst Nachwuchs nicht erwünscht erscheint und die Gatten das Zeichen der Leibesgemeinschaft dennoch für ihre Liebe begehren? Wieder gehen die beiden Konfessionen darin einig, daß sie den unterbrochenen Verkehr, so häufig er auch geübt werden mag, nicht gutheißen können. Er ist etwas Widernatürliches; er betrügt die Liebenden um das Glück der vollen Vereinigung; er begünstigt die Frigidität bei der Frau und ist noch dazu unsicher im Erfolg. Die evangelische Theologie kennt zwar keine so ausgeprägte Naturrechtslehre, wie sie der Thomismus entfaltete. Doch stünde es auch der evangelischen Theologie wohl an, vor den Schöpfungszusammenhängen in Ehrfurcht stille zu halten, und man kann nicht bestreiten, daß der coitus interruptus zerreißt, was Gott bis in die Anatomie und Physiologie der Geschlechter hinein zusammengefügt hat.

Bedenken gegen bestimmte Methoden

Wenn die Katholische Kirche nunmehr aufgrund päpstlicher Lizenz die empfängnislosen Tage im Leben der Frau für den ehelichen Verkehr freigibt, so kann sich auch die evangelische Ethik diesem Ratschlag durchaus anschließen. Sie beurteilt diese „Liebe nach dem Kalender“ allerdings zurückhaltender, nicht nur weil dazu ein regelmäßiger Zyklus gehört und weil bei Unregelmäßigkeiten in der Periodik die Rechnung schwierig, umständlich und unsicher wird. Die Skepsis gegenüber dieser Methode der Geburtenregelung richtet sich vor allem dagegen, daß die Stunden der Vereinigung dann der rational rechnenden Reflexion unterliegen, was der Spontaneität des Liebesverlangens Abtrag tut. Auch muß die Frau bei dieser Kalenderordnung gerade zu den Zeiten auf den Liebesverkehr verzichten, in denen ihr Verlangen am lebendigsten ist.

Was die in den Illustrierten angepriesene Anti-Baby-Pille betrifft, so steht das letzte Wort über ihre Verwendbarkeit dem Arzt zu. Die Ärzte aber sind sich keineswegs darüber einig, ob nicht früher oder später sehr schädliche Nebenwirkungen eintreten. Es handelt sich dabei eben doch um einen so tiefen Eingriff in die elementarsten weiblichen Vorgänge, daß man sich — auch bei nur ein wenig Ehrfurcht vor den Geheimnissen der Schöpfung — wahrlich fragen muß, ob die Störung dieser Abläufe auf die Dauer ohne nachteilige Folgen geschehen kann. Wir müssen mit schleichenden, unterschwelligen Schäden rechnen, die erst nach Jahrzehnten zum Vorschein kommen, dann aber nicht mehr rückgängig zu machen sind. Dazu noch ein weiteres Bedenken: Auch die Befürworter der Pille unter den Ärzten halten ein Absetzen nach zwei Jahren für unbedingt nötig, wenn Schäden vermieden werden sollen. Wie die Versuche jedoch bereits ergeben haben, erhöht sich die Konzeptionsfähigkeit nach dem Gebrauch der Pille in ungewöhnlichem Maße, so daß sich der gewünschte Zweck gar nicht auf die Dauer erreichen läßt.

Bleiben die übrigen Verhütungsmittel, die vom Mann oder von der Frau genommen werden können. Sie mögen unwillkommen sein und feineres ästhetisches und seelisches Empfinden verletzen, die evangelische Ethik ist mit Dr. Bovet gleichwohl der Meinung, daß immer noch besser davon Gebrauch gemacht wird, als daß eine Ehe allzufrüh verblüht und verdorrt, weil man sich die letzte, völlige Zweisamkeit nicht mehr zu schenken wagt. Wir sind im evangelischen Raum der Überzeugung, daß auch ungezählte katholische Eheleute erleichtert aufatmen würden, wenn das Zweite Vatikanische Konzil an dieser Stelle zu einer Lockerung der bisher aufrechterhaltenen strengen Verbotsbestimmungen führen würde.

Das evangelische Ethos hält es mit dem Satz aus dem Römerbrief: „Die Liebe ist des Gesetzes Erfüllung." Das Gesetz spricht: Ihr sollt euch beherrschen und voneinander enthalten. Die Liebe tut, was des Nächsten Bestes ist. Sie knüpft das Band der Verbundenheit bis hinein in das zeichenhafte Geschehen der Leibesgemeinschaft immer wieder neu und weiß, daß sie damit unter Gottes Wohlgefallen steht, selbst wenn eine naturgesetzliche Ordnung dabei verletzt werden sollte. Jedenfalls läßt sich an dieser Stelle ein wesenhafter Unterschied zwischen evangelischer und katholischer Sittlichkeitsauffassung feststellen.

Bessere Familienpolitik und neue Verantwortungsbereitschaft

Kehren wir zuletzt noch einmal zurück zur Frage der Kinderzahl und der damit zusammenhängenden Verantwortung. Unsere Zeit ist erschrekkend wehleidig geworden und unlustig zum Opfer. Entsprechend zugenommen haben dafür Verwöhnung, Bequemlichkeit und anspruchsvolles, genußsüchtiges Wesen. Frühere Geschlechter hatten es wahrlich auch schwer mit dem Austragen und Aufziehen der vielen Kinder, trotz günstigerer

Bedingungen von Wohnraum und häuslichen Hilfskräften. Doch war man in vergangenen Zeiten zweifellos mehr bereit, diese Lasten um der nachkommenden Generation willen auf sich zu nehmen. Wir müssen uns allen Ernstes fragen, wohin das führen wird, wenn wir in der heute üblich gewordenen Weise fortfahren, das Kind zu vermeiden. Unser Problem im deutschen Lebensraum ist ja nicht das der Übervölkerung, im Gegensatz zu Japan, Indien und den Entwicklungsländern, die wir von Geburten überfließen sehen. Unser Problem besteht vielmehr darin, daß wir eine Million Gastarbeiter beschäftigen müssen, daß es an allen Ecken und Enden fehlt an Lehrern, an Schwestern, an Hausangestellten, an Lehrlingen. Für unsere Jugend ist es nicht gut, daß sie als Mangelware behandelt werden muß und darum schon früh hohe Gehaltsansprüche stellen kann, wodurch sie gefährlich verwöhnt wird auf Kosten ihrer Lebenstüchtigkeit. Vor allem fragt man sich, wer die nach oben immer breiter werdende Alterspyramide einmal tragen soll mit Versorgung und Rentenvergütung, wenn das Keinkind-, Einkind- und Zweikind-System sich in unserem Volk immer allgemeiner durchsetzt. Daraus ergeben sich so düstere und besorgniserregende Perspektiven, daß die Menschen guten Willens aus allen Ständen, besonders aber die Ärzte und die Seelsorger, zusammenstehen müssen, um gemeinsam dieser Notlage entgegenzuwirken.

An erster Stelle brauchen wir eine bessere Familienpolitik. Wenn Stadtverwaltungen und Länderregierungen genügend Wohnraum für Kinderreiche beschaffen, wenn größere Familien ganz anders steuerbegünstigt werden als bisher, dann wird auch bei uns der Wille zum Kind wieder stärker erwachen. Das Beispiel Frankreich zeigt, was in dieser Beziehung geschehen kann. Weiter ist zu fordern: Verhütungsmittel gehören in die Hand des Arztes, aber nicht in den öffentlichen Handel und gleich gar nicht in die öffentliche Propaganda, weil sie dort die geschlechtliche Verwilderung nur noch begünstigen.

Freilich, mit gesetzlichen Forderungen und Verbotstafeln allein kann man ein Volk niemals erneuern. Dazu bedarf es eines neuen Geistes; es bedarf einer neuen Verantwortungsbereitschaft, der entschiedenen Zucht und der standhaften Treue. So bleibt als letztes Wort nur die Bitte: Veni, creator spiritus.

DEUTUNG UND BEWERTUNG DER HOMOSEXUALITÄT IM GESPRÄCH DER GEGENWART

Die in der Liebe gleichgeschlechtlich Empfindenden stellen zahlenmäßig eine kleine Minderheit dar, verglichen mit dem unermeßlichen Strom von Menschen, bei denen sich das Gegenüber von Mann und Frau als polarer Magnetismus auswirkt. Gleichwohl ist die Zahl der Menschen mit invertierten Liebesneigungen immer noch so beträchtlich, daß sich die Lebensprobleme der also Geprägten für den Arzt, für den Juristen und für den Seelsorger als brennende Nöte darstellen.

Weitaus am harmlosesten sind alle Spielarten von Homosexualität anzusehen, die einen ausgesprochenen Ersatzcharakter tragen. Männer, die durch Gefängnis, Interniertenlager oder Schiffsreisen des natürlichen Umgangs mit der Frau gewaltsam beraubt sind, verfallen leicht auf abwegige Formen der Lustbefriedigung, um dieselben alsbald wieder aufzugeben, wenn die normale Lebenssituation erneut gegeben ist.

Aber auch wo die gleichgeschlechtliche Liebe tief im Wesen eines Menschen verwurzelt ist, gilt es, behutsam zu differenzieren. Man muß sich von vornherein klarmachen, daß sich das vielschichtige Phänomen mit dem grobschlächtigen, von vornherein anrüchig klingenden Schlagwort Homosexualität in keiner Weise zureichend erfassen läßt. So wie wir bei der Begegnung zwischen Mann und Frau zu unterscheiden haben zwischen Sexualität und Erotik, zwischen Prostitution und Flirt, zwischen Zuneigung und Geschlechtsverkehr, so muß auch die Homosexualität von Homoerotik und Homophilie abgehoben werden. Es gibt das zügellose Begehren des älteren Mannes nach einem bezahlten Strichjungen, es gibt eine Sucht nach immer neuen Eroberungen, nach intimem Austausch mit wahllos gewechselten Zufallspartnern, wofür man nur den Ausdruck „Männliche Prostitution“ verwenden kann. Es gibt aber auch die festen, geradezu eheähnlichen Verbindungen, wo man von dem „Freund für das Leben“ spricht und dem Partner die Treue hält, verbunden mit leidenschaftlichen Eifersuchtsszenen, wenn der andere Teil abzuspringen droht. Daneben steht, sehr verfeinert und veredelt, die innige Zuneigung eines Lehrers zu einem bestimmten Schüler, von dem man weiß, daß er niemals zu haben ist, dem man außer einem zärtlichen Blick kaum eine Liebkosung in flüchtiger Berührung zu geben wagt. Oder es wird das gesellige Zusammensein mit jungen Menschen gleichen Geschlechts wie ein Lebenselixier empfunden, das beschwingt, beglückt und beflügelt, ohne daß etwas Unpassendes dabei zu geschehen braucht. Aber man sucht die Gelegenheit zu solchen Zusammenkünften und braucht sie, um des Lebens froh zu bleiben.

Eine besondere Würdigung hat die Homophilie unter Männern durch den Berliner Nervenarzt Hans Blüher bekommen. Sein zweibändiges Werk „Die Rolle der Erotik in der männlichen Gesellschaft" (bei Eugen Diederichs, Jena 1917 und 1919; 1961 neu aufgelegt) hat bei dem Erscheinen damals die Gemüter ungeheuer bewegt. Hans Blüher spielt dabei vor allem auf die bisexuell geprägten Typen an. Nach der Definition von Rudolf Klimmer sind darunter alle diejenigen zu verstehen, „die sich ebenso stark zu Personen des gleichen wie des anderen Geschlechts hingezogen fühlen". Blüher gibt zu: Es gibt den mann-weiblichen Eros, der zur Frau hinstrebt. Aber daneben rühmt er vor allem den mann-männlichen Eros, der sich in den mannigfaltigen soziologischen Formen von Männerbünden auswirkt und dem in allen Jahrhunderten der Menschheitsgeschichte für die Bildung von Staatlichkeit die größte Bedeutung zukommt.

Blüher weist voll Zustimmung hin auf das Männerhaus bei den Naturvölkern, auf die Versammlung der jungen Krieger dort, wo Frauen der Zutritt streng verboten ist, auf die Trinkgelage der Männer, bei denen Frauen zum mindesten unerwünscht sind. Er zieht daraus das Resultat: Der Mann gehört eben nicht nur in die Familie, sondern zugleich in die männliche Gesellschaft, woraus „der ewige Kampf der Gattin um den Hausschlüssel sich ergibt". Das Weib mag sich als Frau und Mutter voll ausgefüllt wissen. Aus dem Mann aber „holt die Ehe zuwenig heraus, und darum ist dem Mann die dauernde Gesellschaft der Frau unerträglich". Blüher hat vor allem die deutsche Wandervogelbewegung in diesem Sinn als erotisches Phänomen gefeiert. Aber auch die Lebensordnung im alten Sparta, der Templerorden zur Zeit der Kreuzzüge, der Bund der Freimaurer, die preußische Kadettenanstalt, die studentischen Burschenschaften und Verbindungen werden von ihm in dasselbe Licht gerückt. Lehrer, die sich in Turnerriegen und auf Schulausflügen hingebungsvoll eifrig zeigen und bei ihren Schülern entsprechende Begeisterung wecken, ja selbst Herbergsväter, die sich in christlichen Liebesanstalten nimmermüd dem wandernden Fußvolk widmen, haben nach Blüher ihr Berufspathos aus der homophilen Quelle, auch wenn sie sich dieses Ursprungs kaum bewußt sind, geschweige denn, daß sie ihn jemals zugeben würden.

Im Vordergrund der Diskussion steht die Frage: Was ist dabei das Ausschlaggebende? Sind es die Faktoren der Vererbung, der Veranlagung, der Konstitution, oder sind es die Umwelteinflüsse von Milieu und Erziehung? Dominiert das Angeborene oder das Erworbene? Karl Jaspers wird recht haben mit der Aussage: „Die Homosexuellen sind offenbar nicht auf einen Nenner zu bringen." Es müssen darum die verschiedenen möglichen Faktoren im Nacheinander erwogen werden.

Wir haben wohl alle sehr ausgeprägte Modellvorstellungen von männlich und weiblich. In Wahrheit aber ist eine solche strenge Abgrenzung gar nicht möglich, da es ungezählte Übergange zwischen den Geschlechtern gibt. Jeder Mensch besteht aus männlicher und weiblicher Substanz mit der Hegemonie des einen oder anderen Elements. Es genügen bereits geringfügige Störungen oder Verschiebungen im hormonalen Haushalt, und es kann sein, daß ein Mann überwiegend weiblich und eine Frau überwiegend männlich empfindet und der Mann dadurch zum passiven und die Frau zum aktiven Partner im homosexuellen Verhalten wird. Der Satz: Natura non facit saltus (Die Natur macht keine Sprünge) hat gewiß viel Zutreffendes an sich. Gelegentlich aber gefällt es gleichwohl der Natur, Sprünge zu machen, und dann verändert sich die Triebrichtung eines Menschen von Grund aus. Das abnormale Verhalten in der Geschlechterwahl und -zuneigung ist dann tief in der Natur des Trägers verankert. Es wäre verkehrt, hier von einer Fehlentscheidung seines Willens zu sprechen, weil er ja von einem anderen Gesetz geprägt ins Dasein getreten ist.

Für die Gültigkeit der Konstitutionstheorie spricht vor allem die Zwillingsforschung. Es hat sich nämlich gezeigt, daß sich eineiige Zwillinge, sofern sie homosexuelle Neigungen aufweisen, fast immer gleichförmig in ihrer Entwicklung verhalten, während bei den Zweieiigen diese Entsprechung nahezu ganz ausfällt. Der vorliegende Tatbestand spricht jedenfalls gegen eine ausschließlich psychogene Deutung. Gewiß spielen die Lebenseinflüsse eine ungeheure Rolle. Und doch gibt es ungezählte Jugendliche, die nie homosexuell werden, obwohl die Lebensbedingungen in ihrer Umwelt durchaus dazu angetan gewesen wären, eine solche Fehlentwicklung zu begünstigen. Es muß also immer schon eine angeborene Disposition mit im Spiel sein, damit derartige Fremdeinflüsse ihre Spuren tief eingraben können.

Aber nun gilt es, auch die erlebnisbedingten Anstöße ins Auge zu fassen. Die Psychotherapie hat uns gelehrt, in den frühkindlichen seelischen Verletzungen die Wurzeln für alle Entwicklungsstörungen des Lebens zu sehen. Diese Beobachtung gilt durchaus auch für die Entstehungsbedingungen der Homosexualität. Im Blick auf den Mann steht an erster Stelle „Die Mutter als Schicksal". Die meisten Invertierten lieben nur eine Frau, und das ist ihre Mutter. Da diese aber nicht erreichbar ist, verzichten sie auf das weibliche Geschlecht überhaupt und gehen zum Mann über. Nach Sigmund Freud wirken sich dabei uralte Inzest-Ängste aus, wie sie in der Ödipussage ihren Niederschlag gefunden haben.

Zuviel Zärtlichkeit, von seiten der Mutter dem Knaben gewährt, erschwert die Ablösung von der Mutter. Es gibt Mütter, die gar nicht wollen, daß der Junge erwachsen wird. Oder sie haben sich brennend eine Tochter gewünscht. Nachdem der Wunsch nicht in Erfüllung gegangen ist, behandeln sie den Sohn in Kleidung und Haartracht, in Küssen und Verwöhnungen wie ein Mädchen. Auf diese Weise bleibt das Kind feminin und lernt nie im Leben, die Rolle eines Mannes zu spielen.

Aber auch extreme Abneigung gegen die Mutter kann zur Homosexualität treiben. Das Verlangen nach Mutterliebe findet keine Erfüllung. Das Bettnässen ist einer der bekanntesten Proteste, wie das Kind vom Unbewußten her zu veranlassen sucht, mehr mütterliche Betreuung und Versorgung für sich zu erzwingen. Von der Mutter in Gefühlskälte abgewiesen, sucht der Junge Hilfe und Zuflucht beim Vater und wird zum ausgesprochenen Frauenhasser. In der ungeliebten Mutter verabscheut er das ganze weibliche Geschlecht. So kann sowohl die Mutter, die das Kind mit ihrer Liebe maßlos überschüttet, als auch die Mutter, die dem Kind die Liebe verweigert, zum Anlaß werden, warum ein Mann unfähig wird, eine Frau zu lieben.

Aber auch, wo das Vater- und Mutterbild keinen Anlaß zur Fehlentwicklung gibt, können gleichwohl andere biographische Störungen eintreten. Junge Menschen sind in den Entwicklungsjahren zunächst unsicher in ihren Gefühlen. Die Scheu vor dem Mysterium des anderen Geschlechts führt zu innigen Schülerfreundschaften mit gleich und gleich. Als Durchgangsstadien sind solche Zuneigungen nicht nur normal, sondern sogar begrüßenswert. Der Sinn der menschlichen Lebensstufen aber ist recht eigentlich, sie zu bejahen, sie zu erfüllen und sie im Weiterschreiten wiederum zu verlassen. Und doch ist nicht gesagt, daß sich dieser Fortgang bei jedem Menschen in schöner, ruhiger und flüssiger Selbstverständlichkeit vollzieht. Nur allzuleicht gibt es da Entwicklungshemmungen, ein infantiles Stehenbleiben und Verharren auf einer Stufe, die längst überwunden sein sollte. Auch dieser Hemmungsvorgang ist eine Möglichkeit zur seelischen Deutung homosexueller Entfaltung.

Die Rolle, die beim Knaben die Mutter spielt, übernimmt bei dem Mädchen der Vater als Schicksal. Übertriebene Vaterbindung, verbunden womöglich mit offener Ablehnung der Mutter, kann zur Unfähigkeit führen, sich vom Vater zu lösen und sich einem anderen Mann zuzuwenden. Noch stärker dürfte das Enttäuschungserlebnis mit dem Vater oder auch mit einem Verlobten oder verheirateten Mann zum Haß gegen alle Männer führen. In der Frau fixiert sich dann die Grundüberzeugung: Das ganze männliche Geschlecht taugt nichts. So bleibt einem keine andere Wahl, als sich dem eigenen Geschlecht zuzuwenden. In Nachkriegszeiten, wo der Männermangel erschreckend groß wird, kann es zum Aufblühen der lesbischen Liebe in weitem Umfang kommen, einfach aus Gründen der Ersatzbefriedigung.

Nicht unerwähnt bleiben sollen die Deutungen, die Freud und Adler für die gleichgeschlechtliche Liebe unter Frauen gegeben haben. Nach Freud leidet die Frau im Unbewußten darunter, daß sie an ihrem Körper nicht das besitzt, was nur dem Mann zu eigen ist. Nach Adler entsteht der weibliche Minderwertigkeitskomplex dadurch, daß dem Mann überall in der Welt ganz selbstverständlich die höhere, überlegene Rangstellung eingeräumt wird. Dieses zu kurz Weggekommensein verlangt im Leben der Frau nach einer Kompensation. Diese kann sich auswirken in der Berufswahl, in dem Wunsch, eine Uniform zu tragen, im Sattel zu reiten, eine leitende Stellung anzutreten, in der die Frau Männer unter sich hat und ihnen befehlen darf. Es kann dann auch zu dem Verlangen führen, als Frau den männlichen Partner bei einer sehr führungsbedürftigen Frau spielen zu dürfen.

Wenn die weibliche Homosexualität die Öffentlichkeit sehr viel weniger erregt und beunruhigt als ihre männliche Ausprägung, so dürfte das wohl vor allem damit zusammenhängen, daß die Zukunft der biologischen Volkskraft von daher weniger bedroht erscheint als bei dem Versagen der Männer. Gewiß, die lesbische Frau kommt für die Mutterschaft nicht in Frage. Und doch, Frauen mit der Sehnsucht nach dem Kind, mit dem Wunsch und Willen, Mutter zu werden, wird es immer überreichlich geben. Aber was soll aus einem Volk werden, in dem sich der Mann zum Mann legt! Solche Erwägungen mögen Himmler und Hitler bestimmt haben, mit den grausamsten Strafmaßnahmen bis hin zu Massenhinrichtungen vorzugehen, als sich die Homosexualität in HJ, SA und SS im Verlauf des Dritten Reichs und vor allem während des Krieges seuchenartig auszubreiten begann.

Was die Therapiemöglichkeiten betrifft, so sind die Aussichten im allgemeinen nicht gut. Viele Homosexuelle wünschen gar nicht geheilt zu werden. Sie zeigen sich resistent gegenüber jedem Angebot einer Hilfe. Schon dieser Tatbestand bedeutet für jede Art von psychotherapeutischer Behandlung ein fast unüberwindliches Hindernis. Denn ein erster Grundsatz der modernen Seelenheilkunde lautet: Der Patient muß freiwillig kommen, nicht gezwungen und genötigt. Mancher tut es freiwillig, weil sonst das Gericht an ihm die Bestrafung vollstrecken würde. Aber auch das ist keine gute Prädisposition für eine Analyse. Dazu rechnet man für eine erfolgversprechende Bemühung mindestens 200 Stunden, was einer Ausgabe von wenigstens 5000 Mark entspricht, so daß auch von daher im Blick auf Zeit und Geld vielfach unüberwindliche Schranken gesetzt sind.

Wo eine solche Zusammenarbeit zwischen Seelenarzt und Patient zustande kommt, da geht es zuerst immer um das Einsichtigmachen der verfehlten Eltern-Kind-Beziehung. Freilich, die verständnisvolle Erhellung solcher leidvoller Zusammenhänge heilt noch lange nicht. Es muß von dem Therapeuten echte Väterlichkeit, echte Mütterlichkeit über lange Zeiten hin dargestellt und gewährt werden, auf daß das seinerzeit versäumte oder entstellte Beziehungsverhältnis in gesunder und befreiender Weise nachgeholt werden kann.

Verhältnismäßig gut ist die Prognose auf Heilung bei Jugendlichen, die die Neigung zum gleichgeschlechtlichen Lieben erst vor kurzem bei sich entdeckt haben oder bei denen ein derartiges Verlangen durch Verführungskünste überhaupt erst wachgerufen wurde und die von dem ehrlichen Wunsch erfüllt sind, solche Neigungen zu überwinden und wieder zu verlieren. Wo dagegen die biogenetischen oder erlebnismäßigen Inschriften tief gehen und wo gar der Wunsch nach einem Anderswerden fehlt, da dürfte auch der erfahrene Seelenarzt kaum eine Änderung erzielen können.

Vielfach gibt man homosexuellen Männern den Rat zu heiraten, um dadurch normal zu werden. Bei bisexueller Veranlagung hat sich die Ehe als remedium schon oftmals bewährt. Im anderen Fall verlaufen solche Ehen meist tief unglücklich. Unbedingt ist zu fordern, daß die Frau vor der Verheiratung offen und ehrlich ins Vertrauen gezogen wird. Es gibt viel mehr Frauen, als man im allgemeinen annehmen möchte, die für eine solche für sie gewiß nicht leichte Situation ein feines, taktvolles und hilfsbereites Verständnis aufbringen, ein Grund mehr dafür, der Frau ein Denkmal der Bewunderung zu setzen.

Der homosexuelle und homophile Mann ist ständig in der Gefahr, um seiner Neigungen und Begierden willen mit der öffentlichen Sittlichkeit in Konflikt zu kommen. Es scheint naheliegend, ihm den Rat zu geben, er habe sich eben bei derartigen Anwandlungen zu beherrschen. Der dem anderen Geschlecht gegenüber gesund und natürlich Empfindende muß diese Zucht ja ebenfalls lernen und beweisen. Auch er kann nicht einfach tun, wonach die Sinne ihn gelüsten. Das ist gewiß richtig, und es wird auch von ungezählten Invertierten unter tausend Anfechtungen und Schmerzen solche Verzichtleistung zweifellos geübt. Die Zeitungen würden sonst noch ganz anders voll sein von Vergehen gegen den § 175. Aber auch in der Beziehung gilt die paulinische Wahrheit: Das Gesetz kann den Menschen nie und nimmer erlösen. Das Gesetz kann aus Furcht vor Strafe eine wilde Lust und Neigung eindämmen. Aber die verdrängte Libido wird sich im Haushalt der Seele nur stauen, und die Wahrscheinlichkeit ist groß, daß die Schleusen sich eines Tages gewaltsam öffnen. Es gilt auch in der Beziehung: Naturam expellas furca, tamen usque recurrit. (Magst du die

Natur auch mit der Mistgabel austreiben — es reicht nur so lange, bis sie wieder zurückkehrt!)

Was die moralische Bewertung der Homosexualität betrifft, so finden sich in der Gegenwart drei Standpunkte, die miteinander um Gültigkeit ringen. Wir wollen diese drei möglichen Aspekte zunächst thematisch aufzählen und sie dann im einzelnen entfalten. Die überkommene, im allgemeinen Bewußtsein tiefeingewurzelte Anschauung geht in der Richtung: Homosexualität ist ein verwerfliches Laster, ist eine schwere Perversion, ist widernatürliche Unzucht und verdient darum Verachtung, Ächtung und Strafe. Im äußersten Gegensatz zu dieser radikal negativen Auffassung steht die Forderung nach einer respektvollen Würdigung von Homosexualität und Homophilie. Man verlangt, sie als eine der polaren Liebe ebenbürtige Möglichkeit anzusehen, die die also Gearteten nicht weniger zu beglücken und zu bereichern vermag als die Begegnung zwischen Mann und Frau. Um die Öffentlichkeit für diese Einsicht reif und frei zu machen, müsse allerdings ein gewaltiger Aufklärungsfeldzug unternommen werden. Als Ziel wird angestrebt, daß die gleichgeschlechtliche Liebe der polar erlebten Liebe in der Allgemeinwürdigung gleichgestellt wird. Die dritte Haltung geht in der Richtung: Homosexualität ist wider Gottes Natur und Schöpfungsordnung und darum zuletzt doch als Abwegigkeit anzusprechen. Da sie aber durch Veranlagung verursacht sein kann und durch Fehlverhalten von seiten der Umwelt begünstigt wird, verdient sie Verständnis und Mitleid statt Verachtung und Bestrafung. Vor allem hat darum die christliche Gemeinde die Kraft aufzubringen, solche Menschen in Schutz zu nehmen und ihnen Beistand zu leisten.

1. Wenn die Verurteilung der Homosexualität in kirchlichen und christlichen Kreisen einstweilen noch immer rückhaltlos hart ist, so hat das seine Wurzeln in gewissen biblischen Tatbeständen des Alten und Neuen Testaments. Da ist 1. Mose 19 der Bericht über das abstoßende Verhalten der Einwohner von Sodom. Lot empfängt bei sich den Besuch von zwei Engelboten. Die Leute von Sodom aber umringen das Haus des Lot. Sie fordern ihn auf und sprechen zu ihm: „Wo sind die Männer, die zu dir gekommen sind diese Nacht, führe sie zu uns heraus, daß wir sie erkennen." Über die Einwohner einer Stadt, die sich Fremdlingen gegenüber so verhalten, bricht das Strafgericht Gottes mit Feuer und Schwefel herein. Als das Volk Israel nach der langen Zeit der Wüstenwanderung das Land der Verheißung betritt, da steht vor ihm die große religiöse Aufgabe, sein Vertrauen allein auf den Herrn der geschichtlichen Durchhilfe zu setzen und es nicht den Nachbarvölkern gleichzutun, die Astrologie, Götterbilderdienst, Magie, Spiritismus, Tempelprostitution und Päderastie als kultische Möglichkeiten betreiben. „Du sollst nicht bei Knaben liegen wie bei einem Weib, denn

es ist ein Greuel" (3. Mose 18, 22 und 20, 13). Hans Blüher, dem es an antisemitischen Affekten sowieso nicht fehlt, stellt mit Ingrimm fest: Die Juden „leiden an einer Männerbundschwäche und zugleich an einer Familienhypertrophie, sie sind überwuchert von Familientum". Blüher hat sich dabei wohl nicht klargemacht, daß das schroffe Nein gegen die Homosexualität nicht nur der Erhaltung des Volkes, des Samens Abrahams, dienen soll. Das Verbot hat zweifellos auch messianische Motive. Denn wie kann der Weltheiland geboren werden aus einem Volk, das die natürlichen Zeugungsordnungen verneint und verkehrt? Wie wenig Paulus Hellenist war, wie sehr bei ihm die hebräischen Elemente nachwirken und durchschlagen, wird besonders deutlich an seiner harten Verurteilung der Homosexualität im Eingangskapitel zum Römerbrief.

Man darf in dem Zusammenhang nie vergessen, daß die Bibel Alten und Neuen Testaments jahrtausendelang die eindeutig im Vordergrund stehende Lektüre der Menschen und der Völker gewesen ist. Von daher hat sich die Verabscheuung der gleichgeschlechtlichen Liebe tief in das kollektive Unbewußte der Menschheit eingegraben und wirkt bis zur Stunde weiter nach. Von daher leiten sich die drakonischen Strafen ab, die unter Konstantin, Theodosius und Justinian für jeden zum Flammentod führten, der des widernatürlichen Lasters überführt worden war. Englands Biblizismus und Puritanismus sah bis 1830 noch den Galgen für derartige Verfehlungen vor. Ein Oscar Wilde wurde jäh von der Höhe seines Ruhms hinabgestürzt und aus der englischen Gesellschaft mit Schimpf und Schande ausgestoßen, nachdem seine diesbezüglichen Neigungen bekannt geworden waren. Erst ganz allmählich hat sich eine mildere Beurteilungstendenz durchgesetzt. In Frankreich, Belgien, Holland, Dänemark und Schweden stehen homosexuelle Handlungen unter Erwachsenen heute nicht mehr unter Strafe, während Deutschland, England, Rußland und die Vereinigten Staaten an dieser Stelle noch zögern, die Straffreiheit auszusprechen. Dagegen gelten überall mit Recht als strafbar homosexuelle Handlungen an Minderjährigen ausgeführt, bei der Anwendung von Gewalt und bei Erregung öffentlichen Ärgernisses. In England ist seit 1957 unter dem Einfluß des Wolfenden-Reports ein Umschwung in Gang gekommen, zumal sich führende Vertreter der Church of England, der römisch-katholischen Kirche und der Freikirchen entschlossen hinter diesen Bericht gestellt haben.

2. Für eine wohlwollende Beurteilung der Homosexualität hat sich neuerdings besonders Theodor Bovet eingesetzt in seinem Buch „Sinnerfülltes Dasein, Seelsorgerliche Gespräche mit Homophilen" (Tübingen 1959). Es handelt sich dabei um eine Sammlung von Briefen, die Bovet zugegangen sind und die er ediert und kommentiert hat. Bovet versichert uns in der Vorrede, die die Homophilen in Schutz nimmt: „Ich fühle zu

ihnen keinerlei Affinität, mein Interesse geht nach einer anderen Richtung, ich habe mich lange gesträubt, das heiße Eisen anzufassen" (S. 11). Er empfindet es aber als seine ärztliche Pflicht und Aufgabe, von den Homophilen den Vorwurf der Amoralität und der Sünde wegzunehmen. Er betont, wie sehr eine solche Neigungsrichtung verbunden sein kann mit Leistungstüchtigkeit, mit Feinfühligkeit und produktiver Kraft, er sieht darin überhaupt keinen Nachteil, sondern nur ein „Anderssein als Du und Ich".

In gleicher Weise kämpft Rudolf Klimmer in seiner Monographie „Die Homosexualität als biologisch-soziale Zeitfrage" leidenschaftlich gegen die Vorstellung, als handle es sich um etwas Krankhaftes oder gar Lasterhaftes, es sei nur eine anderswertige Veranlagung und Wesensausprägung. Klimmer meint, gewiß habe die Homosexualität Auswüchse, aber das gelte von der Heterosexualität ja genauso. Prostitution gibt es hüben und drüben. Es gibt Männer mit abwegigen Neigungen zu kleinen Mädchen und zu kleinen Jungens. Im Grund sei das einzig Schädliche an der Homosexualität, daß die Gesellschaft diese andersartige Weise, Mensch zu sein, noch immer so grausam verurteile. Dadurch lege sich auf das Leben der Invertierten ein Maß von Angst, ein Gefühl von Ausgestoßensein und dazu häufig die Bedrohung durch Erpressung, was man ihnen alles ersparen könnte, wenn das Festhalten an der Strafwürdigkeit dahinfallen würde.

Am schärfsten wendet sich dieser Arzt gegen den Unsinn des Strafvollzugs bei Homosexuellen. „Es ist geradezu unsinnig, Männer, die an einem Kontaktmangel Frauen gegenüber leiden und die sich zu Männern hingezogen fühlen, von der Frauenwelt abzuschließen und in eine rein männliche Umwelt einzusperren" (S. 180). Der Anreiz zur Homosexualität ist im Gefängnis besonders groß, und das erfahrungsgemäß nicht nur unter Gefangenen, sondern auch in der Begegnung mit Wachtmeistern und Schließern, die den Nachtdienst zu versehen haben. Man hat schon erklärt, einen Homosexuellen in ein Gefägnis einzusperren sei gleichbedeutend, wie wenn man einen Säufer zur Heilung seines Gebrechens in eine Bierbrauerei einsperren würde. Rudolf Klimmer will auch die These von der Verletzung der Volkskraft nicht gelten lassen. Er meint, dann müßten auch Onanie, Coitus interruptus, Sterilisation und die Anwendung von Verhütungsmitteln gleichermaßen unter Strafe gestellt werden.

Wie soll man sich zu diesen positiven Würdigungen stellen? Daß es unter homophilen Männern in allen Jahrhunderten der Menschheitsgeschichte große und bedeutende Gestalten gegeben hat, ist bekannt. Die Reihe führt von Platon über Leonardo da Vinci und Michelangelo, über Byron und den Grafen August von Platen bis hin zu André Gide, Marcel Proust und dem Kreis um Stefan George. Ein nicht unbeträchtlicher Prozentsatz bedeutender Schauspieler, Heerführer, Staatsmänner, Künstler, Dichter und Denker ist ebenfalls dazu zu rechnen. Freilich, auch die Zahl der Selbstmorde und der Verbrechen ist bei Homosexuellen auffallend groß. Es ist schwer zu entscheiden, ob sie sich nur darum unglücklich fühlen und neurotisch werden, weil sie bislang noch immer die Ächtung der menschlichen Gesellschaft zu fürchten hatten, oder ob die widernatürliche Wesensart selbst schon die seelische Fehlhaltung begünstigt. Ob die Kriminalität der Homosexuellen bei Aufhebung des § 175 zurückgehen würde, ist darum schwer zu sagen.

3. Die christliche Theologie und Kirche sollte aus dem äußerst lebhaft gewordenen Gespräch der Gegenwart lernen, für diesen ganzen Fragenkreis mehr Verständnis und Hilfeleistung aufzubringen, als es einstweilen der Fall ist. Da auch in diesem Bereich Vorbeugen leichter als Heilen ist, müßte offener und häufiger ein *seelsorgerliches Wort* von seiten der Kirche an alle Eltern und Erziehungsberechtigten gerichtet werden. Man muß darauf aufmerksam machen, daß sowohl die Vernachlässigung wie die Überbetonung an Liebeszuwendungen das erwachende Leben gefährdet. Man kann bei gleichgeschlechtlichen Jugendfreundschaften von seiten der Eltern und Erzieher zu ängstlich, aber man kann auch zu harmlos eingestellt sein.

Im allgemeinen hat sich die Koedukation als gute Hilfe erwiesen wider die Gefahr, im eigenen Geschlecht steckenzubleiben. Man sollte sich vor allem nicht aus puritanischer Besorgtheit und ängstlicher Gesetzlichkeit gegen erwachende Zuneigungen junger Menschen im Blick auf das andere Geschlecht wenden. Da ist man womöglich glücklich darüber, daß sich der Junge überhaupt nicht für Mädchen interessiert, und ahnt nicht, daß damit eine potentielle Neigung zur Inversion begünstigt werden kann. Gewiß, man muß die Jugend schützen und warnen von einem vorzeitigen „Frühlingserwachen". Aber man muß ihr auch natürliche Begegnungsmöglichkeiten zum andern Geschlecht hin gestatten, statt diesen Zugang auf alle Weise zu verbauen.

Was aber den Umgang mit den erwachsenen Homophilen betrifft, so sollte die christliche Gemeinde niemals vergessen, daß sie in ihrem Gesamtbestand eine Gemeinde von angefochtenen und gerechtfertigten Sündern ist, die sich dennoch der Liebe Gottes um Christi Erbarmen willen erfreuen dürfen. Gott bewertet die homophilen Versuchungen und Überschreitungen nicht anders als die zahllosen Zügellosigkeiten, die sich Mann und Frau in unordentlichen Leidenschaften leisten. Es geht nicht an, die heterosexuellen Ausschweifungen etwa in der Karnevalszeit als „notwendiges Ventil" mit höchster Milde zu tolerieren, während man die homosexuellen Anwandlungen als verabscheuungswürdigen Aussatz verurteilt. Vom göttlichen Willen her gesehen ist beides gleichermaßen zu verneinen. Um der göttlichen Gnade willen darf für beides gleichermaßen Vergebung erfleht und angenommen werden.

Weil aber Christus zugleich in die Welt gekommen ist, um Menschen aus schweren Banden zu befreien, darum darf auch der Homophile um die Kraft von oben bitten, die es im ermöglicht, seinen Trieb zu beherrschen und zu veredeln. Freilich, wir verschweigen nicht, daß eine solche Lebenserneuerung in dieser Weltzeit unter der eschatologischen Grenze stehenbleibt: „Es ist noch nicht erschienen, was wir sein werden." Die reformatorische Ethik ist aus Gründen der Ehrlichkeit dem Perfektionismus gegenüber immer kritisch gewesen. Darum wollen wir auch im Blick auf diese Lebensnot nicht zu laut tönen und den Mund nicht zu voll nehmen. Wer mit der homosexuellen Anlage ins Dasein getreten ist, bei wem die Lebensentwicklung diese Disposition verstärkt hat, der wird in diesem Kampf nicht immer als Sieger auf dem Platz bleiben. Und doch bleibt auch ihm immer die Möglichkeit, aus der Tiefe zu rufen: Herr, erbarme dich meiner! Die christliche Gemeinde aber sollte den, der so aus der Tiefe ruft, nicht aus ihren Reihen ausstoßen, sondern tragen und nach bestem Vermögen stützen.

QUELLEN-NACHWEIS

Der von dem Verfasser mit herausgegebenen Zeitschrift „Wege zum Menschen" (Vandenhoeck & Ruprecht, Göttingen) entstammen folgende Beiträge:

Die religiösen und weltanschaulichen Auswirkungen des Darwinismus, 11, 8. 1959

Schöner und entstellter Leib als ethisches Problem. 16, 12. 1964

Der Rhythmus von Spiel und Arbeit als Hilfe zur seelischen Gesundheit. 18, 5. 1966

Das Vaterbild bei Franz Kafka. 15, 7. 1963

Physik und Psyche. 16, 4. 1964

Dem im Furche-Verlag, Hamburg, erschienenen, seit längerer Zeit vergriffenen Werk „Der Herr über alles" sind folgende Beiträge entnommen:

Der magische Weltaspekt und seine religiöse Bedeutsamkeit.

Der Sinn des Leibes im Christentum.

Das Schuldproblem in Psychotherapie und Seelsorge.

Die religiöse Unlust im Leben des Christen.

„Naturliebe und Naturverbundenheit im Christlichen Glauben" findet sich in dem Band: Naturschutz, ein politisches Problem. Fink-Verlag, Stuttgart 1965.

„Vatergott, Väterlichkeit und Vaterkomplex im christlichen Glauben" stammt aus dem Band: Das Vaterproblem in Psychotherapie, Religion und Gesellschaft, herausgegeben von Dr. Wilhelm Bitter, Hippokrates-Verlag, Stuttgart, 1954.

„Wandlungen im Erscheinungsbild der Ehe" erschien erstmalig in der Festschrift für Eberhard Müller: Der protestantische Imperativ, Hamburg, 1966.

„Gottesglaube und moderne Naturwissenschaft in der Theologie Karl Heims", aus: Neue Zeitschrift für Systematische Theologie, 6, 2. 1964.

„Deutung und Bewertung der Homosexualität im Gespräch der Gegenwart" aus: Zeitschrift für Evangelische Ethik, Heft 3, Jahrgang 1962.

„Psychopathologisches im religiösen Geschehen" aus: Deutsches Pfarrerblatt, 64, 13. 1964.

Korrekturhinweise:

Seite 14, 3. Zeile von unten: . . . und *dann* lautet es . . .

Seite 21, 3. Zeile von unten: . . . von denen aus das *ganze* der Welt . . .